U0897156

人民文库 第二辑

匈奴通史

林 幹 | 著

人民出版社

责任编辑：翟金明
装帧设计：肖　辉　王欢欢

图书在版编目(CIP)数据

匈奴通史/林幹 著. —北京:人民出版社,2022.9
(人民文库. 第二辑)
ISBN 978－7－01－024397－9

Ⅰ.①匈…　Ⅱ.①林…　Ⅲ.①匈奴-民族历史-研究　Ⅳ.①K289

中国版本图书馆 CIP 数据核字(2022)第 008005 号

匈奴通史

XIONGNU TONGSHI

林　幹　著

人民出版社 出版发行
(100706　北京市东城区隆福寺街 99 号)

北京新华印刷有限公司印刷　　新华书店经销

2022 年 9 月第 1 版　2022 年 9 月北京第 1 次印刷
开本:710 毫米×1000 毫米 1/16　印张:20.25
字数:300 千字

ISBN 978－7－01－024397－9　定价:58.00 元

邮购地址 100706　北京市东城区隆福寺街 99 号
人民东方图书销售中心　电话 (010)65250042　65289539

出 版 前 言

1921 年 9 月，刚刚成立的中国共产党就创办了第一家自己的出版机构——人民出版社。一百年来，在党的领导下，人民出版社大力传播马克思主义及其中国化的最新理论成果，为弘扬真理、繁荣学术、传承文明、普及文化出版了一批又一批影响深远的精品力作，引领着时代思潮与学术方向。

2009 年，在庆祝新中国成立 60 周年之际，我社从历年出版精品中，选取了一百余种图书作为《人民文库》第一辑。文库出版后，广受好评，其中不少图书一印再印。为庆祝中国共产党建党一百周年，反映当代中国学术文化大发展大繁荣的巨大成就，在建社一百周年之际，我社决定推出《人民文库》第二辑。

《人民文库》第二辑继续坚持思想性、学术性、原创性与可读性标准，重点选取 20 世纪 90 年代以来出版的哲学社会科学研究著作，按学科分为马克思主义、哲学、政治、法律、经济、历史、文化七类，陆续出版。

习近平总书记指出："人民群众多读书，我们的民族精神就会厚重起来、深邃起来。""为人民提供更多优秀精神文化产品，善莫大焉。"这既是对广大读者的殷切期望，也是对出版工作者提出的价值要求。

文化自信是一个国家、一个民族发展中更基本、更深沉、更持久的力量，没有文化的繁荣兴盛，就没有中华民族的伟大复兴。我们要始终坚持"为人民出好书"的宗旨，不断推出更多、更好的精品力作，筑牢中华民族文化自信的根基。

人民出版社

2021 年 1 月 2 日

目　　录

修订版前言

《匈奴史》是《中国古代北方民族史丛书》之一，是在 1977 年、1986 年出版的《匈奴史》(内蒙古人民出版社)和《匈奴通史》(人民出版社，以下均简称"旧作")的基础上修订而成的①。

本书用历史唯物主义的科学观点和方法，对在中国历史舞台上活跃了约五百年的匈奴族的经济生活、社会结构、政权组织、文化习俗、部族兴衰、政治演变及与其他各族、特别是汉族的关系，作一比较全面而系统的叙述，以期将匈奴的民族面貌、社会面貌和文化面貌描绘出一个轮廓。匈奴是我国古代多民族国家中的一个游牧部族，兴起于公元前 3 世纪(战国时期)，衰落于 1 世纪(东汉初)。匈奴自东汉初分裂为南北二部之后，南匈奴入塞，北匈奴西迁，部族内部发生了很大的变化。在大漠南北活跃了约三百年，其后又在中原地区继续活跃了约二百年，对中国历史和世界历史都曾发生过较大的影响。其内容虽比较复杂，但书中力求简明、通俗，以正面介绍匈奴族的历史知识为主，不作烦琐考证；对国内外学术界所争论的问题，虽也辨明是非，提出我个人的一得之见，但不多作纠缠。"旧作"虽卑之无甚高论，但却受到国家教委(今教育部)的重视和奖励，1988 年被列入国家教委编的《全国高等学校社会科学研究成果选编》第二辑(北京大学出版社 1988 年版)；1995 年被评为国家教委首届

① 内蒙古人民出版社 2007 年版。

“人文社会科学研究优秀成果奖”一等奖,《人民日报》(国内版、海外版)、《光明日报》和中央电视台、新华通讯社对外英语广播等媒体亦多有报道。

此次重新修订是在“旧作”的基础上增加了新的内容,论点没有变更。增加的内容主要有:

一、编制出匈奴单于及其族系(如屠各、卢水、铁弗)各部分的首领人物世系表。

二、绘制出从战国(前475—前221年)秦汉直至三国(220—280年)各个朝代北部边疆形势历史地图,其中以“北匈奴西迁路线示意图”最为国内外学术界所珍视,被认为是当今世界上唯一的一幅指出北匈奴西迁行程的历史地图。

三、介绍古代漠北匈奴墓葬及城镇和庙宇遗址,这也是国内第一次介绍古代漠北一百多个用科学方法发掘的匈奴墓葬,特别是诺颜山的匈奴墓葬及城镇庙宇遗址的珍贵考古资料。

这个修订本最吸引国内学术界注意之处,就是北匈奴自公元91年开始西迁,直至公元290年前后在欧洲顿河以东出现这一段约二百年间的西行过程,经过国内外学者的长期研究,尚未获得解决,在匈奴史的研究中留下了一个空白点,而这一个空白点,最后由我在20世纪80年代把它填补了。因此匈牙利人世界联合会和匈牙利古代史研究所于1999年冬在布达佩斯举行探讨匈牙利族源的国际学术讨论会时,特别邀请我前去参加,并在会上作“北匈奴西迁与匈牙利族源的关系”的长篇演讲,我提出和论证了“西迁的匈奴人是匈牙利族源的一部分”的论点,受到与会各国学者特别是匈牙利学者的欢迎。匈牙利国家中央电视台于1999年11月17日“博闻时刻”栏目播放了我的演讲和对我的专访。后来匈牙利政府前总理、著名地理学家康德·保罗·特里基还于2005年6月16日在中国出版的《瞭望东方周刊》发表题为“用科学解密异域匈奴身世”的文章,公开表示:“我骄傲地承认,我们是来自亚洲的民族。”

为了便于读者阅读,故本书中引用的古代文献,或译成口语,或附加解释;论据均一一注明出处;古代地名加注今时地名(以中华人民共和国民政部编、中国地图出版社《中华人民共和国行政区划简册》2005 年版为准）。[①] 匈奴专用名词术语的古代读音和含义亦一一加注。为了国内外读者查阅方便补增了英文目录，由内蒙古大学外国语学院林杨翻译。

林　幹

2006 年夏于内蒙古大学

① 此次又以《中华人民共和国行政区划简册 2020》对相关地名进行修订。

前　言

匈奴是我国古代多民族国家的一个游牧部族。它兴起于公元前 3 世纪（战国时期），衰落于公元 1 世纪（东汉初），在大漠南北活跃了约三百年，其后在公元 3 至 5 世纪又在中原地区继续活跃了约二百年，对于中国历史和世界历史都曾产生了巨大的影响。

在匈奴族兴起以前，大漠南北曾先后出现过被称为鬼方、荤粥、猃狁和戎、狄的各族。匈奴就是从上述各族，经过长期的分、合、聚、散，经过斗争与融合，于公元前 4 世纪渐露“头角”，至前 3 世纪终于成为一个部族，登上了历史舞台。其诞生的民族“摇篮”在今内蒙古河套及大青山一带。

匈奴人很早就组成了氏族部落和部落联盟。大约在公元前 3 世纪前后，匈奴人的氏族公社出现了私有制。匈奴社会的性质是奴隶制。大约在公元前 3 世纪，匈奴的氏族贵族及其世袭权力逐渐抬头，至公元前 209 年冒顿杀其父头曼自立为单于时，便最终作为一种制度而确立了。在冒顿单于时期，匈奴征服了许多邻族，控地东尽今辽河、西至葱岭、北抵贝加尔湖、南达长城。为了保护私有财产和财源、镇压奴隶和被征服的部族或部落，在我国北部，先以漠南、后以漠北为中心，建立了一个庞大的奴隶制政权。

匈奴与中原发生关系，最早可以上溯到公元前 3、前 4 世纪或者更前。秦始皇统一六国（前 221 年）之后，匈奴与中原的接触较前频繁。西汉初期，匈奴奴隶主的势力空前强大，在冒顿单于（前 209—前 174 年在位)的统领下,进攻今河北、山西、陕西及河套一带,不仅给刚刚建立起来的西汉王朝造成莫大的威胁,而且破坏中原封建社会经济,阻碍历史向前发展。汉初,由于政权初建,国力较弱,不足以抗拒匈奴奴隶主的侵扰,故只得采取消极的和亲政策,以公主嫁给单于,并岁给絮、缯、酒、米、食物。直至武帝即位(前 140 年)之后,采纳抗战派的主张,才发动正义的防御性战争,把匈奴奴隶主的侵扰势力击退。

公元前 57 年,匈奴统治集团内部发生分裂和内讧,"五单于争立",匈奴内部大乱,部族陷于绝境。后来由于匈奴的杰出首领呼韩邪单于稽侯珊(前 58—前 31 年在位)采取接受西汉王朝统一领导的方针,在汉朝中央政府的支持和帮助下,才把匈奴族从垂危的险境中挽救出来。

东汉初期,匈奴奴隶主侵扰势力重新抬头,他们一方面与新兴的鲜卑族连兵入寇,同时又勾结和支持中原的地方割据势力,直接参与中原的分裂活动,阻碍中国的统一,破坏封建制度,企图扩大割据势力。

公元 48 年,驻牧于匈奴之南、管领南边八部之众的右薁鞬日逐王比(呼韩邪单于稽侯珊之孙,名比)归附于汉,自立为呼韩邪单于(即醢落尸逐鞮单于),重新接受中原中央王朝的统一领导,于是匈奴遂分裂为南北二部。

北匈奴奴隶主侵扰势力的存在及其不时骚扰,对于汉族及中原封建社会的向前发展,始终是个莫大的威胁。从公元 73 年开始,东汉政府曾发大兵出击,至公元 89 年,北匈奴内部因阶级矛盾、民族矛盾和统治阶级之间的矛盾所造成的混乱,社会危机十分深刻,于是在汉将与南单于联军的夹攻下,连年大破北匈奴于大漠南北及今新疆东部,北单于受创遁逃,公元 91 年率领一部分人众逃往西方。匈奴奴隶制政权全部瓦解,从此退出了漠北的历史舞台。残留在漠北的一部分匈奴余众,有十余万落(落即户)加入了鲜卑。

公元 188 年,南匈奴内部发生变乱,攻杀羌渠单于。羌渠子於扶罗继位。南匈奴人中之杀羌渠者另拥立须卜骨都侯为单于。於扶罗不服,乃亲至汉京洛阳讼争,请求中央政府帮助。正当汉灵帝死(189 年 4 月),同时又爆发了黄巾农民大起义,各地封建割据势力乘机并起,中原局面混乱,汉朝中央政府已在迅速瓦解过程中。在这进退两难之中,於扶罗只得暂时把部众留屯在河东郡的平阳县(今山西临汾市)。

於扶罗公元 195 年死,弟呼厨泉继位为单于,仍居平阳,公元 202 年归附曹操。

匈奴族于公元前 3 世纪(战国时期)在我国大漠南北兴起的时候,它的物质文化已开始进入铁器时代。经济生活以畜牧业为主,狩猎业和农业也有一定的地位。铁器文化所提供的生产力,使手工业也发展起来。手工业中最重要的当推冶铁业,其次是铸铜业,此外还有金银铸造业、陶器制造业等。匈奴族十分重视与汉族互通关市。除汉族外,匈奴还与羌族经常发生商业交换,与乌桓族和西域各族也发生过交换。

匈奴的种族,国内外学者争论较多,它究竟属突厥种抑属蒙古族,现时两说尚相持不下。但据近数十年来的考古资料证明,属于突厥种的可能性较大。

匈奴人的语言,一般认为是属于阿尔泰语系,但究竟属该系中的蒙古语族抑属突厥语族,则尚未有定论,但以倾向于突厥语族的居多。

匈奴没有文字。其婚姻习俗是:父死妻其后母(不是生母),兄弟死则妻其嫂,故匈奴的一夫多妻现象较为普遍。

汉代内迁的匈奴,在魏晋南北朝时期有了很大的变化,除南匈奴外,这时还分解出名为“屠各”及卢水胡、铁弗匈奴等族支,分别活跃在今山西、陕西、内蒙古、甘肃和青海各地。但魏晋南北朝时期,匈奴内部已经不能像战国秦汉时期那样构成一个整体,上述各个部分(南匈奴、屠各、卢水胡、铁弗)彼此各不相属。同时,氏族组织也大多解体或名存实亡。匈奴之名在南北朝后期便已开始渐渐消失。匈奴名称在史书上的消失,正是匈奴族在历史舞台上消失的反映。

匈奴史是一门所谓“世界性”学问,即世界上的主要国家都有人研究它。

匈奴史的研究,在国外已有两百多年的历史,较早的专门著作有 18 世纪法国人德基涅(J. Deguignes)的《匈奴、突厥、蒙古与西方鞑靼的通史》(或称《匈奴通史》)。[①] 用马列主义的科学观点进行研究的则是在

① 1756—1758 年巴黎出版,共五册,原文为法文。

1917 年俄国十月革命之后，苏联学者伯恩施坦（А. Н. Бернштéйн）著的《匈奴史概要》[①]，是较早的一本。但此书苏联国内对它评价不高，甚至有人说："这部著作充满着严重的缺点和反科学的观念。"[②]这主要是因为作者把匈奴侵扰两汉王朝及其后入侵欧洲说成是起了进步的作用。

20 世纪 60 年代和 70 年代，苏联另一位学者古米列夫（Л. Н. Лумилев）先后出版了两部著作：一是《匈奴——古代的中亚》；一是《匈奴在中国——三至六世纪中国和草原民族战争的三个世纪》[③]。前者讲战国秦汉时期的匈奴，后者讲魏晋南北朝时期的匈奴。由于这两部著作对第一手的汉文资料未能充分利用，故内容无论在广度和深度方面，均嫌不足。

苏联考古学家科兹洛夫（П. ККозлов）领导的研究小组，对蒙古诺颜山（在乌兰巴托北 70 英里处）匈奴墓葬的考古发掘，很有贡献。科氏的《外蒙古调查报告》（即诺颜山匈奴墓的发掘报告）[④]，在学术界曾轰动一时。但科兹洛夫在报告书中并没有把发掘的全部结果特别是该墓出土的珍贵文物公诸于世。其后（1932 年），和他一起参加诺颜山匈奴墓葬发掘工作的特列维尔（К. ТреВер），在列宁格勒用英文出版了《1924—1925 年在外蒙古的发掘》一书，也仅仅公布了一部分珍奇的随葬物、随葬物存放的位置及简单地介绍了墓葬的一般构造，此外再也没有透露其他的任何内容。日本学者梅原末治虽然没有参加诺颜山匈奴墓葬的发掘，但他把搜集到的有关诺颜山匈奴墓葬的出土文物，拍成照片，编为《蒙古诺颜山发现的遗物》，于 1960 年在东京出版（日文）。

蒙古人民共和国的考古学家[⑤]对匈奴考古，成绩显著。在 19 世纪末以前，国内外学者研究匈奴，只能依据文献资料。但从 19 世纪末开始，南西伯利亚的匈奴墓葬，已吸引着个别学者的注意。1924 年科兹洛夫等人

① 1951 年列宁格勒出版，原文为俄文。
② 阿·赫·拉菲可夫：《评匈奴史概要》，苏联《历史何题》杂志 1952 年第 5 期。
③ 一为 1960 年莫斯科出版，一为 1974 年莫斯科出版，二书均为俄文。
④ 1925 年列宁格勒出版，俄文。
⑤ 蒙古人民共和国成立于 1924 年 11 月，1992 年 2 月 12 日改国名为蒙古国。

发掘诺颜山匈奴墓葬以后,蒙古学者策·道尔吉苏荣及和·普尔赉等,曾继续多次发掘诺颜山及蒙古各地的匈奴墓葬和匈奴遗址。策氏 1961 年在乌兰巴托出版的《北匈奴》一书(新蒙文),对苏、蒙两国在 20 世纪 20 年代初至 50 年代末,在南西伯利亚及蒙古境内上百座匈奴墓葬的发掘情况和出土文物,都有详细介绍,而和氏 1957 年也是在乌兰巴托出版的《匈奴三城遗址》及《匈奴的庙宇》(均为新蒙文)二书,则是介绍匈奴城镇和庙宇的遗址的。

在资本主义国家的学者中,英国的巴克尔(E.H.Parker)在 19 世纪末发表的《匈奴史》①,是根据我国元人马端临的《文献通考·四裔考》编纂而成,疏漏甚多,故此书无论在史学上或史料上均无甚价值。

美国学者麦高文(W.M.McGovern)1939 年发表的《中亚古国史》②,对我国读者很有用处。因为书中有很大一部分内容都是叙述匈奴西迁的过程及其后在欧洲的活动,这在中国史籍中是没有记载的。匈奴自公元 91 年退出漠北的历史舞台之后,直到 374 年击灭位于今顿河以东的阿兰国、首次出现在顿河河滨之前,这约 200 年间匈奴人的事迹,全世界的史书都没有记载,因此麦氏也不可能把匈奴人的这一段历史叙述清楚。但从公元 374 年开始,匈奴人继续西进,迫使哥德人向西遁逃,因而造成欧洲民族的大迁徙,及 5 世纪中期在欧洲建立匈奴王国,这些方面,《中亚古国史》却是叙述綦详。至于匈奴西迁前在我国大漠南北的活动,该书大多取材于我国"正史",这部分对于外国读者有一定用处,但对我国读者则用处不大。故章巽先生翻译此书时,把这部分内容节译,是很有见地的。

日本学者内田吟风 1975 年在东京出版的《北亚细亚研究·匈奴篇》(日文),是一部论文集。书中对于匈奴的源流、制度、文物、西迁和人种类型,均有论述,对于南匈奴亦有专章。

奥地利学者鄂图·敏岑海尔芬(Otto J.Maenchen-Helfen)著的《匈奴人的世界》③及由德国学者法朗兹·奥尔色姆(Franz-Altheim)主编、而有

① 英文,此书有向达中译本,1934 年上海商务印书馆出版。

② 英文,此书有章巽中译本,1958 年中华书局出版。

③ 英文,1973 年伦敦出版。

十多位学者参加编写的五大卷《匈奴史》[①],是70年代(也是近数十年来)匈奴史的宏篇巨著。前者正文六百多页,后者正文近两千页。两书的内容均极为广泛。前者论述的范围涉及匈奴的种族、经济、社会、历史、语言、文化、艺术、宗教、战争、贸易、黄金;后者则第一卷讲匈奴人的兴起及入侵欧洲;第二卷讲在伊朗的嚈哒(白匈奴);第三卷讲宗教战争;第四卷讲欧洲的匈奴人;第五卷讲匈奴人的衰亡和被逐。虽然这两部著作主要是讲西迁后的匈奴,但对于学习和研究西迁前的匈奴,亦有参考价值。

在国内,对匈奴史的研究,开展较晚。姑从民国初年(1911年)起算,截至1983年秋,在汉文期刊上及文集中发表的匈奴史论文,约有160篇,其中在1949年全国解放以后发表的近百篇。所探讨的问题,解放前主要有:(1)匈奴的族源族属;(2)汉匈关系;(3)匈奴西迁及其与欧洲匈人的关系。解放后则有:(4)匈奴的社会性质和社会制度;(5)汉匈关系的新研究;(6)匈奴地理及匈奴西迁;(7)对外国学者研究匈奴的成果的翻译和介绍;(8)匈奴考古;等等。

匈奴史专著,解放前未见,解放后也是绝无仅有。马长寿先生著的《北狄与匈奴》一书[②],涉及的范围虽广,但因篇幅过少,对问题的探讨也就难于深入。全书匈奴部分约占十万字,而论述匈奴的人种、语言、文化和社会经济的还不到三万字;论述汉匈关系的仅有一万五千字;论述非匈奴种族的稽胡反而占了三万多字。尤其是所引匈奴考古资料多属陈旧,因此对书中的许多论点产生了不利的影响。但是,此书的意义不能低估,因为作者是解放后第一个用马列主义观点去研究匈奴历史问题的学者(马先生从1954年开始即已发表具有马列主义思想的匈奴论文),而《北狄与匈奴》一书也是解放后第一本具体而微的匈奴史专著,因而此书的出版,为我国史学工作者运用马列主义从事匈奴史的研究及撰写匈奴史专著,提供了一个先例。

---

① 德文,1962—1975年柏林出版。

② 生活·读书·新知三联书店1962年版。

学习和研究匈奴历史，无论在学术上或政治上都有重大的意义。

第一，匈奴是我国古代多民族国家中的一个民族成员，它的历史就是我们祖国历史的一部分。在它长期发展的过程中，与中原汉族接触频繁，且深受汉族的先进封建经济文化的影响，而它的经济文化也同样影响了汉族。它的历史活动和文化创造，对于祖国的历史、文化曾经作出过贡献，尤其在开发大漠南北，把大漠南北那些分散、落后的民族和部落加以统一，为后来整个大漠南北统一于中原中央政权奠下了基础这些方面，贡献更大。及至公元前1世纪中叶，呼韩邪单于稽侯珊登上历史舞台，采取了与汉族和好合作的方针，促成了大漠南北与中原的统一，开了漠北政权接受中原中央政权统一领导的先河，因而为后来突厥族再次统一大漠南北并使漠北与中原的统一进一步加强，以至于后来蒙古族的统一全中国，都直接或间接开辟了途径和提供了先例。此外，学习和研究匈奴历史，还有助于发扬中华各族之间的民族团结友好的精神和传统。公元前1世纪中叶王昭君出塞，便是汉匈两族团结友好的典型事例。

第二，匈奴是我国北方游牧民族中第一个以显赫声名载入史册的部族。它之所以能够如此长期活跃，并在中国历史上起到如此重大的作用，甚至给予世界历史以一定的影响，这与它本身的社会经济发展、在兴起时已进入铁器文化时代及具有的民族特点和社会特点有关。例如匈奴的社会结构是生产组织与军事组织相结合的。它的这个特点，就使得它的部族内部和社会内部结合得甚为紧密，加上其他因素，战斗力十分顽强，故能“以马上战斗为国”。虽然它的奴隶制不甚发达（不如古希腊、罗马的奴隶制那样发达），以及由于游牧经济的分散性和脆弱性，因而反映在政治上便造成政权的骤兴骤衰，但它的政权仍能维持至数百年之久，而且铁蹄所至，控地东西南北竟达数千里以至万里，那么它的自立自强之道绝非出于偶然。学习和研究匈奴族的这种内部结构——部族内部的结构和社会内部的结构——所具有的特点及阶级关系在这种内部结构中的作用，不仅能够更深入地探明匈奴族的民族面貌和社会面貌及其在政治上兴衰的原因，而且还有助于了解和研究后起的北方少数民族如乌桓、鲜卑、柔然、突厥、回纥、契丹、蒙古等。这些后起的北方各族，在游牧经济类型、生产组织与军事组织合一，及其兴起时大体上处于由原始氏族社会末期向奴隶制社会过渡等方面，都与匈奴差不多。此外，匈奴还在很多方面与后起的北方各族相同或相似，例如民族成分复杂及后来族内的剧烈分解；因为受到中原汉族的先进封建经济文化的强烈影响，因而在社会制度、经济生活、文化素养、民族发展方向，直至对中原汉族、对中原中央政权的关系，都或多或少地有所变化。虽然在北方各族中，由于各族所处的历史环境和本族具备的条件不尽相同，故在自己的发展过程中各自形成自己的特点，因而表现出丰富多彩的历史场面；但是，总的说来，匈奴在发展过程中所出现的种种历史现象，在许多方面，对于了解和研究后起的北方各族，都有巨大的参考价值。因此，如能把匈奴的历史学习和研究清楚或理出一个头绪，那么对于解决整个古代北方少数民族历史上的重大问题，无疑地可以起到一面镜子甚或是一把钥匙的作用。

第三，在内蒙古地区学习和研究匈奴历史，尤有更现实的意义。这不仅因为匈奴原先活动的地区——大漠南北——现时大部分仍然隶属于内蒙古自治区，隶属于我国；就是漠北地区，在 1921 年 7 月蒙古宣布独立以前，也曾是我国的领土，原先活动在外蒙古的各族的历史，也是祖国历史的一部分①，故学习和研究内蒙古的民族史或地区史，都不能不涉及匈奴史，学习和研究内蒙古及 1921 年 7 月以前外蒙古的边疆历史地理，也不能不追踪匈奴人的足迹。例如在战国秦汉时期我国北方民族最北活动到什么地方？那就要考证匈奴人在北边所能控制的地界。根据下文苏、蒙考古学者发掘出的苏联布利亚特加盟自治共和国首府乌兰乌德的伊沃勒加镇遗址并认定为匈奴人当时最北的城堡，因此我们便可初步推定当时匈奴的活动区域最北就在该处（今贝加尔湖东面偏南）；如果追踪游牧于匈奴北面的丁零族的足迹，那么当时我国北方民族的活动地区最北还可

---

① 世界知识出版社 1979 年 10 月出版的《各国概况》蒙古部分载：“原属中国的一部分的外蒙古，1911 年在沙俄策动下，宣告‘自治’。”“1921 年 7 月 11 日宣布独立，成立了‘君主立宪政府’。1924 年 5 月，中苏签订《中俄解决悬案大纲协定》规定：‘苏联政府承认外蒙为完全中华民国之一部分，及尊重在该领土内中国之主权。’1924 年 11 月 26 日废除君主立宪制，成立了蒙古人民共和国。1945 年 2 月苏、美、英三国首脑雅尔塔协定规定蒙古现状‘须予维持’，1946 年 1 月 5 日，中国国民党政府承认外蒙古独立。”

以远达今贝加尔湖以北。[①] 还有，蒙古史上的一些重大的、悬而未决的问题，也都与匈奴史上的问题有密切联系。例如蒙古族的族源问题，现时在国内外学者中，大致就有匈奴、突厥和东胡三说，姑不论匈奴是否就是蒙古族的族源，但开展匈奴史的学习和研究，将有助于这个问题的解决。又如为了解决蒙古语言中的匈奴语成分和突厥语成分的问题，也非开展匈奴语言的学习和研究以相辅助不可。故匈奴史的学习和研究与蒙古史的学习和研究是息息相关的。

第四，由于匈奴史（突厥史、蒙古史等北方民族史也一样）是一门所谓"世界性"的学问，故除了受到我国国内封建主义观点的影响外，还受到了国外资产阶级的、帝国主义的和霸权主义的种种反动观点的污蔑、颠倒和歪曲，对匈奴与汉族的关系，尤其被歪曲得严重。因此在今天，运用马克思列宁主义、毛泽东思想作武器，涤荡史学领域中的这些污泥浊水，还匈奴历史以本来面目，是我们史学工作者责无旁贷的义务。因而匈奴史这个学术领域，也是马列主义与非马列主义斗争的一个战场。

学习和研究匈奴史的意义重大，于此可见！

我这本《匈奴通史》，试图运用马克思列宁主义、毛泽东思想的科学观点和方法，对这个在中国历史舞台上活跃了约五百年的匈奴族的经济生活、社会结构、政权组织、文化习俗、部族兴衰、政治演变，及与其他各族特别是汉族的关系，作一比较全面而系统的叙述，以期将匈奴族的历史面貌描绘出一个轮廓。

这本《通史》是在拙著《匈奴史》[②]的基础上修订和扩充而成的，为了使问题叙述得较为广泛、深入，这次把篇幅约增加一倍。

匈奴史是专门史，为了便于非专业人员阅读，内容力求简明、通俗，以正面介绍匈奴历史知识为主，不作烦琐考证；对国内外学术界所争论的问题，除必要辩明者外，避免纠缠；引用的古代文献，或译成口语，或附加解

① 参阅中国历史地图集编辑组编辑的、中国地图学社 1974 年出版的《中国历史地图集》第二册第 39 幅《匈奴等部》。

② 内蒙古人民出版社 1977 年版，1979 年再版。

释。论据均一一注明出处。古代地名加注今时地名;匈奴专用名词术语的古代读音和含义,亦一一加注,以便读者理解。

匈奴史内容复杂,而目前国内外学术界用马列主义研究、出版这类的专著又不多,有关匈奴的许多问题,非但远远未能解决,甚至有的还没有接触或尚在探索之中,故撰写这类专门性的历史书,较为困难;加上作者的政治水平和业务水平均属有限,因此错误之处,恐难避免,希望读者多予指正,以便逐步修改和提高。

林　幹

一九八三年冬书于内蒙古大学

第一章

匈奴族的来源及其形成

中国境内大漠南北的草原地带,自古以来就是我国历史上北方各个游牧民族活动的大舞台,同时也是各族互相交往、互相战争和互相融合的场所。

根据史书的记载,黄帝曾北逐荤粥。[①] 黄帝是中国原始氏族社会时期的传说人物,年代约在公元前6000年左右。这个记载,反映了北方游牧民族在遥远的古代就与中原华夏各族接触的事实。到了夏代(约前2070—前1600年),荤粥与夏族为邻,并有密切的交往。殷商时(前1600—前1046年)鬼方是个强敌,殷王武丁曾和它进行过3年的长期战争,才把它打败。西周时(约前1046—前771年),狁活跃起来。据文献记载,玁狁经常向周朝进行侵扰,给内地人民造成许多灾难和痛苦。当时诗人曾为此发出过“靡室靡家(无室无家),猃狁之故”“不遑启居(不暇起居),猃狁之故”[②]的哀叹!公元前8世纪,周宣王多次出兵抵御猃狁的进攻,并在“朔方”建筑城堡。诗人曾描写当时抵御猃狁的情况说:“天子命我,城彼朔方;赫赫南仲(显赫的南仲,南仲是人名),猃狁于襄(摈除了

① 参阅《史记》卷1《五帝本纪》。(本书所引二十四史均据中华书局标点本,以下不一一另注)

② 《诗经·采薇篇》《出车篇》。

猃狁)。”①

春秋战国之际,荤粥、鬼方、猃狁各族的名称消失了,继之在史书上出现的却是“戎”“狄”。这些“戎”“狄”有大有小,总计不下一百有余之数。② 而这么多的“戎”“狄”也不会凭空降生,其间必是猃狁等族(还有其他名称不见于史传的各族)的逐渐融合,因而以一个新的族名取代旧的族名。这种族名的变化,反映了各族互相间关系的变化,包含着众多的氏族或部落的分、合、聚、散的历史内容。这时,这些“戎”“狄”有的分布于黄河流域,有的分布于大漠南北。分布在黄河流域的“戎”“狄”,有的聚居于华夏各族之北,有的散居于华夏各族之间。他们与华夏各族接触频繁,有时和平交往,也不时发生战争。而他们自己各族之间也时战时和。因而在这种互相交往和互相战争中,不断趋于融合。在长期互相融合的过程中,有的“戎”“狄”因为社会发展较快,力量较强,扮演了一个主要的角色(吸收了他族),而其他的“戎”“狄”则处于配角的地位(被他族所吸收)。到了战国时期(前 476—前 221 年),散布于黄河流域的“戎”“狄”,除了在今河北省境内剩下一个建立“中山国”的鲜虞族(白狄之一支)以外,其余大部分都被华夏各族及其建立的各强大诸侯国兼并;有的则迁至大漠南北,与原来居住在那里的“戎”“狄”结合在一起。到了战国后期,随着社会历史的发展,原先活动在我国北方的许多互不统属的氏族和部落,逐渐局部地聚集起来,在一定地域的范围内形成为部族共同体,比较先进的则迈入了文明的门槛,建立起本族的国家政权(如匈奴族),后进的或组成部落联盟(如与匈奴同时兴起的东胡族),或仍停留在氏族或部落的历史阶段。

匈奴族就是通过这种融合的过程,于公元前 4 世纪渐露“头角”,至前 3 世纪终于登上了历史舞台。其族源应包括荤粥、鬼方、猃狁、“戎”、“狄”、“胡”在内的所有原先活动于大漠南北的各族。正如《晋书》卷九七《北狄匈奴传》所说:“匈奴之类,总谓之北狄。……夏曰荤粥,殷曰鬼

① 《诗经·出车篇》。

② 《史记》卷 110《匈奴列传》载:“……各分散谿谷,自有君长,往往而聚者百有余戎,然莫能相一。”

方，周曰猃狁，汉曰匈奴。”很难说匈奴的族源来自单一的氏族或部落。不过在匈奴族形成的过程中，被称为“匈奴”的那一部分由于社会生产力较之其他部分先进，力量较强，故在部族形成的过程中居于主导的地位，起着支配的作用。随着部族的形成和发展，“匈奴”那一部分遂以它本部的名称总括和代表整个部族。事实上，匈奴自己族内的民族成分也不是单一的，如休屠（屠各）、宇文、独孤、贺赖、羌渠等部，都是匈奴族内的构成部分；而各部之下还有众多的氏族，如挛鞮氏（虚连题氏）、呼衍氏（呼延氏）、兰氏、须卜氏、丘林氏、乔氏、当于氏、韩氏、郎氏、栗籍氏、沮渠氏等（同姓或异姓）。此外还有所谓的“别种”“别部”，都尚未计。① 这样复杂的民族构成，正是匈奴族由众多的氏族和部落聚集、结合和形成的有力证明。与匈奴并起的东胡族及其后相继在大漠南北兴起的乌桓、鲜卑、柔然、铁勒、突厥、回纥、契丹、蒙古等族，其族内的民族成分无不如此复杂，可作为旁证。

14 世纪伊儿汗国的史学家拉施特丁，在他的名著《史集》（卷一）中曾说：

> 由于塔塔儿人非常“伟大”和受人尊敬，其它非塔塔儿人各氏族也以塔塔儿人的名字为世所知，尽管种族的名称不同，现今都被称为塔塔儿人。这些非塔塔儿人，由于把自己列入塔塔儿人之中，并以塔塔儿人的名字见称于世，因而自己也觉得居于“伟大”和可敬的地位。正象现今的塔塔儿人、札剌亦儿人、斡亦剌人、客列亦人、汪古人、唐古特人等各种非蒙古部的部落，均仰赖成吉思汗及其氏族的“洪福”，才成了蒙古人。这些人原来都各自具有一定的名字和称谓，但如今为了自我夸耀起见，也都自称为蒙古人，尽管他们原先并不承认“蒙古”这个名字。这样，他们现今的后裔便以为他们自古以来就是属于“蒙古人”的名下并以“蒙古”之名见称。其实并非如此，因为古时的蒙古人只不过是许多草原部落中的一个部落而已。（以

---

① 以上参阅《汉书》卷 94《匈奴传》，《后汉书》卷 89《南匈奴传》，《晋书》卷 97《北狄匈奴传》、卷 129《沮渠蒙逊载记》，《魏书》卷 23《刘库仁传》及《宋书》卷 98《氐胡传》。

上意译,个别字句间有增删)

拉施特丁的这一段话,对于了解匈奴族及其继起的中国古代北方游牧各族的形成、族源之并非单一,和族内民族的复杂等方面,都有一定的参考价值和借鉴作用。

再从“荤粥”“猃狁”“匈奴”的语言进行分析、比较,这三个族名都可能是一音之转,尤其“荤”“猃”“匈”三字,甚至可以说本来就是一个语音的不同译法(仅用字不同)。而匈奴的“匈”字与战国秦汉时代作为匈奴的专用名称的“胡”字,如果急读,也属于同一语音,与英文文献中 Huns 的“Hun”,罗马文献中 Hunni 的“Hun”,希腊文的 Xouos(或 Xouw)而后称 Huns 的“Hun”,也都是一个音。因此我认为,形成匈奴族的主体部分——“匈奴”那一部落,原先可能就是从荤粥、鬼方、猃狁这些族逐渐演变、发展而来的。

匈奴族诞生的民族“摇篮”,在今内蒙古河套及大青山一带。《汉书》卷二八《地理志下》所载五原郡稒阳县(在今内蒙古包头市东)西北的“头曼城”,就是当年匈奴的第一个单于——头曼单于[①]的驻牧中心及以他为首的匈奴部落联盟的政治统领中心的所在地。西汉元帝时“习边事”(熟悉边防事务)的郎中(官号)侯应(人名),也说“阴山东西千余里,草木茂盛,多禽兽,本冒顿(音墨毒)单于依阻(即屯聚)其中,治作弓矢(制造弓箭),来出为寇,是其苑囿”[②]。也就是说,今内蒙古阴山(俗称大青山)一带是匈奴人生息繁衍的发祥地,同时也是军事手工业(制作弓矢)的基地及向外扩张的根据地。所以《史记·匈奴列传》叙述匈奴与先秦诸侯国的地域分界时说:“当是之时,冠带战国七,而三国(燕、赵、秦)边于匈奴。”正因为当时匈奴的发祥地在今河套及大青山一带,所以才能与中原的燕国(都蓟,今天津市北)、赵国(初都晋阳,今山西太原市;后都邯郸,今河北邯郸市)和秦国(都咸阳,今陕西咸阳市)接壤。

内蒙古河套及大青山一带是匈奴人的发祥地,这在近二十年来内蒙

---

① “单于”,匈奴最高首领之义,音蝉余。

② 《汉书·匈奴传下》。

古地区先后发现了很多匈奴墓葬，也可以反映出来。如：

1972 年，在伊盟（今鄂尔多斯市）杭锦旗东南桃红巴拉村发现了属于战国早期的匈奴墓六座。①

同年，在杭锦旗东南阿鲁柴登地区（桃红巴拉东北 4 公里）发现了也是属于战国早期的匈奴墓二座。②

1975 年，在准格尔旗北部玉隆太村发现了属于战国至汉时的匈奴墓一座。③

1979 年，在巴盟（今巴彦淖尔市）乌拉特中后联合旗西呼鲁斯太河左岸发现了属于战国时期的匈奴墓三座。④

同年在伊盟（今鄂尔多斯市）准格尔旗北部西沟畔发现了属于战国晚期的匈奴墓三座。⑤

秦始皇统一中国（前 221 年）之后，曾派兵攻占了“河南地”（今内蒙古河套以南一带），又渡过黄河，据守阳山（今大青山西支的狼山）、北假（今河套以北、大青山以南夹山带河地区）之地，同时建筑“万里长城”以阻止匈奴骑兵的南下。头曼敌不过秦国，只得向北移徙。汉初冒顿单于在位（前 209—前 174 年）时，匈奴势力强大，复把河套南北地区全部夺回，归右贤王管辖，河南地由匈奴属部楼烦王部和白羊王部驻牧。汉武帝元朔二年（前 127 年），汉将卫青打败和驱逐了楼烦、白羊二王，匈奴只得再次将河南地放弃。汉朝于河南一带设置朔方郡，筑城固守，从此匈奴再也无法夺回这块地方。元朔五年（前 124 年），卫青又率大军从朔方高阙（今内蒙古巴彦淖尔市临河区西北石兰计山口）北出塞外六七百里，夜围右贤王庭，右贤王只身逃走，损失惨重。第二年（元朔六年），卫青再次出击，又俘获甚众。这时匈奴统治者才感到漠南靠近中原边塞，所受汉朝的军事压力太大，难于立足。故采纳了翕侯赵信（原为匈奴小王）的献策，

---

① 参阅田广金：《桃红巴拉的匈奴墓》，《考古学报》1976 年第 1 期。

② 参阅田广金、郭素新：《内蒙古阿鲁柴登发现的匈奴遗物》，《考古》1980 年第 4 期。

③ 参阅内蒙古博物馆等：《内蒙古准格尔旗玉隆太的匈奴墓》，《考古》1977 年第 2 期。

④ 参阅塔拉、梁京明：《呼鲁斯太匈奴墓》，《文物》1980 年第 7 期。

⑤ 参阅伊克昭盟文物工作站等：《西沟畔匈奴墓》，《文物》1980 年第 7 期。

"益北绝漠(渡过大沙漠,尽量向北),以诱疲汉兵,徼极而取之(诱使汉兵疲劳,然后智取),无近塞(不要南下靠近边塞)"。从此匈奴的主力退向漠北。但汉朝的军事力量追踪至漠北,经过元狩四年(前 119 年)漠北之战,单于虽以"精兵待于漠北",结果仍然战败遁逃,卫青一直追至寘颜山赵信城(山约为今蒙古国杭爱山南面的一支,城在寘颜山附近)。同时霍去病亦"绝漠",在漠北打败左贤王,追至狼居胥山(约在今内蒙古赤峰市克什克腾旗西北一带)和姑衍山(当在狼居胥山附近)。"是后匈奴远遁,漠南无王庭"①。从此匈奴的政治中心永远撤离它的发祥地,迁移至漠北去了。

漠北原先也是匈奴人的聚居区。政治中心北移之前,匈奴族的主体部分在漠南,政治中心北移之后,漠北遂成为匈奴人,特别是主体部分的匈奴人的生活重心。至公元前 1 世纪中叶呼韩邪(邪音耶)单于稽侯珊归附西汉王朝之后,有许多匈奴人又重新返回漠南,故王莽时,今内蒙古托克托县一带便成为左犁汙王咸的驻牧地②;东汉初,今锡林郭勒盟一带则成为左伊秩訾王的驻牧地③;而造成匈奴分裂为南北二部的右薁鞬日逐王比(名"比"),原先也是驻牧于今内蒙古旧长城以北,西自河套、东至河北省北部南洋河以西一带的。④

---

① 以上史事及引句,俱见《史记》卷 110《匈奴列传》及卷 111《卫将军骠骑列传》。

② 参阅《汉书·匈奴传下》。

③ 参阅《后汉书》卷 20《祭肜传》及下文第四章(祭肜之"肜",别本或作"彤",音融)。

④ 参阅《后汉书·南匈奴传》。

第二章

匈奴的氏族组织及其向奴隶制社会的发展

匈奴族很早就组成了氏族部落和部落联盟。但其时参加联盟的各个部落仍分合无常，很不稳定。《史记》卷一一〇《匈奴列传》在叙述匈奴族的早期历史时说："自淳维（传说中匈奴的祖先）以至头曼，千有余岁，时大时小，别散分离。"这正是氏族部落和部落联盟极其不稳定的情景，而匈奴的第一个单于——头曼单于，便是由部落联盟公推的首领。在氏族组织还没有解体以前，匈奴人是过着共同生产、共同分配、没有阶级和没有压迫剥削的原始公社的生活的。这种生活，到了公元前3世纪前后才开始发生变化。

匈奴人从公元前3世纪前后便已开始进入铁器文化时代。由于铁器文化的创造，大大提高了匈奴社会生产力的水平，因而生产品有了剩余，这便促使匈奴人的游牧经济有了从集体化转变为个体化，从而使公有制转变为私有制的可能。第一，本来畜群的游牧，特别是在冬季缺乏饲料的条件下游牧，小畜群较之大畜群容易饲养得多。为了保护和繁殖畜群，就需要把它们分开来放牧。这样便逐渐由公社的集体游牧转变为个体家庭的分散游牧。第二，牲畜原来就是易于被占有、被分割和被交换的。而逐水草迁徙的游牧经济，一面在进行生产，一面又劫掠别的部落和牲畜。这样的情况，都是有利于牲畜的私有制的实现。而牲畜的私有制，又使牲畜的私有主更为关心自己私有经济的发展。这样,便为畜群的增殖和其他财富的积累扩大了可能。第三,生产力的进一步提高,也推动了社会的各个经济部门,特别是作为主要经济部门的畜牧业,在原有的基础上空前发展起来。这时匈奴人的生产不仅能够自给,而且有了剩余,这样便创造了可能发生剥削与被剥削关系的经济前提。因而在匈奴人的原始公社内部,随着财产私有的出现,阶级分化也开始了。

大约在公元前 3 世纪前后,匈奴人的氏族公社出现了私有牲畜的个体家庭的独立的小经济。这种独立的小经济一经出现,便以一种与氏族相对抗的力量,开始起着瓦解氏族组织的作用。从漠北已发掘的属于公元前 3 至前 2 世纪的匈奴墓葬中,在陪葬品甚为丰盛的富有的大墓旁边,又有许多陪葬品极其缺乏的贫困的小墓可以明显地看出,这时氏族组织已经解体,贫富悬殊的事实也充分地暴露出来了。① 在这个时候,牧场和游牧地仍属于氏族公社所有,可是牲畜已属于个体家庭所有。因此,牧场和游牧地的公有制与牲畜的私有制的结合,是这个时期匈奴人氏族公社的特征之一。

匈奴人的氏族公社,虽于公元前 3 世纪前后已因个体家庭的私有经济的出现而开始解体,但这时各个家庭,各个氏族成员仍然通过对于牧场和游牧地这种生产和生活的重要条件的共同占有而互相紧密地结合着。《史记·匈奴列传》说,匈奴人"逐水草迁徙,然亦各有分地"(分即份),正是指匈奴人的牧场和游牧地的氏族公有而言。这种结合之所以能够维系,主要原因在于为了保卫本氏族的安全,保卫畜群和游牧地不致遭受外族部落的侵扰和袭击。同时,在原始氏族公社制度瓦解至阶级形成的过程中,掠夺性的战争成为匈奴人的经常职业,正如《匈奴列传》说"匈奴明以战攻为事"。因此他们不仅要紧密地结合在一起,而且还要按军事的方式组织起来,以便随时出征和投入战斗。所以匈奴人的氏族公社的另一个特征是,它既是一个生产组织,也是一个军事组织。《匈奴列传》又

① 参阅蒙古考古学家策·道尔吉苏荣《北匈奴的坟墓》一文对匈奴墓葬的介绍。该文载 1956 年乌兰巴托科学委员会用新蒙文出版的《科学院学术研究的成就》第 1 期。

说:匈奴人“士(及龄壮丁)力能弯弓,尽为甲骑(尽被编为骑兵)。其俗,宽则随畜因射猎禽兽为生业,急则人习战攻以侵伐”。即平时赶着畜群、以射猎禽兽为生,战时则人人投入战斗。这反映了在匈奴的氏族组织中,把生产组织与军事组织合而为一的情况。正如马克思说:“这样的组织是公社以所有者资格而存在的条件之一。”①

匈奴人的氏族组织,原先是一种血缘组织,随后因为氏族公社的解体、阶级的形成及因频繁战争所造成的氏族成分的复杂性和不稳定性,而使氏族的血缘关系在事实上无法存在下去。首先是在氏族组织中,除了本族的成员外,流入了大量的外族人口,如东胡人、西嗕人(嗕音辱)、月氏人(氏音支)、楼烦人、白羊人、浑庾人、屈射人、丁令人、鬲昆人(鬲音隔)、薪犁人、乌孙人、西域人、羌人和汉人。这些人口,大都散处于各个氏族、各个家庭之中,绝大多数充当奴隶,个别可能被吸收为氏族成员。其次,每一次战争,特别是战争的失败,往往造成了氏族人口的大量伤亡离散和组织的严重破坏。例如公元前124年,右贤王部被汉将卫青夜袭,右贤王只身逃走,精骑散亡,担任裨小王的氏族长十余人及男女一万五千口被俘,整个氏族部落的组织被打散。又如公元前119年,伊稚斜单于与卫青作战失败,率壮骑数百突围遁走,所余部众往往与汉兵混杂在一起;同时,左贤王部亦被霍去病斩首及俘虏共七万余人,部将尽都逃走,氏族部落亦全被打乱。更为严重的是公元前71年,汉与乌孙联兵二十万合攻匈奴,匈奴闻汉兵大出,老弱奔走,尽驱畜群往远处逃避。在这种兵荒马乱之中,氏族组织当然会陷于混乱,而右谷蠡王部(谷蠡音鹿黎)因被校尉常惠与乌孙兵攻入,俘虏单于父亲一辈的及嫂、居次(匈奴语“公主”之意)、名王、都尉、千长、大将以下三万九千余,获马、牛、羊、驴赢、橐驼七十余万只,匈奴人民死伤、流离及牲畜死亡散失的,多至无法计算;氏族组织完全土崩瓦解。② 以上仅举数例,其余类似的局面,在战争中是不时发生的。虽然由于氏族组织的坚韧性,往往在散乱或破坏之后,很快又

① 马克思:《资本主义生产以前各形态》,人民出版社1956年中译本,第8页。

② 以上参见《史记·匈奴列传》及《汉书·匈奴传上》。

重新集结和恢复起来(如伊稚斜单于遁走后不久“复得其众”),但是原有的氏族人口和机构已经不断地被拆散、被搅乱和被混合了。尽管后来氏族组织的外壳继续维持,氏族公共墓地和氏族名称仍被保留,氏族外婚制也仍被遵守,但真正的纯血统的氏族已很难存在了。所以匈奴人的氏族组织的外壳虽一直保存到公元3世纪以后的魏晋时期,但它的血缘关系,随着氏族内部的经济性质的转变,也逐渐转变。这种转变后的氏族公社,实质上已不再是建筑于血缘的基础上的亲族单位,而是建筑于地域基础上的军事行政单位了。这是匈奴氏族公社的第三个特征。

匈奴人的氏族组织的外壳一直保存到公元3世纪以后,可以从文献中反映出来的氏族公共墓地、氏族名称和氏族外婚制的情景,追寻出它的踪迹。史书上记载过匈奴人的氏族墓地,如《后汉书》卷九〇《乌桓传》载昭帝时(前78年)乌桓人发掘匈奴单于的冢墓。这种冢墓就是属于氏族公共墓地的。氏族公共墓地是氏族组织的一个特征,氏族公共墓地的存在,就表明氏族组织的外壳的存在。

其次,关于氏族名称。《史记·匈奴列传》和《后汉书》卷八九《南匈奴传》都曾提到匈奴有四个与单于异姓的显贵氏族——呼衍氏、兰氏、须卜氏、丘林氏。《南匈奴传》所记南单于入居西河郡(50年)以后的诸部王中,仍有出身于韩氏、当于氏、呼衍氏、郎氏、栗籍氏各氏族的骨都侯。《晋书》卷九七《北狄匈奴传》也说到匈奴有出身于呼延氏、卜氏、兰氏、乔氏等氏族的人世代担任匈奴的重要官职;还有“勇健而好反叛”的綦母氏(綦音其)、勒氏等氏族。氏族名称是氏族组织的一个标志,氏族名称的存在,说明氏族组织的外壳的存在。

再次,关于氏族外婚制。上面提到的呼衍氏、兰氏、须卜氏和丘林氏,《后汉书·南匈奴传》说他们常常与单于通婚姻。据《汉书·匈奴传上》载,单于的氏族是挛鞮氏(挛音孪,鞮音低),与呼衍氏等并不属于同一氏族。可见这些氏族都是实行外婚制的。还有,公元前1世纪后期出塞的汉宫女王昭君,她与复株累单于所生的两个女儿,原是属于呼韩邪单于稽侯珊的氏族的,后来长女云(长女名“云”)出嫁须卜氏族,故称须卜居次

(即须卜公主之意),小女出嫁当于氏族,故称当于居次。① 可见呼韩邪单于和须卜、当于等氏族也是实行外婚制的。直到公元3、4世纪,匈奴人还是实行外婚制。例如"五胡十六国"时建立"汉"政权的匈奴贵族刘渊及他的儿子刘聪,本来出自屠各胡(匈奴族的别支),可是他们的妻子却都属于呼衍氏的女儿。② 氏族外婚制是氏族社会特有的婚姻制度。氏族外婚制的遵守,说明氏族组织的外壳依旧存在,虽然氏族组织的内容和性质早已发生变化了。

由于牲畜的迅速发展,照料畜群需要有更多的人手,关心自己私有经济的牲畜所有主,便把从战争中捕获的俘虏加以利用,于是奴隶阶级出现了。

《史记·匈奴列传》说:匈奴人作战,斩敌首级的赠一卮酒(卮音支,一种圆形的酒器),而以所得的虏获物赏赐给他(私有财产的存在),俘掠得来的人口收为奴婢;把战死者的尸体抬回来,尽得死者的家财;盗窃财物者,没收其家口和家产。这正是匈奴社会存在私有财产和以战俘为奴隶的说明。

由于匈奴人在战争中把俘掠得来的人口收为奴婢,故每个战士都尽量俘虏人口,把战俘变为自己的奴隶。因此,匈奴平民拥有奴隶的现象是很普遍的。当然,匈奴贵族拥有奴隶较之平民更多得多。《史记·匈奴列传》说:匈奴贵族死,他的"近幸臣妾"(奴婢)从死者多至数十百人。从诺颜山出土的匈奴贵族墓葬中,有一个墓室竟发现了17条辫发。③ 这正是匈奴贵族拥有大批奴隶和以大批奴隶殉葬的物证。由于大量战俘成为奴隶,因而大大地促进了奴隶制的形成。

匈奴的奴隶共有四个来源,而主要的来源是战俘。战俘中,有汉人,也有其他族人。

根据史书记载,匈奴在汉朝沿边先后掳去了不少汉人,如:

---

① 参阅《汉书·匈奴传下》。

② 参阅《晋书》卷101《刘元海载记》及卷102《刘聪载记》。

③ 参阅苏联考古学家П.К.科兹洛夫《外蒙古调查报告》(1925年列宁格勒出版,俄文),及日本学者梅原末治《蒙古诺颜山发见的遗物》(1960年东京出版,日文)图版第83幅。

公元前177年(文帝三年),右贤王侵扰上郡,杀、掠人民。

前166年(十四年),匈奴骑兵十四万大入朝那、萧关、北地,掳掠人民甚多。

此后每岁入边杀、掠人民甚多,云中、辽东最甚,至每郡达万余人。

前158年(后六年),匈奴大入上郡、云中,各三万骑,杀、掠人民甚多。

前129年(武帝元光六年),匈奴入上谷,杀、掠吏民。

前128年(元朔元年),入辽西,掠二千余人;又入渔阳、雁门,杀、掠三千余人。

前127年(元朔二年),入上谷、渔阳,杀、掠吏民千余人。

前126年(元朔三年),入代郡,掠千余人;秋,又入雁门,杀、掠千余人。

前125年(元朔四年),复入代郡、定襄、上郡,杀、掠数千人。

前124年(元朔五年),入代郡,掠千余人。

前121年(元狩二年),入代郡、雁门,杀、掠数百人。

前120年(元狩三年),入右北平、定襄,杀、掠千余人。

前102年(太初三年)秋,匈奴大入定襄、云中,杀、掠数千人;随后右贤王又入酒泉、张掖,掠数千人(但这数千人旋被汉朝的屯田兵任文部截回)。

前91年(征和二年),入上谷、五原,杀、掠吏民。

前87年(后元二年),入朔方,杀、掠吏民。

前78年(昭帝元凤三年),匈奴入五原,杀、掠数千人,后又攻塞外亭障,掠取吏民而去。①

以上截至昭帝时为止,最少当在十万口以上。

除了汉人以外,匈奴还从别的部族或部落掳掠了很多的人口。例如

① 以上分别见《史记》卷110《匈奴列传》,《汉书》卷94上《匈奴传上》、卷6《武帝纪》及卷7《昭帝纪》。

冒顿单于在破灭东胡时，俘虏其人民而归；①在征服了西嗕部落以后，把西嗕的全部人口数千人强制地迁移至匈奴左地驻牧。② 至于冒顿在西击走月氏，南并楼烦、白羊河南王，北服浑庾、丁令、鬲昆、薪犁及西北平定楼兰、乌孙、呼揭及其旁各族时，掳掠了多少人口，虽不得而知，但从下面一段史料看来，掳去的人口一定不少。

《三国志·魏书》卷三〇《乌丸鲜卑东夷传》裴注引《魏略》一书载：东汉建武时（约在48年），有数万落“赀虏”（匈奴名奴婢为“赀”，音资，即资财之意），利用匈奴分裂为南北二部、衰弱之际，乘机逃亡到今甘肃河西走廊一带，仍然过着“畜牧逐水草”的游牧生活；在这些逃亡的奴婢中，种族不一，其中有西域人、丁令人，还有羌人。从这段记载里可以知道，在被掳入匈奴的外族奴隶中，除了汉族、东胡和西嗕外，还有西域各族、丁令和羌族。这些逃亡的各族奴隶，合计有数万落（落即户）之多，姑以每落五口计之，也有数十万人。③

以上是匈奴奴隶的第一个来源。

第二个来源是由邻族贩卖而得。例如东汉时，西方的羌族把掠夺得来的大批汉人奴隶转卖给南匈奴。后来南单于因叛汉失败，乃把这一批奴隶连同他以前所抄掠的汉人合计一万多人，一同释放归汉。④

第三个来源是因隶属部族或部落付不出贡税，被没收为债奴。例如《后汉书》卷九〇《乌桓传》载：乌桓自从被冒顿单于攻破，部族开始衰弱，隶属于匈奴，每岁输送牛、马、羊皮给匈奴统治者，如过时不纳，常常被没

---

① 参阅《史记·匈奴列传》。

② 参阅《汉书·匈奴传上》。

③ 匈奴的一个“落”究竟有多少人口？我的良师益友马长寿先生在《论匈奴部落国家的奴隶制》（见《历史研究》1954年第5期）一文中假定“每落五家，每家五口”，数万落“合计有三四十万人”。我以为这个假定未免过多，对于“落”的理解，尤有未妥。试举一例为证：《后汉书》卷90《鲜卑传》载，匈奴衰落时，“余种留者尚有十余万落，皆自号鲜卑”。如果依照“每落五家，每家五口”计算，这部分加入鲜卑的匈奴人口最少当有二百五十万至三百万。匈奴最盛时的人口，据马氏自己估计，仅有一百五十万。然则及其衰落时的残余人口反而比最盛时多出二分之一甚至一倍，似乎不可想象。因此我以为所谓“落”者，户也，以每“落”五口计之近是。今蒙古语仍称户为“额落”，可见“落”即户无疑。

④ 参阅《后汉书·南匈奴传》。

收妻子为奴。

第四个来源是匈奴族人因犯罪而被没收为罪奴。如匈奴法律规定：盗窃财物者，没收其家口和家产。这样，随着以外族俘虏为奴隶，以本族成员为奴隶的现象也出现了。

综合匈奴所有的奴隶，其总数虽不能确指，但估计当不下数十万人。这个数字在匈奴全部人口中约占多大的比重呢？

考匈奴人口，史未详载，但从片断的记录中，也未尝不可作出一个估计。

《史记·匈奴列传》说，冒顿时控弦之士三十余万，公元前200年在平城围攻汉高帝刘邦时有精兵四十万。匈奴“士力能弯弓，尽为甲骑”。照文帝时大臣贾谊的说法，匈奴“五口而出介卒一人”①。那么当时大约有二百万人口。后来在武帝期间，因连续遭受汉朝数十年军事上的沉重打击，兵员和人民都死亡很大（自然的增殖恐不足与死亡人数相抵），加以有许多人南下附汉②，人口可能较冒顿时略减。

据《汉书·匈奴传上》载，公元前71年（宣帝本始三年），匈奴受到汉与乌孙的联合进攻，被虏三万九千余人；同年冬，单于在远征乌孙的回师途中，因遇大雪，冻死数万人，旋被丁令、乌桓、乌孙乘虚攻杀数万人，又因天灾，人民饿死十分之三；前68年（宣帝地节二年）发生饥荒，人民死者又十分之六七。故到了公元前58—前57年（宣帝神爵四年—五凤元年）五单于争立时，匈奴人口已大为减少，估计剩下一百七十五万左右。这是针对五单于争立时的人口数字而言，经过五单于混战之后，兵员和人民大量被杀和死亡，人口就更少了。故呼韩邪单于在混战中获胜后回到单于庭时，他辖区的人口只有数万人；而其兄郅支单于所部的五万人，当抵达康居（居音渠，今中亚哈萨克斯坦东南部）时仅剩三千人。③ 故估计混战后的人口，最多只能剩下一百五十万。

公元48年（东汉光武帝建武二十四年），匈奴分裂为南北二部。据

---

① 贾谊：《新书》卷4《匈奴篇》1937年商务印书馆印行《四部丛刊》本。

② 例如浑邪王部和休屠王部在一次战役中就被汉杀虏数万人；后浑邪王杀死休屠王附汉又带走四万余人，见《史记》卷110《匈奴列传》及卷111《卫将军骠骑列传》。

③ 以上参阅《汉书·匈奴传》。

《后汉书》载，南部的人口，最盛时（90 年，和帝永元二年）“领户三万四千，口二十三万七千三百，胜兵五万一百七十人”（《南匈奴传》）。北匈奴的人口，公元 83 年（章帝建初八年）由三木楼訾大人稽留斯等率领附汉的有三万八千人；87 年（章和元年）由屈兰、储卑、胡都须等率领附汉的有二十万人，胜兵八千人（《南匈奴传》）；89 年（和帝永元元年）由温犊须、日逐、温吾、夫渠王柳鞮等率领附汉的有二十余万人（《窦宪传》），合计约四十四万人。除了公元 91 年（永元三年）北单于因兵败西迁时带走的一部分人马不知多少，无法统计外（被柔然吞并的北匈奴人也不知多少，无法统计；公元 91 年，於除鞬①率领的二万人后全部被歼，故亦不统计），当时余留在漠北的尚有五六十万匈奴人加入了鲜卑，此数如与上述四十四万人合计，当时北匈奴的人口有一百万左右。若合南匈奴的二十三万七千余口计之，在公元 90—91 年前后，匈奴全部人口，最多不会超过一百三十万人。

综上所论，汉初匈奴盛时，人口约有二百万；宣帝时五单于争立，人口减为一百七十五万：五单于混战后人口更少，约为一百五十万；及其衰落，分裂为南北，人口仅存约一百三十万。假定匈奴奴隶人口为三十万，则约占匈奴人口的七分之一或五分之一。

这样庞大的奴隶人口，他们被迫从事生产劳动，是没有疑问的。来自游牧部落的人口，则驱使他们为牧奴；来自农业地区的汉人，则驱使他们为耕奴；其中长于工艺的则为工奴。这可从下列方面加以论证：第一，上面提到那些逃亡的“赀虏”，在逃亡后仍旧过着“畜牧逐水草”的游牧生活，那么他们原在匈奴为牧奴可知。第二，匈奴凿井灌溉，筑城、建楼存谷，都是利用汉人；漠北匈奴墓葬出土有汉人惯用的铁镰、铧，这都与汉人参与农业、充当耕奴有关。第三，诺颜山出土的匈奴铜铁器，模仿汉式铸造的很多，这无疑是出自汉族工奴之手。此外，也可能有一部分善于经商的西域人被主人利用为贩运商品的贾奴。奴隶被役使于家内劳动也是有

① “於除鞬”是人名，但“於”字应音“于”或“乌”，学者间尚无定论，故不能改为简体字“于”。

的;其中年轻貌美的女奴则可能被主人收为姬妾,如东汉末被“胡骑”掳去、后来落入左贤王之手的蔡文姬[①],便是一例。

根据以上的论述,可见被掳入匈奴的奴隶,大多参加了畜牧业、农业和手工业的生产劳动。但是,匈奴的奴隶制,与古希腊、罗马的奴隶制微有异、同。

首先,拥有奴隶的一般匈奴人,除了使用奴隶参加生产劳动外,大多自己也不脱离生产劳动。因为匈奴人从小就参与生产的行列,虽然到了丁壮之年,一律编为“甲骑”,但在不作战的时候,仍然从事射猎和畜牧生产,他们既是骑兵,也是牧民。故《史记 · 匈奴列传》说:“宽则随畜因射猎禽兽为生业,急则人习战攻以侵伐,其天性也”(是匈奴人的“天性”=习俗和制度)。也就是说,匈奴人由于生产组织和军事组织的合一,对于生产和作战,那些“甲骑”都同样担当。他们在平时赶着畜群,追逐水草而游牧,在战时则跃马弯弓,投入战斗;在游牧或射猎的过程中,随时也可能发生战斗(劫掠或被劫掠)。后来契丹人的“有事则以攻战为务,闲暇则以畋渔为生”[②],及蒙古人的“上马则备战斗,下马则屯聚牧养”[③],仍是这样的情况。此其一。

匈奴骑兵不仅从事畜牧业的劳动,而且有时还参与农业的生产。《汉书》卷九六《西域传下》载:“昭帝时,〔乌孙〕公主上书,言匈奴发骑田车师(即派骑兵在车师地区种田)。”又载:“昭帝时匈奴复使四千骑田车师。宣帝即位,遣五将将兵击匈奴,车师田者惊去。”可见匈奴的骑兵中,有时一面作为战斗军在车师驻防,另一面又作为“农业军”在车师生产。此其二。

匈奴人的许多手工业,特别是金属冶炼,大多由汉族奴隶担任,这无可疑。但并不是所有的手工业全由汉族奴隶担任。例如,制造陶器和制造弓箭、穹庐、毡裘、酪浆之类,就是由匈奴人自己担任居多,当然也可能使用一部分外族奴隶作为辅助的劳动力。此其三。

总之,在匈奴社会的生产领域中,拥有奴隶的一般匈奴人,除了上层

① 参阅《后汉书》卷84《烈女董祀妻传》。

② 《辽史》卷31《营卫志》上。

③ 《元史》卷98《兵志》一。

贵族外，大多自己也参加生产劳动，这与古希腊、罗马的奴隶主（自由民）完全不参加生产劳动甚至鄙视劳动不同。故匈奴的奴隶人口虽然没有古希腊、罗马的奴隶人口那样多，没有古希腊、罗马的奴隶人口在全国人口的比重那样大（古希腊、罗马平均每个自由民可有好几个奴隶），但由于匈奴社会的生产组织与军事组织相结合这个特点，导致了一般平民都参加生产劳动，因而尽管奴隶人口较少、在全国人口中的比重较小，也无碍于奴隶制的确立。而这种并不完全依靠奴隶来担当全社会供养的现象，正是匈奴的社会生产水平较为低下的反映，而建筑在这种较低生产水平的基础上的奴隶制，自然不能和古希腊、罗马那种生产水平甚高、工商业十分发达的奴隶制相比，所以匈奴的奴隶制不如古希腊、罗马的奴隶制那样成熟和获得充分发展的机会和条件。但是不成熟、不发达的奴隶制也是奴隶制。而这种不成熟、不发达的奴隶制，在奴隶担当了最主要、最繁重的生产劳动的同时，辅之以自由牧民也参加部分的生产劳动，这也是匈奴的奴隶制与古希腊、罗马的奴隶制微有不同的特点之一。

其次，匈奴的奴隶制还有一点与古希腊、罗马的奴隶制不同，那就是由于匈奴生产上的流动性和分散性，决定了生产不能过分集中和规模过大；加以“得人以为奴婢”，每个战士虏获的战俘都归自己所有，因此也就使得他们的奴隶，只能在少数场合集中生产（例如阴山和张掖两处手工工场），大多数场合都是分隶各户，在各个独立的家庭中，在家长的监督下，作为劳动的主要力量而被使用，甚至有极少数的奴隶以“养子”或“妻妾”的身份而与主人同居（例如蔡文姬）。这就往往容易使人产生“没有集中的和大规模的生产就不能容纳大批的奴隶”的错觉。

正由于匈奴的奴隶大多分隶各户，故从表面上看，不少奴隶只从事家内劳动。但是游牧民族的家内劳动，与生产劳动往往是很难区分的。因为牲畜既是生活资料，也是生产资料；饲养牲畜、饮牲畜、圈牲畜、接羔保育、剪羊毛、挤奶子和搞家庭手工业等，既是家内劳动，也是生产劳动。这种劳动与执鞭放牧、随畜追逐水草，只是畜牧业的工种不同，但都是属于生产过程中的一个工序，而且是一个很重要的工序，因此从事这种劳动的奴隶，也就是生产奴隶。因而有些学者根据对这种情况的误解而把匈奴的社会制度称之为家长奴役制(非奴隶制)的,其实也就是奴隶制。不过这种基于游牧生产的特点而形成的奴隶制,具有与古希腊、罗马的奴隶制的不同特点而已。

再次,匈奴奴隶的处境虽和古希腊、罗马的奴隶微有不同,但他们的地位仍是一种"会说话的工具"。因为他们在主人家中,不仅要同家庭中的其他成员一起劳动,而且担负着最繁重的劳动,也受着最残酷的剥削,在需要用人祭祀的仪式中,他们往往被拿去充当祭品(如有大批的奴隶被匈奴贵族拿去殉葬)。此外,匈奴的奴隶制,也和古希腊、罗马的奴隶制一样,是与奴隶买卖相辅而行的。

最后,有的学者认为,奴隶的出现必须通过内因。由于游牧民族的土地(牧场和游牧地)都属于公有,由氏族全体成员共同集体利用,不易出现私有土地的现象,故不易从氏族内部分化出奴隶;同时,氏族社会内部的宗法关系(即同宗同族的血缘关系)也很强固,也不易分化出奴隶。故不能因为匈奴从外族掠来大批的奴隶(外因),便认为是奴隶制。①

其实所谓内因,应是针对一个社会,当它的经济已经发展到一定的水平,私有制已经确立和续有发展,畜牧业也很发达,生产上感到人手不足,社会内部具备了吸收和容纳奴隶作为劳动人手并把他们投入生产过程的可能和条件而言。只要具备了这样的可能和条件,私有主便会把异族战俘留而不杀,或有意识地去掠夺异族战俘,作为劳动力使用,不一定要先从本族内分化出奴隶,才能算作内因。何况在特定情况下,外因也能起决定性的作用。②

此外,游牧民族的生产资料是牲畜而不是土地③,故土地是否私有,

---

① 此说见欧阳熙《匈奴社会的发展》一文,《华东师大学报》1958年第4期。

② 参阅刘长林:《论外因在事物发展中的重要作用》一文,《学习与探索》1980年第5期。

③ 正如马克思在《资本主义生产以前各形态》一书中所说:"在游牧的畜牧部落中,公社事实上往往聚集在一起,这是旅行团(Reisegesellschaft)、队商和游牧群……在这里,被占有的和再生产的事实上只是畜群而不是土地……"(中译本,第27页)。又如《旧唐书》卷62《郑元璹传》载熟悉突厥情况的唐朝使臣郑元涛之言曰:"突厥兴亡,唯以羊马为准。"《辽史》卷59《食货志》上也说:"契丹旧俗,其富以马,其强以兵,马逐水草,人食湩酪;挽弓射猎,以给日用,粮饷刍秣,尽赖于此矣。"因为匈奴文献资料中没有如《旧唐书》和《辽史》那样适当的记载,故引同属于北方游牧民族的突厥和契丹的事例以供参考。

与奴隶制的形成没有多大关系。如果这一点弄不清楚，就无法划分游牧民族与农业民族的区别。正因为有些学者把“农业社会的主要生产资料是土地”不恰当地搬运到游牧民族上来，所以才误引出匈奴社会没有经过奴隶制的结论。事实表明，古希腊、罗马的奴隶，主要也不是先从本族分化出的希腊人和罗马人，而是从海盗行为和战争中掠夺来的战俘或通过奴隶市场贩来的异族人口（这在一般的世界通史教科书中都有论述）。而主要以异族战俘为奴隶作为奴隶制的基础，这也是我国古代北方游牧民族的奴隶制的特点之一，这不仅在匈奴，而且在继匈奴而起的鲜卑、柔然、突厥、回纥、契丹、蒙古都是如此，无一例外。探讨匈奴等游牧民族的奴隶制，不应忽视这个特点。

第 三 章

匈奴奴隶制政权的建立

随着氏族公社的解体、私有财产和奴隶的出现，匈奴的氏族贵族及其世袭权力也出现了，从而社会内部的阶级分化也日益加剧和深刻。在频繁的掠夺战争中，氏族首长和军事首领积累了大量的财富和奴隶，因而大大地加强了他们的权力，提高了他们的地位。起初，他们的职位是选举的，权力是由氏族或部落会议授予的，他们的地位与氏族成员是平等的。现在他们逐渐专擅了权力，世袭了职位，而以一种对抗氏族和统治氏族成员的政治力量而存在于氏族部落之中。恩格斯说："掠夺战争加强了最高军事首长以及下级军事首长的权力；习惯地由同一家庭选出他们的后继者的办法，特别是从父权制确立以来，就逐渐转变为世袭制，人们最初是容忍，后来是要求，最后便僭取这种世袭制了；世袭王权和世袭贵族的基础奠定下来了。"①

大约在公元前 3 世纪，匈奴的这种世袭权力逐渐抬头，至公元前 209 年冒顿杀其父头曼自立为单于时，便最终作为一种制度而确立了。《史记·匈奴列传》载，冒顿是头曼单于的长子。由于头曼喜爱他后娶的阏氏（匈奴称妻、妾为阏氏，音烟支）所生的少子，故把冒顿送往西边的月氏

---

① 恩格斯：《家庭、私有制和国家的起源》第九节，见《马克思恩格斯选集》中译本第 4 卷，人民出版社 1972 年版，第 160—161 页。

（游牧于今甘肃河西走廊一带）作人质，同时又急攻月氏，阴谋假手于月氏而把冒顿杀害。可是冒顿偷了月氏的一匹“善马”，骑之逃归。头曼赞扬他的行为勇壮，命他统领一万名骑兵。冒顿乃创制一种“鸣镝”（响箭），用来训练他的骑兵。他下令说：凡是鸣镝所射而不跟着鸣镝的目标发射的，一律斩首。当他率领所属骑兵狩猎时，有不遵从他的规定发射的，他都把他们斩了。不久，冒顿用鸣镝自射他的“善马”，有的骑兵不敢射，他立即把那些不敢射的杀掉。再过不久，冒顿又以鸣镝自射其爱妻，有的骑兵害怕，更不敢射，他又立即把不敢射的人杀掉。随后冒顿出猎，以鸣镝射头曼单于之“善马”，这次骑兵们毫不犹豫地一齐向鸣镝所射的目标发射。于是冒顿知道他的骑兵已训练成功，可为己用。有一天，冒顿随从他的父亲出猎，冒顿突然以鸣镝射向头曼，他的骑兵立即跟着发射，射杀了头曼。冒顿于是尽把他的后母、弟弟及不服从他的“大臣”（各部落的氏族首长）杀死，自立为单于。这段记载，反映了新兴的势力用暴力手段铲除旧有保守势力的激烈斗争，这是一场政治斗争。这种斗争是匈奴的经济基础和社会结构由氏族社会末期向奴隶社会过渡的结果，是匈奴历史向前发展的表现。因此不能用封建时代的伦常规范和道德观念去看待刚从原始社会向阶级社会过渡的冒顿杀父事件，否则就无法从社会历史根源和阶级根源去正确阐明匈奴社会所出现的种种“怪”现象，例如下文提到的“父死妻其后母，兄弟死尽妻其嫂”之类的现象。

冒顿既自立，从此单于的最高权力集中由挛鞮氏这一个显贵氏族所继承，或父死子继，或兄终弟及。其他王、侯、大将、大都尉、大当户等高官贵职，也由一些显贵氏族或家族世袭。《史记·匈奴列传》说：各大臣都世袭为官；呼衍氏、兰氏、须卜氏，这三姓是贵种。《后汉书·南匈奴传》也说：大臣中显贵的有左右贤王、左右谷蠡王、左右日逐王、左右温禺犊王（禺音偶）、左右渐将王，这些都是单于的子弟、依次第将来有可能当单于的人；单于姓虚连题（即《汉书》挛鞮氏之异译），异姓有呼衍氏、须卜氏、丘林氏、兰氏，这四姓都是匈奴中有名望的氏族。

随着世袭权力、特别是单于的世袭权力的建立，氏族部落或部落联盟的机构的作用便消失了。部落或部落联盟机构的形式虽仍旧保留，但它的民主原则已完全被抛弃。例如冒顿自立为单于之后,对于军政大计虽也征询各个部落首领的意见,但往往并不采纳而独断专行,有时甚至把和他意见相反的部落首领斩首。同时,单于还对各个部落首领发号施令,命令他们按时出征,“有后〔至〕者斩!”《史记·匈奴列传》载,这时东边的东胡(游牧于今辽河上游一带)强盛,听说冒顿杀父自立,乃先后派人至匈奴,先则向冒顿索取头曼时的千里马,继后又索取冒顿的阏氏。冒顿征询各部落氏族首长的意见,各人认为不能给它,可是冒顿两次都给了。东胡遂骄傲起来,逐渐西侵,并派人向冒顿要求东胡与匈奴之间的瓯脱(边界)外弃地(两族之间的缓冲地带)。冒顿仍征询各氏族首长的意见,这次有人认为“此弃地,予之亦可,勿予亦可”。可是冒顿大怒,说“地者,国之本也,奈何予之!”遂把主张以地予东胡的人斩首,立即发兵东击东胡,“令国中有后〔至〕者斩”。像冒顿单于的这种权力,显然不是原始社会部落联盟的首领所能具有的,这时,他已十足地是一个阶级政权的最高统治者了。

在冒顿单于时期,匈奴征服了许多邻族,先后向东攻破东胡,向西击走月氏,南并楼烦、白羊河南王,北服浑庾、屈射、丁令、鬲昆、薪犁各族。在这一连串的军事胜利面前,匈奴各部落的氏族首长全被慑服,“以冒顿单于为贤”,不敢再有反抗。冒顿随后又消灭月氏,平定楼兰、乌孙、乌揭及其旁各族;控地东尽今辽河,西至葱岭,北抵贝加尔湖,南达长城。随着征服地区的扩展,大批的奴隶和贡纳源源流入,私人的财富也迅速地增殖起来。为了保护这些财源、镇压奴隶及被征服的部族或部落的起义和反抗,于是在我国北方,先以漠南、后以漠北为中心,一个庞大的奴隶制国家政权便建立起来了。从此匈奴由野蛮进入了文明(国家政权是阶级压迫的工具,但也是文明社会的一个标志)。

匈奴政权的机构分三部分:

一是单于庭(首脑部),它直辖的地区在匈奴中部,其南对着汉地的代郡(今河北蔚县一带)和云中郡(今内蒙古托克托县一带)。

二是左贤王庭(东部),它管辖的地区在匈奴东部,其南对着汉地的上谷郡(今河北怀来县一带),西面接连濊貉(音会莫)。

三是右贤王庭（西部），它管辖的地区在匈奴西部，其南对着汉地的上郡（今陕西榆林市一带），西面接连月氏和氐、羌。[①]

单于是匈奴族的最高首领，也是政府的最高首脑，匈奴人称他为“撑犁孤涂单于”（撑音称）。匈奴人称“天”为撑犁，称“子”为孤涂，故“撑犁孤涂单于”一词，即“像天子那样广大的首领”[②]。这种称号反映了单于已由一般的首领的意义转变为具有至高无上的意义。

单于总揽军政及对外一切大权，由左右骨都侯辅政，骨都侯由氏族贵族呼衍氏、兰氏和须卜氏担任。呼衍氏居左位，兰氏、须卜氏居右位，主断狱讼，裁决了的案件，口头报告单于，没有文簿、记录之类。[③]

左右贤王是地方的最高长官。匈奴人尚左，单于以下，即以左贤王为最尊贵，因而权力和地位也较右贤王更高。左贤王是单于的“储副”（即单于的候补人选），故常以太子为左贤王。左右贤王以下则是左右谷蠡王。左右谷蠡王亦各建庭（设立统治中心）于其驻牧之地。在匈奴政府的官职中，以左右贤王、左右谷蠡王为最大。再下则是左右大将、左右大都尉、左右大当户等高官。他们的地位尚下次第是：

左贤王第一；

右贤王第二；

左谷蠡王第三[④]；

右谷蠡王第四；

左大将第五；

右大将第六；

左大都尉第七；

右大都尉第八；

左大当户第九；

---

① 参阅《史记·匈奴列传》。

② 参阅《汉书·匈奴传上》。

③ 参阅《后汉书·南匈奴传》。

④ 《后汉书·南匈奴传》则作：左贤王第一；左谷蠡王第二；右贤王第三；右谷蠡王第四。次第和《汉书·匈奴传》所载不一致。

右大当户第十。

由于“战争以及进行战争的组织现在已成为民族生活的正常职能”①,所以匈奴贵族的奴隶主政权,在实质上是一个游牧的军事政权。这个政权本来在很大的成分上是在掠夺和压迫邻族人民的过程中建立起来的,而建立的目的之一,也是为了进一步扩大对邻族人民的掠夺和压迫。因此,它的特点,一方面是所有及龄壮丁都被编为骑兵;另一方面是所有各级官吏都是大大小小的军事首长。除了单于自己统领军队、亲临战阵以外,自左右贤王以下,直至大当户,也都分别统军,指挥作战,大者统领万骑,小者统领数千。这些统领万骑的军事首长共有二十四个,他们被称为“万骑”(万骑长)。那二十四个万骑长亦各自置千长(千骑长)、百长(百骑长)、什长(十骑长)、裨小王、相封、都尉、当户、且渠(且音沮)等官。这些都尉、当户、且渠等也都是中下级的带兵官,他们各以部众多少为区别权力大小及地位高下的标准。②

单于庭和左右贤王庭“各有分地”(分即份,即各有被划定的游牧地区),各自在自己的辖区内组织军队,实行统治。所有及龄壮丁既已编为骑兵,氏族首长则被任命为什长、百长或千长,显贵氏族或家族则垄断和世袭了万骑长或王、侯等高官要职,通过这样的组织关系(统治关系),迫使那些“甲骑”(骑兵)随同他们去进行无休止的掠夺战争。

氏族贵族不仅从组织上,而且从思想上,也统治着他们的氏族成员。马克思说:“统治阶级的思想在每一时代都是占统治地位的思想。这就是说,一个阶级是社会上占统治地位的物质力量,同时也是社会上占统治地位的精神力量。支配着物质生产资料的阶级,同时也支配着精神生产的资料,因此,那些没有精神生产资料的人的思想,一般的是受统治阶级支配的。”③匈奴的氏族贵族,正是以他们的好战思想和掠夺思想支配着

---

① 恩格斯:《家庭、私有制和国家的起源》第九节,见《马克思恩格斯选集》中译本第 4 卷,第 160 页。

② 参阅《史记 · 匈奴列传》及《后汉书 · 南匈奴传》。

③ 马克思、恩格斯合著《德意志意识形态》,见《马克思恩格斯全集》中译本第 3 卷,第 52 页。

他们统治下的氏族成员的思想。

依照匈奴社会的习惯，在作战中斩敌首级的赐一卮酒，把所得的虏获物赏赐给他，俘虏得来的人口收为奴婢。故匈奴人作战时，人人都争先恐后地自谋利益。匈奴的氏族贵族利用了这种习惯，诱使他们统治下的氏族成员接受他们的组织支配和思想支配，以实现他们政权的军事目的。

单于及各级贵族都统军作战和所有及龄壮丁都被编为骑兵这两点，表明匈奴的政权组织刚从部落联盟蜕化出来的痕迹；特别是单于就是军事统帅这一点，更表明了他的政府首脑地位正是刚从部落联盟首领演变而来的。

匈奴奴隶主贵族建立政权的目的之一就是掠夺和压迫邻族人民，因而通过政权的职能，对被征服地区的人民实行残酷的压榨。

首先，对于东邻的乌桓①，自冒顿单于把它征服之后，就勒令每岁输送牛、马、羊皮，过时不缴，常常没收他们的妻子。后来有一个时期，匈奴为汉大败，乌桓脱离了匈奴的羁绊，投归汉朝。及至王莽摄政期间，匈奴按照旧例派遣使者至乌桓责缴贡税。这时乌桓仗着汉朝的势力，抗拒不缴。匈奴使者怒，把乌桓酋长捆着倒吊起来；酋长的兄弟亦怒，共杀匈奴使者及其官属，扣留随同匈奴使者前往乌桓贾贩的妇女、牛马。单于闻讯，遣使发左贤王兵入乌桓责问杀使者之罪，并实行攻击，屠杀了一部分人民，掠去一千多妇女弱小，置于左地，勒令乌桓拿马畜、皮布来赎。乌桓被迫，只得拿财货、牲畜去赎，可是匈奴收了财畜之后，仍不把掠去的人口放回。②

其次，对于被征服的部族或部落，如果能够把他们的人口迁移到匈奴去的，则强迫迁移，使他们更直接地处于匈奴统治者的支配之下。例如匈奴征服了西嗕部落之后，把他们数千人口，连同他们的部落酋长，一起迁

---

① 据《后汉书》卷90《乌桓传》载，乌桓原为东胡部落联盟中一个比较大的部落集团。自从匈奴冒顿单于"大破灭东胡王，而虏其民人及畜产"以后，剩下来有一部分东胡人逃至乌桓山（在今内蒙古赤峰市阿鲁科尔沁旗西北）的称乌桓。

② 参阅《汉书·匈奴传下》。

至匈奴左地。① 又如居宁天山疏榆谷的“蒲类国”,因其王得罪单于,单于怒,强迫迁移其人民六千余口,置之于匈奴右部的阿恶地,因号之曰“阿恶国”。②

但是,在被征服的部族或部落中,他们的人民不一定都能被迁移,匈奴奴隶主贵族也没有必要把他们全部迁移到匈奴去,因此对于有些部族,例如西域各族,那就派遣高级官吏常川驻在那里勒收赋税并行使统治权。史载西域各族,各有君长、兵众分弱、互不统一,隶属于匈奴,匈奴统治者虽能勒索他们的马畜、旃罽(音毡记,一种毛织品),却不能强迫他们迁移。因此,匈奴驻牧西边的日逐王设置一个僮仆都尉以统领西域,常川驻在焉耆、危须、尉黎之间(今新疆焉耆县及尉犁县一带),征收各族的赋税。③ 这个僮仆都尉,后来在公元前60年(汉宣帝神爵二年)虽因日逐王先贤掸(音蝉)附汉而罢去,但是,及至王莽期间,西域又再次隶属于匈奴,匈奴统治者对他们搜刮繁重、苛刻,各族人民担负不了。公元61年(东汉明帝永平四年),于阗(今新疆和田市一带,阗音田)为匈奴所败、乞降,送太子入匈奴作人质,并答应每年贡纳罽絮。④ 公元73年(永平十六年),匈奴统治者复派遣使者监督西域各族。同时,在鄯善(即楼兰,今新疆米兰一带),匈奴亦派驻带节使(等级和权力较高的使者)屋赖带、副使比离支及随从士兵百余人。后来由于班超平定西域,匈奴势力全被逐出。但至公元120年(安帝永宁元年),因羌族起义,西域与汉隔绝,匈奴又乘机侵入。北匈奴遂遣使责令各族补偿其历年所欠的租税,并提高税额,限期紧迫,以致激起鄯善、车师(今新疆吐鲁番一带)的愤怒。⑤

匈奴对汉人也进行频繁的掠夺。自从冒顿建立政权以来,利用刘邦与项羽之间的战争、中原纷乱的时机,南下夺回秦时蒙恬取去的匈奴之

---

① 参阅《汉书·匈奴传上》。

② 参阅《后汉书》卷88《西域传》。

③ 参阅《汉书》卷96《西域传》赞及序。又,僮仆就是奴隶。僮仆都尉即管理奴隶之官。据见匈奴奴隶主贵族把被征服的西域各族人民当作僮仆(奴隶)看待。

④ 参阅《后汉书》卷88《西域传》。

⑤ 参阅《后汉书》卷47《班超传》及附《子勇传》。

地，与汉朝分界于河南塞（今内蒙古河套一带），势力达到朝那（今甘肃平凉市）、肤施（今陕西榆林市）。后来汉高帝刘邦平城战败，匈奴通过与汉和亲，不但获得了汉朝的公主为单于阏氏，而且每年还获得了不少絮、缯、酒、米、食物。此后匈奴仍不断骚扰汉朝北方，杀戮吏民，掳掠人口和牲畜，直至武帝即位以后才进行强力反击、把它打退。

匈奴奴隶主贵族的奴隶制政权，它的职能当然不仅在对外，同时也在对内。

匈奴政权对内的职能，首先是为了对奴隶实行专政——镇压奴隶。匈奴地区有各族奴隶数十万人，这数十万奴隶，或被驱使为牧奴、耕奴和工奴，为各级奴隶主创造剩余财富，提供剩余生产品；或被迫从事家内劳动，或充当姬妾；或当作祭品以供牺牲，以致随同贵族的死亡而被殉葬。他们忍受这样残酷的压迫和剥削，当然不会没有反抗，例如东汉建武时期十数万“赀虏”的逃亡，便是反抗的形式和反抗的事件之一。因此，镇压奴隶的反抗，便成为匈奴政权的重要职能之一。

其次是为了维持匈奴地区的一般的社会秩序，保护奴隶主贵族的私有财产。《史记·匈奴列传》载匈奴法律规定：拔刀伤人过一尺者处死；窃盗财物者，没收其家口和财产；犯其他罪行者，小罪用车碾压骨节，重罪处死。此外还有牢狱的设置。

最后，匈奴政权还有一个对内的职能就是向人民征税。《史记·匈奴列传》载：匈奴每年正月，各首长小会单于庭，举行春祭；五月，大会茏城，祭祀祖先、天地、鬼神；秋，马肥，大会蹛林（蹛音带），“课校人畜计”。在这每年三次的集会中，最重要的是秋天的那一次。秋天正是马肥畜壮的时候，单于在蹛林召集各地的氏族部落首长举行会议，“课校人畜计”，也就是稽查各氏族部落在这一年中的户口增减和牲畜繁殖的情况，以便核实军队的数目，并进行征收一定数量的财物，作为人民缴纳给政府的赋税。这种赋税，可能就是沿着过去原始社会为了处理氏族部落的公共事务，而由氏族成员临时分摊一些费用的惯例演变而来的。后来奴隶主贵族阶级出现，政权机构建立，因而便发展为定期的摊派，因之在本族人员之间，氏族贵族对于氏族成员的剥削关系便建立了。随着赋税的征收成为定制，因而征收的方法便益求精密。所以当冒顿之子老上单于时，投降匈奴的汉人中行说（音中航悦）便教单于左右的官员“疏记”（即比较精密的计算和登记的方法），用以稽核和征收人民的牲畜和财产①，把原先“课校人畜计”的简单方法进一步加以改进，以期确保和扩大税源。此外，氏族贵族，随着他们的政治权力的扩张，还可能利用他们的氏族部落首长的身份和地位，借口为了氏族成员大众的利益而管理原是属于氏族公有的牧场和游牧地，进而控制和垄断了这些牧场和游牧地，迫使一般牧民不得不忍受他们的剥削，因而这种剥削关系的实质，也就被所谓“氏族公社利益”和“惯例”掩盖起来，阶级关系被模糊了。

综上所述，可见匈奴政权的机构是比较简单的，这是一个刚从原始社会过渡到阶级社会的不发达的政权。这个政权是建立在游牧经济的基础之上的，它与匈奴的不发达的奴隶制是相适应的。这个政权的形式，直到公元1世纪匈奴衰落，基本上没有改变。

---

① 参阅《史记·匈奴列传》。

第四章

单于庭及诸王驻牧地（管辖区）的分布

《史记·匈奴列传》载：单于以下，置左、右贤王等，凡二十四个万骑长；诸左方王将居东方，对着上谷郡（今河北怀来县一带）以东，右方王将居西方，对着上郡（今陕西榆林市一带）以西，单于之庭则对着代郡（今河北蔚县一带）、云中郡（今内蒙古托克托县一带），“各有分地，逐水草移徙”。这就是说，匈奴的单于庭及左右贤王庭所管辖的地区是有一定的界限的，而左右贤王以下的诸王将，也是相对地固定在一定的地方游牧的。

匈奴单于庭究竟在什么地方？中外学者多有考证，但因史无明文，又乏考古物证，一时尚难确定。史书常常提到左、右贤王庭及左、右谷蠡王庭，但这些王庭究竟建于何处也难探究清楚，不过其必有一个相对固定的地方，是可以肯定的。

《史记·匈奴列传》载：匈奴每年有三次集会，正月小会单于庭，五月大会茏城，秋大会蹛林。既是每年都有固定的集会时间，按理也有固定的集会地点；单于庭、茏城、蹛林等今地虽不可考，但是应为指相对固定的地点而言。从下列事例推测，单于庭可能在今蒙古国首都乌兰巴托附近。

其一，近数十年来，在今色楞格河上源、乌兰巴托北 70 英里（约 112 公里）处的诺颜山，已被发现和初步查明有上百个匈奴墓葬，已被苏、蒙考古学家发掘的也不下二三十个,其中很多是匈奴贵族(或单于)的大型墓葬。[①] 该山原属单于庭辖境,因此估计单于庭不会离此地太远。

其二,6世纪中期建立的突厥汗国,它的可汗汗庭设在于都斤山(亦称郁督军山和乌德鞬山,即今鄂尔浑河上游杭爱山之北山)[②]。后来8世纪中期回纥汗国的汗庭也曾设立于此[③]。13世纪初建立的蒙古汗国,从公元1235年(窝阔台汗七年)起,它的都城设在喀拉和林(今鄂尔浑河上游右岸额尔德尼桑特)[④]。可见鄂尔浑河上游地区(乌兰巴托西北)是古代北方游牧民族历来建庭之所在。元人耶律铸在《双溪醉隐集》(卷二)中有《取和林》和《下龙庭》二诗,自注云:"龙庭,〔在〕和林西北地。"这都可以作为探寻单于庭所在的参考。[⑤]

《史记·匈奴列传》载,"自马邑军后五年(汉武帝元光六年,前129年)之春,卫青出上谷(今河北怀来县),至茏城"。这个茏城在今内蒙古锡林郭勒盟东、西乌珠穆沁旗附近,不知是否即匈奴每年五月大会之处?

蹛林,《汉书·匈奴传上》颜师古注:"蹛者,绕林木而祭也。"似乎为泛指林木地带而言,并非具体的专属地名。

《汉书·匈奴传上》又载,公元前60年(汉宣帝神爵二年),虚闾权渠单于死,郝宿王刑未央,为了召集诸王会议商讨单于的继位人选,曾派人到各地通知诸王赴会。可见诸王虽散处各地,但也是有固定的驻牧地区,否则何能随时被召唤?

根据史书记载,匈奴诸王的"分地"——驻牧地(即管辖区)之有线索可寻者,约有下列十六个。

1. 浑邪王与休屠王的驻牧地在今甘肃河西走廊一带

史书对于匈奴诸王的驻牧地记载比较明确的,首推浑邪王(邪音耶)

---

① 参阅策·道尔吉苏荣:《北匈奴》第一章"匈奴的坟墓"。

② 参阅《周书》卷50《突厥传》。

③ 参阅《新唐书》卷217《回鹘传上》。

④ 参阅《元史》卷2《太宗纪》。

⑤ 中国地图学社1975年出版的《中国历史地图集》第二册第39幅《匈奴等部》把单于庭画在今蒙古国首都乌兰巴托之南,想必有据。

与休屠王。《汉书》卷二八《地理志下》载:武威郡(治武威县,今甘肃民勤县东北),原先是匈奴休屠王的驻牧地;张掖郡(治觻得县,今甘肃张掖市西北,觻音禄),原先是匈奴浑邪王的驻牧地。考这一带地方,在更早的时候,原属月氏和乌孙的游牧地区,后来月氏和乌孙先后西迁至今伊犁河流域,这一带地方才被浑邪王和休屠王占领。汉武帝元狩二年(前121年)秋,浑邪王杀死休屠王,率领所部四万人归附汉朝,于是今河西走廊沿着祁连山直至新疆罗布泊,都没有匈奴的踪迹。[①] 随后汉朝遂设置河西四郡(武威、张掖、酒泉、敦煌)。

又据《史记》卷一一一《卫将军骠骑列传》载:元狩二年春,骠骑将军霍去病率领军队出陇西,过燕支山(在今甘肃山丹县东南)千有余里,俘虏了浑邪王之子及获得休屠王的"祭天金人"。可见河西走廊一带原先确是浑邪王与休屠王的驻牧地;且从骠骑过燕支山、行军竟达一千多里看来,浑邪王和休屠王的辖境是相当辽阔的。

2. 犁汙王及温偶駼王的驻牧地在今甘肃河西走廊以北一带

浑邪王附汉之后,河西走廊一带已没有匈奴的踪迹。但河西走廊以北的广大地区,却仍是匈奴犁汙王的驻牧地。《汉书·匈奴传上》载:公元前78年(汉昭帝元凤三年),单于使犁汙王窥探边境,以为汉朝在酒泉、张掖一带的防守兵力薄弱,拟出兵夺回这一带的失地。不久,右贤王与犁汙王便率领四千骑兵,分三队侵入日勒、屋兰、番和(三县俱属张掖郡,番音盘)。张掖太守、属国都尉发兵还击,大破之,并射杀犁汙王。从此以后,匈奴不敢侵犯张掖。

酒泉、张掖一带原属匈奴右地,自浑邪王附汉之后,这一带地方已归汉朝所有,汉朝在这一带设置了河西四郡,并设张掖属国都尉拥兵驻守。这时匈奴单于企图收复失地,故使牧地与酒泉、张掖邻近的犁汙王窥探边境,并领兵侵入日勒、屋兰、番和(今甘肃山丹县和永昌县一带)。可见犁汙王的驻牧地当在河西走廊以北一带。犁汙王被射杀之后,这一带地方

① 参阅《史记》卷110《匈奴列传》、卷123《大宛列传》及《汉书》卷61《张骞传》。

随后即由匈奴的另一个王——温偶駼王(駼音徒)占领和管辖。

《汉书·匈奴传下》载:匈奴有错入(即插入)汉地、对着张掖郡的一块地方,生产奇特的木材、鹫羽,能造箭杆。成帝绥和元年(前8年),尚书王根遣使至匈奴,向单于索取这块地方。单于回答说:此乃温偶駼王所居之地;且为先父遗留的地方,不敢丧失。可见这一带地方是归温偶駼王管辖的。

这块与张掖郡犬牙交错的地方,周围有汉朝的三个都尉居驻塞上,率领着士卒数百人守望巡逻。这三个都尉的治所,一在日勒(今甘肃山丹县东南)泽索谷,一在居延(今内蒙古额济纳旗东南),一在番和(今甘肃永昌县)。据见这块错入汉地的地方,是在今甘肃河西走廊中部弱水上游山丹河、洪水河流域,河西走廊东部祁连山北麓郭河流域,及内蒙古居延海一带,因而温偶駼王辖境的南界,大体上可以确定在这些地方。

3. 姑夕王的驻牧地在匈奴东边,约在今内蒙古通辽市(原哲里木盟)、赤峰市(原昭乌达盟)和锡林郭勒盟一带

《汉书·匈奴传上》载;公元前58年(宣帝神爵四年),乌桓进攻匈奴东边的姑夕王,掠去一部分人民。握衍朐鞮单于(朐音渠)为此发怒,姑夕王恐惧,遂与乌禅幕及左地贵族共立稽侯珊为呼韩邪单于,发左地兵四五万人,西击握衍朐鞮单于。

根据《后汉书》卷九〇《乌桓传》记载,乌桓原为东胡余部,公元前3世纪末,东胡被匈奴击破,余部退居乌桓山的称乌桓。乌桓山在今内蒙古赤峰市阿鲁科尔沁旗西北,即大兴安岭山脉南端。乌桓后来移牧于今辽河上游老哈河流域;汉武帝元狩二年(前121年)附汉,迁至渔阳、上谷、右北平、辽东、辽西等五郡塞外(今辽宁大凌河东西及河北涞河、张家口以北一带),为汉朝侦察匈奴动静。可见老哈河、大凌河、滦河及今张家口一带,当时已布满了乌桓族人。姑夕王在匈奴东边,最东也不能越过上述的流域和地界。这次(前58年)姑夕王被乌桓进攻,说明他的牧地距离乌桓不远。以此推之,姑夕王的驻牧地可能在今内蒙古通辽市、赤峰市和锡林郭勒盟一带。这一带是匈奴左地,故姑夕王拥立稽侯珊为单于时

所发的兵就是左地兵。从他发兵的人数竟达四五万看来,他部领的人众不少,因而管辖的地区也一定很大。

4. 左犁汙王咸的驻牧地在今内蒙古托克托县北部一带

匈奴犁汙王自昭帝时(前 78 年)被射杀之后,至王莽摄政和称帝时期,单于又以咸为左犁汙王,使他驻牧于左地。

据《汉书・匈奴传下》载:王莽时,乌桓因抗缴匈奴勒索的皮布税,被匈奴派兵驱掠妇女弱小一千多人,置于左地。匈奴告知乌桓拿马畜、皮布来赎。及至乌桓拿财畜去赎,匈奴受了财畜,却把被掠的人口留不遣还。后来王莽将帅在出使单于庭回汉途中,经过犁汙王咸所居之地,见有许多乌桓人,因此问咸,咸遂具言情况。据此,可见这批被掠的乌桓人是放置在左犁汙王的辖境内的;从匈奴命乌桓拿财畜去赎人来看,左犁汙王咸的辖境当距乌桓牧地不远。但乌桓的西北部(今通辽市、赤峰市和锡林郭勒盟一带)是姑夕王的驻牧地,已如前述,那么左犁汙王咸的驻牧地在什么地方?

据同上《匈奴传》载:始建国三年(11 年),王莽遣中郎将至云中塞下,招诱呼韩邪单于诸子,欲依次拜封他们,因使翻译官出塞诱呼左犁汙王咸及咸之子登、助三人,三人至,莽则拜咸为孝单于。考汉云中塞在今内蒙古托克托县北,王莽使翻译官出塞便能把左犁汙王咸和他的两个儿子招呼入塞,则咸的驻牧地在云中塞外不远,就十分清楚了。大约今内蒙古托克托县北部——呼、包二市及乌兰察布市、乌兰察布市东旧察哈尔盟一带(即姑夕王驻牧地的西南部),都是左犁汙王咸的驻牧地。

5. 日逐王的驻牧地在匈奴西边,与今新疆连界

《汉书・匈奴传上》载:约在公元前 92 年(武帝征和二年),狐鹿姑单于以先贤掸为日逐王。同书《西域传》又载:匈奴西边日逐王设置僮仆都尉,使之管领西域,常川驻在焉耆、危须、尉犁之间,征收各族的赋税。

从上段记载中,我们知道日逐王先贤掸在匈奴西边驻牧。从他设置僮仆都尉使之管领西域,又知被匈奴征服的西域各族都归他统治来看,他

的驻牧地当不会距离西域很远,也就是与西域连界。僮仆都尉的任务,一是镇压和治理西域各族人民,二是征收西域各族人民的赋税;而其治所则在焉耆(今新疆焉耆县)、危须(今焉耆县东北)、尉犁(今新疆库尔勒市东北)三地之间。这三地在当时的西域北道,而东西适中,故僮仆都尉选为治所,以便统治。僮仆都尉虽由日逐王设置并直接隶属于日逐王,但还不能以治所在焉耆等三地之故,遂推断日逐王的驻牧地即与焉耆等三地贴近。

6. 东蒲类王的驻牧地在今新疆准噶尔盆地西南部

《汉书》卷九六《西域传序》载:约在公元前60年(宣帝神爵二年),匈奴东蒲类王兹力支率领人众一千七百余人归附汉朝的西域都护,都护分拨车师后王之西——乌贪訾离地(訾音资)以安置他们。

考蒲类为车师六"国"之一,此兹力支称东蒲类王,而且在西域归附汉都护,似可推断他原来的驻牧地即在蒲类之东,故以驻牧地作为封号;现既归附都护,被移于车师后王之西边乌贪訾离地驻牧。据《汉书·西域传下》,乌贪訾离东与单桓(单音善)、南与且弥(且音沮)、西与乌孙接壤。单桓在今新疆阜康市,且弥在今新疆昌吉、玛纳斯两县之间,乌孙在今伊犁河上游流域。这样,东蒲类王附汉后的驻牧地在今准噶尔盆地西南部,就可以确定了。

7. 南犁汙王的驻牧地在今新疆吉木萨尔县北及准噶尔盆地以东一带

《汉书·西域传下》载:平帝元始(1—5年)中,车师后王"国"有一条新道,出"五船"地方,北通玉门关,其地差不多与匈奴南将军驻牧地接壤。考匈奴官制只有左王将、右王将及左右大将等,并无"将军"之号。此南将军乃匈奴自呼韩邪单于附汉后,受到汉朝官制的影响,模仿汉制而设,隶属于南犁汙王。故南将军的驻牧地亦即南犁汙王的辖境。《汉书·匈奴传下》载:王莽始建国二年(10年),派驻西域的戊己校尉属官陈良、终带、韩玄及任商等人谋反,共杀戊己校尉刁护,派人与南犁汙王及南将军联系求援;南将军随即率领二千骑兵入西域接应陈良等,韩玄、任商遂留南将军处,而陈良、终带则径直前往单于庭。可见戊己校尉的治所距离南将军的驻牧地亦不远。

《汉书·西域传上》载:元帝时复设戊己校尉,屯田于车师前王庭。则戊己校尉治所当在车师前王庭辖境。车师原名姑师,宣帝后始分为车师前、后王及山北六"国"。车师前王治交河城,在今新疆吐鲁番市西北;车师后王治务涂谷,在今新疆吉木萨尔县南山。正因为车师与匈奴南将军驻地接近,故陈良等背叛时,就近与南将军联系求援,而南将军亦很容易派兵接应他们。以上事实表明:南将军的驻牧地与车师后王"国"毗邻,而南将军的驻牧地也就是南犁汙王驻牧地的一部分。因此,南犁汙王的驻牧地当在今新疆吉木萨尔县北及准噶尔盆地以东一带。

8. 於靬王的驻牧地在今贝加尔湖一带

《汉书》卷五四《苏武传》载:苏武既至海上,为时达五六年。单于弟於靬王(靬音键)弋射海上,喜欢苏武,给武衣食。三岁余,王病;及王死后,部众徙去。

苏武是汉武帝天汉元年(前 100 年)出使匈奴,被单于扣留,流放在北海上的。北海即今贝加尔湖。於轩王弋射海上,而且一住多年,直到他死去,他的部众才离开那里。可见今贝加尔湖一带就是他的驻牧地或是他的驻牧地的一部分。

9. 右薁鞬日逐王比的驻牧地在今内蒙古旧长城以北,西自河套、东至河北省北部南洋河以西一带

《后汉书》卷八九《南匈奴传》载:自呼韩邪单于稽侯珊死后,诸子依次而立,至比(名"比")之叔父孝单于舆(18—46 年在位)时,任命比为右薁鞬日逐王(薁鞬音郁艰),管领南边及乌桓。据此,右薁鞬王比的驻牧地在匈奴南边是清楚的,且因他同时管领乌桓,故他的驻牧地一定东近乌桓,也容易明白。

后来孝单于舆死,单于的继位人选被他王得去,比不得立,因怀愤怨;又因匈奴地区连年发生天灾,数千里内草木尽枯,人畜饥疫,大半死亡。比乃于建武二十三年(47 年)遣使至西河太守处请求内附。东汉西河郡治所在平定,即今内蒙古鄂尔多斯市东胜区东南。建武二十四年春,匈奴南边八部的贵族计议拥立比为呼韩邪单于;于是遣使至五原塞,向汉朝表示:愿永为藩属,防御北匈奴。五原塞在今内蒙古河套北。可见西至河套一带,都是比的管辖范围。

东汉政府接受了比的请求。同年冬,比乃自立为呼韩邪单于(即醢落尸逐鞮单于;醢音兮)。东汉政府于建武二十六年(50 年)派遣中郎将出塞,帮助呼韩邪单于比建立单于庭(南单于庭)于五原塞西部八十里处。不久又让他入居云中郡,后又再入居西河郡的美稷县(今内蒙古准格尔旗西北)。呼韩邪亦列置诸部在朔方、五原、云中、定襄、雁门、代郡,为汉捍御北匈奴。上列六郡在今内蒙古中部、西自河套东至河北省北部南洋河一带,可见这一带就是呼韩邪单于比原先所管领的八部驻牧地区。牧地这样辽阔,部众一定很多,故《南匈奴传》说他所领南边八部的人众计有四五万人。

10. 左伊秩訾王的驻牧地在今内蒙古锡林郭勒盟一带

《后汉书》卷二〇《祭肜传》载:建武二十五年(49 年)鲜卑大都护偏何至辽东太守祭肜处请求归附自效,肜因命他攻击北匈奴左伊秩訾王(秩音轶,訾音资),斩首二千余级。

根据《后汉书》卷九〇《鲜卑传》的记载,鲜卑为东胡的一支,因居鲜卑山而得名。鲜卑山在今内蒙古通辽市科尔沁右翼中旗西。[①] 东汉初,鲜卑已南下游牧于今辽河上游西拉木伦河与洮儿河之间,当乌桓之北,故也叫辽东鲜卑。其时乌桓分布于老哈河及今河北省北部南洋河以东(见前第 3),南洋河以西即南匈奴的游牧地带(见前第 9)。据此,则北匈奴

① 此鲜卑山与拓跋鲜卑祖先居住的大鲜卑山不是一地。大鲜卑山现已查明在今内蒙古呼伦贝尔市鄂伦春自治旗阿里河镇西北 10 公里,地当大兴安岭北段顶巅之东麓(参阅《光明日报·史学》1980 年 11 月 25 日第 202 期载米文平《大兴安岭北部发现鲜卑石室遗址》)。

左伊秩訾王当驻牧于西拉木伦河以西,即今内蒙古锡林郭勒盟一带。这一带因距离汉辽东郡(治襄平,今辽宁辽阳市)不远,且因此前一年(48年)南匈奴附汉,故这一带牧地归左伊秩訾王管领,已为汉朝所稔知,因此当偏何请求自效时,祭肜因即指名要他攻击北匈奴左伊秩訾王,作为自效的表现。如果祭肜不知左伊秩訾王的牧地所在,就不可能这样具体地向偏何提出攻击的对象了。

今内蒙古锡林郭勒盟一带,在公元前58年前后,曾是匈奴东边姑夕王的驻牧地(见前第3),经过将近一百年的变迁后,转为左伊秩訾王的管领地。

11. 皋林温禺犊王的驻牧地在今蒙古国境内满达勒戈壁附近

《后汉书·南匈奴传》载:明帝永平十六年(73年),南单于遣左贤王信随同太仆祭肜及吴棠出朔方高阙,进攻皋林温禺犊王(禺音偶)于涿邪山(邪音耶);王闻汉兵前来,率领部众渡漠而去。

考涿邪山在古高阙塞西北千余里,今蒙古国境内满达勒戈壁附近一带。自西汉以来,此山常为漠北行军要道所经。现祭肜等出高阙向涿邪山进攻,则皋林温禺犊王的驻牧地当在满达勒戈壁附近一带,是明显的。从皋林温禺犊王率领部众渡漠而去看来,又知他原先驻牧于满达勒戈壁以南,因避汉兵,故渡漠(戈壁)北去。

过了三年,即章帝建初元年(76年),皋林温禺犊王复率众还居涿邪山,南单于闻之,遣轻骑与缘边郡兵及乌桓兵出塞击之,斩首数百级,降者三四千人。可见涿邪山是皋林温禺犊王的辖境,是他固定的驻牧地,故前时虽因逃避汉兵而渡漠北去,汉兵退后仍旧回到原来的牧地。这时受到南单于兵的攻击,虽损失人众数千,但他仍没有离开这一带牧地。过了九年之后,他还是在那里驻牧。同上《南匈奴传》载:元和二年(85年),南单于遣兵千余人至涿邪山狩猎,突然与皋林温禺犊王相遇,因即发生遭遇战,获其首级而还。

12. 句林王的驻牧地在今内蒙古居延海北六百余里处

晋袁宏《后汉纪》卷一〇《明帝纪》[①]载：永平十六年（73 年），耿秉出张掖居延塞击句林王（句音勾），至沐楼山，渡漠六百余里，该地绝无水草。捕得匈奴人，说句林王转到北边追逐水草去了。

按沐楼山，《后汉书》卷二三《窦固传》作“三木楼山”。此山今地不详。但汉之居延塞，乃西汉武帝时路博德所筑，目的在遮断匈奴由此入侵河西地区，故一名“遮虏障”，在今内蒙古额济纳旗北境居延海一带。耿秉既由此塞北出，渡漠六百余里始至，则三木楼山在今居延海以北约六百里处，当可推断而得。句林王原驻牧于此山，其时适因此山周围水草枯竭，句林王向北转移牧地，故汉将无所获而还。

句林王北去之后，大概没有再回到此山驻牧，不久此山周围即由匈奴的另一个部落稽留斯部落占领。《后汉书·南匈奴传》载：建初八年（83年），北匈奴三木楼訾大人稽留斯等率领三万八千人、马二万匹、牛羊十余万头，至五原塞归附于汉。按此稽留斯部落因居三木楼山，故其首领称三木楼訾大人。此三木楼山即句林王原来驻牧的三木楼山，因地点在居延海之北，距汉五原郡较近，故稽留斯等南下归汉，即先至五原塞（在今内蒙古河套北）。

13. 呼衍王的驻牧地在今新疆吐鲁番及巴里坤湖一带

晋袁宏《后汉纪》卷一〇《明帝纪》载：中郎将耿秉上书，认为伊吾卢亦有匈奴呼衍王一部，破之可以折其一角。其时东汉正计划大举北伐北匈奴。《后汉书》卷二《明帝纪》载：永平十六年（73 年）春，窦固破呼衍王于天山（在今新疆吐鲁番北），留兵屯伊吾卢城（今新疆哈密市西）。可见呼衍王即驻牧于今吐鲁番一带。经过这次攻击以后，大概呼衍王并未受到重大损失，故同书又载：永平十七年冬，遣窦固、耿秉再出敦煌昆仑塞，击破白山虏于蒲类海（今新疆巴里坤湖）上。白山即天山，白山虏即天山

---

① 商务印书馆 1937 年发行《四部丛刊》本。

的呼衍王部。但呼衍王的势力始终没有被消灭,他及他的后裔或继位者仍继续驻牧于这一带,因此过了 50 年,史书上仍说巴里坤湖一带有呼衍王的部众在活动。

安帝延光二年(123 年),敦煌太守张珰上书陈三策,策中提到北匈奴呼衍王常辗转于蒲类海及秦海之间,专制西域,进行寇抄。直至顺帝永建元年(126 年),西域长史班勇平定了车师六“国”之后,发西域各地兵攻击呼衍王,呼衍王的部众二万余人归附于汉,他本人亦徙牧于枯梧河(今地不详)上,车师一带从此才没有匈奴的踪迹。可是过了九年(阳嘉四年,公元 135 年),呼衍王又重新回到巴里坤湖一带驻牧,且侵入车师后部,直至永和二年(137 年)才被汉敦煌太守裴岑将郡兵杀死。这个呼衍王死后,另一个继位的呼衍王仍在这一带驻牧,桓帝元嘉元年(151 年)且进攻伊吾卢城。汉发兵救援,出塞至蒲类海,呼衍王闻而引去,汉军无功而还。[①] 此后史书上再没有关于呼衍王在这一带活动的记载了。

14. 伊蠡王的驻牧地在今新疆吐鲁番以西腾格里山一带

《后汉书》卷四七《班勇传》载:延光三年(124 年),班勇发西域龟兹(音丘慈)兵步骑万余人到车师前王庭击走匈奴伊蠡王于伊和谷。

考伊和谷在今新疆腾格里山,距离车师前王庭(治交河城,今吐鲁番市西北)不远。班勇由龟兹东到车师前王庭,在伊和谷把伊蠡王击走,这说明伊蠡王的驻牧地就在吐鲁番以西的腾格里山一带。至于吐鲁番以北及以东地区,则是上文所说的呼衍王的驻牧地了。

① 参阅《后汉书》卷 88《西域传》、卷 47《班勇传》及(清)冯云鹓等撰《金石索》石索二《汉敦煌太守裴岑纪功碑》(邃古斋藏清道光元年〔1821〕刊本)。

第 五 章

匈奴的盛衰及其与中原的关系(上)

一、先秦时期匈奴的初兴及其与中原的关系

先秦时期,匈奴业已兴起,但最早在什么时候与中原发生关系?这个问题在目前虽不能作出确定的答案,但也不是毫无线索可寻。

在古代文献中,有关先秦时期匈奴与中原发生关系的记载,可靠的有三条[①]:一是汉代刘向《说苑》(卷一)所载燕昭王元年(前 312 年)昭王问政于郭隗时,郭隗说的“匈奴驱驰于楼烦之下”;二是《史记》卷八一附《李牧列传》所载赵孝成王初年(前 265 年)李牧居代、雁门备匈奴,大破杀匈奴十余万骑;三是汉刘向校《战国策》卷三一《燕策》所载燕王喜二十七年(前 228 年)秦将军樊於期(於音乌,期音基)得罪,逃亡至燕,太子丹把他

① 还有《史记》卷 5《秦本纪》载惠文君初更七年(前 318 年)“韩、赵、魏、燕、齐帅匈奴共攻秦”一条,因不可靠,故不采。尝以《史记》韩、赵、魏、楚、燕世家、《犀首传》、《乐毅传》及《战国策·秦策》考之,其时五国(或说六国)攻秦,匈奴并未参与。《资治通鉴》于是年载“楚、赵、魏、韩、燕同伐秦,攻函谷关,秦人出兵逆之,五国之师皆败走”。亦未叙及匈奴参与。其他有关匈奴的资料都没有匈奴参与攻秦的记载。故《秦本纪》“帅匈奴”三字当为误文。

收容,太傅鞠武谏:愿急遣樊将军入匈奴以灭口,并西约三晋,南连齐、楚,北媾(结交)于匈奴以图秦。从这三条资料中,我们不难看出,早在公元前 4 世纪之末,匈奴的骑兵已经常常出没并深入至当时的楼烦(今晋北)一带①,以致对燕、赵的威胁很大。那么当时匈奴与燕、赵二国发生直接或间接的接触,都是可能的。

楼烦,原先不是个地名,而是个部落或部族的名称。楼烦活动的地区与赵国的内长城相隔。其后赵武灵王(前 325—前 299 年在位)北破楼烦、林胡(此族在楼烦西北),筑外长城,自代(今河北蔚县)傍阴山(今内蒙古阴山,俗称大青山)下,至高阙(今内蒙古巴彦淖尔市临河区西北石兰计山口)为塞,在楼烦、林胡原先活动的地区设置了云中、雁门、代三郡②,从此赵国便隔着外长城而与匈奴相望。那时匈奴活动的领域已很广阔,东自燕、代,西至河北(河套以北),都有匈奴的踪迹,故《史记·匈奴列传》说:当时中原有七个“战国”,而其中三国(燕、赵、秦)与匈奴靠近。由于匈奴奴隶主侵扰势力的威胁,赵国在孝成王初年便派李牧驻守代、雁门,以资防备。因为李牧防守有方,采取加强戒备、注意敌情、不轻易出击等以逸待劳的方法,匈奴无法得逞。后来赵王另派他人代替李牧,便抵御不了匈奴在北方的侵扰,以致缘边不能种田、牧畜。最后赵王还是起用李牧,结果大破杀匈奴十余万骑,匈奴侵扰势力大受打击,此后十余年不敢接近赵国的边城。从这里可以看出,在公元前 3 世纪中叶或者更前,匈奴与赵国已经发生了直接而频繁的接触。

降及公元前 3 世纪中叶以后,匈奴与燕、赵、秦三国的交通益加密切,故樊於期由秦国逃到燕国之后,鞠武怕秦国借口攻燕,故劝太子丹赶快把他送往匈奴,并结连匈奴以图秦国。如果当时双方不是早有经常的交通,鞠武何能出此计策?

大抵自战国以来,中原人进入匈奴地区的不少,秦时更多。故《汉书·匈奴传上》颜师古注,谓秦时有人逃入匈奴者,今其子孙仍称“秦

① 战国时楼烦县,秦惠文王置,治所在今山西朔州市朔城区东。故《说苑》所谓“楼烦之下”,应指今晋北一带。

② 参阅《史记》卷 110《匈奴列传》。

人”。近人王国维在《观堂集林》卷一八《匈奴相邦印跋》中也说，匈奴有一个自己制造的相邦（官号）玉印，它的形制和文字都很像先秦古鉩（音捻）。可见匈奴人很早就从进入匈奴地区的中原人中知道一点中原的文物制度，否则不会用汉字制造出与中原制度、形式相同的玉印来。

从以上说明可以看出，在战国时期，匈奴与中原的关系，最早可以上溯到公元前三四世纪或者更前。同时可以看出，匈奴与中原之间的关系，不仅是战争，还有文化（如玉印）；经济关系也不可能没有（据说漠北发现了由中原流传过去的属于公元前 3 世纪以前的石臼）①。

再从“匈奴”的名称在中原文献上的最早出现这个问题考察，也能反映出先秦时期匈奴与中原的关系。在古代文献中，“匈奴”名称的出现，以《逸周书》（卷七《王会解》附伊尹四方令）、《山海经》（卷一〇《海内南经》）和《战国策》为最早。《逸周书》和《山海经》的成书年代目前尚不能确定，但大抵皆先秦之作，可以无疑。但伊尹四方令及《海内南经》所记“匈奴”之名，颇疑为后人附益，恐不足凭信。至于《战国策》所记，则毋庸置疑。《战国策》一书为西汉末刘向所集校，然其内容则出于战国时人的手笔，这一点学者间是公认的，西汉时司马迁作《史记》，就曾采用其文。战国时期的著作中出现“匈奴”之名，正是这个时期（或较这个时期更早）匈奴与中原发生频繁的接触的反映。

秦始皇统一六国（前 221 年）之后，匈奴与秦的关系，史书记载较为明晰。根据《史记》卷五《秦本纪》及卷一一〇《匈奴列传》的记载，始皇三十二年（前 215 年），由于以头曼为首的匈奴奴隶主势力的南下侵扰，乃使蒙恬将兵三十万北击匈奴，夺取“河南地”（今内蒙古河套以南一带），迫使匈奴向北退却七百余里，从此“胡人不敢南下而牧马，士（骑兵）不敢弯弓而报怨”②。为了巩固北部的边防，始皇除了“筑塞于河上”（即于黄河河套一带建筑鄣塞、堠城）③及从内地移民三万家至河北（今河套

① 见策·道尔吉苏荣《北匈奴的坟墓》一文。

② 贾谊:《新书》卷 1《过秦论上》，商务印书馆《四部丛刊》本。

③ 《汉书》卷 49《晁错传》。

乌加河之北)、榆中(今河套东北岸)[1]以实边外,三十三年,又把原先燕、赵、秦三国在北方修筑的长城连接起来,重新修缮,并东西扩展,筑成"万里长城",西起临洮(今甘肃岷县),沿黄河北至河套、傍阴山、东至辽东郡(今鸭绿江边),延袤万余里,并使蒙恬拥兵坐镇上郡(秦治肤施,今陕西榆林市东南),以为守卫。后来(始皇三十七年,公元前 210 年)蒙恬死,翌年而陈胜、吴广农民大起义,秦王朝瓦解,戍卒逃散,北方空虚。于是匈奴奴隶主乘机复渡河南(河套以南),与中原旧时的障塞分界。[2]

二、西汉前期匈奴的强大及汉王朝对匈奴的和亲与战争

西汉初期,正是匈奴奴隶主势力空前强大的时期,在冒顿单于的统领下,"控弦之士"(骑射部队)三十余万众,不断向邻族实行侵扰。他利用当时楚汉相争、中原内乱的时机,南越长城,侵扰现今的冀北、山西、陕西及河套一带,给刚刚建立的西汉王朝以莫大的威胁。

汉初,由于经过镇压秦末的农民大起义和楚汉之间的持续战争,以致当时中原地区社会经济残破,劳动力不足,国力空虚,中央政府软弱。正如《史记》卷三〇《平准书》所说:汉朝建兴之初,在秦朝疲弊的废墟上,精壮从军出征,老弱转运粮饷;百业待兴而财政匮乏,皇帝尚不能配备四匹一色的马驾车,而将、相只能乘牛车;平民毫无物资的储存。加以地方"异姓诸王"的存在,中央集权尚未确立,故不足以抗拒匈奴。高帝(刘邦)六年(前 201 年)秋,匈奴大围攻马邑(今山西朔州市朔城区),驻守马邑的韩王信投降匈奴。匈奴遂引兵南逾句注(山名,在今山西代县西;句音勾),攻太原,至晋阳(今山西太原市西南)下。七年(前 200 年)冬,高

① 《史记》卷 6《秦始皇本纪》及卷 15《六国年表》。
② 参阅《史记·匈奴列传》。

帝亲自将兵前往抵御①,冒顿发精兵四十万骑围之于平城(今山西大同市东北)的白登山七日,汉兵内外接应被切断。后用陈平之计,使人暗中以厚礼疏通冒顿的阏氏,乃得脱围。于是乃使刘敬前往匈奴结和亲之约。②此后终高帝之世,中经孝惠、吕后以至文、景,六七十年间,和亲成为西汉王朝初期对待匈奴的一种政策。

由此可见,汉初的和亲政策,是在汉朝与匈奴的力量对比处于不平衡的状态,汉朝不得不委曲求全,以期暂时避免匈奴奴隶主侵扰的情况下产生的。为了执行这种政策,汉朝曾付出巨大的代价。从高帝九年(前 198 年)使刘敬往匈奴结和亲之约开始,至武帝元光二年(前 133 年)发动对匈奴战争为止,和亲的条款大致可分三项。

第一,高帝使刘敬往结和亲之约初期,即以公主嫁给单于为阏氏;一次赠给匈奴黄金千斤;另每年奉送一定数量的絮、缯、酒、米、食物。惠帝三年(前 192 年)、文帝六年(前 174 年)、景帝元年和五年(前 156 年和前 152 年)复先后遣送公主,财物更是年年奉送。文帝后元二年(前 162 年)又把絮、缯、酒、米、食物改为秫蘖(音聂)、金帛、丝絮等物,仍每年有一定的数额。不仅种类增加了,而且增加的都是如金帛、丝絮等贵重物品。文帝之所以不惜忍受较大的牺牲,原为争取今后"匈奴无入塞,……可以久亲"。后来这些财物在后元六年(前 158 年)因匈奴大举侵扰而一度中止输送,至景帝元年(前 156 年)派御史大夫陶青至代郡(汉治代县,今河北蔚县东北)与匈奴谈判,恢复和亲,复继续年年付给,直至公元前 133 年武帝对匈奴发动战争,才告终止。③

第二,汉朝开放"关市",准许两族人民交易。这在刘敬往结和亲之约后便实行了。当时通过关市,匈奴从汉族地区换得了不少物品和金属器具,特别是铜。故文帝六年贾谊上疏,有控制铜器和铜矿出塞以挟制匈

① 汉初历法,以十月为岁首。匈奴于高帝六年秋进兵晋阳,高帝于七年冬领兵前往抵御,实际仅隔两三个月。直至武帝太初(前 104 年)改历,始以正月为岁首。

② 参阅《史记》卷 99《刘敬叔孙通列传》。

③ 以上参阅《史记》卷 110《匈奴列传》及《汉书》卷 52《韩安国传》、卷 2《惠帝纪》、卷 5《景帝纪》。

奴的对策。[①] 后来关市在后元六年因匈奴大举侵扰而一度中断,至景帝元年恢复和亲又重行开放。开放关市,有利于汉匈两族人民的联系和经济文化的交流,汉朝这样做是对的。

第三,汉与匈奴结为兄弟,相约以长城为界,北面“引弓”之区是匈奴的游牧地带,归单于管领;南面“冠带之室”是汉族耕织的领域,由汉帝统治。[②] 在一个国家——中国——的国境之内,汉匈两族彼此在原来生活的地区分疆自守,互不侵犯。如果双方都能切实遵守约定,这原是一项有利于两族人民安居乐业、各得其所的权宜办法;通过关市,两族人民也能相互往来并进行经济文化交流。

但是,由于公主、财物和关市并不能满足匈奴奴隶主的贪欲,因而汉朝虽忍受了巨大的牺牲,仍不能获得北方的安宁和汉人生产、生活及财产的保障。当时的陇西、北地、上郡、云中、上谷、辽东等郡(当今甘肃临洮、庆阳、陕西榆林、内蒙古托克托、河北怀来、辽宁辽阳一带)经常遭到侵扰。奴隶主操纵下的匈奴骑兵,所到之处,毁坏庄稼,劫夺财产,杀略吏民,抄掳人口,把大量汉人俘为奴隶,单是云中、辽东,每年每郡被杀害和被掠去的人口就有一万多人。正如文帝六年复单于书中所说:因为汉与匈奴约为兄弟,所以赠给单于的物品甚为丰厚,可是背约离异兄弟之亲者,责任常在匈奴。[③] 武帝元光二年诏书也说:朕以子女嫁给单于,赠送金币文绣也不少,可是单于却以傲慢的态度对待诏命,侵盗不止,边境被害,朕甚悯惜![④] 据见武帝即位之后,匈奴仍有不断侵扰北方之事,否则武帝不会说出“侵盗不止,边境被害”的话来。事实证明,汉初的和亲政策并没有收到实际的效果,只是把汉人劳动生产的财富,通过和亲的方式,每年大量地送到匈奴奴隶主贵族的庭帐,使匈奴奴隶主贵族得以过着豪华奢侈的生活,匈奴人民并没有沾益。

基上所述,可见汉初的和亲是一种消极的政策,是一种变相的纳贡,

① 参阅《新书》卷3《铜布篇》。

② 参阅《史记·匈奴列传》。

③ 参阅《史记·匈奴列传》。

④ 参阅《汉书》卷6《武帝纪》。

是在当时的历史条件下迫不得已的一种妥协。这样自然不符合汉族上下层的愿望,更损害了人民的利益;其后果适足以在一定程度上滋长匈奴奴隶主的贪欲,却无补于汉族的安宁和汉匈两族人民的友好。故武帝在国力充实、足以抗拒匈奴的时候,本于维护他的封建王朝的统治,树立中央政府的权威,采取积极防御的战争方针以代替消极的和亲政策,完全符合人民的愿望和利益。正如积极主张抗战的大行(官名)王恢在答复武帝的诏问时说:今以陛下之威,又派遣戍卒驻守边塞,转运军饷,以为消极的防备,然而匈奴仍侵盗不止者,不是别的,仅仅是没有采取积极的抗战方针之故耳!我以为抗击它是对的。[①]

西汉王朝在经过六七十年长期的休养生息之后,至武帝即位之时,国力已很充实。《史记》卷三〇《平准书》说:武帝初年,都城及边邑的米仓尽满,府库的财物有余;京师之钱多至不可点校,太仓之粟年久积压,至腐烂而不可食;民间的马匹到处成群。而且经过平定"异姓诸王"的背叛,及经过文、景削藩和平定"同姓诸王"的"七国之乱"后,中原地方割据势力已遭到极大的打击,中央集权已大大加强和巩固,加以武帝采纳抗战派大臣的主张,于是抗击匈奴奴隶主侵扰的条件成熟了。

武帝对匈奴的战争开始于元光二年(前 133 年)。冬十月,大行(官号)王恢提出一个"伏兵袭击单于"的计谋。汉以三十余万精兵埋伏在马邑(今山西朔州市朔城区)旁谷中,使马邑人聂壹佯为出卖马邑城以利诱单于。单于贪马邑财物,信以为真,夏六月[②]率十万骑入武州塞(在今山西朔州市朔城区北至大同市西一带)。后因捕得汉朝尉史(官号,守卫边塞的下级武官),尉史泄密,单于及时撤退,汉之计谋没有成功。[③] 匈奴从此大肆进攻当道的障塞,"往往入盗于汉边,不可胜数"。其中渔阳(郡治在渔阳,今北京市密云区西南)、上谷(郡治在沮阳,今河北怀来县东南)一带

---

① 参阅《汉书》卷 52《韩安国传》。

② 汉初历法仍秦之旧,以十月为岁首,故叙事先冬后春,及至武帝太初元年改历,始以春正月为岁首。

③ 参阅《史记》卷 110《匈奴列传》、卷 108《韩长孺列传》及《汉书》卷 6《武帝纪》、卷 52《韩安国传》。

尤为严重,被杀略吏、民每次动辄数千人。武帝发兵反击,汉将卫青出上谷,至匈奴龙城(在今内蒙古锡林郭勒盟东、西乌珠穆沁旗附近),斩首获虏七百人;而李广则在雁门(郡治在善无,今山西右玉县南)战败负伤,为匈奴生得,被置卧于两马间,李广佯死,在途中突然跃至其旁胡儿所骑之马上,夺其弓,鞭马南驰,倖得脱归。不久,李广为右北平太守,匈奴称他为"汉之飞将军",数岁不敢入侵右北平(郡治平刚,今辽宁凌源市西南)①。

武帝为了从根本上排除匈奴奴隶主贵族的侵扰,先后部署了三次关键性的重大战役:一是河南之战(亦称漠南之战);二是河西之战;三是漠北之战。

"河南地"(今内蒙古河套南一带)是匈奴人的发祥地,是匈奴族诞生的"摇篮",水草丰盛,且为战略要地。该地自秦将蒙恬攻占后,至汉初冒顿单于把它夺回。汉文帝三年(前 177 年)匈奴右贤王曾进驻其地,并以此为据点,经常入侵上郡(郡治在肤施,今陕西榆林市东南),杀掠人民,且河南地距离汉都长安(今陕西西安市西北)较近,汉朝中央政府所受威胁尤为严重。故武帝首先发动河南之战。

元朔二年(前 127 年)春正月,卫青、李息率大军从长安出发,经榆谿旧塞(在今陕西榆林市东北),北出云中(郡治云中,今内蒙古托克托县东北),趋向西北,沿外长城,直指高阙(今内蒙古巴彦淖尔市临河区西北石兰计山口),然后向南折回,架桥渡过北河(今河套北的乌加河),沿黄河,傍贺兰山,返抵陇西(郡治狄道,今甘肃临洮县)。其进军路线大体上呈一马蹄形,把在这马蹄形内驻牧的匈奴属部楼烦王部和白羊王部击走,占领了河南地,获首虏数千级、牛羊百余万头。楼烦与白羊二族,原活动于今陕北及内蒙古南部,自公元前 209 年前后被冒顿单于征服后始移驻于此,归右贤王管辖。卫青等进军之所以采取马蹄形的形式,主要因为右贤王驻地在高阙之北,卫青直指高阙,盖为截断右贤王南下河南援救楼烦、白羊二王之路。随后武帝用主父偃之计,在河南地立朔方郡(辖境相当今河套周围,郡治在朔方,今内蒙古乌拉特前旗南黄河南岸),使苏建发

① 参阅《史记》卷 110《匈奴列传》、卷 111《卫将军骠骑列传》及卷 109《李将军列传》。

十余万人筑朔方城，复修缮故秦时蒙恬所筑之障塞，因河为固；夏，从内地募民十万口徙居朔方，充实边境，以防匈奴反扑。[①]

匈奴果然反扑，除单于先后遣数万骑侵入代郡（郡治代县，今河北蔚县东北）、雁门（郡治善无，今山西右玉县南）、定襄（郡治成乐，今内蒙古和林格尔县西北），各杀略数千人外，史载“右贤王怨汉夺之河南地而筑朔方，数为寇，盗边，及入河南，侵扰朔方，杀略吏民甚众”[②]。元朔五年（前124年）春，武帝遣车骑将军卫青将六将军兵计十余万人，出朔方高阙反击。这时右贤王远居高阙之北，以为汉兵不能至，饮酒，醉，卫青出塞六七百里，出其不意，夜至，包围右贤王庭。右贤王大惊，独与壮骑数百连夜遁逃，突围北去。卫青得右贤王所属裨王（小王）十余人，众男女一万五千余人，牲畜数十百万（数十万至数百万）[③]。是役战果辉煌，武帝晋封卫青为大将军，其余将士亦皆有封赏。然而付出的代价也不轻。史载是时汉因连岁发兵十余万众出击匈奴，士马死者亦十余万，兵甲、转漕（转运粟食）之费不可胜数，府库空虚，经用涸竭。[④]

由于匈奴连年入侵定襄一带，且定襄西近朔方，故汉朝于排除了朔方以北右贤王的侵扰势力之后，大将军卫青复于元朔六年（前123年）春二月仍将六将军兵出定襄，以期继续排除朔方以东的侵扰势力。是役战果不大，仅斩首数千级而还，士马在定襄、云中、雁门略事休息。夏四月，卫青再次从定襄出击，斩首获虏万余人。但这次战役，右将军苏建与前将军赵信却与单于亲自指挥的队伍相遇，双方接战一日，汉兵伤亡殆尽，苏建只身逃归。赵信原为匈奴小王，前时降汉，汉封之为翕侯，这次随大将军出征，战败，遂率其余众八百骑复降匈奴。单于以其在汉日久，熟悉汉方军情，故封他为自次王（即尊重他仅次于自己），并以自己的姐姐妻之，与他共谋对付汉朝。赵信乃教单于益北绝漠（度漠北移），以诱疲汉兵，徼

---

① 参阅《史记》卷110《匈奴列传》、卷111《卫将军骠骑列传》及卷112《主父偃列传》。

② 《史记》卷110《匈奴列传》。

③ 参阅《史记》卷110《匈奴列传》及卷111《卫将军骠骑列传》。

④ 参阅《史记》卷30《平准书》。

极而取之(徼者,要也,即诱使汉兵疲极而后取之),无近塞。单于从其计。①

河南之战结束后,武帝继续发动河西之战。河西(今甘肃、青海二省黄河以西,即河西走廊与湟水流域)形势重要,其北居延泽(今内蒙古极西之居延海)为匈奴骑兵由漠北南下要冲,匈奴浑邪王部与休屠王部俱驻牧于河西走廊,故朔方西北、西南两面及陇西西北面均处于匈奴侵扰势力的包围之中。为了确保朔方和陇西的安全及阻止匈奴侵扰势力的南下,河西一带,在所必争。

元狩二年(前121年)春三月,骠骑将军霍去病将万骑从陇西出发击匈奴,经历匈奴五王辖区,转战六日,西过焉支山(在今甘肃山丹县东南,接永昌县界)千余里,杀折兰王,斩卢侯王,执浑邪王子及相国、都尉,获首虏八千九百余级,收得休屠王的祭天金人。骠骑所属鹰击将军赵破奴斩匈奴遬濮王(遬音速),捕稽且王(且音沮);千骑将得匈奴王、王母各一人,王子以下四十人,捕虏三千三百三十人,前行捕虏一千四百人;校尉高不识捕呼于屠王、王子以下十一人,捕虏一千七百六十八人。夏,霍去病复将数万骑从北地(郡治马岭,今甘肃庆阳市西北)出发,深入匈奴地区二千余里,过小月氏②驻地,攻祁连山(在河西走廊之南),得单桓王(单音善)、酋涂王及相国、都尉以众归附者二千五百人,斩首虏三万二百级,获裨小王七十余人。③

以上骠骑所过地区,俱属匈奴浑邪王和休屠王辖境。秋,单于怒浑邪王和休屠王在西方被汉杀虏数万人,欲召诛之。浑邪王和休屠王恐,共谋附汉,汉使骠骑往迎之。旋休屠王后悔,浑邪王杀之,并将其众凡四万余人至长安,汉封之为漯阴侯,又封其裨王呼毒尼、仆多、乌犁、稠雕四人为列侯。河西走廊平定。汉朝将匈奴归附之众徙置边境陇西、北地、上郡、

---

① 参阅《史记》卷110《匈奴列传》及卷111《卫将军骠骑列传》。

② 小月氏,月氏族的一支。按月氏于秦汉之际原游牧于敦煌、祁连之间(今甘肃河西走廊一带),约于公元前174年左右为匈奴攻破,其西走伊犁河上游流域者称大月氏,其余进入祁连山区与羌族杂居者称小月氏。

③ 参阅《史记》卷110《匈奴列传》及卷111《卫将军骠骑列传》。

朔方、云中五郡故塞外,而皆在河南(河套之南)。从此金城河(黄河上源今甘肃兰州以西一段)西,西傍南山(即祁连山)至盐泽(亦称蒲昌海,即今新疆罗布泊)全无匈奴踪迹,虽间或有匈奴候者(斥堠)到,但为数已很稀少。于是汉减陇西、北地、上郡戍卒之半,以宽天下之徭。①

漠北之战发动于元狩四年(前 119 年)。夏,武帝以前翕侯赵信为单于画计,常以汉兵不能度漠轻留,乃大发士卒,其势必得所欲。于是粟马(以粟秣马)十万,令大将军卫青出定襄,骠骑将军霍去病出代,各将五万骑,私负从马(私人自备衣装及马匹随从出征,不在公家所发之限者)复四万匹,步兵转运辎重接军后者又数十万人,咸绝漠(直度沙漠)击匈奴。

单于以汉兵既度漠,人马疲劳,遂以精兵待于漠北。大将军出塞千余里,见单于兵结阵待战,于是亦结阵,以武刚车(兵车)自环为营,而纵五千骑往攻单于,单于亦纵万骑迎战。时值日暮,大风起,砂砾扑面,两军互看不清,汉军张开左右两翼以围单于。单于见汉兵多而士马尚强,自度难于取胜,遂乘善走的"六骡",偕壮骑数百,直突汉围,西北驰去。时已天黑,汉匈双方军士乱相搏斗,各有伤亡。汉军捕得匈奴士兵,知单于已于黄昏前遁去,汉军发轻骑追之,大将军率军随后,匈奴兵亦陆续散走。将近天明,已追二百余里,仍未得单于,捕斩匈奴首虏一万九千级。卫青追至寘颜山赵信城(山约为今蒙古国杭爱山南面的一支,城在寘颜山附近),得匈奴储存的大量粟米供应军食,停留一日,尽烧其城之余粟始归。

骠骑将军出塞二千余里,绝大漠,与左贤王接战,左贤王败走。汉得首虏七万余级,去病封狼居胥山(积土增高曰封,山约在今内蒙古赤峰市克什克腾旗西北一带),禅于姑衍(为坛祭地曰禅,姑衍山当在狼居胥山附近),登临瀚海(在今内蒙古锡林郭勒盟苏尼特左旗北一带)而还(因有大功,故增山、广地)。

是役汉所杀匈奴合八九万,而汉士卒死者亦数万,军马死者十余万。是后匈奴远遁,且因前已退出河套及其以西一带,从此"漠南无王庭"。

---

① 参阅《史记》卷 110《匈奴列传》、卷 111《卫将军骠骑列传》、卷 123《大宛列传》及卷 20《建元以来侯者年表》。

汉渡河,自朔方以西至令居(今甘肃永登县西北),往往通渠置田,官吏卒五六万人,稍蚕食,地接匈奴以北。[1]

东线方面,汉军也获大捷。汉朝在夺得了匈奴左地之后,扶植原来役属于匈奴奴隶主的乌桓族(游牧于今辽河上游老哈河流域)徙居于上谷、渔阳、右北平、辽西、辽东五郡(当今河北北部、原热河平原及辽河下游一带)塞外,命令他们侦察匈奴动静,并置护乌桓校尉一官监领他们,以防止他们与匈奴的交通,这样便切断了匈奴的"左臂"。同时,汉朝还派遣张骞出使西域,联络月氏[2]、大宛(在今中亚费尔干纳盆地),以公主嫁给乌孙王[3],拆散了匈奴在西方的同盟,以切断匈奴的"右臂"。又在河西设置酒泉、武威、张掖、敦煌四郡,一方面用以隔绝匈奴与羌族(生活于今青海一带)的交通,另一方面也便于在河西及上郡、朔方、西河等郡(俱在今内蒙古河套南)一带实行屯田。此外还加强了边防的设备,把烽燧、亭障从酒泉伸展到玉门,又从敦煌伸展到盐泽(今新疆罗布泊)[4]。经过这一系列的军事、政治、边防和经济上的措施,匈奴奴隶主的威胁才基本上解除。

本来,汉武帝在给了匈奴奴隶主以一定程度的打击之后,在能够确保边境安宁的前提下,原亦不拟深入穷追。因为汉朝一向认为:匈奴是游牧之民,迁徙无定,很难把它制服;只要它不再骚扰边境,也就不一定要和它长期兵戎相见。但匈奴奴隶主既不肯放弃和平勒索,更没有停止军事入侵,那么当然只有继续反击。

---

① 以上参阅《史记》卷110《匈奴列传》及卷111《卫将军骠骑列传》。

② 月氏族自公元前174年左右被匈奴攻破,由河西走廊西迁至今伊犁河上游流域后,公元前150年左右复为乌孙所迫,再迁至今中亚阿姆河流域,臣服了大夏,开始定居。约汉武帝元朔元年(前128年)张骞初至其地,是为汉通西域之始。

③ 乌孙族初与月氏共同游牧于敦煌、祁连之间,在首领难兜靡时,因被月氏攻杀,牧地被侵占,部落四散,人民逃入匈奴。难兜靡之子猎骄靡(即昆莫)为单于所收养,后来长大,老上单于助他报仇。时月氏已为冒顿单于攻破,由河西走廊一带西迁至今伊犁河上游流域。昆莫乃西击月氏,杀月氏王,月氏被迫再次西徙今阿姆河流域,乌孙因在伊犁河上游流域留居,都赤谷城(在今新疆温宿县西北纳伦河上游)。汉武帝元鼎二年(前115年)派张骞出使乌孙,与结和好,并以宗室女细君和解忧二公主先后嫁给乌孙王。

④ 以上参阅《史记》卷110《匈奴列传》、卷123《大宛列传》、卷30《平准书》,《汉书》卷96《西域传》序及《后汉书》卷90《乌桓传》、卷87《西羌传》。

史载公元前87年（后元二年），武帝死，在此以前，汉兵深入穷追二十余年，匈奴伤亡、损失惨重，疲极，苦之，自单于以下的各级贵族都有恢复和亲的想法，但仍没有放弃对汉朝北方的侵扰。不过，昭帝时期，匈奴已经没有发动大规模侵扰的力量了。一方面，因为汉边郡的"烽火候望精明"，防守严密，匈奴奴隶主在入侵边塞时很少获利；另一方面，则因壶衍鞮单于年少，初立，母阏氏（匈奴称母亲为母阏氏）行为不正，内部乖离，常恐汉兵对它突然袭击，故不得不采取守势，不是筑城、建楼以存谷，准备坚守，便是派兵屯驻受降城（故址在今内蒙古阴山北乌拉特中后联合旗东）以备汉兵，在北面的余吾水（今蒙古国境内的土拉河）上搭桥，随时准备渡河退却。同时把扣留了十九年的汉使苏武放回，表示善意，企图缓和与汉的敌对关系，逐渐实现和亲。但和亲的念头尽管在匈奴奴隶主的思想上盘旋，然而匈奴的骑兵仍不断地在汉朝北方出现。而且因为南下很少获利，因而扭转马头，弯弓射向西方汉朝的同盟者——乌孙去了。史载公元前74年（昭帝元平元年），匈奴数侵边境；又联合车师（在今新疆吐鲁番一带）共侵乌孙。第二年（前73年，宣帝本始元年），复连发大兵夺取乌孙的车延、恶师地，掳去人民，并索取乌孙公主（即汉公主解忧），声称"速送公主来"，企图以武力威迫乌孙脱离与汉朝的同盟关系。乌孙昆弥（昆弥乃乌孙王号）和公主先后上书求救，于是汉朝组织了五路大军，与乌孙联合，兵员二十万，在公元前71年（本始三年），发动了一次规模巨大的出击战。

春正月，五将军从长安出发。匈奴闻汉兵大出，老弱奔走，驱牲畜远遁，是以五将少所得。度辽将军范明友自张掖（今甘肃张掖市）出塞一千二百余里，至蒲离候水（或说即今内蒙古额济纳河）；前将军韩增自云中（今内蒙古托克托县）出塞一千二百余里，至乌员（或说在今内蒙古喀尔红河北段旧喀尔喀右翼旗以北）；蒲类将军赵充国自酒泉（今甘肃酒泉市）出塞一千八百余里，西至候山（今地不详）；祁连将军田广明自西河（今内蒙古鄂尔多斯市东胜区）出塞一千六百里，至鸡秩山（今地不详）；虎牙将军田顺自五原（今内蒙古包头市）出塞八百余里，至丹余吾水（或说即余吾水），均仅斩首捕虏数百十或千余级而还。

独乌孙方面的出击则战果辉煌。乌孙昆弥自将五万骑与汉校尉常惠从西方进攻,至右谷蠡王庭,捕获单于父行及嫂、居次(即公主)、名王、犁汙都尉、千长、骑将以下三万九千余级,马牛羊驴及骆驼七十余万头。匈奴民众伤而去者及牲畜远移死亡,不可胜数。

这是西汉时期汉匈战争以来最后的一次大战。这次战争完全是由匈奴奴隶主的侵犯引起的,汉与乌孙的出兵只是反击行为。结果匈奴惨败,自食其恶果,从此大为衰弱,更加趋向和亲,而北方愈来愈平静了。①

自汉初以来,围绕着"是否抗击匈奴奴隶主侵扰"的问题,长期存在着主战和主和两种方针的斗争,其中以武帝及昭帝时的斗争尤为激烈。《汉书》作者班固,在《匈奴传》赞中描述当时斗争的情况是:人持所见,各有同异,然归纳起来,两科(即两派)而已:缙绅之儒(主和派的儒家)则守和亲,介胄之士(主战派)则言征伐。而汉桓宽撰《盐铁论》②一书则详尽地记下了这两派就征伐匈奴得失的激烈辩论。后来事实证明,从公元前133年武帝发动战争,至公元前71年的大战,将近六十年,汉朝付出了"海内虚耗,户口减半"③的代价,最后才把匈奴的威胁完全解除。如果没有这五六十年的反侵扰战争及其最后胜利,汉朝北方的安全,人民生产、生活的安定,民族、国家的命运,封建社会经济文化的发展,都是不堪设想的。故西汉时期汉匈之间的战争,是一场维护先进的封建制、反对落后的奴隶制的战争,实质上也就是封建制与奴隶制之间的斗争。武帝及其以后对匈奴战争的正义性质和进步作用,于此可见。

武帝及其以后对匈奴战争的进步作用,不仅表现在解除了匈奴奴隶主对汉族的侵扰,而且还表现在解除了乌桓、丁令、西嗕、乌孙和西域各族人民所受匈奴奴隶主的奴役和剥削(虽然这不是武帝用兵的目的),使他们脱离了匈奴落后的奴隶制的束缚,加强与汉族先进封建经济文化的接触和影响,这在当时的历史条件下,是有积极意义的。

---

① 以上参阅《汉书》卷94上《匈奴传上》、卷96《西域传下》及卷8《宣帝纪》。

② 郭沫若校定本,科学出版社1957年版。

③ 《汉书》卷7《昭帝纪》赞。

三、西汉后期呼韩邪单于归附于汉，塞北与中原统一

由于匈奴奴隶主统治集团对西汉王朝北方侵扰所引起的战争及其失败，给匈奴族带来了严重的恶果，而匈奴人民受到的灾难尤为深重。

首先是匈奴的人口和牲畜大量被俘和死亡。公元前127年一战，匈奴被虏三千余人，被获牛羊百余万头。[①] 前121年及前119年两次战争，匈奴士卒被斩、虏的，更多至十三万有余[②]（浑邪王部被杀虏数万及投汉四万余尚未计入）。冒顿时控弦之士本有三十余万，到这时几乎损耗了一半。公元前71年一战，右谷蠡王部被俘人众三万九千余口，被获牲畜七十余万头；其余匈奴人死伤、流散及牲畜死亡、散失的，更不可胜数。[③]这不能不使匈奴趋于衰弱。

其次，匈奴因战败而退出了许多适于游牧的地区（如楼烦、白羊王部退出今内蒙古河套，浑邪王部退出今甘肃河西走廊），不得不远走于漠北寒苦无水草之地，这当然影响畜牧业的生产。其中退出河西的祁连山（在今甘肃酒泉市、高台县南）、燕支山（在今甘肃山丹县东南）和河套北面的阴山（贯穿于今内蒙古中部）所受的影响较大。因为祁连、燕支二山，有松柏等树木，水草丰盛，冬温夏凉，宜于畜牧，与匈奴人民生计关系甚大，故匈奴失此二山之后，民间流传歌谣说："亡我祁连山，使我六畜不蕃息；失我燕支山，使我嫁妇无颜色。"[④]至于阴山，则草木茂盛，禽兽很多，不仅牧猎咸宜，且有大量木材可资军用（能制造弓箭），原是冒顿单于

① 参阅《史记·匈奴列传》及《卫将军骠骑列传》。

② 元狩二年（前121年）春，霍去病斩首八千余级；夏，复斩虏三万余级（俱见《史记·匈奴列传》），李广杀三千余人（见《汉书·武帝纪》）。元狩四年（前119年），卫青斩首一万九千级，霍去病斩虏七万余级（俱见同上《匈奴列传》）。合计十三万有余。

③ 参阅《汉书·匈奴传上》。

④ 《史记·匈奴列传》《索隐》引《西河旧事》。

的后库和南下的重要基地。[①] 现在退到阴山以北,而阴山以北皆大碛(大沙漠),碛东西数千里,南北亦数千里,并无水草,不可驻牧。[②] 这对于畜牧业的生产和资源的供应,都大受限制。且汉朝领有阴山之后,在那里建塞徼,起亭燧,筑外城,设屯戍守卫,从此匈奴无法南下,故“匈奴失阴山之后,过之未尝不哭也”[③]。后来汉朝又派拔胡将军郭昌及浞野侯赵破奴屯兵朔方(今内蒙古河套一带)以东,防止匈奴势力向东扩展。故乌师庐单于即位(前105年)以后,匈奴愈益往西北移徙,左方兵对着云中郡(今内蒙古托克托县;原先对着上谷郡,今河北怀来县),右方兵对着酒泉、敦煌郡(今甘肃酒泉市、敦煌市;原先对着上郡,今陕西榆林市)。于是游牧地区更是狭小。由于人口和牲畜的大量死亡,游牧地区的大大缩小,生产已日趋萎缩,加以有时天灾雨雪(如公元前104年、前89年、前71年),到公元前68年(宣帝地节二年,虚闾权渠单于元年),匈奴便发生了大饥荒,人民及牲畜死者十之六七,社会经济陷于崩溃,部族生存受到了威胁。[④]

再次,便是属部的瓦解。从冒顿以来征服的许多部族或部落,因不堪匈奴奴隶主统治集团的重敛和奴役,这时纷纷起来反抗:丁令乘弱攻其北,乌桓入其东,乌孙击其西,左地西嗕部落南投汉,西域各族也共起向匈奴攻击[⑤],庞大的匈奴奴隶主政权,一时陷于四分五裂的状态。

最后,在匈奴统治集团内部,这时也发生了分裂和内讧。本来在匈奴上层贵族集团中,由于争权夺利,特别是为了争夺“单于”这个最高的统治权力,就蕴藏着许多矛盾,且不时展开斗争。[⑥] 这时由于统治领域的缩小,社会生产的萎缩,部族的衰弱和属部的瓦解,使上层统治集团内部的矛盾越发尖锐起来。从公元前60年起,因单于继位问题,匈奴统治集团

---

① 参阅《汉书·匈奴传下》郎中侯应上元帝书。

② 参阅王先谦:《汉书补注·匈奴传》沈钦韩引《九边考》。

③ 《汉书·匈奴传下》。

④ 参阅《史记·匈奴列传》及《汉书·匈奴传上》。

⑤ 参阅《史记·匈奴列传》及《汉书·匈奴传上》。

⑥ 参阅《汉书·匈奴传上》:武帝元朔三年冬,伊稚斜自立为单于,攻败军臣单于太子於丹;昭帝始元二年,母阏氏恐单于不立其子,而私使人杀死左大都尉,卫律与颛渠阏氏阴谋更立壶衍鞮单于,左贤王、右谷蠡王以不得立为单于,遂不肯参加龙城会议,各节。

内部又发生了严重的分裂,发展到公元前57年,便出现了“五单于争立”的局面,匈奴内部大乱,这更把匈奴的部族、社会和政权推向绝境。就在这样的局势下,呼韩邪单于登上了历史舞台,才使匈奴获得了转机。

呼韩邪单于(邪音耶),名稽侯珊(珊音山)[①],是匈奴头曼单于第七代孙虚闾权渠单于的儿子。他出身于上层贵族,是匈奴最高统治集团中的人物。公元前60年(宣帝神爵二年),虚闾权渠单于死,依照匈奴单于继位的世系和习惯,他原有继承他父亲为单于的权利和可能。可是当虚闾权渠单于的执政大臣郝宿王刑未央(人名),派人驰往各地招呼各氏族首长前来单于庭商讨和决定后继单于人选问题的时候,虚闾权渠单于的元配——颛渠阏氏(颛音专)和她弟弟左大且渠都隆奇阴谋,乘着各氏族首长尚未到达的时机,擅立她的情人右贤王屠耆堂为握衍朐鞮单于。握衍朐鞮单于十分凶恶,竟把刑未央杀死,宠用都隆奇,又尽把虚闾权渠单于的子弟近亲黜免,安插自己的子弟。稽侯珊既不得立,又被排斥,不得不逃亡到左地他的妻父乌禅幕那里避难。

由于稽侯珊有杰出的才能,而且又是单于后裔,所以他虽然以政治亡命者的身份逃到左地,但仍获得了左地的贵族对他的尊重和爱戴。而握衍朐鞮单于则因暴虐嗜杀,惹起族内人民对他的不满和反对。公元前58年(神爵四年,握衍朐鞮单于三年),左地的贵族与乌禅幕乘机拥立稽侯珊为呼韩邪单于,随即调动左地的兵将西击握衍朐鞮单于。握衍朐鞮内失民心,外乏支援,无力抵抗,遂自杀而亡,所属民众尽数投归呼韩邪的治下。呼韩邪在战胜握衍朐鞮之后,遂回归单于庭,打算把单于直辖的地区加以整顿,并安定各方的局面,以便迅速恢复生产,稳定政权,故回到单于庭仅仅几个月,即行罢兵,命贵族们各归故地。可是这时逃亡到右贤王处的都隆奇,却与右贤王共立握衍朐鞮从兄日逐王薄胥堂为屠耆单于,发兵东袭呼韩邪。呼韩邪措手不及,兵败出走,屠耆遂让他的两个儿子据守单

---

① 历代由统治阶级编纂的史书,常常把国内各少数民族的人名或部族名妄加“犬”旁,实含有鄙视和侮辱的意思。这类字,有的可以改动,有的则不能。例如呼韩邪单于稽侯狦的“狦”字,可以改为“珊”,但如狐鹿姑单于的“狐”字,如果改动,因没有适当的字可以代替,容易发生误解,只得照原字书写,以免引起混乱。

于庭,并派兵屯驻东方以防备呼韩邪。由于屠耆统治乖方、信谗妄杀,激起了各方对他的叛离,纷纷自立为单于:西边有呼揭单于,东边有车犁单于和乌藉单于;连同屠耆单于及呼韩邪单于,即史称所谓"五单于争立"(时在公元前57年,宣帝五凤元年,呼韩邪单于二年)。五单于随即展开混战,混战的结果,或败降,或自杀,最后胜利仍属于呼韩邪。于是呼韩邪复归单于庭。可是经过这场混战,人口已大减损,部众才剩下数万人。而混战后的局面则是:死者以万数,牲畜损耗十之八九,人民饥饿,竟至互相燔烧以夺取食物。[①] 呼韩邪的处境是困难的。正拟着手恢复变乱后的残局,不意屠耆单于从弟休旬王在西边自立为闰振单于,而呼韩邪之兄左贤王呼屠吾斯又在东边自立为郅支骨都侯单于(前56年,五凤二年,呼韩邪三年;郅音至)。不久郅支杀闰振,并进攻呼韩邪,击破呼韩邪的队伍,占据了单于庭。呼韩邪不得不再次出走。这样的局面和处境,促使他考虑从归附汉朝中央政权中打开自己的政治出路,接受汉朝中央的统一领导,在汉朝的支持和帮助下,恢复和维持他的统治,平定郅支,统一匈奴地区,挽回匈奴的危局。

由于匈奴自冒顿单于以来,一百五十年间(前209—前56年)称雄塞北,为大漠南北各族之长,自誉为"天之骄子",与汉王朝分庭抗礼,虽间有和亲,也是汉朝遣公主,每岁赠给缯絮、衣物,而匈奴则不过仅仅做到暂时不侵扰边境。后来经过汉朝军事上的沉重打击,匈奴奴隶主震怖,愈益想求和亲,然而仍未肯称臣。故苟非势穷力竭,时势逼迫,呼韩邪是不会奉汉正朔,遣子入侍,自居藩臣,接受中央的统一领导的。因为这样对汉关系的根本转变,不是一件寻常的事,它不仅关系上层统治者的政治威信和地位,而且关系他们的阶级利益。故当呼韩邪把"是否归附汉朝"这个问题提到氏族首长高级议事会讨论的时候,会场分裂为反对与赞成两派,"诸大臣相〔辩〕难久之",彼此争论得很激烈。反对派认为:匈奴之俗,本上气力而下服役,今臣服于汉则是乱古之制,屈辱先辈单于,且不能再为大漠南北各族之长!以左伊秩訾王为首的赞成派则认为:今汉朝正强盛,

---

① 参阅《汉书·宣帝纪》。

乌孙及西域各族都称臣于汉；而匈奴则自且鞮侯单于（前 101—前 96 年）以来，势力日益削弱，不能复兴，虽表面倔强，实则未尝得一日之安宁，今附汉则可获安存，不附汉则终将危亡！①

但是郅支在北，汉朝在南，东西属部俱已瓦解，呼韩邪新败衰弱，当时的形势表明得十分清楚，如不附汉，将不免遭受两面（郅支与汉）夹攻的危险；若主动归附汉朝，则首先可以解除汉朝对自己的威胁，进一步可以借重汉朝中央的力量而与郅支抗衡，徐图恢复。由于郅支仍以一个不仅对呼韩邪，而且对汉也是敌对的势力存在于塞北，呼韩邪估计汉朝对他的归附是会欢迎的。因此他最后采纳了左伊秩訾王的建议，率领部众南下靠近汉朝的边塞，于公元前 53 年（宣帝甘露元年，呼韩邪六年），先后派遣他的儿子右贤王铢娄渠堂及他的弟弟左贤王入汉，作为归附的先遣人员，同时借以窥探汉朝的态度和反应。在了解到汉朝对他表示欢迎的真情以后，公元前 51 年（甘露三年）春正月，他才亲自入汉觐见汉帝，进一步表示他归附中央的悃诚和对汉天子的尊崇。

汉朝对于呼韩邪的归附是十分欢迎的。因为汉朝一向认为匈奴很难制服，故自高帝以来，就与匈奴约定，在汉朝国境之内，彼此在原来生活的地区活动，只要匈奴不侵扰北方，就从不轻动干戈。即使自武帝以来胜利地进行了防御战争，也要付出一定的代价。今值匈奴内乱，呼韩邪自动前来称臣，接受中央领导，入汉朝见，自属喜出望外。且郅支仍在塞北，故接纳呼韩邪，并以呼韩邪防止郅支的侵扰，这正是汉朝安定北方的基本政策。

汉朝为了表示对呼韩邪的欢迎，同时也为了戒备。首先，在他未至之前，即派遣大员——车骑都尉韩昌为专使，先至五原郡迎接，并于五原、朔方、西河、上郡、北地、冯翊等郡直至长安（以当时各郡治所为准，约今内蒙古包头市、乌拉特前旗、鄂尔多斯市东胜区、陕西榆林市、甘肃庆阳市而至陕西西安市），沿途发兵陈列道上，以为宠卫。既至，待以客礼，把他的地位高置于诸侯王之上，在拜见汉帝时只需称“臣”而不必唱名。颁给黄金质的“匈奴单于玺”及盭绶（绿色绸带，用以系印玺；盭音丽）承认他是匈奴

① 参阅《汉书·匈奴传下》。

的最高首领,也表示汉天子对臣下的册封,在法律(不成文法)形式上确定了君臣的名分,同时也确定了呼韩邪政权——匈奴地方政权是隶属于中央(汉朝)的藩属的政治地位。[①] 此外,汉朝赠给他大量珍贵的礼物,如冠带、衣裳、玉具剑、佩刀、弓矢、棨戟、车马、黄金、钱币、锦绣、杂帛、絮,等等。临别北归时,呼韩邪考虑到他的实力单薄,深恐郅支乘机侵袭,为图倚重汉朝中央的力量,并为表示对汉的忠诚和报效,因此自请,愿意留居光禄塞(在今包头市西南)下,如有紧急情况,则保卫汉之受降城(故址在今内蒙古乌拉特中后旗北)。汉朝为了便于约束,接受了他的请求,复遣高昌侯董忠和车骑都尉韩昌等领兵护送出朔方鸡鹿塞(在今内蒙古杭锦后旗西),并命韩昌等驻军塞外,留卫单于,助诛不服。汉朝以匈奴社会生产残破,人民乏食,前后调拨边谷米糒三万四千斛(音胡,十斗为斛),以资救济。[②]

当时郅支眼见呼韩邪附汉,并获得了汉朝中央的大力支持,深恐遭受呼韩邪与汉朝的联合进攻,故亦遣使入汉奉献(前 51 及前 50 年,甘露三年及四年),并送侍子入朝,以示友好,且不无伺机进行离间的意图。汉朝对郅支与呼韩邪之争,并没有乘人之危,只是采取兼容并蓄的态度,对双方都实行羁縻。对于郅支的使者也很优待。呼韩邪对于郅支的动态是注意的。公元前 50 年(甘露四年),他遣使入汉奉献。翌年(前 49 年,黄龙元年),他复亲自入朝,力图确保和加强与汉的关系。汉朝对他的礼遇和赐赠如初次入朝时一样。公元前 48 年(元帝初元元年),汉朝基于呼韩邪的请求,又拨给他谷米二万斛。前 43 年(永光元年),又依从他的意愿,准他北归单于庭。呼韩邪与汉朝的关系始终是友好和巩固的,郅支无隙可乘。

初,郅支原以为呼韩邪兵力薄弱,既已南下附汉,不能复归漠北,遂引兵向西,欲攻定右地。时值屠耆单于小弟背叛呼韩邪[③],亦逃往右地,收两兄(屠耆及闰振)余兵,自立为伊利目单于。郅支攻杀之,并其兵五万余人。

---

① 参阅《汉书·匈奴传下》载王莽遣五威将更换"匈奴单于玺"旧印及《食货志》下谓"宣帝始赐单于玺与天子同"各节。

② 参阅《汉书·匈奴传下》《宣帝纪》及中国科学院考古研究所编《居延汉简甲编》释文第 74 页(科学出版社 1959 年版)。

③ 屠耆单于即公元前 57 年"五单于争立"时的单于之一,后在混战中兵败自杀。其从弟休旬王复在西边自立为闰振单于,不久亦被郅支所杀。屠耆小弟则投归呼韩邪,现背叛。

因闻汉出兵谷支助呼韩邪,遂留居右地。自度无力统一匈奴,乃益西徙,接近乌孙(驻牧地在今伊犁河上游一带),欲与乌孙联合,因遣使见小昆弥乌就屠。乌就屠以郅支亡虏,杀其使送西域都护所,发八千骑伪迎郅支。郅支发觉他的计谋,勒兵击破乌孙。随即北击乌揭(在今中亚额尔齐斯河上游及我国新疆北端一带)、丁零(指西丁零)①、坚昆(在今额尔齐斯河中游一带,在乌揭西北),并此三族之地,因留都坚昆,势力稍盛。

郅支自以为距离汉朝道远,又怨汉拥护呼韩邪而不助己,乃困辱汉使江乃始等;后又索还侍子,并杀死护送侍子还归的汉使谷吉。自知负汉,又闻呼韩邪力量益强,恐被袭击,欲更远徙。适值康居王(康居在今中亚哈萨克斯坦东南部,居音渠)数为乌孙所困,知郅支势孤,企图与之联结,迎置康居东边,合兵攻取乌孙之地以为郅支立足之所。因遣使至坚昆,通语郅支。郅支大悦,遂引兵而西,但人众中途冻死甚多,达抵康居时,仅剩下三千人。康居王即以女妻郅支,郅支亦以女妻康居王。康居王甚尊敬郅支,欲倚重其威以胁旁国。郅支数借康居兵往击乌孙,深入至乌孙所都赤谷城(在今新疆温宿县西北纳伦河上游),杀略人民,劫夺牲畜和财产,乌孙不敢追,西边空虚且千里。时约在公元前 44 年(汉元帝初元五年)。

郅支乘胜,骄傲起来,逐渐对康居王无礼,及后竟杀死康居王女(妻郅支之女)及贵人等,或肢解(截其四肢)投入都赖水中。又强征民伕为其筑城,每日五百人,两年始毕。又勒索阖苏、大宛等旁国,令每岁纳贡,旁国不敢不纳。汉朝曾先后三次派遣使者至康居寻求谷吉等尸体,郅支非但不给,反而凌辱使者,蔑视朝廷诏令。因此激起了汉之使护西域骑都尉甘延寿及副校尉陈汤的义愤,且深虑郅支势力如继续发展,将不免危及西域。乃矫诏征发汉驻车师(今新疆吐鲁番一带)的屯田吏士及西域十五国兵,共四万余人。引兵西行,分编为六校(约为六个大队),三校从南道逾葱岭,经大宛;三校从北道,过乌孙,俱入康居界。未至郅支城数十里,止营。捕得康居贵人为向导,因尽得郅支的内部实情。越日,延寿、陈

① 此时丁零已分为东、西二部:东部仍游牧于今贝加尔湖南;西部则游牧于今额尔齐斯河和巴尔喀什湖之间。

汤引兵前至郅支城都赖水上,离城仅三里,止营布阵。郅支亦在城上建立幡旗,被甲备守。双方随即展开对射,郅支诸阏氏、夫人数十亦引弓发射。汉兵射中郅支鼻,诸夫人颇有被射死者。入夜,城被攻破。康居兵万余,分十余处环城援救,但不利。平明,城中四面起火,汉兵乘势大呼冲击,鼓声动地。康居兵退却,汉兵攻入城中,郅支受伤身死,军候假丞(官号)杜勋斩郅支首。是役计斩郅支阏氏、太子、名王以下一千五百余人,生获一百四十余人,收降一千余人。时在公元前36年(元帝建昭三年,呼韩邪二十三年,郅支二十一年)。① 于是匈奴与汉敌对的势力最后消灭。匈奴内部自握衍朐鞮单于以来二十余年间的变乱局面,通过汉朝中央政府的力量和帮助,遂告结束,匈奴从此复归于统一达一百余年(至东汉初重又分裂)。郅支单于由于采取与汉敌对的态度,坚持与中央分裂的方针,自取灭亡,而呼韩邪附汉的初愿,终于获偿。

郅支既诛,呼韩邪单于且喜且惧。喜者,以郅支已诛,政敌清除,无复后患;惧者,郅支作为一个牵制汉朝的力量既不存在,而汉力威强,己身孤弱,今后或不免因得罪而灭亡如郅支。局势促使他只有进一步倒向汉朝一边,才能确保自己的安全。因此他上书说:常愿入汉谒见天子,只因郅支在西方,恐其前来击臣,以故未得至汉;今郅支已伏诛,愿入朝见。公元前33年(竟宁元年)春正月,他入朝汉(这是他北归单于庭后第一次入汉)。汉朝对他的礼遇和赐赠如初,且加赐衣服、锦、帛、絮,皆较黄龙元年入朝时多一倍。在朝见期间,他自言愿意当汉家女婿、与汉朝进一步亲近。元帝遂以后宫"良家子"王嫱(字昭君)配他为妻。呼韩邪单于大喜,号昭君为"宁胡阏氏"(意即得了昭君做阏氏,匈奴部族安宁)。随后又上书愿为汉守卫自上谷(今河北怀来县)以西至敦煌(今甘肃敦煌市)一带地方,请求撤去边备及塞卒,以便天子、人民休息。汉朝本着"安不亡危"的警惕,婉言拒绝了他报效的请求。过了两年(前31年,元帝建始二年,呼韩邪二十八年),他便死了。②

---

① 以上参阅《汉书》卷94下《匈奴传下》、卷70《陈汤传》及卷9《元帝纪》。

② 参阅《汉书·匈奴传下》。

呼韩邪之附汉，并不是偶然的。这不是他个人主观愿望的结果，而是汉匈两族历史长期发展的必然产物。不过他能够把握当时的形势，顺应历史的潮流，反映了匈奴族人民的愿望，并通过他个人的政治远见、才能和毅力，终于完成了汉匈两族的团结事业，促成了塞北与中原的统一，从而加强了汉族与匈奴族之间的经济文化的交流。

由于匈奴是个游牧部族，它的社会是奴隶制，虽从公元前3世纪前后已经进入铁器文化时代，畜牧业很有发展，手工业也分化出来，但就整个社会生产来说，仍是规模狭小，技术低下，手工业没有充分发展，文化落后，与当时汉族高度发展的封建经济文化比较起来，相差很远。汉桓宽的《盐铁论》卷九《论功》（版本已见前）篇曾具体地描述匈奴的社会文化情况有云：匈奴上无义法，下无文理；织柳为室，毡席为墙，没有城郭、宫室的营建，没有文采、服饰的制作。因此匈奴迫切需要用它的牲畜和皮毛与汉族的农产品及手工业品交换，以解决生产上和生活上的需求（上层还需要奢侈品）。故自冒顿单于以来，匈奴人即乐于与汉人互通关市。文帝时大臣贾谊就曾说过：关市是匈奴所迫切需求的。[①] 景帝时，匈奴复与汉通关市。及武帝即位，仍通关市。关市吸引着匈奴的上下层，故史载“匈奴自单于以下皆亲汉，往来长城下”。后来汉匈之间虽发生了大规模的战争，但匈奴仍然不愿放弃关市，爱好汉族地区的产品。[②] 可见匈奴社会需要与中原地区发展经济交流的迫切程度。这种经济上的必要联系，正是匈奴与汉族、塞北与中原趋向统一、团结的社会基础。

匈奴不仅在经济上需要和汉人通市，而且在文化上也需要汉人帮助。例如匈奴人从汉人那里学会了计算和登记的方法，以稽核他们的人口、牲畜和事物[③]；学会了筑城、凿井[④]；学会了制造玉玺[⑤]；等等。这对于摆脱

① 参阅《新书》卷4《匈奴篇》，商务印书馆《四部丛刊》本。

② 参阅《史记・匈奴列传》。

③ 《史记・匈奴列传》载：“中行说（音中航悦）教单于左右疏记，以计课其人众畜物。”

④ 筑城、凿井，原是长水胡人卫律教给匈奴人的。但卫律在汉朝居官多年，是个受汉族影响很深的胡人（参阅《汉书》卷94上《匈奴传上》及卷54《李广附孙陵传》）。故筑城、凿井的方法，也是卫律从汉人那里学会转教给匈奴人的。

⑤ 参阅王国维：《观堂集林》卷18《匈奴相邦印跋》，中华书局1959年版。

原来的落后状态和促进社会文化的发展,都有很大的意义。

通过关市、馈赠、使聘、婚姻、战争、俘虏、归附和交往,匈奴中有许多人已逐渐受到汉族文化的影响。早在文帝之时,史书已载“匈奴好汉缯絮食物”。可见那时匈奴上下层所受汉族物质文化和精神文化的影响已很强烈。故自武帝以后,愈来愈多的匈奴人倾向于与汉朝恢复和亲,且不断有大批王、侯率领他们的部属投归汉朝。[①] 这固然还有其他的(例如战争失败、内部矛盾等)原因,但汉族文化给予他们长期的强烈影响,却是一个不能忽视或轻视的原因。这种影响,在数十年来的考古发掘中可以获得更多的证实[②]。例如汉初由中原运往匈奴的绸缎和手工艺品,后来已经逐渐成为匈奴贵族和一般人民日常生活中的重要部分。在匈奴墓葬中,往往发现汉式的丝绸服装、汉式青铜镜、马镫和漆器等。这种现象,在汉匈毗连的地方尤为显著。

西汉时期,匈奴虽受了汉族文化的强烈影响,但他们在社会经济及生活方式等方面基本上仍保留着自己的民族特点。汉朝每于接受大批匈奴人归附之后,即在边塞附近另设“属国”(不改变其本族之习俗而使之隶属于汉国),“因其故俗”(即按其原来的游牧经济及生活方式),以资安置[③],这正是匈奴人的经济、生活和习惯仍保留着自己的民族特点的说明。

由于匈奴不是一个单一的部族,而是一个多部族或部落组成的共同体,他们的各个部分分散游牧于纵横数千里广漠之地。因之,在社会经济方面,各个部分的发展水平不可能处于平衡的状态。在地区方面,有些部分接近汉族,如原在河套一带活动的楼烦、白羊王部,河西走廊一带的浑邪王、休屠王部,及其后在张掖(今甘肃张掖市)附近的温偶駼王部[④];有些部分与汉族远离,如游牧于北海(今贝加尔湖)一带的於軒王部及在西

① 参阅《史记》卷20《建元以来侯者年表》及《汉书》卷8《宣帝纪》、卷17《景武昭宣元成功臣表》、卷94上《匈奴传上》。

② 这方面的考古资料,部分见于中国历史博物馆,部分可参阅《文物参考资料》1957年第4期李逸友《内蒙古西部地区的匈奴和汉代文物》。

③ 参阅《汉书·武帝纪》《宣帝纪》《史记·卫将军骠骑列传》及下文第六章第五节。

④ 参阅《史记》卷110《匈奴列传》及《汉书》卷28《地理志下》、卷94下《匈奴传下》。

域(今新疆)一带的日逐王先贤掸部、东蒲类王兹力支部[①];在接触汉族文化的机会方面,有些部分较多,有些部分较少:因而所受汉族经济文化的影响,程度颇不一致。这种经济的(这是带决定性的)、文化的和地理的因素,加上政治的、军事的以至统治者个人的因素,遂使匈奴逐渐形成以郅支为代表的和以呼韩邪为代表的、在对汉关系上抱不同态度的两种社会势力。而呼韩邪之附汉,则又反过来进一步加速了和加深了匈奴社会经济的不平衡状态。发展到东汉初,匈奴遂正式分裂为南北二部,南匈奴以后逐渐封建化,北匈奴则始终滞留在奴隶制的历史阶段。

这样的情况——匈奴分裂为郅支与呼韩邪两个部分——并不能据以贬低呼韩邪附汉的巨大历史意义,尤不能说呼韩邪附汉并不符合匈奴全体人民的利益。因为匈奴劳动人民,包括郅支治下的劳动人民,与汉族劳动人民没有利益上的冲突,他们共同遭受着统治者的剥削和压迫,他们彼此间的关系是友好的。纵令由于所受汉族影响的程度不同,对于汉族文化的倾慕程度不甚一致,因而在附汉的态度上发生了分歧,然而他们都不愿汉匈两族处于敌对状态,尤不愿彼此发生战争。因为战争隔绝了两族人民的交通,堵塞了双方经济文化交流的机会,造成了汉匈两族人民,特别是匈奴人民的严重灾难。所以匈奴劳动人民渴望和平安宁,渴望和汉人友好相处,互通关市,交流文化,这一点,不论是呼韩邪统治下还是郅支统治下的匈奴劳动人民都是一致的。而郅支统治下的匈奴劳动人民之所以不能实现他们的愿望,则是由于以郅支为首的奴隶主统治阶级违背人民意愿的结果。人民是创造世界历史的动力。史载公元前 87 年,武帝死,在此以前,双方战争二十余年,彼此伤亡、损失惨重,匈奴疲弊已极,深感困苦,自单于以下的各级贵族都有恢复和亲的愿望。狐鹿姑单于(前 96—前 85 年)和壶衍鞮单于(前 85—前 68 年)都曾有意与汉恢复和亲。及至呼韩邪之父虚闾权渠单于时,更拟使题王都犁胡次等入汉请求,会单于死(前 60 年,宣帝神爵二年),和亲专使没有出发。从这里可以看到,汉匈两族的趋向息兵安宁、往来团结,与塞北、中原的趋向统一,在呼韩邪

---

① 参阅《汉书》卷 54《苏建附苏武传》及卷 96《西域传上》。

登上历史舞台的前夕,已到了水到渠成的地步。时势需要一个呼韩邪单于稽侯珊式的、在政治上有远见、有魄力、有才能的人物来完成这一历史使命。

呼韩邪之附汉,有巨大的历史意义:这些历史意义,同时就是呼韩邪在汉匈关系上所起的积极作用。

第一,在民族关系方面,他结束了汉匈两族一百五十年(前201—前51年)来的战争状态,使之转入和平、友好的关系,开创了汉匈两族团结合作的新局面,并为其后南匈奴与汉族长期友好合作奠下了基础,在汉匈关系史上写下了光辉的一页。

第二,在政治方面,他打破了"自三代(夏、商、周)之盛,胡、越不与受正朔"(正朔原指历法,此处意即不肯接受中原中央王朝的领导)的旧传统,开了我国北方地方政权接受中原中央政权领导的先河,从而使中原先进的政治直接影响塞北,密切了塞北与中原的政治关系,促成了塞北与中原的统一。

第三,在经济文化方面,汉匈关系的和平友好,关市畅通,不受或少受限制,两族劳动人民的互市和接触可以获得较多的机会,匈奴人可从汉人那里获得较多的生产和生活用品,汉族文化可以较多地输入匈奴,因使匈奴人的社会生产力和日常生活都会较前迅速提高,落后的状态可以更迅速摆脱。

第四,在匈奴方面,由于呼韩邪附汉,孤立了郅支,迫使他向西迁移,有利于汉朝对他的制服,从而结束了匈奴二十余年以来的分裂状态,统一和安定了匈奴政治上的混乱局面,这样便为匈奴恢复社会生产和人口增长提供了条件。故从公元前51年呼韩邪入汉至前43年由塞下北归单于庭,仅仅六七年之间,史载"单于民众益盛"。而呼韩邪的氏族也得以"保族传嗣,子孙相继"。这不仅有利于呼韩邪一族的统治利益,由于呼韩邪的统治比之握衍朐鞮单于及郅支单于均较为温和,且实行与汉团结和好政策,终止战争,安定政局,恢复生产,对于匈奴人民也是有利的。所以呼韩邪归庭之后,匈奴人民都愿意和陆续归附于他。史载"单于竟北归庭,人众稍稍归之,'国'中遂定"(政权便稳定下来)。由于呼韩邪附汉获得了良好的后果，故呼韩邪及其族系对于汉匈团结合作的必要，认识十分深刻。呼韩邪的颛渠阏氏说："匈奴乱十余年，不绝如发，赖蒙汉力，故得复安。"而呼韩邪之号王昭君为"宁胡阏氏"，也正是为了表明匈奴因得汉助而获安宁之意。他在归庭时和汉使韩昌、张猛的盟约中，非常强调"自今以来，汉与匈奴合为一家，世世无得相诈相欺"之旨。弥留之际，还敦敦告诫他的子孙，要遵守对汉盟约，维持对汉的友好关系，以报天子厚恩。直至东汉初匈奴分裂为南北二部时（48 年，建武二十四年），他的孙辈醢落尸逐鞮单于仍沿用"呼韩邪"的称号与汉恢复和好，就是因为"以其大父（呼韩邪）尝依汉得安，故欲袭其号"①。可见呼韩邪这次归附汉朝、接受汉朝中央政府的领导和帮助，给予匈奴的影响是如何的深远！

此外，在匈奴上层方面，由于汉朝赠给他们大量的衣物，先后拨给许多谷食，遣派将士对他们护卫；而他们的单于、太子、贵族、大臣、使节、居次（即公主）、妇女也不断入汉，或奉献珍宝，或入侍汉帝，长期或短期地居住在汉朝宫廷或长安槁街（西汉边疆各族迎宾馆之所在地；槁音稿），通过他们的中介，也同样加深了两族在经济、文化、语言、习俗、服饰各方面的交流和影响，特别是王昭君的出塞，更在政治上进一步巩固和加强了两族的团结友好关系。这一切，同时也促进了两族间的民族融合。

第五，呼韩邪附汉，对于汉族人民也有实益。因为北边无事，从此"边城晏闭，牛马布野，三世无犬吠之警，黎庶（人民）无干戈之役"②，北方人民获得休养生息达六十余年（至王莽破坏汉匈关系为止）。这对汉人的生产自然有很大的好处。同时，由于汉匈两族文化的大量交流和两族人民的频繁接触，汉族文化也同样受到匈奴文化的影响，并使汉族的经济文化生活益加充实和丰富。例如汉朝政府和民间的养马业的空前发达，就和匈奴地区马匹的大量输入和养马术的传授分不开。《汉书·景帝纪》颜注引《汉仪注》一书，说太仆（官名）管辖下的牧苑有三十六所，分布北边西边，共养马三十万匹。又据《史记·卫将军骠骑列传》所载，元

---

① 以上参阅《汉书·匈奴传下》及《后汉书·南匈奴传》。

② 《汉书·匈奴传》赞。

狩二年一战,一次动员塞阅官及私人马匹达十四万头;《匈奴列传》亦载,元狩四年一战,动员官马十万骑、私马十四万匹。可见当时政府和民间的养马业都是很盛的。又《盐铁论》卷一《力耕篇》提到匈奴的驴蠃(音螺)、馲驼(馲音托)衔尾入塞,驒騱(音颠兮)、騵马尽为我畜。可见当时养马业之盛,与匈奴地区马匹之大量输入有很大的关系。匈奴人金日磾(日音觅,磾音低)长于养马,并为汉朝政府养马,"马肥好",武帝为之奇异,擢升他为马监,可以作为一个传授养马术的典型例证。[①] 在汉代的石刻艺术上,也可以看出匈奴游牧生活的题材和风格的影响。例如今陕西兴平市汉茂陵附近霍去病墓前有关匈奴的巨型石刻,便是一个突出的例子。[②] 长城以南一带也发现了匈奴的遗物。所有这些,都说明了汉匈两族劳动人民在经济文化上的紧密联系及汉族文化也受到匈奴的影响。

第六,由于汉朝在西域声威日隆,加以呼韩邪附汉的影响,遂使西域愈益尊汉。史载:自乌孙(驻牧地在今伊犁河上游流域)以西至安息(即西史所称的帕提亚王国,在今里海东南),地近匈奴,匈奴使者持单于书信[③]到各地,各地传送食物招待,不敢留难;但对于汉朝使者,则非出货币、物品,换不到食物,非购买牲畜,得不到骑乘,及至呼韩邪附汉之后,各地尽都尊汉了。[④]

王昭君是公元前 33 年(汉元帝竟宁元年)出塞的。根据《后汉书·南匈奴传》的记载,她的出塞,是自"请掖庭令求行"的(妃嫔居住的后宫称为掖庭,掖庭令即管理掖庭的长官)。她自愿出塞的动机,是因入宫数岁,"不得见御",遂积悲怨;同时她对汉匈两族之间必须和平友好,也有较深刻和较正确的认识。

昭君虽深居宫中,对于汉匈两族关系的消息,还是有所获悉的。《汉书·元帝纪》载:

---

① 参阅《汉书》卷 68《金日磾传》。

② 参阅《文物参考资料》1955 年第 10 期王子云《西汉霍去病石刻》。

③ 匈奴本无文字,他所写给汉朝的文书,都是由汉人用汉文替它书写的,这可无疑;但他写给乌孙以西各地的书信,究用什么文字书写,因史文无征,殊难确指。

④ 参阅《汉书·西域传上》。

建昭三年(前36年)冬,甘延寿、陈汤斩郅支单于首,传送京师,悬挂于"蛮夷邸门"。

建昭四年春正月,以诛郅支单于之故,告祠郊庙,大赦天下,群臣祝贺,置酒宴饮,并把有关郅支的图书遍示后宫贵人。

竟宁元年春正月,呼韩邪单于入朝,元帝为了庆贺郅支伏诛和呼韩邪入朝而改元"竟宁"(义即境宁,古时境、竟是一字)。

所有以上这些轰动朝廷、煊赫全国的大事,昭君均有所知;特别是对于遍示后宫的郅支图书,她更有机会窥见或听闻。因之,她对于汉匈两族之为敌为友,其利害得失,在思想上有了一定的感想和反映。所以当呼韩邪单于要求当汉家女婿以便进一步亲汉时,她便挺身而出,慷慨应召,自愿扮演一个"和亲使者"的角色,去肩负巩固和加强汉匈两族友好关系的重大使命。在两千年前封建时代的一个宫女,能够有这样勇敢的行动,可谓胆识过人!

昭君是随同呼韩邪一起前往漠北单于庭的。在汉朝举行的欢送仪式中,昭君举止从容,态度大方。《后汉书·南匈奴传》描述当时的情景说:在呼韩邪临别大会上,昭君容貌丰美、服饰漂亮,使汉宫为之增光、生色;顾影徘徊,使左右为之肃然起敬!由于她对汉匈关系有了正确的认识,因而对于自己的使命履行得很认真,而且贯彻始终。她不仅在匈奴生儿育女①,安心过着住穹庐、被毡裘、食畜肉、饮湩酪的游牧生活,而且为了最后完成她的使命,在呼韩邪单于死(前31年)后,"从胡俗",再嫁给呼韩邪大阏氏(即第二阏氏,颛渠阏氏是第一阏氏)的长子复株累单于雕陶莫皋。本来"父死妻其母"的风俗,乃是原始群婚制的遗留。这种风俗,比之汉人的伦常规范,就在当时的历史条件下,也是一种落后的习俗,不值得赞扬。但当这种风俗在匈奴社会仍很流行的时候,作为一个"和亲使者",如果不能"从胡俗",那就不仅给予一般的匈奴人一个不良的印象,而且将会给汉匈关系带来不良的

---

① 昭君在匈奴生一男二女。男名伊屠智牙师(与呼韩邪所生),后为右日逐王。长女名云,后嫁给右骨都侯须卜当,故称须卜居次(即须卜公主);小女嫁给当于氏,故称当于居次(二女俱与复株累所生)。

影响。因为昭君与单于的婚姻关系,实际上就是汉匈两族的政治关系的反映。当时汉成帝接到昭君不愿改嫁、要求归汉的上书以后,所以敕令她“从胡俗”,也就是表明汉朝尊重匈奴的风俗习惯,珍惜汉匈关系的友谊,这当然也是一种友好的表现。昭君深深地体会到汉朝的这个旨意,故她接到成帝的敕令以后,便打消归汉的念头,根据国家的需要,以汉匈友谊为重,不惜打破汉人传统的伦理观念,接受“子烝其母”(虽然不是亲生母)的风俗,继续履行她的使命,以成全汉匈两族的团结友好事业。

在汉代的女子看来,出塞原是一件不寻常的事。高帝刘邦时,为了争取汉匈关系的和平,曾依刘敬的建议,打算把长女鲁元嫁给冒顿单于以和亲。吕后就不愿意,说为何把我的女儿弃之匈奴。[①] 武帝时,为了联络乌孙、共同抗击匈奴奴隶主侵犯,曾把江都王刘建之女细君嫁给乌孙王昆莫(昆莫是乌孙王号)。可是细君对于自己的政治使命就毫无认识,过不惯异族的生活,整日悲愁,愿当黄鹄,飞回故土。史载细君自作歌曰:

> 吾家嫁我兮天一方,远托异国兮乌孙王,穹庐为室兮毡为墙,以肉为食兮酪为浆;居常土思兮心内伤,愿为黄鹄兮归故乡。[②]

这种愁苦的情绪和表现,比起昭君那种慷慨和气魄来,就有天渊之别!

《后汉书·南匈奴传》载:昭君,南郡秭归(今湖北兴山县)人,是“良家子”出身。所谓良家子,据后人解释,就是指非医、巫、商贾之类。既非医、巫、商贾,其他史书上也没有说昭君是出身于官宦人家,那么她如果不是出身于农家,最少也是平民的子女,总之是自食其力的人。这样的阶级出身,对于她的性格的形成大有关系。而细君的表现与昭君完全相反,也不能说与她出身于贵族的家庭、习惯于剥削生活无关。

昭君出塞有重大的历史作用。这首先从汉匈两方都很重视这件事看得出来。呼韩邪单于号昭君为“宁胡阏氏”,便可充分说明这一点。1954

---

① 参阅《史记》卷99《刘敬叔孙通列传》。

② 《汉书·西域传下》。

年在内蒙古包头市附近麻头乡的汉墓里,曾出土了属于西汉后期的"单于和亲""千秋万岁""长乐未央"等陶瓦当①,也说明汉朝对昭君出塞这件事,同样十分重视。其次,昭君出塞,播下了汉匈两族和平友好的种子,因而在她死后,她的女儿须卜居次云、女婿须卜当,仍秉承她的生平之志,继续为汉匈两族的和平友好而努力奔走。最后,王莽时,汉匈双方的交涉,大多通过昭君这个人物的关系而进行。当时代表汉匈双方出面居中折冲或被王莽拉拢的人物,如须卜居次云、须卜当、大且渠奢(昭君外孙,须卜居次之子)、醯椟王(昭君外孙,当于居次之子;醯音兮,椟音独)、王歙(昭君之侄;歙音吸)、歙弟飒(音萨),都是昭君的亲属。可见昭君在汉匈关系中原来地位的重要及其所遗留下来的深远的影响。

昭君的死年和死地,史书没有记载,据推断,当以死于漠北的单于庭为实。②

---

① 参阅内蒙古文物工作组《包头市西郊汉墓清理简报》,《文物参考资料》1955 年第 10 期。

② 内蒙古呼和浩特市南郊大黑河南有一个昭君墓,不知建于何时。考我国古代文献中,最早提到昭君墓的是唐人杜佑的《通典》卷 179。宋人乐史著的《太平寰宇记》卷 38 又提到"青冢",并云因昭君墓上草色常青,故名"青冢"。元人脱脱等修的《辽史》卷 1《太祖纪》及卷 41《地理志》,也都有关于昭君墓及青冢的记载。关于昭君出塞和昭君墓的详细事迹和史料,请参阅我主编的《昭君与昭君墓》一书,内蒙古人民出版社 1979 年版。

第六章

匈奴的盛衰及其与中原的关系(中)

一、王莽对匈奴的错误政策及东汉初期匈奴奴隶主的侵扰

呼韩邪单于死(前31年)后,他的后裔遵从他的遗嘱,与汉朝中央保持着和平友好的关系。自复株累单于(呼韩邪之子)以下,每一个单于继位,必遣名王奉献,或遣子入侍,甚或亲自入朝。而随同入朝的名王及随从人员,通常在二百人左右,乌珠留单于入朝时(前1年,哀帝元寿二年),随从竟增至五百人[①]。汉朝对待他们甚为优厚。为了表示欢迎,每次都指派专员持节至塞下迎候[②],并选择有威望的封疆大吏及容貌出众者充当单于沿途所经各郡(如雁门、云中等)的郡守[③];接见时,照例赠送一次比一次更多的锦绣、缯帛、衣、絮等物。这样的友好关系,至王莽执政时(从汉平帝元始元年、公元1年开始)才被破坏。

---

① 参阅《汉书·匈奴传下》。

② 参阅《汉书》卷100《叙传》上。

③ 参阅《汉书》卷17《段会宗传》及(汉)刘珍《东观汉记》卷23《彭宠载记》(清武英殿聚珍版丛书本)。

王莽对匈奴的政策是极端错误的。

首先,他违反了宣、元时期汉王朝与匈奴的三项约定(在中国境内,汉匈两族彼此在原来生活的地区自守;如有侵犯边塞之事,应及时向汉朝报知;如有从中原往降匈奴者,不得接受)。同时无理干涉匈奴内部事务,并另外颁布四条规定,强迫匈奴接受:(1)汉人逃入匈奴者;(2)乌孙逃亡往降匈奴者;(3)西域各"国"佩汉朝印绶投降匈奴者;(4)乌桓投降匈奴者,皆不得接受。①

其次,他把宣帝时颁给呼韩邪的黄金质"匈奴单于玺"索回,另发给乌珠留"新匈奴单于章"(匈奴之上冠"新"字,"新"是王莽篡汉后的国号)。这两种印玺内容的变更,表明王莽蓄意压低匈奴单于的政治地位,把原来汉王朝尊重单于为匈奴最高首领的地位改变成为与王莽新室的诸侯王相等的地位(汉朝尊重单于的地位在诸侯王之上),即把匈奴政权与汉王朝的藩属关系降成为新室的政治附庸。

再次,乌珠留单于本名囊知牙斯,而王莽却示意要他改名为"知";随后又把"匈奴单于"之号改称为"降奴服于"。

王莽的这些做法,是对匈奴族的压迫行为,反映了儒家"夷狄之有君,不如诸夏之亡也"(意即边疆少数民族之有君主,还赶不上中原华夏之族之无君主)的歧视、诬蔑少数民族的思想。

最后,在他篡汉、建立新室(9 年)之后,还企图通过武力树立威势,募兵三十万人,遣十二大将同时并出,计谋穷追匈奴,划分匈奴居地为十五个部分,强立稽侯珊的子孙十五人俱为单于②,以分散和削弱匈奴的势力。并派中郎将到云中塞下诱招右犁汗王咸父子入塞,胁拜咸为孝单于,咸子助为顺单于。

这样就激起了匈奴的不满,于是单于遍告左右部及诸边王入塞侵扰,大辈万余,中辈数千,少辈数百,杀死雁门、朔方太守、都尉,虏略吏民、牲畜不可胜数,北方又重遭大害。本来,北方自宣帝以来,数世不见烽火之

---

① 参阅《汉书·匈奴传下》。

② 参阅《汉书》卷 99《王莽传中》。

警,人物殷盛、牛马布野,出现一派繁荣兴旺的景象。可是由于王莽对匈奴的错误政策,破坏了汉匈之间的和睦共处,致使大量北方人民被匈奴俘虏或惨遭死亡,而中原官兵又长期出屯,吏士疲弊,因此数年之间,北方空虚,四野有无人埋殓的尸骨。①

在汉匈关系恶化、正在转向剑拔弩张的时刻,王昭君的女婿右骨都侯须卜当,为匈奴执政大臣,与其妻云(昭君长女须卜居次,名云),试图设法挽回这种濒于破裂的局面。适值乌珠留单于死(13 年),须卜当与云乃拥立与他们相好的右犁汙王咸为乌累单于,并劝咸与王莽和亲。在匈奴的主动争取下,和亲虽然实现了,但由于王莽继续执行对匈奴的错误政策,如再贬贱"匈奴"之号为"恭奴"、"单于"为"善于";又用武力把须卜当及云等强架至长安,胁拜当为须卜单于,并要派大兵护送他回匈奴地区当单于。这样自然不能从根本上维持和改善汉匈的正常关系,因此,又激起匈奴侵扰北方,北方再次受到破坏。② 但王莽先后拒绝了大臣严尤和公孙禄的规谏,一意孤行,仍命转运大量的谷帛至边郡,准备出击匈奴。可是尚未发兵,他的政权就被农民起义推翻,王莽自己也被起义军杀死了。

更始二年(24 年),更始帝刘玄遣使至匈奴,授给单于汉朝旧制的玺绶及王侯以下的印绶,并送还死在长安的须卜当和云及其亲属、随从人等,希望改善由王莽造成的汉匈之间的不正常关系。但这时匈奴呼都而尸道皋单于舆(皋音高),借口在汉人反对王莽的过程中,他也曾效力出兵击莽,空其边塞,令天下骚动思汉,故莽之最后失败与汉复兴,"亦我力也,当复尊我"③。因此,直到东汉初期,汉匈关系仍没有得到改善。

匈奴最高统治者之所以抱这种态度,是由于自呼韩邪单于附汉以来,匈奴族内部安定,社会生产得以恢复和提高,发展到王莽执政和东汉初期,力量已很强盛,奴隶主的侵扰势力也重新抬头;反之,汉末却国力衰弱,王莽对匈奴的错误政策固然是造成汉匈友好关系破裂的直接原因,可是如果不从匈奴社会的阶级根源及汉匈力量的对比去分析、探讨,那么,

---

① 参阅《汉书·匈奴传下》。
② 参阅《汉书·匈奴传》。
③ 《汉书·匈奴传下》。

就很难理解后来更始帝和光武帝虽已纠正了王莽的错误政策，进一步采取措施，主动争取恢复汉匈的友好关系，但仍没有收到效果的真实原因。

匈奴统治阶级内部，自西汉以来，即存在主张与汉和好及与汉敌对的两种势力（呼韩邪单于与郅支单于便是这两种势力的代表）。而在呼韩邪的后裔中，这两种势力也是同样存在的。当时主和派的代表就是王昭君的女儿须卜居次云及女婿须卜当。乌珠留单于死时，右犁汙王咸之所以能被拥立为乌累单于及其主动与王莽和亲，全是出于云、当的策划和努力，这是主和派势力较盛的表现。而西汉和新室任用王昭君的兄子王歙为和亲侯，不仅因为歙与云是姑表亲，而且因为云、当代表了匈奴的主和势力。后来乌累单于及云、当先后死亡（乌累死于王莽天凤五年，云、当死于王莽政权覆灭前夕），代表主和派的势力一时消沉，主张与汉敌对的势力遂跃居主导地位，加以汉末中原政局混乱，因此东汉初期匈奴的侵扰就猖狂起来。所以自西汉以来，汉匈关系由和亲到战争、由敌对到友好及由破裂再转为侵扰，这种迂回曲折、反复演变的过程，并不是单纯地取决于汉朝或新室的政策，而是有深刻的社会和阶级根源，以及匈奴内部各种社会势力的消长和汉匈双方力量对比的变化等重要因素在起作用。

东汉初期，匈奴奴隶主的侵扰势力，利用了汉末农民大起义，王莽政权崩溃，中原地方势力割据，东汉王朝的政治、军事力量比较薄弱，对北方地区鞭长莫及等弱点，开始从三方面给予东汉王朝以极大的压力。

首先，他们重新控制乌桓族，并率领乌桓与新兴的鲜卑族贵族连兵侵扰。本来乌桓在西汉武帝时，趁着匈奴兵败，已摆脱了匈奴奴隶主的奴役。后来王莽要进攻匈奴，发十二部兵，并抽调乌桓兵屯于代郡（今河北蔚县一带）。为了防止乌桓人逃跑，尽把他们的妻子押在郡县做人质。乌桓人不便水土，又怕久屯不得归家，于是纷纷逃亡，而郡县则杀死他们做人质的妻子，因此乌桓与王莽结怨。匈奴奴隶主乘机拉拢乌桓人，招诱其豪帅做官，其余人员也尽行笼络。光武初，匈奴奴隶主遂率领乌桓及鲜卑联合进攻北方，代郡以东受害最剧。因为乌桓驻牧地与汉地最为邻近，早晨从穹庐出发，日暮便可抵达城郭，故北边五郡的人民，每家都受到灾害,以至于郡县损坏,百姓流亡。汉军与他们大小数百战,俱不能制胜。①

其次,勾结和支持中原的地方割据势力,如安定郡三水县(今宁夏固原市市北)的卢芳、代县(今河北蔚县东北)的张晔(音叶)、渔阳郡(治渔阳县,今北京市密云区西南)的彭宠、五原郡(治九原县,今内蒙古包头市西)的李兴,经常侵扰北方,扩大他们的割据范围。特别是卢芳,已成为匈奴奴隶主向南侵扰的重要工具。匈奴奴隶主不仅派兵支持他割据,而且策立他为"汉帝"(傀儡皇帝),使居九原,直接插手中原的分裂活动。卢芳控制着五原、朔方、云中、定襄、雁门五郡(今内蒙古中南部至晋北一带),以匈奴奴隶主做靠山,气焰颇为嚣张。② 后来卢芳内部将领(如随昱)背叛卢芳,卢芳逃入匈奴。不久卢芳贪赏归汉,匈奴奴隶主的阴谋失败,由是愤恨,入寇更为加剧。当时的上党(东汉初治长子,今山西长子县西南)、扶风(治长安,今陕西西安市)、天水(治平襄,今甘肃通渭县西北)、上谷(治沮阳,今河北怀来县东南)、中山(治卢奴,今河北定州市)各地,都遭到匈奴骑兵的侵扰,杀、略甚众,北方不得安宁。③

再次,从西域各族人民中勒索赋税,以增强经济实力。自西汉宣、元以来,西域已摆脱了匈奴奴隶主的奴役,归附了汉朝,汉朝在西域驻有都护治理。后因王莽篡汉,尽贬各族"国"王为侯,激起各族的怨恨,遂相继叛离,杀都护但钦,与中原断绝关系。匈奴奴隶主乘机渗入,因此西域各族人民又重新陷于匈奴奴隶主的统治中。匈奴奴隶主对各族人民敛税,剥削惨重,各族人民无法忍受。④

一方面是匈奴奴隶主侵扰势力强大,另一方面则是东汉中央政权初建,中原内地的情况:在政治上是地方割据势力尚未肃清,全国尚未统一;在社会经济上是天下疲弊,海内人口仅剩十之二三,"边陲萧条,靡有孑遗";在边防建设上则是"鄣塞破坏,亭(隊)〔隧〕毁灭"⑤。汉匈双方的这

---

① 以上参阅《后汉书》卷90《乌桓鲜卑传》及卷20《王霸传》。

② 参阅《后汉书》卷12《卢芳传》、《彭宠传》及卷19《耿弇传》。

③ 参阅《后汉书》卷1《光武帝纪下》、卷89《南匈奴传》及卷12《卢芳传》。

④ 参阅《后汉书》卷88《西域传》序。

⑤ 以上参阅《后汉书》卷82上《方术郭宪传》及汉代应劭撰的《汉官仪》卷上(清孙星衍辑本)。

种对比形势，决定了当时东汉政府对于匈奴奴隶主的侵扰，无法在战略上采取积极反攻，而只能采取消极防御的方针和策略。

在上述的形势和方针的支配下，东汉政府对匈奴采取了如下的对策：

第一，政治方面，建武六年（30 年），光武帝（刘秀）遣使至匈奴，赠送金币，以通旧好，企图通过政治手段，缓和与匈奴的关系，遏止匈奴奴隶主的入侵。可是单于骄傲，以冒顿自比。他虽然也遣使回聘（匈奴与东汉通聘始于此），但侵扰如故。[①] 双方关系并没有获得改善，更未能因此而遏止匈奴奴隶主的侵扰。

第二，军事方面，光武帝虽也调兵遣将，但以防守为主，间或出击，也都是局部战争，以击退敌人为止，很少越出边塞[②]，更没有发动规模巨大的、带有决定性的战争。何况就是局部战争也不是都能获得胜利。《后汉书·南匈奴传》载：匈奴数与卢芳共侵北边；建武九年，遣大司马吴汉等出击，经历年岁，没有战功，而匈奴转盛，抄掠反而日增，十三年遂寇河东，州郡不能抵制。故东汉初期的许多军事部署，都具有明显的消极防御的性质。例如史载：光武即位（25 年），拜苏竟为代郡太守，“使固塞以拒匈奴”。所谓“固塞”者，即消极防守鄣塞之意。又载：建武五年，郭伋（音急）为渔阳太守，其时匈奴数抄掠郡界，边塞人民甚为苦恼；伋整顿兵马，设攻守之略，匈奴遂畏惧远徙，不敢再入塞。这也仅是做到“匈奴不入塞”为止，并没有主动出塞攻击。建武七年，杜茂奉诏引兵北上，屯田晋阳（今山西太原市西南）、广武（今山西代县西南），以备胡寇。他的任务主要在防守，更是十分明确。建武十二年，光武帝加派段忠率诸郡弛刑（被赦免徒刑的囚犯谓之弛刑）配给杜茂镇守北边，仍是以守为主，故段忠发北边戍卒“筑亭候，修烽火”，以加强防御的设备和力量。[③]

第三，防守必须加强防御工事，故东汉初期修筑亭障、烽燧之事特别

---

① 参阅《后汉书·光武帝纪下》及《南匈奴传》。

② 《后汉书·王霸传》载霸与匈奴大小数百战，但仅建武十年一次，在平城战败匈奴，才乘胜追击出塞。这是东汉初汉将出塞追击匈奴的绝无仅有的一次战役。从这些战例中，可以看出东汉初期与匈奴战争的防守性质。

③ 以上参阅《后汉书》卷 30《苏竟传》、卷 31《郭伋传》及卷 22《杜茂传》。

多。史载建武十五年,徙雁门(东汉治阴馆,今山西代县西北)、代郡(治高柳,今山西阳高县)、上谷(东汉仍治沮阳,今地见前)三郡人民置于常山关(在今河北唐县西北)、居庸关(今河北居庸关)以东,以避胡寇。匈奴左部兵遂乘机深入,转居塞内。东汉政府无法阻挡,只得增加缘边各郡的兵力,“大筑亭候,修烽火”。早在建武十二年,就已开始重新修治飞狐道(飞狐是古之要隘,在今河北涞源县北、蔚县南),自代县至平城(今河北蔚县至山西大同市),长达三百余里。现在(建武十五年)又自西河至渭桥(今山西吕梁市离石区至陕西咸阳市东)、河上至安邑(今陕西大荔县至山西夏县)、太原至井陉(今山西太原市至河北井陉县)、中山至邺(今河北定州市至磁县),都筑堡壁,起烽燧,十里一堠,以资防守。①

第四,集中力量应付中原的局面和守住北边的障塞,对于西域暂时置之不理。故建武中,西域各“国”先后派遣使者至东汉政府请求内属中央并请设置都护时,光武帝则以中原初定、匈奴未服、未暇顾及中原以外之事为理由,竟不允许。②

东汉初期,匈奴奴隶主虽不断南侵,但间或仍有使节往还报聘之事。除了建武六年(30年)出于东汉的主动而匈奴还报外,建武十四年(38年)匈奴亦曾主动遣使奉献,而东汉亦照例使中郎将还报。③ 但这种接触,对于双方政治关系的根本改善并无多大裨补,而入侵与战争依旧进行。只有汉匈两族人民之间,在当时战争较少的河西走廊一带,利用战争的间隙,尚能维持密切的经济交换关系。《后汉书》卷三一《孔奋传》载:建武时,天下扰乱,唯河西地区独得安宁;姑臧(今甘肃武威县)一地称为富邑,与羌(西羌)、胡(匈奴与杂胡)“通货”(即通商),“市日四合”(每日交易四次)。按古时市集交易,通例一日三合,今一日四合,足见该地人货殷繁。姑臧是汉、羌、匈奴、杂胡各族杂居错处的地方,从一日合市四次来看,当时匈奴人与汉人及其他族人的交易是很繁盛的。

---

① 参阅《后汉书》卷1下《光武帝纪下》、卷89《南匈奴传》、卷20《王霸传》及卷22《马成传》。

② 参阅《后汉书·西域传》序及莎车国条。

③ 参阅《后汉书·光武帝纪下》。

二、西汉王朝和东汉王朝初期对一般匈奴归附人员的安置

在西汉的时候,很早就有匈奴人投到汉朝去的。《史记·匈奴列传》载文帝致匈奴单于的文书中,曾提到“俱去前事(双方都不要计较以前之事),朕释〔放〕逃虏民,单于无言(不要追究)章尼等”。这里所指的章尼等人,就是投到汉朝去的匈奴人。景帝时有许多匈奴王归附汉朝,汉朝封他们为侯,这在《史记·孝景本纪》及《惠景间侯者年表》都有记载。但大批的匈奴人附汉,则在武、宣时期。武帝元狩二年(前121年)秋,驻牧于今甘肃河西走廊一带的浑邪王杀休屠王,并将其众共四万余人附汉,汉封他为漯阴侯,并于缘边五郡故塞外设置五个“属国”安置他的部众。① 宣帝五凤二年(前56年)冬,呼遬累(官号,遬音速)及右伊秩訾(王号)等将众五万余人附汉,汉封他们为侯,并在西河(西汉治平定,在今内蒙古鄂尔多斯市东胜区东南)、北地(治马岭,今甘肃庆城县西北)二郡设置属国安置这些人员。② 此外,匈奴的单于太子、名王、将、相、都尉、且渠(且音沮)、当户等先后附汉的也不少,这在《汉书·景武昭宣元成功臣表》中也是有记载的。截至宣帝末年为止,匈奴人附汉的,共有十余万人,而历次战役阵前被俘而后归附的,尚不在内。

所谓“属国”是什么意思?《史记·卫将军骠骑列传》说:“乃分徙降者〔于缘〕边五郡故塞外,而皆在河南(黄河河套之南),因其故俗,为属国。”这就是说,附汉的匈奴人,可以保存他们的原来官号和部落组织,在汉朝中央政府指定的地区,仍然从事游牧生产,生活方式不必改变,风俗习惯受到尊重,但在行政上则归汉朝中央设置的属国都尉管理。属国都

① 参阅《汉书》卷6《武帝纪》,《史记》卷20《建元以来侯者年表》及卷111《卫将军骠骑列传》。

② 参阅《汉书》卷8《宣帝纪》、卷94《匈奴传下》及卷17《景武昭宣元成功臣表》。

尉多由汉人担任,但也有吸收匈奴上层人物充当的。这说明汉朝对于归附的匈奴人,并不强求他们在经济生活和生活方式等方面都要和汉人一样。这是汉朝中央政府对待归附的边疆少数民族的一项民族政策。

考属国之官,始置于秦,名典属国,汉朝因为管理浑邪王的内附人员,故增设为五。属国置都尉、丞等官,又有候(斥堠)千人,另有译令(翻译官)九人①。

武帝时属国所在地的缘边五郡,据后人考订,是陇西(西汉治狄道,今甘肃临洮县)、北地(治所见前)、上郡(治肤施,今陕西榆林市东南)、朔方(治朔方县,今内蒙古乌拉特前旗南黄河南岸)、云中(治云中县,今内蒙古托克托县东北)②。而属国都尉治所则在天水勇士县(今甘肃榆中县北)、安定三水县(今宁夏固原市北)、上郡龟兹县(今陕西榆林市北)、西河美稷县(今内蒙古准格尔旗西北)和五原蒲泽县(今地不详,约在旧陕西榆林府境,今内蒙古鄂尔多斯市一带)③。宣帝时的属国在西河、北地,地望是明确的;惟北地都尉治所不见于《汉书·地理志》,然以该《志》"富平县"下注"北部都尉治神泉障,浑怀都尉治塞外浑怀障"推之,当在富平(今宁夏吴忠市西南)。又,《汉书·匈奴传上》载:昭帝元凤三年(前78年),"右贤王、犁汙王四千骑分三队入日勒、屋兰、番和(此三县俱属张掖郡),张掖太守、属国都尉(郭忠)发兵击,大破之"。是则张掖(西汉治觻得,今甘肃张掖市西北)亦有属国,但不知这个属国始置于何时,都尉治所置于何地。

汉朝对于内附的匈奴人,一般是争取和优待。早在景帝时,匈奴王唯徐卢等五人前来归附,景帝打算用他们来鼓励后继,故一律封他们为侯,食邑大多至千户以上④。武帝对于匈奴内附人员更是特别优待,这在《史记》卷一二〇《汲郑列传》中记载得最明白。汲黯说:臣以为陛下把得来的匈奴人都变为奴婢,连同他们的财物一起,赏赐及分配给从军死

① 参阅《汉书》卷19《百官公卿表上》。

② 参阅《史记·卫将军骠骑列传》《正义》。

③ 参阅《汉书》卷28《地理志下》。

④ 参阅《史记》卷57《绛侯周勃世家》及卷19《惠景间侯者年表》。

者家属，以谢天下之苦，慰百姓之心；今既没有这样做，反而在浑邪王率数万之众前来归附时，费尽府库的财物赏赐他们，又要老百姓侍养他们，如同款待娇客一般。卷三〇《平准书》也说：其秋，浑邪王率数万之众来归，于是汉发车二万乘迎之；既至，受赏赐，所费凡百余巨万。在归附人员中，主要的上层人物都被封为侯，食邑有多至万户（如浑邪王），较少的上千户，最少的也五六百户。另有一部分上层人物则被吸收在属国的机构中，担任各级的军官职务，例如梁期侯（爵号）任破奴任属国都尉，昆侯（爵号，昆音魂）渠复累任属国大且渠，骐侯（爵号）驹几任属国骑兵长。[①]

汉朝的列侯是一种不亲政事的爵位，食封之地（食邑）由中央政府派遣官吏治理，列侯只能坐食封户之税。附汉的匈奴王、将、相之被封为侯者也是一样。附汉匈奴王、将、相的食邑多在今河南、山西、山东、河北一带，而以河南——当时的颍川郡为最多。颍川郡内的襄城、郾陵、舞阳、阳城等县都有，其中又以舞阳县为最多。因此这些匈奴王、将、相都集中居住在上述封邑。他们如果没有汉朝中央政府的特许，是不准擅自迁移的。例如下麾侯謼毒尼（謼音呼）在元朔二年受封之后，一直住在封地猗氏（今山西临猗县），传至他的孙子冠支嗣侯时，神爵三年，诏令他移住戈居山（地近乌孙），后来因为他擅自同家属迁入恶师（地属乌孙）地方居住，被削去爵位[②]。

在西汉时期被封的匈奴列侯中，见于《史记》《汉书》各表的共有三四十人。除了企图逃回匈奴（如亲阳侯月氏及若阳侯猛），或谋逆，或使巫祝诅汉帝，或触犯禁制，或无子嗣等原因而被赐死、削爵或国除（即废除封邑）的以外，汉朝总是让他们的子孙继续嗣侯，传位不绝。其中子嗣最为长远的当推秺侯金日磾（音金觅低，休屠王之子；秺音妒），这在《汉书》卷六八《金日磾传》可以考见。

至于一般匈奴牧民，他们的丁壮原来就是骑兵，故有许多被编入属

---

① 参阅《史记·惠景间侯者年表》《建元以来侯者年表》及《汉书·景武昭宣元成功臣表》。

② 参阅《汉书·景武昭宣元成功臣表》。

国的军队,成为“属国骑”,例如上文提到的那个属国骑兵长驹几,他所率领的属国骑就是这类骑兵。《史记·大宛列传》载,元封三年(前108年),武帝遣从票侯赵破奴将属国骑及郡兵数万击姑师。清王先谦《汉书补注·西域传上》引徐松注,谓这些属国骑就是元狩二年置五属国以处浑邪、休屠内附人员的部骑。可见属国中收容匈奴骑兵不少,且担任作战任务。

还有一部分匈奴内附人员(数额不详),汉朝把他们编成另外一种队伍,驻在三辅(汉朝以京兆尹、左冯翊、右扶风为三辅,共治长安城中,辖今陕西省中部地),名为长水胡骑和宣曲胡骑(长水在今陕西蓝田县西北;宣曲,宫名,在汉长安县昆明池之西)。《汉书·百官公卿表》上载:长水校尉,掌管长水、宣曲胡骑;又有胡骑校尉,掌管池阳胡骑,但不常置。被匈奴封为丁灵王的卫律,他的父亲便是长水胡人,即本来是匈奴人,附汉后充任胡骑而屯于长水,故曰长水胡人,因此卫律生长在汉,后因被派出使匈奴而复归于匈奴。① 武帝征和二年(前91年),在巫蛊事件②中,江充就曾使长安囚犯如侯,持节调动长水及宣曲的胡骑③。这些匈奴骑兵,有时也被调往出征,如宣帝神爵元年(前61年)三月,西羌反,汉朝征发三辅的胡、越骑至金城。④

其余没有编入属国骑或长水、宣曲胡骑的匈奴内附人众,则散居于黄河河套以南的缘边五郡故塞外,所以东汉时武威、朔方、五原、北地、西河一带休屠胡(即休屠王部众的后裔)特别多。由于汉朝优待匈奴内附人员,所以终西汉之世,属国内附的匈奴人中,除了宣帝末年(前49年)西河属国及元帝初年(前48年)上郡属国先后发生过部分匈奴人逃回匈奴的事件外,都没有发生其他的变乱。⑤

东汉时期,属国略有变动。有史书可考的,计有安定属国、西河属国、

---

① 参阅《汉书》卷54《苏建附李陵传》。

② 巫蛊事件注释见下文第十章第二节。

③ 参阅《汉书》卷66《刘屈氂传》。

④ 参阅《汉书》卷8《宣帝纪》及卷69《赵充国传》。

⑤ 参阅《汉书》卷79《冯奉世传》及卷9《元帝纪》。又,《冯奉世传》误以“宣帝末”为“昭帝末”。盖据《宣帝纪》,西河属国置于五凤三年,昭帝时尚无西河属国。故此处据以改正。

上郡属国、张掖属国和张掖居延属国。[1] 属国的组织仍置有都尉、吏士和属国骑。此外,西汉时的长水胡骑依旧存在。例如永平二年(59 年)冬,明帝诏中山简王刘焉就国(汉朝的同姓诸王到他被封的食邑——郡国——去,谓之就国),并派官骑随从。明帝对他说:这些官骑都是北军胡骑,轻装善射,弓不虚发的。[2] 所谓北军胡骑,就是长水校尉所属的长水胡骑,因为东汉长水校尉属北军中候[3],故明帝称长水胡骑为北军胡骑。又如永平十一年(68 年),刘般兼任屯骑校尉,明帝每巡行郡国,刘般常将长水胡骑随从。[4]

安定属国的匈奴人,因为自西汉以来,长期与汉人杂居错处,故有许多人逐渐从汉人那里学会了农耕技术,有的更逐渐放弃了或部分地放弃了畜牧生活而从事农耕或半农半牧。晋谢忱《后汉书 · 羌胡传》[5]载:“属国降羌、胡数千人,居山田、畜。”这个属国指的是安定属国,山指的是青山(在今甘肃环县西南)。这说明原来居住在安定属国的内附匈奴人众(还有羌人),现有数千人在青山一带从事农田和畜牧。其中有一部分人已由牧民转变为农民或兼营农业的牧民。可是他们由牧民转变为农民或半农半牧的过程,同时也是受汉族封建官僚、地主剥削的过程。当他们住在安定三水(今宁夏固原市北)的时候,就和汉族农民一样,受到当地汉族封建官僚、地主的压迫剥削,故他们乘着王莽末年中原农民大起义的时机,也发动起义,起来斗争。青山地形险要,且宜耕宜牧,故起义队伍屯聚青山。他们的起义本来具有反对封建压迫剥削的正义性质和阶级斗争的实质,可惜他们分不清敌我,在起义反对王莽政权的过程中,与三水地方封建割据势力卢芳和漠北匈奴奴隶主贵族的侵扰势力互相勾结,匈奴奴隶主贵族因此派句林王(句音勾)将兵前来接应。这样便把反封建的起

---

① 参见《后汉书》卷 4《和帝纪》、卷 7《桓帝纪》、卷 12《卢芳传》、志 23《郡国志五》及卷 89《南匈奴传》。

② 参阅《后汉书》卷 42《光武十王 · 中山简王焉传》。

③ 参阅《后汉书》志 27《百官志四》。

④ 参阅《后汉书》卷 39《刘般传》。

⑤ 清光绪十九年刻《汉学堂丛书》本。

义消磨于封建割据和奴隶主侵扰势力之中,成为被封建割据和侵扰势力利用的一个工具。后来(建武六年,30年),这些屯聚青山的匈奴人,在豪帅肥头小卿的率领下,有一万多人归附于汉北地(东汉治富平,今宁夏吴忠市西南)太守冯异。还有一部分匈奴人,在卢芳失败后回到三水地区,因为苦于县官的繁重徭役,于建武二十一年(45年),又在驳马少伯(姓驳马,名少伯;驳音泊)的领导下,再次起义,复与匈奴奴隶主贵族联合,仍屯聚青山。但不久被汉兵击破,少伯归降,被徙于冀县(东汉冀县属天水郡,即今甘肃武山县西)①。

① 参阅《后汉书》卷1下《光武帝纪下》、卷17《冯异传》及卷12《卢芳传》。

第 七 章

匈奴的盛衰及其与中原的关系（下）

一、匈奴分裂为南北二部——南匈奴附汉，匈奴奴隶制政权的覆亡

匈奴发展到公元 48 年（东汉光武帝建武二十四年），有一个很大的转变，那就是分裂为南北二部，南部归附于汉，入居塞内，北部继续留在漠北，最后西迁。从此这两部分匈奴分道扬镳，各自朝着不同的历史方向前进，因而汉匈之间的关系也与西汉大为不同。

《后汉书·南匈奴传》载：呼韩邪单于孙、乌珠留单于子比，在他的叔父呼都而尸道皋单于舆即位时（18 年），被封为右薁鞬日逐王（薁音郁），驻牧于匈奴之南，管领南边八部及乌桓之众，部属计有四五万人。因觊觎单于位置之故，早在单于舆未死之前，即已内怀猜忌，很少参加单于庭的会议。及舆死，子乌达鞮侯立，复死，弟蒲奴立（46 年）时，比既不得立，遂生愤恨。其时适值匈奴地区发生严重的天灾，连年旱、蝗，以致赤地数千里，草木尽枯，人、畜饥疫，死亡大半。蒲奴单于恐怕汉朝乘其疲弊而出兵进攻，乃遣使至渔阳郡（东汉治渔阳县，今北京市密云区西南）请求和亲，企图暂时缓和汉匈之间的紧张关系。汉朝遣中郎将李茂前往报聘，而比

则密遣汉人郭衡奉献匈奴地图。建武二十四年春,匈奴南边八部大人共议立比为单于,以比的祖父呼韩邪单于稽侯珊曾依汉得安,故欲袭用"呼韩邪"的称号。于是遣使至五原塞(在今内蒙古包头市西)请求内附,表示"愿永为藩蔽,捍御北虏(北匈奴)"。汉朝正苦于自开国(建武元年,25年)以来,匈奴连年入侵,穷于应付,想利用他的力量来保卫边塞,遂接受他的请求。同年(建武二十四年)冬,比自立为呼韩邪单于(即醯落尸逐鞮单于;醯音兮,鞮音低)。于是匈奴遂分裂为南北二部①。由于当时匈奴在严重天灾之后,社会生产残破,人民饥馑乏食,而且为了防备北匈奴,因此南单于复于建武二十五年遣使至汉都洛阳(今河南洛阳市东北),表示愿意奉藩称臣,贡献族中珍宝,接受中央政府领导,请求派使者监护,愿遣侍子,修旧约(重修稽侯珊与宣帝时之旧约)。汉朝为了便于支持和控制他,乃于建武二十六年(50年)遣中郎将段彬等至南匈奴,帮助他设立单于庭帐(南庭)于五原(今内蒙古包头市西)西部塞八十里处。随后又让他入居云中郡(治所在今内蒙古托克托县东北),不久再迁至西河郡的美稷县(今内蒙古准格尔旗西北)。

东汉政府大体上仿照西汉时对待稽侯珊的旧例,以诸侯王(稽侯珊则位在诸侯王上)的礼仪,颁给南单于黄金质的玺绶;另赐衣裳、冠带、车马、弓、剑、甲兵、黑节、用具、乐器、黄金及大量的锦绣、缯、絮等物。又由河东郡转拨米糒二万五千斛、牛羊三万六千头,以接济他们。此后每当南匈奴经济发生困难的时候,汉朝都照常接济。《后汉书·南匈奴传》载:建武二十九年(53年),赐南单于羊数万头。又载:建初元年(76年),南匈奴地区发生蝗灾,人民大饥,章帝廪给其贫民三万余口。此外特设"使匈奴中郎将"一员(秩比二千石),专主卫护南单于之事。② 使匈奴中郎将下置安集掾史(宫名),带领弛刑五十人,持兵器,执弓弩,随从单于所居之处,参预辞讼,观察动静。建武二十六年冬,因南单于与北单于交战不利,乃使中郎将段彬等留驻西河郡(东汉治平定,在今内蒙古鄂尔多斯市

① 参阅《后汉书》卷1下《光武帝纪下》、卷89《南匈奴传》及卷19《耿弇附耿国传》。

② 参阅《后汉书》卷1下《光武帝纪下》及志28《百官志五》。

东胜区东南,永和五年后始移治离石,今山西吕梁市离石区),并设官府、从事、掾史,由西河长史率领骑兵二千、弛刑五百人,协助中郎将担负保卫南单于的任务。从此南匈奴的政权,在汉朝的支持下,便稳定下来。

南匈奴与东汉的关系十分友好。南单于每年遣子至京城洛阳“奉奏”(贡献礼物及汇报情况),贺正月,拜陵庙;而汉朝照例赠送大批的彩、缯、食物予左右贤王以下及有“功善”(有功劳和表现好)的人员。此后每一单于死,汉朝都派使者前往“吊祭慰赐”;另赠大批的缯、彩,令分赏诸王、骨都侯以下,并把这种做法列为常规。故东汉政府用于南匈奴的费用数额相当庞大,每年竟达一亿九千余万之巨。①

南匈奴之内附也不是偶然的,这是匈奴历史长期发展的结果。上文业已说过:塞北匈奴的游牧经济,在生产上和生活上需要与中原汉族的农产品和手工业品互相交换,是促成塞北与中原、匈奴与汉族趋向统一、团结的社会基础;而汉族的先进封建经济文化所给予匈奴的积极影响,逐渐使匈奴内部形成了在对汉关系上抱有不同态度的两种社会势力。这同时又是匈奴社会经济发展不平衡的一种反映。西汉时稽侯珊附汉之后,更加速了和加深了匈奴社会发展的不平衡状态。单于比自公元 18 年以来,即驻牧于匈奴的南边,所领八部牧民分布在当时的北地、朔方、五原、云中、定襄、雁门、代、上谷各郡,即今陇东、内蒙古河套、沿旧长城以北及晋北、冀北一带。八部的牧地与汉朝地区如此邻近,所受汉族经济文化的影响自然较之其他各部为深,因而他们倾向于与汉族和好合作的愿望也特别强烈。从八部大人议立比为单于时考虑到以其祖父稽侯珊曾依汉得安,故欲袭用其“呼韩邪”之号,就可以充分证明单于比之内附是有广泛的群众基础和社会基础的。八部中还吸收了许多汉人,这些汉人把汉族的文化传授给匈奴人,并为他们做谋士(如郭衡为单于比绘画地图及奉献地图,即其一例),这对于提高和加速他们社会的向前发展及推动他们进一步倾向汉族文化,都起了不少作用。故单于比及其所领八部牧民,是直接继承稽侯珊所代表的匈奴中倾慕汉族文化并坚决主张与汉和好合作

① 《后汉书》卷45《袁安传》作“一亿九十余万”,此处据(晋)袁宏《后汉纪》卷13《和帝纪》。

的那一部分的社会势力;而他们与汉和好合作的行动,则符合了匈奴全体人民的利益。由于这部分社会势力的存在,塞北与中原、匈奴与汉族,在稽侯珊奠定的基础上,重又趋向统一、团结,是必然的,而南匈奴附汉之由单于比扮演主要的角色,则是偶然的;争夺单于位置及发生天灾仅是一条导火线而已。但历史上的必然性总是要通过偶然性才能显现,因此我们不应贬低单于比在汉匈关系中的积极作用。

南匈奴的内附,对匈奴历史和汉匈关系史都产生了广泛而深远的影响。

第一,它给予匈奴奴隶主的侵扰势力以沉重的打击,使中原北边解除了侵扰的威胁。史载南单于内附之后,在建武二十五年春,曾派兵大破北单于于庭帐之下,并得其部众万余人、马牛羊上万,北单于震怖,却地千里。南单于入居西河之后,又把他管领的八部之众,分驻于北地、朔方、五原、云中、定襄、雁门、代、上谷八郡(今甘肃东部、山西陕西北部及内蒙古呼和浩特至包头一带),为汉朝郡县侦察、巡逻,协助卫戍,防守边塞。因此北单于惶恐,归还所掠汉人,以示善意;骑兵每过亭障时,总是声称:我们是去进攻亡虏薁鞬日逐王的,非敢犯汉人也。①

第二,直接或间接地导致了乌桓、鲜卑摆脱匈奴奴隶主侵扰势力的驱策,并使他们转归汉朝,因而大大削弱了匈奴的侵扰势力和增强了汉朝抵御匈奴侵扰的实力。

乌桓在王莽时开始,即被匈奴奴隶主驱使,联合发兵侵扰汉边。及至建武二十二年,乌桓利用匈奴内部变乱之际,发兵击破匈奴,匈奴向北移徙数千里,以致"漠南地空"。东汉乘机进行争取,以币帛赠给乌桓。乌桓本归右薁鞬日逐王比管领,现比所属八部俱已归汉,故乌桓也愿意投归汉朝。特别是与汉最为邻近的辽西(东汉治阳乐,今辽宁义县西)乌桓大人郝旦等九百多人,于建武二十五年首先率众附汉,到京城洛阳朝献。汉朝大封他们的渠帅之愿意留在汉朝效力者为王、侯、君长计八十多人,使他们入居塞内,分布缘边诸郡,并令他们招徕同族,供给衣食,为汉朝担任

---

① 参阅《后汉书·南匈奴传》。

侦察、警备任务，协助抗击匈奴、鲜卑。①

鲜卑于西汉以前未尝与中原交通，东汉初始逐渐活跃于历史舞台。其时正值匈奴强盛，遂与乌桓同被驱使，与匈奴奴隶主联合发兵入寇边塞，杀掠吏民，以致岁岁不能安宁。但在建武二十一年与匈奴奴隶主共入辽东（东汉治襄平，今辽宁辽阳市）之役，被太守祭彤击破，入侵的部众万余骑全被斩获殆尽，从此恐怖。及南匈奴附汉，北匈奴孤弱，鲜卑始于建武二十五年与东汉通译使，它的首领都护（官号）偏何（人名）等并连岁助汉抗击北匈奴。后来大人於仇贲（音奔）、满头等更率众至京城内属，汉朝封他们为王、侯。

汉朝为了管理乌桓人和鲜卑人的交接、赏赐和互市事项，特于上谷郡的宁城（今河北省张家口市宣化区西北）置乌桓校尉，开设营府。从此经历明、章、和三世（58—105 年），边塞无事。②

第三，便利了匈奴的奴隶逃脱奴役。《三国志 · 魏书》卷三〇《乌丸鲜卑东夷传》裴注引《魏略》，提到匈奴有数万落（户）“赀虏”（奴婢），在建武时，利用匈奴分裂的时机，逃亡到当时的金城、武威、酒泉北黑水、西河东西，即今甘肃兰州、民勤、酒泉及弱水上游自张掖至黑泉驿一段与敦煌西的党河一带，继续过着“畜牧逐水草”的生活。这些“赀虏”包括丁令、西羌和西域各族人民。直至汉魏之际（219 年前后），他们还在那里游牧。这是匈奴社会内部一次规模巨大的、以阶级斗争为内容的、反抗压迫的民族斗争。这次斗争对于匈奴奴隶制的削弱，起了很大的作用。

第四，边境无事，汉人得以安居。早在建武十五年，因为躲避匈奴奴隶主的侵扰，汉朝曾把雁门、代、上谷三郡的人民迁至常山关及居庸关以东。此外还有其他边郡人民因避兵燹（音显）而自动内迁的；加以匈奴奴隶主操纵下的骑兵的破坏，以致缘边一带郡县，城郭都变成了废墟，四区一片荒芜，社会生产遭受极大的残破。③ 南匈奴内附之后，北匈奴奴隶主不能入侵，汉朝采取了一些措施，一面修补城垣，一面发给边民路费和粮

① 参阅《后汉书》卷 90《乌桓鲜卑传》。

② 参阅《后汉书》卷 90《乌桓鲜卑传》。

③ 参阅（汉）刘珍《东观汉记》卷 1《世祖光武皇帝纪》。

食,令北地、朔方、五原、云中、定襄、雁门、代、上谷八郡人民各还本土。经过若干时期之后,由于边郡人民的辛勤劳动和惨淡经营,才逐渐做到家给人足。① 同时,因为北方无战事,缘边驻屯的军队可以解甲归田,这对于东汉初期社会生产的恢复,也很有裨益。②

第五,南匈奴既已内附,且得到汉朝中央政府的政治支持和经济接济,社会生产得以逐渐恢复。安定的生活有利于人口的繁衍,故仅仅过了四十年,即到了公元 90 年前后,南匈奴的人口,连同北匈奴陆续归附的及从战争俘虏的合计,已有户三万四千,口二十三万七千三百,胜兵五万零一百七十③,较之内附时的四五万人,竟增加四五倍之多。此外,由于南匈奴人入居塞内,分布缘边各郡,与汉人杂处④,有更多的机会与汉人接触并互相学习,更易吸收汉族的先进文化,因此有一部分人逐渐学会农业,从事农耕(详后)。

北匈奴经过了连年的严重天灾,又遭到南匈奴、乌桓和鲜卑的攻击,非但在漠南无法立足,就是退居漠北之后,社会经济也极度萎缩,力量大大削弱。故于建武二十七年(51 年)、二十八年、三十一年、永平七年(64 年),多次遣使至汉请求和亲。北匈奴请求和亲的目的含有下列几种打算:一是惧怕汉朝乘虚北伐;二是企图离间南匈奴与汉的关系;三是考虑到西域各族和乌桓俱倾向于汉,欲借和亲以抬高自己的政治威望,巩固对西域的控制,挑拨乌桓;四是希望通过和亲与汉"合市"(即互市)。当时出使北匈奴回来的郑众观察和分析得很清楚,他说:北单于之所以要求与汉通使者,欲以离南单于之众,坚三十六国(指西域)之心也,又扬言与汉和亲,无非想夸耀邻族,令西域之欲归汉者踢促狐疑、怀土(指亲汉)之人对中原绝望耳;如是则南庭(南匈奴)动摇,乌桓有离心矣!⑤ (晋)袁宏《后汉纪》卷一〇《明帝纪》亦载郑众之言曰:今宜勿答和亲之使;因为南

---

① 参阅《后汉书》卷 1 下《光武帝纪下》及卷 35《张纯传》。

② 参阅《后汉书》卷 20《祭肜传》。

③ 参阅《后汉书·南匈奴传》。

④ 《晋书》卷 97《北狄匈奴传》载,"匈奴五千余落,入居朔方诸郡,与汉人杂处",就是指的南匈奴人。

⑤ 参阅《后汉书》卷 36《郑众传》。

单于之所以来归附者,原是希望获得呼韩邪稽侯珊那样的帮助,故归心不二,因而乌桓亦慕化,并尽力保塞奉藩;今若闻汉复与北单于迪使不止,臣恐南单于必生怀疑,而乌桓亦必有二心!当时汉朝皇室也顾虑南单于新立,若答应与北匈奴和亲,恐有碍南单于亲汉之意。① 故先则告知武威太守不要接纳北匈奴的使者,再则因北单于遣使至京城贡马及裘,后又远驱牛马至边境与汉合市,重遣名王,多所贡献,乃采取羁縻政策,颇加赏赐,略与所献相当,只玺书报答,仍不遣使者。最后因北匈奴迫切需要合市而发兵寇边,汉朝惧怕重开边衅,才于永平七年(64 年)答应合市,并遣使回聘。合市是匈奴人民广泛的要求,对于汉匈两族人民都有好处,但由于北匈奴奴隶主侵扰势力的存在,致使两族之间的正常互市关系不能永久维持。②

汉朝与北匈奴的通使,果然引起南匈奴一部分上层贵族的猜疑。以须卜骨都侯为首的一小撮人妄图借机叛乱生事,并勾结北匈奴奴隶主的侵扰势力。事为汉朝发觉,乃采取紧急措施:设置一个“度辽营”,以中郎将吴棠行度辽将军事,将兵屯于五原郡曼柏县(今内蒙古准格尔旗西北,在汉美稷西北部);又遣骑都尉秦彭将兵屯于西河郡美稷县,以防止须卜骨都侯的叛众与北匈奴交通。永平八年(65 年)秋,北匈奴的侵扰势力果遣骑兵入朔方接应南部叛众,但因汉朝已做了准备,未能达到目的,遂愤恨进攻河西诸郡,焚烧城邑,杀略甚众,以致河西城门昼闭,人民受害不浅。③ 永平十五年(72 年),北匈奴又寇河西④,而且胁迫西域诸“国”随同入寇⑤,十六年又寇云中及渔阳。⑥

北匈奴奴隶主侵扰势力的存在及其不时入侵,对于汉朝及中原封建社会的向前发展,始终是个莫大的威胁和障碍。正如明帝时耿秉所说:

---

① 参阅袁宏《后汉纪》卷 8《光武帝纪》。

② 这次合市延续不到十年,至永平十五年(72 年)因北匈奴入侵而中断,直至元和元年(84 年)始行恢复。从交易一次就为数达牛马万余头来看,双方经济上的互通有无是多么需要(参阅《后汉书·南匈奴传》)。

③ 参阅《后汉书·南匈奴传》。

④ 参阅袁宏《后汉纪·明帝纪》。

⑤ 参阅《后汉书·西域传》序。

⑥ 参阅《后汉书·明帝纪》及《南匈奴传》。

“中国虚费,边陲不宁,其患专在匈奴”[①]。故随着中原政治局面的统一,社会经济的恢复,汉朝国力的加强,及在南匈奴的积极支持下,一个带有战略意义的、目的在于统一全中国的、征伐北匈奴的正义的军事行动开始了。

早在明帝永平十五年,汉朝就已派遣窦固和耿秉出屯凉州(东汉治陇县,今甘肃省张家川县),作为经营北伐的准备[②]。翌年(永平十六年,73 年)春二月,大发缘边兵,命诸将率同南匈奴及乌桓、鲜卑等骑,共数万人,四道出塞北征。这次出征,除了窦固西出酒泉塞一路,在天山(在今新疆吐鲁番城北)击败呼衍王部,追至蒲类海(今巴里坤湖),占据了伊吾卢城(今哈密市)外,其余三路,即耿秉出张掖居延塞(在今内蒙古额济纳旗东南)一路,来苗出平城塞(在今山西大同市东)一路,祭肜与南匈奴左贤王信出朔方高阙塞(在今内蒙古巴彦淖尔市临河区西北石兰计山口)一路,都因北匈奴闻风逃往漠北,没有战果而还。

东汉初南匈奴及乌桓、鲜卑附汉后,北匈奴的奴隶主即加强对西域各“国”的控制,以便从各“国”征调人力物力作为对外族侵扰力量的补充。当时雄踞西域南道的于阗王(阗音田)和雄踞北道的龟兹王(龟兹音丘慈),都是北匈奴奴隶王扶植的傀儡。北匈奴派遣使者常川驻在于阗国内监督,并从于阗人民中每年征收罽絮等物资。龟兹王也依赖北匈奴做靠山,侵扰北道其他弱国,西域事实上已经成为北匈奴奴隶主侵扰势力的外库。北匈奴还利用西域东部如车师等国的丰盛水草地带,派遣呼衍王部驻牧于天山、蒲类海一带,这非但阻塞了汉与西域的交通,而且造成对河西走廊的直接威胁。所以永平十六年北征时,另以窦固一路专门西击天山的呼衍王部,同时派班超经营西域。

班超先到鄯善(今新疆鄯善县一带)。鄯善王广对超甚为礼敬,后因北匈奴使者至,乃对超态度冷淡。超乃与其吏士三十六人,设计于夜间火攻匈奴使者,先以十人持鼓藏使者营舍后,余人悉持兵弩夹门而伏。超顺风纵火,前后鼓噪,匈奴使者在惊乱中被斩,其随从百余人亦尽烧死。鄯

---

① 《后汉书》卷 19《耿弇附耿秉传》。

② 参阅《后汉书》卷 2《明帝纪》。

善举“国”震怖，广遂纳子为质，表示“愿归汉，无二心”。

超继至于阗（今新疆于田县）。于阗王广德以有北匈奴使者在“国”之故，对超礼意甚疏，且信巫言，遣国相私来比（人名）向超索取騧马（马黄色黑喙曰騧，音瓜）。超佯令巫亲来取马，诱斩巫，并收捕私来比，以巫首送广德。广德素闻超在鄯善之威，大惶恐，当即杀匈奴使者，归附于超。其余西域诸“国”亦皆遣子入侍，南道诸国平定。于是西域自与汉朝断绝关系六十五载，现在乃复沟通（西域自王莽始建国元年与汉绝，至永平十六年复通，9—73 年）①。

永平十七年春，班超复平定龟兹卵翼下的疏勒（今新疆喀什市）。初，龟兹王建为北匈奴所立，倚恃匈奴之势，攻杀疏勒王，立其臣兜题为疏勒王。班超从间道至疏勒，去兜题所居槃橐城九十里，遣田虑先往招降，兜题见虑随员寡弱，殊无降意。虑因其无备，把他劫缚，左右出其不意，皆惊走。超踵至，废兜题，改立其故王兄子忠为王，疏勒国人大悦。

同年冬，窦固将兵再次击破呼衍王部于蒲类海，并占领了车师。汉朝中央政府遂在西域设置都护及戊己校尉（这是东汉王朝建立后第一次设置），都护及戊校尉屯车师后王部金蒲城（亦称金满城，今新疆奇台县西北），己校尉则屯车师前王部柳中城（故址在今吐鲁番市东南），用以镇抚西域，捍御北匈奴，北匈奴当然不肯轻易放弃西域，故随即对汉实行反攻，因此汉匈之间，在公元 75—76 年（永平十八年及建初元年）展开了一场对西域的争夺战。春二月，北单于遣左鹿蠡王率二万骑击车师，破杀车师后王安得而攻金蒲城。汉西域戊校尉耿恭以毒药傅矢射匈奴，匈奴中矢者，视创皆沸，大惊。会天暴风雨，恭随雨击之，杀伤甚众，匈奴震怖，遂解兵去。恭以疏勒城（此乃车师后部之疏勒城，非疏勒国城）旁有涧水可以固守，引兵据之。秋七月，匈奴复来攻金蒲城，拥绝涧水，恭于城中穿井得水，匈奴以为神，遂引兵去。冬十一月，焉耆（今新疆焉耆县）、龟兹攻没西域都护陈睦，北匈奴亦围己校尉关宠于柳中城。会明帝崩，救兵不至。车师复叛汉，与匈奴共攻耿恭。恭食尽穷困，士卒仅余数十人。单于遣使

① 参阅《后汉书》卷 88《西域传》序及卷 47《班超传》。

招降,恭诱杀其使。单于怒,更增兵围攻,但不能下。关宠上书求救,汉遣征西将军耿秉出屯酒泉,遣酒泉太守段彭发张掖、酒泉、敦煌三郡及鄯善兵往救。[①] 章帝建初元年春正月,段彭进击车师,大破之于交河城(故址在今新疆吐鲁番市西北)。北匈奴惊走,车师复附于汉。时关宠已殁,耿恭军吏范羌率兵从山北迎恭还。时值中原地区大旱、谷贵,人民负荷不堪;加以北征北匈奴,西边经营西域,频年服役,转输繁费[②],汉朝力有不及,乃撤回都护及戊己校尉,第二年(章帝建初二年)春三月,复罢伊吾卢屯兵,北匈奴遂又派兵占领其地。汉朝征伐北匈奴的军事行动亦因此而一时中止。但这次北征却产生了有利于汉朝而不利于北匈奴的后果。

由于北匈奴奴隶主统治集团对外族的侵扰不得人心,及在南匈奴内附的影响下,早就有许多匈奴人想南下投汉,只是或者因为一时未得机会,或者因为顾虑没有接应,以致迟迟未发。正如南单于上和帝书中所说:新近降附的右须日逐王鲜堂轻从北庭远来告臣,说北匈奴诸部多欲内附,但因耻于自己发动,故未有至者;今汉若能出兵进攻,必有响应。[③] 因此经过公元73—76年汉朝的北征,从公元83年(建初八年)起,不断有北匈奴人南下归汉:是年夏,三木楼訾部落,在大人稽留斯等的率领下,有三万八千人至五原塞附汉;随后至公元85年(元和二年),又有以大人车利涿兵(人名)等为首的,凡七十三批,先后入塞归附。这当然大大削弱了北匈奴侵扰集团的力量。加以南匈奴的攻击,平时受到控制和奴役的部族或部落复乘机起来进行民族反抗,如"南部攻其前,丁零寇其后,鲜卑击其左,西域侵其右"[④],北匈奴侵扰集团在漠北遂难于立足,只得远远地躲到安侯河(今蒙古国境内的鄂尔浑河)以西去。公元87年(章和元年)鲜卑复从左地猛攻北匈奴,大破之,斩优留单于。这更引起北匈奴的大乱。有意内附的屈兰、储卑、胡都须等五十八部、口二十万、胜兵八千人,

① 参阅《后汉书·明帝纪》、《章帝纪》、《西域传》序及《耿弇附耿恭传》、《耿秉传》。

② 参阅《后汉书》卷48《杨终传》。又,卷45《袁安传》说东汉政府在西域岁费七千四百八十万。

③ 参阅《后汉书·南匈奴传》。

④ 《后汉书·南匈奴传》。

乘机纷纷南下,至朔方、五原、云中、北地附汉。正在这个大混乱的时候,漠北又发生了蝗灾,人民饥馑,族内阶级矛盾更加尖锐起来,而北匈奴统治集团内部自优留单于被斩之后,他的异母兄右贤王(史失其名)因兄弟争立,各部分势力并各离散。这样的局面——阶级矛盾、民族矛盾和统治阶级内部矛盾所造成的局面,使北匈奴的社会危机充分暴露出来。这正好为汉朝北征创造了十分有利的条件,于是在建初二年(77 年)中止的军事远征,现在又重新提到议事日程上来了。而北匈奴这次之所以不堪一击,主要原因也在于社会危机十分深刻。

汉朝大举征伐北匈奴的统一战争开始于公元 89 年(和帝永元元年)。夏六月,车骑将军窦宪、执金吾(官号)耿秉出朔方鸡鹿塞(在今内蒙古杭锦后旗西南),南单于出满夷谷(在今内蒙古准格尔旗,汉西河郡美稷县西北),度辽将军邓鸿出稒阳塞(在今内蒙古包头市东),共三万八千骑,皆会涿邪山(在今内蒙古巴彦淖尔市临河区西北汉高阙北千余里,今蒙古国境内满达勒戈壁附近)。窦宪分遣副校尉阎盘等将南匈奴精骑万余,与北单于战于稽落山(今蒙古国西北部的额布根山),大破之,单于遁走。汉军追击,至私渠比鞮海(今蒙古国的乌布苏泊),斩名王以下一万三千级,俘获甚众。匈奴诸裨小王率众归附者,前后八十一部,计二十余万人。宪、秉出塞三千余里,登燕然山(今蒙古国的杭爱山),刻石纪功而还。[①] 翌年(永元二年)夏五月,汉复驱走北匈奴之守伊吾卢地者,夺回其地。冬十月,派兵与南匈奴共出鸡鹿塞,再击北匈奴。汉军夜至,围北单于,北单于受伤遁逃,仅以身免。公元 91 年(永元三年)春二月,汉复大出击,耿夔出居延塞(在今内蒙古额济纳旗北居延海一带),大破北匈奴于金微山(今阿尔泰山),北单于率领一部分人众逃往乌孙及康居[②],匈奴奴隶制政权全部瓦解。从此匈奴退出了漠北地区,从公元前 209 年冒顿单于建立政权起算,匈奴在大漠南北活跃,至此整整三百年。

公元 91 年北单于逃亡后,漠北出现了一个大混乱的局面。北匈奴因

---

① 参阅《后汉书·和帝纪》、《南匈奴传》及《窦宪传》。

② 《后汉书·南匈奴传》及《窦宪传》俱云:“北单于逃亡,不知所在。”但《袁安传》则云“北单于遁走乌孙”,当是事实。后转徙康居,详见下文。

失去了政治统领的中心,许多人无所隶属,因此各自离散,分裂为下列四个部分:

一是北单于弟於除鞬率领的部分。

北单于逃亡后,其弟左谷蠡王於除鞬率领了一部分残余部众数千人[①],自立为单于,退至蒲类海,遣使至塞下请求归附。汉朝接受了他的请求,于公元 92 年(永元四年)派耿夔持节前往颁发玺绶,并留中郎将任尚将兵屯驻伊吾卢城以为护卫(也是监视),一如护卫南单于旧例。本来汉朝有意帮助他返回北庭,可是还没有等到计划和实行,他在第二年(永元五年)便叛汉擅自逃回漠北,结果被汉兵追获斩首,部众也被歼灭。

二是北单于率领的部分。

北单于自被攻破,即率领残部远走乌孙,后转徙康居(今中亚哈萨克斯坦东南部)。当时追随他西逃的人,为数不知多少。这一部分北匈奴人在公元 4 世纪中叶与阿兰聊人(居于今南俄草原顿河以东一带)发生战争,并于公元 374 年灭了阿兰聊国。此后这部分匈奴人分三期西入欧洲:约自公元 374 年开始为第一期;公元 400—415 年为第二期;5 世纪中叶由首领阿提拉率领的为第三期。[②]

三是加入鲜卑的部分。

公元 91 年前后,鲜卑族逐渐强大起来,乘着北单于战败西走、漠北混乱的时机,逐步向西迁移,占据了原先属于北匈奴的地区,有一大部分残留在漠北的北匈奴人因此加入了鲜卑族。《后汉书》卷九〇《鲜卑传》记其事曰:和帝永元中,大将军窦宪遣右校尉耿夔击破匈奴,北单于逃走,鲜卑因此转徙占据其地;匈奴余部遗留下来的尚有十余万落(落即户),皆自号"鲜卑",鲜卑由此渐盛。《三国志·魏书》卷三〇《鲜卑传》裴注引《魏书》亦曰:北单于遁逃后,余部十余万落,至辽东杂处,皆自号"鲜卑

① 此处据《后汉书·南匈奴传》。《后汉书》卷 19《耿弇附耿夔传》则作"八部二万余人"。

② 据法国资产阶级学者德基涅(J.Deguignes)和我国清末学者洪钧的推论,在公元 1 世纪末逃往康居的这一部分北匈奴人,便是后来 4 世纪出现在欧洲的匈人(Huns)的祖先。见德基涅《匈奴、突厥、蒙古与西方鞑靼的通史》(1756—1758 年巴黎出版)及洪钧《元史译文证补》卷 27 上《西域古地考》粟特条,所见甚是。

兵”。姑以每落五口计之，当时加入鲜卑的就不下五六十万人。[①] 鲜卑后来在公元3世纪中叶分化为许多部，其中最强大的有三部——宇文部、拓跋部、慕容部，而宇文部便是由这些加入鲜卑的匈奴部落中的宇文部落演变而来的。宇文部原先驻牧于阴山（今内蒙古阴山，俗称大青山）东部，在公元2世纪时，宇文部的大人率众东迁，统治了辽西外西拉木伦河上游的鲜卑人，加入了檀石槐（鲜卑首领）所建立的部落军事大联盟，以后逐渐鲜卑化，遂演变为宇文鲜卑。[②] 宇文鲜卑后来在关中（今陕西中南部）建立了北周政权（557—581年）。还有一部分散处漠北各地的北匈奴残留部落，在拓跋鲜卑的祖先由草原的东北角大鲜卑山西移及后来南移的过程中，与鲜卑人互相错居杂处和通婚，因此又出现了匈奴父鲜卑母的铁弗（或称“铁弗匈奴”）[③]。至于鲜卑父匈奴母的子孙如何称谓，则史乏记载，有人称之为“拓跋”（拓跋鲜卑）。此说或有可能。“五胡十六国”时期，铁弗改称赫连氏，在统万城（今陕西省榆林市西）建立了大夏政权（407—431年）。拓跋鲜卑则南下建立了北魏（386—534年）。

四是始终留在漠北西北角的部分。

在漠北大混乱的时候，有一部分北匈奴人始终留在漠北，没有移动。这部分人究有多少，不得而知，但他们一直在那里生活到公元4世纪末5世纪初，力量还相当强大，后来柔然族兴起，才被吞并。《魏书》卷一〇三《蠕蠕传》（蠕音软）记其事曰：西北有匈奴余种，族仍富强，部帅拔也稽举兵击社仑（柔然首领），社仑迎战于頞根河（今鄂尔浑河），大破之，后尽为社仑所并。

除了以上四个部分之外，漠北再也没有其他的北匈奴余众。但是，公元94年（永元六年），新附汉的北匈奴人，即公元89年（永元元年）在漠北因战败而归附的二十余万人，因反对新立的南单于师子（新归附的匈奴人，原先在塞外时屡被师子驱掠，故多怨恨），拥立逢侯为单于，群起作乱，杀略吏人，焚烧邮亭（即驿舍）庐帐，随即携带辎重出朔方渡漠北去。

---

① 关于“落”的解释及每“落”究有多少人口，参阅本书第二章对“落”的注释。

② 参阅《魏书》卷103《匈奴宇文莫槐传》。

③ 参阅《魏书》卷95《铁弗刘虎传》。

汉朝虽发兵追击,但没有追及。这是漠北最后一批以“北匈奴”之名与汉发生关系的匈奴人了。

北单于逢侯出塞之后,把部众分为左右二部:他自领右部驻牧于涿邪山(在汉高阙塞北千余里,今蒙古国境内满达勒戈壁附近);左部驻牧于朔方西北(今内蒙古河套西北部及后套地区)。公元96年(永元八年)左部有许多人还入朔方塞,汉朝对他们不咎既往,予以接纳,于是左部的胜兵四千人及弱小万余口都跟着返归于汉。右部在涿邪山的处境也很困难。《后汉书·南匈奴传》说:当时逢侯部众饥穷,又为鲜卑所击,无所归属,窜逃入塞者络绎不绝。加以南单于连年发兵击他,每次出击,多有虏获,夺回人口动以千计,逢侯更加困迫。在无可奈何之下,他先后于公元104年及105年(永元十六年及元兴元年)两次遣使贡献,愿意和亲。汉朝只厚加赏赐,不答所请。因此他企图通过加紧勒索西域各族以解决困难。

汉自公元76年(建初元年)罢去西域都护及戊己校尉之后,至公元91年(永元三年)击走北匈奴后又复设置。西域五十余“国”重又内属。公元106年(延平元年)西域诸国反汉。汉朝觉得西域道远,数有背乱,吏士屯田,其费不止。① 故于翌年(107年,永初元年)复罢都护等官,废除屯田,放弃西域。逢侯乘机把势力伸入,收服诸国。本来西域自永元归汉之后,摆脱了北匈奴奴隶主的奴役,早就不再向他们缴纳马畜、毡罽之类的贡赋。现在逢侯遣使至诸国督责自脱离匈奴后所未缴纳的欠租,而且把积欠租赋的价值任意抬高,勒令限期清缴。这时西域诸国才感到背离汉朝中央政府的失策,面对北匈奴奴隶主的残酷压迫和剥削,虽怀愤怨,但都护已撤,与汉朝中央联系中断,虽想事汉,但其路无由,后悔也来不及了。②

以逢侯为首的北匈奴奴隶主,不仅勒索西域各国人民的财富,而且强迫征调他们当兵,去共同侵扰汉朝的边郡。故自公元107年起,在逢侯的驱使下,北匈奴与西域诸国共同寇边十余岁;汉兵有时主动还击,因此在

① 参阅《后汉书》卷47《梁慬传》。

② 参阅《后汉书·和帝纪》、《西域传》序及《班超附班勇传》。

西域也不时展开了战争[①]。直至公元 117 年(元初四年)逢侯被鲜卑攻破,部众分散,皆归鲜卑。逢侯无所依靠,才不得不于公元 118 年春,带着百余骑南逃,至朔方塞请求归汉。汉朝怕他再勾引匈奴人作乱,把他徙居于内地之颍川郡(治阳翟,今河南禹州市)[②]。此后史书上虽仍有"北单于"之号出现,但北单于的世系已不明了。

汉朝利用逢侯势力削弱的机会,于公元 119 年(元初六年)遣长史索班将千余人出屯伊吾卢(今新疆哈密市),以招抚西域,于是车师前部王及焉耆王都来归附。可是以前曾经长期在蒲类海(今新疆巴里坤湖)一带驻牧的北匈奴呼衍王部,大约在汉朝第二次放弃西域(107 年)不久,又在另一个新任的呼衍王的率领下,重新还驻蒲类海,这时(120 年,永宁元年)驱使车师后部王共杀索班,击走车师前部王,据有北道。公元 123 年(延光二年)呼衍王部复与车师连兵入寇河西,汉朝无法禁止,只得派班勇为西域长史,领兵出屯柳中(故城在今新疆吐鲁番东南)。公元 124 年(延光三年),班勇发龟兹等国兵到车师前王庭击走北匈奴伊蠡王(蠡音黎)于伊和谷(在今新疆腾格里山),于是车师前部复通于汉。公元 125 年(延光四年),班勇又击破车师后部王及捕斩北匈奴持节使者。公元 126 年(永建元年),班勇发诸国兵进击呼衍王部,呼衍王逃走,徙居枯梧河(今地不详),其众二万余人皆附汉。北单于自将万余骑入后部,至金且谷(在今新疆博格多山;且音沮)。汉兵追击,单于退去。从此车师境内再也没有北匈奴的踪迹,但北匈奴在西域的势力并未完全消灭。公元 127 年(永建二年)西域焉耆、龟兹、于阗、莎车、疏勒等十七国皆服于汉。[③]

汉以伊吾卢旁近西域,北匈奴总是利用这块地方作为入侵的外库和跳板,为了防止北匈奴残余势力的再度骚扰,公元 131 年(永建六年)复令开设屯田,如永元旧例,置伊吾司马一人,并为了彻底肃清那些残余势力,公元 134 年(阳嘉三年),汉车师后部司马率后部王兵掩击北匈奴于阊吾陆谷(在今新疆博格多山),大破之,获单于母及牛羊十余万头、车千

① 参阅《后汉书·西域传》序。

② 参阅《后汉书·南匈奴传》。

③ 参阅《后汉书·西域传》序及《班超附班勇传》。

余辆、兵器什物甚多。翌年（阳嘉四年）春，北匈奴呼衍王率兵二千反扑，侵入车师后部，敦煌太守发兵救，战不利。秋，后部遂为呼衍王攻破。① 公元137年（永和二年）秋，敦煌太守裴岑将兵出击呼衍王于巴里坤（今新疆巴里坤县），破灭其众，并杀死呼衍王。② 可是过了十四年（151年，元嘉元年），另一个呼衍王又出现于西域，并将兵三千余骑入侵伊吾卢。汉发兵救，至蒲类海，呼衍王乃退去。③ 以后史书再也没有北匈奴侵扰的记载。又过了两年（153年，永兴元年），《后汉书·西域传》提到车师后部王阿罗多叛汉，逃入北匈奴（地望不详），汉立卑君为后部王，阿罗多复从北匈奴中还，与卑君争国，汉虑其招引北匈奴作乱西域，许他复为后部王。这是史书上有关北匈奴在西域的事迹的最后记载了。

北匈奴自从公元91年由漠北退出，残留在西域的余众还活动了六十多年。除公元126年班勇收纳呼衍王部众二万余人外，其后的呼衍王及北单于等部，从他们每次出兵人数动辄数千，甚至上万，公元134年阊吾陆谷一役，被汉兵虏获的牛羊竟达十余万头、车千余辆、兵器甚多看来，他们的人众也很不少。可惜这部分北匈奴人后来的下落如何，及他们与西迁欧洲的北匈奴人有何关系，均无法知晓。

二、北匈奴的西迁

北单于自公元91年（和帝永元三年）被汉将耿夔在金微山（今阿尔泰山）击破，即率领一部分人众（不知多少）向西遁逃，开始了北匈奴西迁的历程，其第一站即迁往乌孙的游牧地区。《汉书·西域传》载："（乌孙）东与匈奴、西北与康居、西与大宛、南与城郭诸国相接。"按其地理位置，

① 参阅《后汉书》卷6《顺帝纪》、《西域传》序及车师后王条。

② 参阅《金石索》石索二《汉敦煌太守裴岑纪功碑》，（清）冯云鹓等编，道光元年（1821年）刻本。

③ 参阅《后汉书·西域传》车师后王条。

即今伊犁河上游一带。由于当时北匈奴屡战败北，漠北处于混乱状态，故北单于所领的一部分人众究竟逃至何方，汉朝一时也弄不清楚，故《后汉书》的记载，前后颇不一致。《南匈奴传》和《窦宪传》俱云“北单于逃亡，不知所在”。《袁安传》则说：“北单于为耿夔所破，遁走乌孙，塞北地空，余众不知所属。”《南匈奴传》“论”也说“单于震慑屏气，蒙毡遁走于乌孙之地”。综合各方面情况判断，当以迁往乌孙为实。

北单于部众在乌孙地区停留了一个时期之后，精壮部分继续向西北方向徙至康居，其羸弱人员则仍留居乌孙之地，其继续西徙的时间和原因均不明。但其西徙的结果，则在公元 554 年（北齐天保五年）成书的《魏书》中略有记载。该书卷一〇二《西域传》载：

> 悦般国，在乌孙西北，去代一万九百三十里。其先，匈奴北单于之部落也。为汉车骑将军窦宪所逐，北单于度金微山，西走康居，其羸弱不能去者住龟兹北。地方数千里，众可二十余万。凉州人犹谓之“单于王”。

于此须要辨明者，即南北朝时的悦般国，其所辖地域实相当于汉时乌孙之故地，并非在乌孙西北。考乌孙在南北朝时因屡受柔然族侵扰，已放弃原来的驻地，西徙葱岭山中，随后则由匈奴人在其故地建立了悦般国。《魏书·西域传》载：

> 乌孙国，居赤谷城，在龟兹西北，去代一万八百里。其国数为蠕蠕（即柔然）所侵，西徙葱岭山中。

龟兹即今新疆库车县，其西北即今伊犁河上游一带。故上引文所谓北单于部众“西走康居，其羸弱不能去者住龟兹北”，实即仍停留于乌孙之旧地。证之以《魏书·西域传》悦般国条所载“其国南界有火山”，出“石流黄”，能治病，与龟兹国条所载“其国西北大山中有如膏者流出成川，……病人服之皆愈”之“火山”和“大山”，其实皆指今新疆的天山，故南北朝时龟兹西北的悦般国实即汉时乌孙之故地。①

---

① 《历史研究》1978 年第 7 期载肖之兴《关于匈奴西迁过程的探讨》一文对此有详细考订，可参考。

北单于部众西迁的第二站为康居。康居在今中亚哈萨克斯坦东南部。《史记·大宛列传》说"康居在大宛西北可二千里"。大宛在今中亚费尔干盆地,位于今中亚锡尔河上游东面,康居既在大宛西北,即其地当在锡尔河下游及其以北一带。《汉书·匈奴传》及《陈汤传》记载康居的东界在郅支城(今哈萨克斯坦江布尔)及都赖水(今塔拉斯河)一带。按之今时地望,塔拉斯河正在锡尔河东,与《史记》所载吻合。康居的地理位置,直至南北朝时仍是明确的。《魏书·西域传》载:"者舌国,故康居国,在破洛那(今中亚费尔干盆地)西北。"

第三站为阿兰聊(奄蔡)。从公元 91 年北单于率部退出漠北,至公元 290 年前后,这二百年间,中外史书对于他的西迁,所记都十分简略,甚至在一定程度上可以说是空白的。从公元 290 年前后开始,西方史书出现了匈奴人活动的记载。据美国学者 W.M.麦高文的综合介绍说:

> 此后二百年间,即当公元 170—370 年之间,我们对于这些北匈奴人的情形,差不多全无所闻。此一期间,中国正忙于内争,一面又受鲜卑入侵的威胁,故和远处土耳其斯坦的匈奴人失却一切接触,而这些匈奴人也不能再进犯中国。同时在西方则因有阿兰那人(Alani,按即阿兰聊人)和哥特人(Goths)阻隔于匈奴人和罗马帝国之间,所以无论是希腊的或拉丁的作家,对于匈奴人的活动皆无所述及。只有一次,他们述及亚美尼亚(按,在今外高加索中南部)国王泰格兰纳斯(Tigranes,约当 290 年)的军队中,不但有阿兰那佣军,且还有一队匈奴兵士。半世纪后(约当 356 年),我们又听见波斯北境遭受 Chionites 人的攻击。这些 Chionites 人也许就是一群匈奴人。①

我国学者岑仲勉引 Sykes《波斯史》卷一叙辖不尔大王事有云:

> 辖不尔(Shapur)东方战事自公元 350 年延至 357 年,史册殊鲜

① 麦氏《中亚古国史》(中华书局 1958 年版,章巽中译本)第六章《侵入欧洲之匈奴人》第 166—167 页。又,麦氏所指的二百年间(170—370 年),为从北匈奴退出漠北后、呼衍王部尚在今新疆东部继续活动至公元 170 年起算,而以公元 374 年前后北单于所部击灭阿兰那国(即阿兰聊国)为止。但据汉文史料,北匈奴呼衍王部在今新疆东部活动的最后一次记载在公元 151 年,而北匈奴之名的最后一次出现则在 153 年,但这部分北匈奴人与西迁的北匈奴有何关系,却无法知晓(已详上文)。

详载,吾人所知来侵者有 Chionites 人,即较著于世之 Huns 人。①

公元 4 世纪中叶,由于匈奴人击灭了位于今顿河以东的阿兰聊国,震动了西方,因此引起了西方史学家的注意,从此匈奴人在西方的活动遂史不绝书。

阿兰聊亦称阿兰,原名奄蔡,后乃改名。其名最早见于《史记·大宛列传》,传曰:

> 奄蔡在康居西北可二千里,行国,与康居大同俗。控弦者十余万。临大泽,无崖,盖乃北海云。

《后汉书·西域传》载:

> 奄蔡国改名阿兰聊国,居地城,属康居。土地温和,多桢松、白草。民俗衣服与康居同。

《三国志·魏书·乌丸鲜卑东夷传》裴注引《魏略》亦载:

> 转西北则乌孙、康居。……又有奄蔡国一名阿兰,皆与康居同俗。西与大秦(即罗马帝国)、东南与康居接。其国多名貂,畜牧逐水草,临大泽,故时羁属康居,今不属也。

据此可知阿兰(阿兰聊)的地理位置在今南俄草原顿河以东一带,所谓"临大泽"者,即濒于顿河注入的亚速海。大抵从顿河以东至伏尔加河之间及南至高加索山脉之地,都是阿兰人的领土。

罗马帝国后期的历史学家阿密阿那斯·玛西里那斯(Ammianus Marcellinus,330—390 年),在他的名著《历史》一书(也就是欧洲历史学家最早记载匈奴人活动之书)中,对此有更详确的记载:

> 坦乃伊河(今顿河)将亚细亚和欧罗巴分开。阿兰人就居住在希斯特河(今多瑙河)东边广大无垠的西徐亚②荒原之上。其地有阿兰山,阿兰人遂因此而得名。他们战胜了许多不同的种族,……将被征服的种族吞并以后,也称他们为阿兰人。……阿兰山脉连绵而东,伸入到人烟稠密、土地广阔的国家,一直到亚细亚。……阿兰人(其

① 岑氏:《伊兰之胡与匈奴之胡》,《真理杂志》1944 年第 1 卷第 3 期。

② 原注:"西徐亚即中国史书中所说的奄蔡,其人分布于西亚与东欧南部。其在欧洲部分居住于喀尔巴阡山与顿河间一带之地。……阿兰人系西徐亚人的一支。"

中又分为许多种族……）分布为欧罗巴与亚细亚两部分，他们虽相距甚远，而且在广大地区迁徙游牧，但是后来统一在一个名称之下，都称为阿兰人。①

匈奴击灭阿兰的战争，《魏书·西域传》有简略（但却十分重要）的记载，只是误把奄蔡（阿兰）与粟特混而为一。传曰：

粟特国，在葱岭之西，古之奄蔡，一名温那沙。居于大泽，在康居西北，去代一万六千里。先是匈奴杀其王而有其国，至王忽倪，已三世矣。其国商人先多诣凉土贩货，及克姑臧（439年），悉见虏。高宗（文成帝拓跋浚，452—465年在位）初，粟特王遣使请赎之，诏听焉。

粟特并非奄蔡（阿兰），《后汉书·西域传》明确将粟弋（即粟特）与奄蔡分别列为二国，而《魏书》则把二国加以混同（《北史》亦混同）。且粟特即今索格狄亚那，在中亚泽拉夫善河流域一带，与奄蔡（阿兰）相距甚远，并非一地。② 有些学者未加细察，竟以为匈奴人西迁曾经到过粟特国，这是误会。③

匈奴击灭阿兰的战争，其确实年代及具体经过均不明，西方学者亦仅能估计战争约在公元350年开始，最后结束于374年。这时匈奴人初次出现于顿河河滨，并开始向欧洲入侵。阿密阿那斯对此亦仅有简略的记载：

匈奴人蹂躏了……阿兰人的领土。匈奴人大肆屠杀以后，就和残余的阿兰人缔结同盟条约，迫使他们参加自己的队伍。匈奴人和阿兰人联合之后，他们的声势更加壮大了。④

阿兰国被击灭后，虽有许多阿兰人臣服于匈奴人并追随匈奴人西征，

---

① 汉译文见齐思和等《世界史资料丛刊初集·中世纪初期的西欧》，生活·读书·新知三联书店1958年版，第31—32页。

② 肖之兴一文对此亦有辩正。

③ 学者姚从吾在《欧洲学者对于匈奴的研究》一文（北京大学《国学季刊》1930年第2卷第3号）及齐思和在《匈奴西迁及其在欧洲的活动》一文（《历史研究》1977年第3期），均误信《魏书》和《北史》的记载，把粟特与奄蔡（阿兰）混而为一，因而俱以为匈奴西迁时曾经过粟特国境。

④ 同上齐思和译《世界史资料丛刊初集》第34页。

但也有一部分向南逃入高加索山中,另有一部分则向西冲破了东哥特人的边防线,进入东哥特国境(在今顿河以西至德聂斯德河之间),不久匈奴人继续西进,渡过了顿河,于公元374年攻入东哥特人的领土。东哥特人抗拒不了匈奴人的入侵,被迫退至德聂斯德河以西的西哥特人境内。西哥特人在抵抗失败之后,一部分人向南逃至多瑙河北面的森林地带,另一部分人则渡过多瑙河进入罗马帝国的国境。这样,匈奴人便开始扮演着推动欧洲民族大迁徙的主要角色,同时也揭开了入侵欧洲的序幕。①

三、南匈奴社会的变化

南匈奴自内附之后,受到汉朝中央政府的优厚待遇。正如南单于屯屠何在公元88年(章和二年)上和帝书中所说:伏念先父归汉以来,蒙受荫庇,边塞安静,大兵拥护,积四十年;臣等生长汉地,开口仰食,岁时赏赐,动辄亿万,虽安枕无忧,但没有报效,深感惭愧!② 因此他在汉朝征伐北匈奴的统一战争中,采取了主动支持的态度,表示愿意调拨族中诸部新旧精兵,尽力向北。公元89—91年的几次大战役,南单于及诸王都率领部众积极参加。后来在助汉抗击鲜卑奴隶主的入侵中,也投入了不少力量并付出巨大代价。例如南单于在公元177年(熹平六年)随同中郎将臧旻各将万骑抗击鲜卑檀石槐一役,因战败而死者十之七八。③ 汉朝征伐北匈奴和抗击鲜卑奴隶主的侵扰,都是符合人民利益的正义行为,因此南匈奴支援这些战争,也就是为祖国的统一事业和祖国各族人民的共同利益作出了贡献。在东汉后期约一百年中,除了几次有一些部落

① 按,匈奴人入侵欧洲的活动,外国史书多有叙述,故本书不予详论,仅编写一份《匈奴人在欧洲的活动》资料,作为附录,以便读者参考。

② 参见《后汉书·南匈奴传》。

③ 参阅《后汉书·鲜卑传》。

反叛外,南匈奴与汉朝的关系基本上是和好的;有些反叛则是由于汉朝的个别官员的错误措施引起的,例如公元124年(延光三年)以阿族等为首的一次反叛,就是因为度辽将军耿夔对新附的匈奴人征发烦剧所致。①

和平、安定的环境有利于南匈奴社会生产的发展。同时,南匈奴人从入塞开始,不仅分布缘边诸郡,而且与汉人错居,《晋书·北狄匈奴传》说:“匈奴五千余落,入居朔方诸郡,与汉人杂处”,就是针对东汉的南匈奴人而言。匈奴的“落”即户的意思,每落(户)以五口计算,当时入居郡县的南匈奴人口就有两三万人,为数当属不少。这些与汉人杂居的以及分布缘边诸郡的南匈奴人,朝夕与汉人共同生活,或经常与汉人交往接触,自然受到汉族文化的强烈影响。因此经过了四十年左右,由于社会生产的发展及汉族文化的影响,他们的社会经济、社会组织和阶级关系,都发生了很大的变化。

匈奴人的社会组织,原先是生产组织与军事组织相结合的。《史记·匈奴列传》说:“士(及龄壮丁)力能弯弓,尽为甲骑(尽被编为骑兵)。”他们平时游牧生产,战时上马出征,牧民就是骑兵,生产者与战斗员合而为一。可是南匈奴人入塞之后,在公元90年前后出现了“胜兵”制度。《后汉书·南匈奴传》载:是时南部连年克敌获俘,收纳降附,部众最盛,领户三万四千,口二十三万七千三百,胜兵五万一百七十。所谓“胜兵”,就是脱离生产、只担任作战的常备兵。这时南匈奴在二十余万人口中,已分化出五万多常备兵,平均约五人中有一名常备兵。胜兵之外的壮丁及年老、体弱、妇孺等人,则专门从事畜牧业、农业和手工业生产。胜兵出现的原因约有三点:一是社会生产的进一步发展;二是农业开始在社会经济中占有较大的比重;三是受汉朝兵制的影响。其中以第一点为主要。因为五人中有一胜兵,就意味着除了供养原来的统治阶级外,还可能以五人的剩余劳动多供养一人。这是匈奴社会生产进一步发展的反映。其次,因为农业劳动与畜牧业劳动不同,它需要比较固定的人手和掌

① 参阅《后汉书·南匈奴传》。

握一定的耕作技术,才能妥善经营和提高产量,因而抽出一部分人当兵,另外一部分人专门从事牧作或农作(或半农半牧),这对于促进社会生产是有利的。这种骑兵与农牧民的分工,是匈奴人的生产组织与军事组织相分离的开始,是南匈奴社会制度向前进步的一种现象,是匈奴社会生产发展的结果,但反过来又推动社会生产的向前迈进。

匈奴的统治者对于本族人民一向也是有剥削的。他们自冒顿单于建立政权以后,即把原来氏族社会为了处理公共事务而临时摊派的费用改为固定征收的赋税,并在所谓"氏族公社利益"和"惯例"之下,把阶级剥削关系的实质掩盖起来。南匈奴入塞以后,统治者对于本族人民的剥削关系照旧存在,而且因为生活安定、人口繁衍、社会生产不断提高,因而剥削量也逐步增大,这在"胜兵"制度的出现便可反映出来。因为完全脱离生产的胜兵需要他人的劳动供养,南匈奴的统治者便从一般农牧民(当时主要还是牧民)剥削来的财富中,提出一部分以为供养的费用,否则胜兵的衣食及统治者的奢侈生活从何而来?随着社会生产的不断提高,统治者的剥削胃口也跟着增大,因此阶级关系向两极分化的现象越来越严重,受到残酷剥削而陷于贫困的匈奴人也越来越多,他们平时生活已不宽裕,一旦遇到天灾,便有濒于死亡边缘的危险。《后汉书·南匈奴传》载:公元76年(建初元年),南匈奴地区发生蝗灾,人民大饥,章帝廪给其贫民三万余口。贫民竟多至三万余口,阶级分化的剧烈可知。

自从南匈奴内附之后,北边诸郡如北地、朔方、五原、云中、定襄、雁门、代、上谷(今甘肃东部、山西陕西北部及内蒙古呼和浩特至包头一带),都布满了南匈奴人及北匈奴的新附之众。此后匈奴人不断内徙。如上文提到的逢侯单于率领的人众,在公元96年(永元八年)有胜兵四千人及弱小万余口还归于汉,汉朝把他们分别安置于北边诸郡。同年,南匈奴右温禺犊王(禺音偶)乌居战因背叛南单于,率众出塞,被权兵追回,汉朝把乌居战及还归之众计二万余人徙居于安定(治临泾,今甘肃镇原县东南)和北地(治富平,今宁夏吴忠市西南)。公元140年(永和五年),南匈奴发生内乱,左部句龙王(句音勾)吾斯及右贤王合兵围攻西河郡的美稷,后又东引乌桓,西收羌、胡,侵掠并、凉、幽、冀四州。汉朝为了避免这些人众的侵扰,乃徙西河治离石(原治平定,今内蒙古鄂尔多斯市东胜区东南;现移治离石,今山西吕梁市离石区),上郡治夏阳(原治肤施,今陕西榆林市东南;现移治夏阳,今陕西韩城市南),朔方治五原(原治临戎,今内蒙古磴口县北;现移治五原,今内蒙古包头市西)。因此,原来分布在西河、上郡、朔方等地的匈奴人更为南下,大多数深入集中到并州中部的汾水流域一带。① 这为他们后来之由畜牧业经济转向农业经济,提供了一个有利的环境。

公元 187 年(中平四年),南匈奴发生内讧。事起于前中山太守张纯反汉,勾结鲜卑进攻边郡,灵帝诏发南匈奴兵配给幽州牧刘虞讨伐,南单于羌渠遂遣左贤王率骑前往幽州,南匈奴中有人惧怕单于发兵不止,公元 188 年,右部醓落与屠各胡②共十余万人起来反抗,攻杀羌渠单于。羌渠子右贤王於扶罗继位。南匈奴人中之杀羌渠者怕於扶罗单于报杀父之仇,乃另拥立须卜骨都侯为单于。於扶罗不服,拟亲至汉京洛阳讼争,请求汉朝中央政府帮助。会灵帝死(中平六年四月),时值黄巾农民大起义,各地封建割据势力乘机并起,中原局面混乱,汉朝中央政府已在迅速瓦解之中,讼争固不可能,求助更是无望。於扶罗乃率领数千骑与当时农民起义军的一支白波军结合,进攻河内(今河南省黄河以北一带)、太原(今山西省南部一带)诸郡县,这对于打击当时各地的封建割据势力和封建制度及支援农民起义军,都是有积极意义的。可是当时各地的封建主早在镇压黄巾农民大起义的过程中,已纷纷结坞壁自保,於扶罗进攻无利,反而大受挫伤,打算退兵返回南庭,而南庭辖区的人民不予接纳。在这进退两难之中,只得暂时把部众留屯在河东郡的平阳县(今山西临汾市)。③

---

① 参阅《后汉书·南匈奴传》。

② 《资治通鉴》(卷 59)胡三省注:建武中,右部薁鞬日逐王比附汉,立为醓落尸逐鞮单于;右部醓落者,即是他及他所属部众的支庶,因分居右部,遂以为种落之号。(本书所引《资治通鉴》,俱用中华书局标点本)又,屠各为匈奴的一支。《晋书·北狄匈奴传》说:北狄部落之人居塞内者,有屠各等十九种。考魏晋时屠各属杂胡之一,故通称屠各胡。

③ 参阅《后汉书·灵帝纪》、《献帝纪》、《南匈奴传》及《三国志·魏书·武帝纪》裴注引《魏书》。

须卜骨都侯立为单于后一年而死，南匈奴人没有再拥立继位的人，“南庭遂虚其位”，以年老的氏族首长权行主持南庭的事务。[①]

於扶罗后来参加了代表豪门世家大族的袁绍、袁术等封建军阀集团与代表中下层地主的曹操集团之间的战争。白波军的首领如杨奉、胡才等投降董卓和汉献帝之后，於扶罗的右贤王去卑，在公元195年（兴平二年）冬又和杨奉、胡才等共同保护献帝自长安东归，拒击董卓部将李傕（音却）、郭汜（音泛）。南匈奴的这些统治者，这时已经和杨奉、胡才等一样，背叛了农民起义军和广大人民的利益，完全站在汉族封建统治阶级一边，并以一个封建军阀的身份，参加中原封建军阀的混战。而且在混战过程中，到处劫掠，汉末著名学者陈留人蔡邕之女蔡文姬，就是这个时候被掠去的。[②]

於扶罗公元195年死，弟呼厨泉继位为单于，仍居平阳，於扶罗子刘豹为左贤王。刘豹据说就是“五胡十六国”中建立“汉”政权的刘渊（字元海）之父。

公元202年（建安七年），曹操使钟繇围攻呼厨泉单于于平阳，呼厨泉归附曹操。曹操觉得呼厨泉的部众蔓延在黄河流域诸郡，势力不断强大，对于曹魏政权的存在和稳定北方的统一，都是莫大的威胁。为了防止匈奴上层贵族的东山再起，消除割据、分裂的隐患，于是从经略中原和争取全中国统一的总方针出发，采取分散政策和限定他们的居住范围，以便控制和削弱他们的力量。

公元216年（建安二十一年），呼厨泉单于率领诸王入朝于魏，曹操遂把他留在邺城（建安十八年曹操为魏王后定都于此，故址在今河北磁县东南三台村），而使右贤王去卑回平阳监督、管理他所统辖的各部落[③]；并听任这些部落散居于并州的西河、太原、雁门、新兴、上郡及属于司隶的

---

① 参阅《后汉书·南匈奴传》。

② 参阅《三国志》卷1《魏书·武帝纪》、卷8《张杨传》、《后汉书》卷9《献帝纪》、卷74《袁绍传上》、卷75《袁术传》、卷84《烈女董祀妻传》。

③ 参阅《三国志》卷1《魏书·武帝纪》、卷15《张既传》及《后汉书》卷89《南匈奴传》。

河东等六郡。[①] 随后曹操又把呼厨泉的部众分为五部:左部一万余落(户),居于太原的故兹氏县(今山西汾阳市东南);右部六千余落,居于祁县(今山西祁县东南);南部三千余落,居于蒲子县(今山西隰县);北部四千余部,居于新兴(今山西忻县);中部六千余落,居于太陵县(今山西文水县东北),共约三万落。每部择立其贵族为帅,另选汉人为司马(官名)对他们实行监督[②]。从此单于虽有虚号,但已没有实际能够控制的地域,自诸王侯以下,都一律下降为如同编户齐民一般;单于之庭虽仍在平阳,五部帅也分驻五部,但是实际上他们的家都居住在晋阳(今山西省太原市西南)、汾水之滨[③];匈奴的部落组织虽然保存,但匈奴统治阶级已不能直接统治他们的部众,统治的实权已转移到曹魏政权及其所派遣的各部司马的手中,因而也就不可能利用他们的部众作为“兴风作浪”的工具了。

曹操还通过他所委派的并州刺史梁习,对并州(东汉时辖境包括今山西大部、内蒙古河套地区、河北一部及陕西北部,治所在晋阳,今山西省太原市西南)的匈奴人,实行了下列有力措施:第一,把匈奴的上层人物吸收到地方政府中担任官职,使他们与部众完全脱离关系。第二,把匈奴的牧民壮丁征调,编为“义从胡”和“勇力吏兵”,分发到各地驻防或打仗,他们的家属则迁移至邺城居住。第三,对其余一般匈奴平民,则鼓励他们参加农业生产。经过这些措施,南匈奴不论上层、下层,都被曹操有效控制。史载从此“单于恭顺,名王稽颡(匈奴诸部王俯首行礼),部曲(所属队伍)服事供职,同于编户(一般平民);边境肃清,百姓布野,勤劝农桑,令行禁止(令之则行,禁之则止)”。原先“胡狄在界张雄跋扈(匈奴人在并州境界之内飞扬跋扈)”的局面扭转了。[④]

---

① 参阅《晋书》卷56《江统传》。

② 参阅《晋书·北狄匈奴传》。又,《传》误以“兹氏”作“泫氏”,“新兴”下衍“县”字。盖据《晋书·地理志上》,新兴郡统九原、定襄、云中、广牧、晋昌五县,无“新兴县”。

③ 参阅《晋书》卷101《刘元海载记》。

④ 参阅《三国志·魏书》卷15《梁习传》。

曹操把呼厨泉单于留在邺城之后，南匈奴的部众与曹魏政府的关系是，在所居郡县接受地方官吏的管理，编入户籍，与汉族人民大体相同，但享受“不输（不缴纳）贡赋”的优待。① 经过梁习实行上述的措施以后，同于编户齐民的匈奴部众，有许多人因与汉人长期杂居，原已懂得了一些农耕，现在加上政府积极推行“勤劝农桑”，鼓励其参加农业生产，那么自然有更多的人从事农业生产。这可以说是南匈奴人正式由畜牧业经济转向农业经济的开始。但是一般的匈奴平民自己并没有土地，因此他们虽“不输贡赋”，但在开始耕种土地的时候，不得不向并州各郡县的汉族官僚、地主租佃土地，因而他们一开始农作，有许多人便成为汉族私家的田客。《晋书》卷九三《外戚王恂传》载：曹魏分给公卿以下的租牛和客户，都各有定额，后来一般平民畏服劳役，多乐于充当这种田客，以致有权有势之家，动辄拥有田客百名以上；又，太原等郡亦有以匈奴人或其他胡人为田客的，其数多者竟至数千。考魏晋的田客（客户），就是后世的佃客或雇农，发展的结果，可以成为农奴，也可以成为奴隶。因此魏晋时期，并州和其他黄河流域一带，贩卖匈奴人和杂胡为奴隶的事，颇为盛行。《三国志·魏书》卷二二《陈群附子泰传》载：陈泰，正始（240—248年）中任并州刺史，加振威将军、使持节、护匈奴中郎将，京都很多贵族官僚寄珍宝、财货托他购买匈奴奴婢（百衲本脱“匈”字，兹据殿本补）。至于其他杂胡之被贩卖为奴隶，可以羯胡石勒之例作证。这在《晋书》卷一〇四《石勒载记》中记载甚为详确。② 这样，南匈奴下层人民与魏、晋政权之间，除了民族矛盾之外，又产生了阶级矛盾，后来匈奴贵族刘渊起兵反晋，正是利用了这些矛盾。

刘渊起事的经过及其所造成的恶果（详见下章）证明，曹操之控制和削弱匈奴上层贵族的力量，是有政治远见和积极意义的。而匈奴一般平

---

① 参阅《晋书·北狄匈奴传》。

② 《晋书·石勒载记上》载：“太安中，并州饥乱，勒与诸小胡亡散，乃自雁门还依宁驱。北泽都尉刘监欲缚卖之，驱匿之，获免。……会建威将军阎粹说并州刺史、东嬴公〔司马〕腾执诸胡于山东卖充军实，腾使将军郭阳、张隆虏群胡诣冀州，两胡一枷。勒时年二十余，亦在其中，数为隆所辱。……既而卖与茌平人师欢为奴。……”

民后来之沦落为魏晋私家的田客,则是在当时封建社会的特定历史条件下的必然结果。因为魏晋政权是一个封建地主政权,因而生活在魏晋政权下的汉族农民,有许多人也逃脱不了与匈奴平民一样的命运。因此在西晋时期,各族人民往往打破民族的界限,联合起来共同反抗各族统治阶级的压迫、剥削,绝不是偶然的。

第 八 章

匈奴的经济

一、匈奴的铁器文化

马克思说："要认识已经灭亡的动物的身体组织，必须研究遗骨的构造；要判别已经灭亡的社会经济形态，研究劳动手段的遗物，有相同的重要性。……劳动手段不仅是人类劳动力发展程度的测量器，而且是劳动所在的社会关系的指示物。"①因此，探讨匈奴人的劳动手段的遗物，对于解剖匈奴的社会经济制度，是一把钥匙。

匈奴在公元前 3 世纪兴起的时候，它所掌握的劳动手段，主要已不是铜器而是铁器。近数十年来国内外的考古发掘，提供了很多关于这方面的实物资料。

在国外的考古资料中，以蒙古国境内各地（当时匈奴人的主要聚居区）发掘出的最古的匈奴方形石墓，和在诺颜山（在今乌兰巴托北 70 英里处，当时属单于庭辖境）发掘出的匈奴古墓的出土物，较为丰富。在最古的属于公元前 7 至前 3 世纪的方形石墓中，发现了铁斧、铁刀和属于公

① 《资本论》卷 1，人民出版社 1958 年中译本，第 194—195 页。

元前 4 世纪末至前 3 世纪初的铁马嚼（即马勒）。从 1954 年在诺颜山第三、八、九号古墓出土的属于公元前 3 至前 2 世纪的铁器中，有三角形铁镞、巨型铁马嚼（嚼的两端有嚼环）、大小铁环（其中有马肚带铁环，附有铁舌）、铁片（有些是马形铁片，并有钉孔）、铁屑。在圆形石墓出土的也是属于公元前 3 至前 2 世纪的，有三角形长柄铁矢，铁刀、剑（断片），铁马嚼及其他铁制品。①

1944—1951 年在苏联布利亚特加盟自治共和国首府乌兰乌德附近，发掘出属于公元前 1 世纪匈奴人所使用的铁器和铸造铁器的模型以及炼铁炉等，还有铁镰和铁铧数件。②

此外，1924 年，苏联考古学家 П.К.科兹洛夫，在诺颜山第六号匈奴古墓中，也发掘出不少属于公元前 1 世纪的铁制马嚼和各种铁钉。③

近二十年来，我国考古工作者在内蒙古各地的匈奴墓中，也先后发现了不少匈奴的铁器。例如：

1979 年，在伊盟（今鄂尔多斯市）准格尔旗西沟畔的匈奴墓中发现了属于战国（前 475—前 221 年）晚期的铁器，计有柳叶形长条铁剑（剑身狭长，断面呈菱形）、铁马嚼、铁镳、铁锥、铁勺。④

1974 年，在准格尔旗玉隆太的匈奴墓中发现了属于战国至汉代（前 206—8 年）的铁鹤咀镐（一端扁刃，另一端呈鹤咀状，中部有圆形銎）、二节直棍式铁马嚼、铁铺首。⑤

1980 年，在东胜县（今鄂尔多斯市东胜区）补洞沟的匈奴墓中发现了属于汉代的环首、长条形铁剑，直背凹刃和弧背凹刃等式的铁刀，扁棱形、三棱形和三棱带翼形等铁镞，二节直棍式铁马嚼（中间有小环相套，两端有大环，为安放马镳之用），铁鼎、铁鍑、铁环、长方形铁带扣和

---

① 参阅策·道尔吉苏荣《北匈奴的坟墓》一文，载乌兰巴托科学委员会 1956 年出版的《科学院学术研究成就》第 1 期。

② 参阅纳·业喜扎木苏《匈奴的起源及其社会制度》一文所引的匈奴考古资料。该文载同上《科学院学术研究成就》第 1 期。

③ 参阅策·道尔吉苏荣《北匈奴》一书（1961 年乌兰巴托出版）第一章“北匈奴的坟墓”。

④ 参见伊克昭盟文物工作站等《西沟畔匈奴墓》一文，《文物》1980 年第 7 期。

⑤ 参见内蒙古博物馆等《内蒙古准格尔旗玉隆太的匈奴墓》一文，《考古》1977 年第 2 期。

铁带饰。①

1969 年,在巴盟(今乌兰察布市)察右后旗赵家房村匈奴墓中发现了属于汉代的铁剑、铁矛和铁刀。②

在我国古书上也有关于匈奴人使用铁器的记载,如《史记·匈奴列传》说匈奴人的兵器,长的有弓矢,短的有刀、铤(音蝉,是一种铁制的形状似矛的兵器)。此外,匈奴人又有宝刀名“径路刀”,且常用剑;公元 116 年汉朝大将邓遵击破北匈奴时,也曾缴获三千把匕首和两千个釜鑊。③

所有这些出土文物和文献资料,都给我们提供了匈奴人自公元前 3 世纪以前已经有了铁器,前 3 世纪以后开始广泛地使用铁器,前 2 世纪以后冶铁业更有了进一步发展的有力证明。

在出土物中,除了铁器之外,还有青铜器。在漠北最古的方形石墓出土的属于公元前 7 至前 3 世纪的有铜斧、铜刀、铜镞、铜马嚼、铜镜和铜制颈饰。1954 年在诺颜山第八、九号古墓中出土的属于公元前 3 至前 2 世纪的,有小铜铃(铃舌是铁制的),三棱铜镞(五个),四棱铜镞(二个),粗制铜勺、铜提梁、铜壶咀及其他铜器残片甚多。精致的铜器,有的是长颈、扁圆形,有的有很高的台座,两侧有花纹,附有提梁;有的是敞口、肩部稍粗,下部尖细。从它外部带有很多锅灰来看,这些铜器可能是当作炊具用的。在第三号墓出土的属于公元前 2 至前 1 世纪的,有白色铜镜二个(一个是一面光滑,一面印制多角花纹,并附有提梁;另一个有“卫”形花纹)。第二十四号墓有四角形、中部有五孔的铜器。第二十六号墓有三耳带把的圆形铜器。

在圆形石墓出土的属于公元前 3 至前 2 世纪的,有三角形铜矢,铜刀、剑(断片),方形钟,铜马嚼,铃形、有三角孔的铜饰品。

此外,1924 年,科兹洛夫在诺颜山匈奴古墓发掘出属于公元前 3 至前 1 世纪的铜鼎和铜炉、铜环、铜帽等物。1928—1929 年,索士诺夫斯基

---

① 参见伊克昭盟文物工作站《伊克昭盟补洞沟匈奴墓清理简报》,《内蒙古文物考古》1981 年创刊号。

② 参见盖山林《内蒙古察右后旗赵家房村发现匈奴墓群》一文,《考古》1977 年第 2 期。

③ 分别参见《汉书》卷 94 下《匈奴传下》、卷 54《苏武传》及《东观汉记》卷 8《邓遵传》。

也在蒙古伊里木谷口匈奴古墓发掘出铜马。据鉴定，这种铜马是属于公元前1世纪。①

在我国内蒙古各地匈奴墓葬的出土物中，也有不少铜器，种类有兵器、工具、马具和服饰等物。如1972年在伊盟（今鄂尔多斯市）杭锦旗桃红巴拉村匈奴墓出土了一批属于战国时期的匈奴文物，主要就是铜器，其中有鹤嘴铜斧，铜锥，铜锤，铜凿，铜刀，铜短剑，铜带扣，铜环，鸟形、兽头形和长方形铜饰，圆管状铜饰，扣形铜饰，铜马嚼，铜马面饰等，此外还有少量的金耳环和骨角器等。② 1974年在准格尔旗玉隆太属于战国至汉代的匈奴墓出土的，主要也是车马饰件等铜器。③ 1979年在巴盟（公巴彦淖尔市）乌拉特中后联合旗呼鲁斯太地区发现属于战国时期的匈奴墓出土的文物，也是以铜器为主，其中有鹤嘴铜斧、铜刀、铜短剑、铜锛、铜镜、十字形铜饰、圆管状铜饰、立鹿形铜饰牌及铜车马器30件。④ 又如1962年在伊盟（今鄂尔多斯市）准格尔旗速机沟村发现的一批属于汉代的匈奴铜器，有立式长角铜鹿，鹤头形、羊头形、狼头形和狻猊形铜饰，屈足马形铜饰及铜铃等。⑤

最后，在诺颜山各匈奴古墓中出土的属于公元前2至前1世纪的文物中，还有弓的骨制附件，骨制筷子，绘有兽类图画的骨器⑥，但为数均属寥寥。这说明铜器、特别是铁器出现后，骨器就逐渐被淘汰了。

从以上漠北各地匈奴古墓出土的属于公元前3世纪以后的铁制兵器（刀、剑、镞）、生产工具（镰、铧）和生活用具（马嚼、铁环、铁片、铁钉）来看，当时匈奴人使用铁器，已不仅深入军事活动的范围，而且遍及社会生产和日常生活的领域了。可见铁器用途的广泛。此其一。再从这些铁器出土的种类和数量来看，特别是铸铁的模型和炼铁炉的发现，可见铁器冶

---

① 参阅策氏《北匈奴的坟墓》一文。

② 参阅田广金《桃红巴拉的匈奴墓》，《考古学报》1976年第1期。

③ 参阅前引《玉隆太的匈奴墓》一文。

④ 参阅塔拉、梁京明《呼鲁斯太匈奴墓》，《文物》1980年第7期。

⑤ 参阅盖山林：《内蒙古自治区准格尔旗速机沟出土的一批铜器》，《文物》1965年第2期。

⑥ 《盐铁论》卷9《论功》篇（郭沫若校订本，科学出版社1957年版）也提到匈奴用“素弧骨镞”。

炼的规模不小,铁矿原料的需要量一定也很大。此其二。复从它能钉孔、模铸以及铁镞有三角形、铁环带舌等来看,形制已很复杂,铸工亦甚精巧,可见当时铁器冶炼和铸造的技术已达到相当的水平,同时必定还有各种适于锤击、扭钳、凿孔和镌刻的工具的存在。此其三。最后,从主要的兵器(刀、剑)和马嚼多用铁制,镰、铧全用铁制,特别是箭镞亦用铁制,以及用具(壶、勺)和饰具多用铜制等情形来看,公元前 3 世纪以后,铁器在匈奴的社会生产力中,实已超过铜器而占据支配的地位。铁之用于铸造箭镞,说明铁在当时已经达到了最普遍最便宜的地步。因为箭镞一经射出,便无法收回。匈奴是"引弓之国",弓矢是匈奴人惯用的武器之一,矢的消耗量特别巨大。冒顿单于时"控弦之士"三十余万,公元前 200 年在平城围攻刘邦时,骑兵竟达四十万①,姑以每人一矢计之,其数已很庞大。故非有充分的原料来源和大规模的制造,不能及时供应和弥补这样巨量的消耗;非达到最低廉的成本,更难于负担这样巨额的损失。此其四。

至于各地出土物中兵器之仍有用铜制,这不足以否定铁器在当时社会生产力中的支配地位。因为:第一,许多铜制兵器(铜刀剑、铜镞),可能是前期生产的遗留。因为铁制兵器的出现,并不能使铜制兵器立时绝迹。根据进步工具驱逐落后工具的历史原理,其间需要一个逐渐淘汰的过程。第二,在日用器物上,铁器并不完全排斥铜器。日用铜器多,正说明铜器已逐渐从生产领域和军事领域退出(让位于铁器),而主要转向日常生活领域中去了。第三,再从诺颜山和内蒙古的铜器的制造技术来看,如果没有铁制的锐利的工具,恐怕也达不到这样高的技术水平,因而当时铜器的继续发展,也是建立在铁器工具的技术基础之上的。

依据历史的原理,每一种文化,从其发生到高度发展,其间必须经过一个长期的演变过程,绝不可能突然而生,一蹴而践于高度发展的水平。从属于公元前 7 至前 3 世纪的最古的方形石墓已经出土了铁器,特别是出土了公元前 4 世纪末前 3 世纪初的铁马嚼,及从属于公元前 3 至前 1

① 参阅《史记·匈奴列传》。

世纪的诺颜山和乌兰乌德的铁器已经达到的水平来看，匈奴人在嬴秦以前，很早——我以为可能在战国初期，即公元前 5 世纪末至前 4 世纪初，便已开始使用铁器。但是匈奴人广泛地使用铁器则是在公元前 3 世纪前后，至公元前 2 世纪则更为发展。因此我认为：从公元前 3 世纪前后，匈奴人便进入了铁器文化时代，在此以前则是属于青铜器文化时代。

正是因为在战国初期，匈奴人业已掌握了铁器文化，因使社会生产力获得了强有力的推动力，并使个人的生产和私人的占有疾速地发展起来，从而强烈地破坏了原始氏族社会的生产关系，使之转入阶级的社会，并为它的强盛提供了物质的前提。当时他们用铁刀、铁剑、铁镞和铁马嚼武装起自己的骑兵，然后跃马弯弓，“驱驰于楼烦之下”①，随后又侵扰赵国的边境，以致“边不得田、畜”②。即以秦代之强，也不得不建筑“万里长城”以资防御。及至汉初，匈奴益加强大，成为汉朝北方一个严重的威胁力量。

二、畜牧业、狩猎业和农业

铁器文化使匈奴社会的生产力跃进到一个崭新的历史阶段，不仅畜牧业大为繁盛，而且推动了农业和手工业的发展。

这里先说畜牧业。

匈奴人的经济，以畜牧业为主。他们为了追逐水草，经常四处迁徙，过着游牧的生活。

由于匈奴人主要从事畜牧业，故畜群是他们的主要财富，是他们的生活资料，也是他们的生产资料，畜群以马牛羊为最多。他们的饮食、衣着及其他许多日用品也多仰给于牲畜。史书记载他们“食畜肉，衣皮革，被

① 刘向《说苑》卷 1 载：燕昭王元年（前 312 年），昭王问政于郭隗曰：“寡人地狭人寡，齐人削取八城，匈奴驱驰于楼烦之下，以孤之不肖，得承宗庙，恐危社稷，存之有道乎？”1937 年商务印书馆发行《四部丛刊》本。

② 《史记》卷 81《廉颇蔺相列传附李牧列传》。

毡裘”。匈奴人还吃牲畜乳制的乳浆和干酪。这种乳浆和干酪，匈奴人称之为“湩酪”（音肿涝）[①]和“爧蠡”（音觅黎）[②]。其他如穹庐（即毡制帐幕）、船只、铠甲，也有用皮革制造的（详后）。

从漠北匈奴墓葬中普遍发现大量牲畜（马牛羊）骨骼证明，匈奴人的确是食畜肉的。所食不仅是家畜，而且从墓内还有鹿、野驴、鸟类等骨骼分析[③]，同时也食野生动物，这正是匈奴人不仅从事畜牧而且也从事狩猎的实物证明。

马的种类很多。公元前200年冒顿单于以四十万骑兵围刘邦于平城（今山西大同市东）之时，曾以马的颜色分类编队，西方尽是白马，东方尽是青龙马，北方尽是乌骊（音丽，黑色）马，南方尽是骍（音辛，赤黄色）马。此外还有许多奇畜，如橐驼（橐音托）、驴羸（音吕骡）、駃騠（音决提）、騊駼（音桃徒）、驒騱（音颠兮）等。[④]

马的用途很广。不论在经济上还是军事上，马都是匈奴人的交通和战阵的主要工具，不仅用来骑乘、驾驭、驮运，同时也用于战斗。匈奴人从小就熟习骑射，长大后则编为骑兵。他们适应塞北的地理环境和游牧的生活方式，日常“人不弛弓（不松弓弦），马不解勒”[⑤]。骑马射箭是他们的特长。西汉初期的晁错，曾经描写过他们的这种特长：匈奴人的技艺与中原不一样，上下山坡，出入溪涧，中原的马不及他们；在险道倾斜之处一边飞驰、一边射箭，中原的骑兵也不及他们，这是匈奴人所擅长的技艺。[⑥]

畜群（马牛羊）的生产十分繁盛。史载：公元前127年，汉将卫青出击匈奴，在“河南地”（今内蒙古河套以南一带）捕获其牛、羊百余万头[⑦]；前124年，卫青出朔方高阙（今内蒙古巴彦淖尔市临河区西北石兰计山

---

① 参见《史记·匈奴列传》。

② 参见《汉书》卷87《杨雄传下》《长杨赋》。

③ 参阅策氏《北匈奴》第一章“北匈奴的坟墓”。

④ 参阅《史记·匈奴列传》。

⑤ 《淮南子》卷1《原道训》。

⑥ 参阅《汉书》卷49《晁错传》，商务印书馆《四部丛刊》本。

⑦ 参阅《史记·匈奴列传》。

口）击右贤王，获其牲畜数千百万[①]；前71年，汉与乌孙联兵出击匈奴，校尉常惠等共获其马、牛、羊、驴骡、橐驼七十余万头[②]；公元89年，汉将窦宪大破北单于于私渠比鞮海（今蒙古国乌布苏泊；鞮音低），获其马、牛、羊、橐驼百余万头[③]；公元134年，车师后部司马击北匈奴于阊吾陆谷（在今新疆博格多山；阊音昌），获其牛、羊十余万头。[④] 以上仅就一个地区、一次战役而言，而且又仅是被获之数，然而每次已多至百万或近百万，少者亦十余万，可见当时匈奴的畜牧业之发达。再从匈奴的丁灵王卫律有“马畜弥山”（即满山）[⑤]的情况来看，匈奴贵族个人所有的畜群也不少。

但是，匈奴人的游牧经济是极不稳定的。因为畜群的饲养和繁殖，需要丰盛的水草和适宜的气候，因而受到自然条件的约束和限制特别大；在当时生产力较低的情况下，抗拒自然灾害的能力却特别小，一遇风灾雨雪、严寒旱疫，牲畜便大量死亡，生产受到破坏，社会经济即趋萎缩，人民饥饿困毙，部族也濒于绝境。例如公元前104年冬、前89年、前71年冬、前68年及46年前后，都发生过这样的情况。[⑥] 这种经济上的不稳定性，反映在政治上便是政权容易忽强忽弱、骤兴骤衰。

又因为，追逐水草的过程，在很大程度上只是利用自然而不是改造自然的过程，故对于自然条件的改造，进展特别缓慢。加以往来追逐水草，住居不能长期固定（虽然只是相对的移动），这在一定程度上，也有碍于生产经验的积累、生产技术的改进和文化的迅速提高。

其次说狩猎业。

在匈奴人的经济生活中，狩猎原占有很重要的地位。《史记・匈奴列传》载，匈奴人在儿童时能骑羊，就开始引弓射鸟、鼠，稍稍长大则射

---

① 参阅《史记・卫将军骠骑列传》。
② 参阅《汉书・匈奴传上》。
③ 参阅《后汉书》卷23《窦宪传》。
④ 参阅《后汉书・西域传》。
⑤ 参阅《汉书》卷54《苏建传附苏武》。
⑥ 以上参阅《史记・匈奴列传》《汉书・匈奴传》及《后汉书・南匈奴传》。

狐、兔，把猎获物充作食物。又说他们的习俗是，平时赶着畜群，以射猎禽兽为生。事实上，头曼单于(曼音瞒)、冒顿单于和且鞮侯单于(且音沮，鞮音低)都常常率领他们的部众出外打猎，且鞮侯之弟於靬王(靬音犍)也不时弋射于北海(今贝加尔湖)。公元前43年，原已入居塞内的呼韩邪单于打算北归漠北，其原因之一，便是"塞下禽兽尽，射猎无所得"[①]。可见西汉时期，即公元前3世纪末以后，狩猎在匈奴人的经济生活中，还没有完全丧失它的意义。但这时由于畜牧业的发达，猎获物已经不是匈奴人的主要生活资料，而仅仅是一种次要的补充食品。故狩猎业也降到不甚重要的地位，有时且变为士兵休息和练习骑射的手段。[②] 在另外一些场合，出猎与出征是结合进行的，在狩猎进行中，随时可以把它转变为对敌战斗。[③]

再次说农业。

考古资料证明匈奴人很早就已有了农业。在属于公元前3世纪以前的匈奴方形古墓中就发现了与农业有关的石臼。[④] 属于公元前2至1世纪的诺颜山第二十三号匈奴墓还发现了农作物的种子。[⑤] 此外，很多匈奴墓中都发现了不少谷物、农具及与农业有关的大型陶器。[⑥] 匈奴人通常把谷物装在大型陶器里，故这类大型陶器出土时，往往还盛着谷物(如诺颜山第十二、二十三、二十五号各墓)[⑦]。

在文献资料中也有不少关于匈奴人的农业的记载。如《史记·卫将军骠骑列传》载：武帝元狩四年(前119年)，卫青出击匈奴，至窴颜山(约为今蒙古国杭爱山南面支脉；窴音田)赵信城(在窴颜山附近)获得匈奴储存的大量粟米。《汉书·匈奴传上》载：武帝后元元年(前88年)秋，匈

---

① 以上分别参阅《史记·匈奴列传》及《汉书·苏建传附苏武》《匈奴传下》。

② 参阅《史记·匈奴列传》载公元前110年乌维单于"休养士马、习射猎"一节。

③ 参阅《史记·匈奴列传》载公元前78年、前68年及前60年匈奴将数万骑兵在边塞南面狩猎、同时进攻塞外亭障各节，及《后汉书·南匈奴传》载公元85年南单于至涿邪山狩猎，与北匈奴温禺犊王(禺音偶)发生遭遇战一节。

④ 参阅策氏《北匈奴的坟墓》一文。

⑤ 参阅策氏《北匈奴的坟墓》一文。

⑥ 参阅策氏《北匈奴的坟墓》一文。

⑦ 参阅策氏《北匈奴》第一章《北匈奴的坟墓》。

奴地区因为连续下雨雪数月,“谷稼不熟”。同书《西域传下》载:昭帝时,乌孙公主上书,说匈奴派骑兵至车师(今新疆吐鲁番一带)种田。又载:宣帝即位时,曾遣五将率兵出击车师,在车师种田的四千匈奴骑兵被吓跑了。可见匈奴人的确是很早就已经有了农业,而且随着铁器农具(如上面提到的铁镰、铁铧)的使用,农业不断向前发展,所以自公元前2世纪以后,匈奴人的谷仓里已存有大批的余粮。《汉书·匈奴传上》载:昭帝始元四年(前83年),卫律为单于计谋,打算筑城、建楼以储存谷物,准备利用汉人,坚守漠北,与汉朝作长期的抵抗。从而可以推断,农业在匈奴的社会经济中也占有一定的地位。不过,从镰、铧(这是汉人惯用的农具)的出土和建楼存谷之使用汉人来看,匈奴人的农业受到了汉族很大的影响,农业技术就是从汉人那里传入,而从事农业生产的劳动者,大多也是汉人。

文献资料表明,匈奴人从公元前3世纪兴起,至公元1世纪衰落,一直是过着游牧生活,并没有定居;间有农作,也是在游牧的过程中进行的。但据苏、蒙学者的考古报道,截至1960年为止,在贝加尔湖附近,在叶尼塞河、色楞格河、图瓦河、鄂尔浑河和克鲁伦河流域等地区,业已发现了十多处匈奴城镇遗址,其中五处(苏联一处、蒙古国四处)并已进行部分的发掘。① 苏联布里亚特自治加盟共和国首府乌兰乌德的伊沃勒加镇,据说是匈奴的一个大型的设防城堡。在这个城堡内,不仅有驻防的军队,而且据说还有从事农业的定居居民。堡内有小型的平民房屋,也有大型的贵族房屋。大型房屋有炉灶和热炕等取暖设备。小型房屋每户各有墙壁,道尔吉苏荣认为这是一个人家、一个人家的个体家庭的匈奴人的住户的证明。出土的陶器甚多,吉谢列夫认为这是典型的匈奴陶器。出土物中还有纺轮,农耕用的犁铧,铜杯、铜锅,铁刀、铁片、铁钉,炼铜和炼铁时

① 有关匈奴城镇遗址的考古报道,可参阅:(a)和·普尔赉《匈奴三城的遗址》一书,乌兰巴托科学委员会1957年出版,原文为新蒙文;(b)策·道尔吉苏荣《北匈奴》一书第二章“北匈奴的村镇”;(c)C.B.吉谢列夫《蒙古的古代城市》,《史学译丛》1957年第6期;(d)C.B.吉谢列夫通讯院士在北京所作的学术报告《南西伯利亚和外贝加尔湖地区古代城市生活的新资料》,《考古》1960年第2期;(e)H.赛尔奥德扎布《蒙古人民共和国的考古遗存简述》,《考古》1961年第3期。

扔弃的铜渣、铜块和铁渣,骨镞和装饰品等物。吉谢列夫认为这个犁铧是汉代的农具。道尔吉苏荣根据铜渣和铁渣,认为这是匈奴人已有炼铜业和炼铁业的证明,并推断当时必定还有专门从事炼铁的工人和能产生足使生铁熔化的高温炉子。苏、蒙学者从这个城镇周围筑有围墙,挖有三道壕沟,认定这是匈奴人的一个大型的设防城堡;又从这个城堡以北再没有发现其他的匈奴城镇或墓葬,认定这是匈奴人最北的一个城镇。这个城镇被断定为属于公元前 2 世纪至后 1 世纪的。

公元前 2 世纪前后,匈奴人懂得筑城和农耕,这在上文已经提及。此外《汉书 · 匈奴传上》还载:武帝征和(前 92—前 89 年)年间,汉军乘胜追击匈奴军队至范夫人城。颜师古注引张晏曰:"范氏能为胡诅者。"上文所说匈奴在漠北建筑的赵信城及卫律计谋建筑的城,都与储藏农作物(粮食)有关;而居住在范夫人城的那个范夫人则是胡巫。至于这些城的性质和主要用途如何,国内学者尚少研究。如今苏、蒙学者在漠北挖出了好几处匈奴城镇遗址,并论证了匈奴人的定居生活,而且还说定居在城内的匈奴人从事农耕(即定居农耕),这可以说是匈奴考古的新发现中提出来的新问题或过去未曾深入研究的问题。

关于乌兰乌德伊沃勒加镇的匈奴城堡遗址,因为没有机会进行实地勘察,出土物也未经目睹,不敢妄断。但初步与汉文文献资料互勘,有一点不能无疑,即根据史书的记载,匈奴在边境与外族交界之处,通常都有"瓯脱"(即作为与相邻的部落或部族之间的"中立地带"或"中间地带"的边界地区;瓯音欧)。当时与东边的东胡族之间有瓯脱,与南边汉族之间也有瓯脱。瓯脱驻有边防部队担任巡逻和守卫,由瓯脱王负责统帅;遇到紧急情况时,匈奴统治者还立即调动大批的游牧民前往瓯脱去充实边境①,而这些到达瓯脱后的游牧民及在瓯脱担任巡逻和守卫的边防部队都不是定居和从事农耕的。虽然匈奴的游牧民在瓯脱实边时可以从事农耕,但定居农耕却是新闻。因此伊沃勒加镇城堡的遗址,很值得认真地加以研究。

---

① 参阅下文第九章"匈奴的种族和语言"(4)释"瓯脱"一词。

三、手　工　业

铁器文化所提供的生产力，使手工业也发展起来。手工业中最重要的当推冶铁业。从出土的匈奴文物可以看出，匈奴人对于铁器的制造和使用，从公元前3世纪前后开始，已经逐渐广泛地深入到生产（如铁镰、铁铧）、生活（如铁马嚼）和军事（如铁镞、铁刀、铁剑）活动的各个领域了。铁工具的出现，是匈奴手工业生产得以发展的技术基础，大量兵器的制造，也是以铁工具为前提。从铁器能自行冶炼（有炼铁炉出土可证）及出产铁器的种类和数量各方面推断，当时匈奴人的冶铁业可能已经成为一个独立的手工业部门。再从许多刀剑的形式酷似汉式的情形来看，不仅反映匈奴人的铁器文化受到汉族文化的很大影响，而且可以推断当时的铁匠大多也是来自中原的汉族匠人。

铸铜业这个手工业部门，从诺颜山、内蒙古及其他地区出土了大批的铜镞、铜刀、铜剑、铜斧、铜马嚼、铜炉、铜炊具、铜勺、铜壶、铜鼎、铜钟、铜铃、铜镜、铜环、铜帽、铜马和铜鹿等，可以看出它的生产规模和制作技术；特别是铜镞的大量生产和日用器具、饰具几乎全是铜制，说明铸铜业早已成为一个独立的手工业部门。后来出现冶铁业，因此，主要的兵器（如剑）和重要的工具（如刀）、用具（如马嚼）便逐渐被铁器所代替，而铸铜业则转向主要制造日常生活用具（如铜壶、铜勺、铜炊具、铜钟、铜镜）和饰具（如铜铃、铜马、铜鹿）去了。

金银铸造业也已成为一个独立的手工业部门。1972 年在内蒙古伊盟（今鄂尔多斯市）杭锦旗的阿鲁柴登、属于战国时期的匈奴墓中，发现了大批的金银器（金器 218 件，重 4000 余克；银器 5 件）。如鹰形黄金冠，黄金冠带，虎牛争斗图案的长方形黄金饰牌，镶有宝石的黄金饰牌，用薄金片压成的虎形、鸟形、羊形、刺猬形、兽头形、火炬形饰片，金锁链，金项圈，金耳坠等；银器有用白银铸成的虎头饰件，用银片压成的饰牌等。①

1979 年在准格尔旗的西沟畔、属于战国晚期的、编号为 79 · 西 · Ml、M2、M3 的匈奴墓中,也发现不少金银器。如金项圈,用金丝制成的耳坠,用金片叠压而成的金指套,卧鹿纹、卧马纹、双马纹、双兽纹、卧状怪兽纹、双兽咬斗纹、三兽咬斗纹金饰片等;银器有各种饰件。②

此外,在同上西沟畔,属于西汉初期、编号为 79 · 西 · M4 的匈奴墓中,还发现有造型复杂的黄金头饰,其中云纹金饰就有 78 件,均为用薄金片锤鍱而成,上有云卷纹图案,在饰片两端或中部有小针孔,以便于缝缀在衣物之上。还有圆形梅花状金片,镶金边蚌饰、镶金玉珮,用金片焊接而成的方形金串饰,等等。③

在漠北的匈奴墓葬中,也普遍发现金首饰(在石椁墓)、金耳环、银耳环(普通墓)、两端有孔的圆形饰件、包金角针、金马(诺颜山"巴洛勒德"墓及第一号墓)、金制兽像、银制饰件(第六号墓)、金管(第二十三号墓)、小型金饰件(第二十四号墓)、银片、带花纹银饰、镀金铜马(第四十号墓)、针形金饰(积石积沙墓)。而金片和金箔更是差不多各墓都有。④

从金银器出土数量和种类之多,形制之复杂,设计之精巧,可见金银器制造之广泛。再从能包金、镀金、压片、锤鍱、凿孔、抽丝、焊接等技术观之,其工艺水平已属不低,如果没有专门从事此项手工业的工匠和部门,很难达到这样的工艺境界。且出土的金银几乎全是饰物和玩物(或用作明器),可见并非普通牧民而大多是贵族享用之物,因而这种手工业更易为统治者所重视和提倡,或者官方就有专门设置的金银作坊。

另一个手工业部门是陶器制造业。诺颜山等地的匈奴墓葬出土了大批体积不等、形状和色泽不一的陶器,但都是没有骨胎的。根据民族学的提示,最原始的陶器是有骨胎的,即是说,人类最初制作陶器,是在用树皮

---

① 参阅田广金、郭素新:《内蒙古阿鲁柴登发现的匈奴遗物》,《考古》1980 年第 4 期。

② 参阅伊克昭盟文物工作站等《西沟畔匈奴墓》,《文物》1980 年第 7 期。

③ 参阅伊克昭盟文物站等《西沟畔汉代匈奴墓地调查记》,《内蒙古文物考古》1981 年创刊号。

④ 参阅策氏《北匈奴》第一章"北匈奴的坟墓"。

编的容器上，涂以黏土，再加烘烧而成。现时出土的匈奴陶器全没有骨胎，当不是匈奴人最原始的陶器。且就出土的属于公元前3世纪以后的陶器来看，不仅种类和产量甚多，而且形制和花纹也甚复杂，质地和款式都很精致，在制作方法上正由手制提高到轮制，在制作技术上也达到了一定的水平，可见必有长期积累经验的专门埴土烘烧的陶工从事这种工艺。因此可以认定，在公元前3世纪以后，匈奴的陶器制造业，有可能成为一个独立的手工业部门。①

匈奴人有陶器，在文献上也有记录。《汉书》卷五四《苏武传》载：且鞮侯单于之弟於靬王弋射北海时，曾赠给苏武马畜、穹庐和服匿。服匿就是陶缶（音否）。这种陶缶，其形如罂（音英），小口，大腹，方底，是用来装酒和乳浆的。据说这类陶缶后来流传到南齐。《南齐书》卷三九《陆澄传》载：竟陵王萧子良得一古器，小口、方腹而底平，容量可达七八升，子良拿去问陆澄，澄答曰：此物名服匿，就是当年单于弟赠给苏武那类之物；子良后详观器底，有字，仿佛可以认识，如陆澄所说的那样。

木器制造业也是一个独立的手工业部门。在这个部门中，制作弓矢是主要的一个部分。匈奴是"引弓"之国，弓矢是匈奴人的主要武器之一，且匈奴对外战争频繁，弓矢的消耗量特别大（这从出土的箭镞之多，可以证明）。但弓弧和箭杆是用木料制成的，故弓矢的制造，必须选择富产木材的地区，才能保证原料的供给。且弓矢是军需用品，供应紧急，不能短缺，其制造又要求有一定的技艺和经验，符合一定的规格，方足以发挥它的战斗性能，故非有专门的工匠从事此项工作，实不足以满足需求。此外，匈奴人制造穹庐、车辆、木楯和棺椁，也都需要木材。西汉时期，今内蒙古大青山（属古阴山的一段）和甘肃河西走廊一带，都是匈奴人的木器制造业重要基地。《汉书·匈奴传下》载：郎中侯应上元帝书，说到阴山草木茂盛，冒顿单于在那里"治作弓矢"（即制造弓箭）。又载：匈奴辖区有一块错入（即插入）汉界的地方，对着汉张掖郡（今甘肃张掖市一

① 现时在内蒙古各地发现的匈奴墓出土的陶器，数量尚少，且多有破碎，故此处不予论述。

带),生产奇特的木材和鹫羽,能造箭杆,汉朝尚书王根派使者向单于索求此地,单于回答说:匈奴西边诸王制造穹庐及车辆所需的物资都由该地取给;且系先父遗留之地,不敢丧失。可见当时木器制造业的工场是存在的,而且木器业已成为一个独立的手工业部门,也是无疑的。

制造车辆也是木器业的一个部分。匈奴人已懂得造车,并已广泛应用车辆作为军事运输和日常交通的工具,这在文献中有明确记载。《盐铁论》卷六《散不足》篇说:“胡车(匈奴车)相随而鸣。”《汉书》卷八七《杨雄传》下载《长杨赋》说:“砰轒辒(音奔温),破穹庐。”轒辒就是匈奴车。上述匈奴错入张掖郡的地区,就是专门制造车辆的工场之一。公元 109 年,汉兵在常山、中山(今冀北一带)击败南单于,获其穹庐及车千余辆。[①]公元 134 年,汉兵在西域车师附近的阊吾陆谷掩击北匈奴,也获其车千余辆。[②] 可见南匈奴和北匈奴俱能造车,而且一次作战被获的车辆动以千计,则其造车工业的规模,亦可想见了。

木器业的另一个部分是制造穹庐的木架。匈奴人以穹庐为家室,故制造弯庐的木架的手工业一定很普遍。其他如制造木循(木荐)[③]之类的军事用具,马鞍之类的日常用具和棺椁[④]之类的送死之具,都是属于木器业的范围,不必深论。

由于匈奴人“食畜肉,衣皮革,被旃裘”,居住的穹庐又以毡席为墙,因而他们的毛织业和皮革业也一定很普遍。所以《淮南子》卷一《原道训》说“匈奴出秽裘”;《后汉书》卷八〇《文苑杜笃传》说匈奴有“罽帐”(罽音记,毛织品)。又据《南匈奴传》载:建武二十八年(52 年),北匈奴遣使者至汉京城洛阳贡马及裘。裘能作贡品,必为精工细作的珍贵物可知,从而匈奴人的毛皮加工和制裘的技艺必具有相当的水平,也不难想见。此外,匈奴人懂得以皮革造铠甲,名曰“革笥”(见上引“木荐”注);

① 参阅《后汉书》卷 19《耿弇传耿夔》。

② 参阅《后汉书》卷 88《西域传》。

③ 《汉书》卷 49《晁错传》提到匈奴有木荐和革笥(音伺)。木荐即木板制的楯牌,革笥即皮革制的铠甲。

④ 《史记·匈奴列传》说匈奴人送死有棺椁,漠北匈奴墓葬中也有很多是木棺墓和木椁墓。

以马皮造船，名曰“马革舩”（舩即“船”字）[1]。可见匈奴人对于制造皮革的技术（如使之坚韧，能御刀箭，能耐水湿），也已掌握。最后，匈奴人还懂得筑城、架桥、凿井、挖沟（堑）等建筑技术。[2] 但以上各种行业，未必都一一形成独立的手工业部门。

四、对国内外各族的商业交换

由于匈奴人主要依靠畜牧业为生，农业尚未居于支配的地位，手工业虽已有了一定程度的发展，但还没有发展到在生产上和生活上都足以自给的程度。因此迫切需要把它的牲畜和皮毛与汉族的农产品和手工业品进行交换，以解决生产上和生活上的需求（上层贵族还需要奢侈品）。故匈奴人十分重视与汉人互通“关市”。西汉文帝时，贾谊就说过：关市是匈奴人所迫切需求的，如果派遣使者与他们和亲，允许他们通关市，那么匈奴人都愿投聚到长城之下。[3] 事实上，自景帝至武帝初，匈奴人不断与汉人互通关市。关市吸引着匈奴的贵族和广大牧民，故史载“匈奴自单于以下皆亲汉，往来长城下”。后来汉匈之间虽然发生了战争，但匈奴仍不愿放弃关市。《史记・匈奴列传》载，自武帝元光二年（前 133 年）发生战争以后，匈奴虽断绝和亲，进攻边塞，但仍然愿意通关市，爱好汉族地区的产品。通过这些关市，汉匈之间长期发生了频繁而大宗的交换。

从匈奴墓葬出土的大批汉族文物证明，匈奴与汉族的交换是频繁的，而交换的种类和数量也是很多的，其中包括有铁器、铜器、陶器、木器、漆器、石器、工具、马具、黄金、服饰及丝织品等，也就是包括了生产上、战斗上和生活上的用品。[4]

---

① 参见《后汉书・南匈奴传》。

② 参阅《史记・匈奴列传》及《汉书・匈奴传上》、卷 70《陈汤传》。

③ 参阅《新书》卷 4《匈奴篇》。

④ 参阅策氏《北匈奴》第一章“北匈奴的坟墓”。

匈奴人除了从汉族地区输入铜铁器之外，为了自己制造铜铁质的兵器和用具，还必须从汉族地区输入铜铁矿原料，故贾谊针对此点，曾向文帝提出用控制铜（铁）出塞来挟制匈奴的计策。[①] 可见匈奴人需要铜铁的迫切程度。

匈奴人除了和汉族进行交换以外，还可能和乌桓族进行交换。《汉书·匈奴传下》载：王莽时，护乌桓使者（官名）告知乌桓人不要再向匈奴缴纳皮布税；匈奴统治者按旧例遣使者仍向乌桓人索取税物，并准许匈奴人民妇女欲往"贾贩"（做买卖）的，都可随同前往。据此，似乎匈奴人除了向乌桓勒收赋税之外，还和乌桓人发生交换（贾贩）关系。

匈奴与羌族也经常发生商业交换。《后汉书》卷三一《孔奋传》载：建武十二年（36 年），其时中原动乱，唯河西地区比较安定，而姑臧（今甘肃武威市）是个富邑，与羌族和匈奴互相买卖货物，每天交易四次，因此当地县官任职不满数月，往往就能弄到大量的财富。可见后汉初，姑臧一地，匈奴和羌、汉两族的商业交换十分繁盛。匈奴与羌族交换些什么？贩卖奴隶必是其中的一项。《后汉书·南匈奴传》载：安帝永初四年（101 年），南单于把他所抄掠得来的及羌族抄掠而转卖入匈奴的汉人男女共万余人归还给汉朝。可见羌族常有把抄掠得来的汉人转卖给匈奴为奴隶的事，而且贩卖的数量不会太少，否则南单于何能一次归还竟达万余之数？此数虽为和他所抄掠的人口合算，那么即以半数计之，也当在五千以上了。

匈奴还可能和西域各族发生交换，并通过西域，间接和希腊人及其他西方各族人民发生交换。诺颜山第六号匈奴墓葬就出土了很多希腊人制造的丝织品。同一墓内还出土了三幅足以反映匈奴对西方各族的交换关系及其与西方的文化交流的刺绣画。

第一、第二幅：大小相同，都是钉在外椁的壁上。一幅绣着一株类似椰子树的树木，树旁有一只带翅膀的虎形动物，正伸着脖子翘着尾巴向前奔驰。另一幅绣着一簇花木，花木上端有一只鸟在飞翔，鸟的左爪持盾，

① 参阅《新书》卷 3《铜布篇》。

右爪持叉，口中还衔着一条蛇。以上刺绣，是用白色丝线为主的各色丝线，绣在深棕色的毛织品上的。

第三幅：在上述两幅刺绣品旁边，还有一幅用红、黄、白、绿、棕等色丝线绣在棕色毛织品上的刺绣画。可惜左、右、上方都已残缺，画面形象不大完整。画中绣着一个骑白马的人，马竖着耳朵、伸着脖子向左看，骑马的人则向前看。那个人头戴有护耳的帽子，身穿用皮子镶边的绣花长外衣，脚穿一双鞋面上有横线的软底皮鞋。马缰和马衔都很清楚，只是马衔上的铁环已看不出来。马的前胸有带花纹的圆钉，那是马身上的装饰品。在这骑白马的人的左边有一个人（头部已残缺），再左边还有一个人眼睛向前看。右边则是一匹扬着头、一匹低着头的黑色马。此外还有一匹马正用白眼珠警惕地盯着那匹白马注视的方向。这幅刺绣说明，那时的工艺已经很精巧了。

苏联考古学家勃劳乌卡认为：上述第一、二、三各幅刺绣画中的人物和景象，与黑海北岸出土的斯基泰人的金银器皿上及陶器上的人物和景象完全一样。这说明斯基泰人和属于斯基泰的萨尔马特人，已经把希腊式的和巴克特利亚[①]式的工艺品，经由中央亚细亚传到匈奴去了。

还有，诺颜山第十二号匈奴墓葬也出土了较多的丝织品，其中有两幅刺绣画也很能反映匈奴与西方的交换关系和文化交流。

一幅可名之为“山云刺绣”。这幅画绣着小山和白云，长 1.92 米，宽 0.38 米，原来是用红、黄、棕等色丝线绣在棕色的缎子上的，现因褪色，缎子已变成深灰色了。画面上两旁是两座小山，当中还有一座矮山。当中的矮山上有一株枝叶茂密的大树，两旁的小山上各有一只羽毛丰满的飞鸟，都是头向外、尾对树。三座小山旁边各有三朵白云。这种山云刺绣的画面据说可能是一幅挨着一幅的，但因那幅刺绣两边都已残缺，无法看到。勃劳乌卡认为这幅刺绣画是希腊式的。

另一幅可名之为“腾龙刺绣”。这幅画绣的是一条龙，也是绣在缎子

---

① 巴克特利亚为中央亚细亚的古国，即我国史书上的“大夏”，其地在兴都库什山与阿姆河上游之间（今阿富汗北部）。

上面。那条龙扬着尾巴,一边伸着头向后看,一边向前飞腾。这条龙虽然也是四只爪,但龙身却与画成蛇形的中原地区习见的龙不一样,而且也不类其他动物,画面颇为奇特。龙的双肩上还画着一对短翅,因为小得和龙身不相称,故也不是飞龙。龙的周围是角形图案。画的四周还绣有三角形、圆形和角形图案。道尔吉苏荣说,这种画面和结构,令人想起现时在哈萨克人中使用的毡毯上的图案画①。

匈奴人的足迹,最西可能达到什么地方?根据《汉书》卷九六《西域传上》的记载:"自乌孙(驻牧地在今伊犁河上游流域)以西至安息(即西史所称的帕提亚王国,在今里海东南),近匈奴,匈奴尝困月氏,故匈奴使持单于一信到国(匈奴使者持单于书信到各国或各地),国传送食(各国或各地立即送食物招待),不敢留苦(不敢留难)。"可见匈奴当时已经和中亚各国或各地发生了政治上的交往,远达今里海之滨。那么在政治交往的基础上,同时发生商业上的交换或财物上的勒索,那都是很自然之事。因而上述匈奴墓葬中出土绣有西域和中亚各族图案的丝织品,就不显得突然。

① 以上五幅刺绣画俱见策氏《北匈奴》第一章"北匈奴的坟墓"。

第九章

匈奴的种族和语言

匈奴的种族,也是国内外学者争论较多的问题之一。经过近二百多年的讨论,匈奴究属突厥种抑属蒙古种,两说仍相持不下。要解决这个问题,有必要借助于考古学、人种学和民俗学等新兴学科。

根据考古发掘,漠北的诺颜山第二十五号匈奴墓葬出土了一幅匈奴人像刺绣画。① 画中人头发浓密、梳向后方,前额宽广,眼睛巨大,上唇有浓密的胡须,面孔严肃,显得很威严。蒙古考古学家策·道尔吉苏荣认为这个画中人就是墓主,是个匈奴人。由于蒙古人没有胡须,故一般学者认为这个绣像的主人不会属于蒙古种。值得注意的是,这个人像的眼珠虽绣成黑色,但瞳孔却用蓝线绣成。这就为解决匈奴人属于突厥种的问题,提供了有力的实物证据。因为突厥人的容貌特征之一就是蓝眼多须,而这个匈奴墓中出土的匈奴人绣像,正是蓝眼珠和有浓密的胡须。还有,这个绣像面孔严肃,显得很威严,这与《汉书》卷六八《金日磾传》所说"日磾长八尺二寸,容貌甚严(严肃、威严)",完全一致。金日磾是匈奴人,《传》载:"金日磾字翁叔,本匈奴休屠王太子也。"

---

① 参阅策·道尔吉苏荣《北匈奴》一书(乌兰巴托1961年版)第一章"北匈奴的坟墓"。又,诺颜山第五号匈奴墓葬还出土了一个完整的匈奴人头骨。这是从人种学上研究匈奴种族的难得、可贵的实物资料。但据说这个人头骨在讨论过程中,由于保管不周,在蒙古中央博物馆被弄碎了(见同上《北匈奴》第一章及第五章)。

中国科学院考古研究所沣西发掘队1955—1957年在陕西长安县(今西安市长安区)沣西乡客省庄发掘两周墓葬,发现了一座特殊的墓(第140号墓)。据考古学家鉴定,认为截至1957年,这是我国境内发掘出的唯一的一座匈奴古墓,死者可能是匈奴的使臣或使臣的随员,出土的大都是匈奴的物品。墓内随葬物有两件长方形透雕铜饰①特别值得注意。透雕的花纹是:两侧各有一棵树,枝叶茂密;树下各系一匹骡子,都有辔鞍;中间有二人,高鼻、长发,穿绑腿裤;两人互相搂住对方的腰部和一腿,作摔跤状(见下图)。高鼻是突厥人的容貌特征之一。这两块铜透雕中的匈奴人既然也是高鼻,那么对于判别匈奴人属于突厥种,也增添了一种物证。

客省庄第140号墓的透雕铜饰

可是策·道尔吉苏荣对于上述那幅匈奴人像刺绣画别有异论。他说:用蓝线绣瞳孔,无非是为了和黑眼珠区别开,是为了使目光显得威严、锐利一些;至于上唇胡须虽然浓密,但下唇却没有胡须,蒙古人胡须较少是事实,但也不能说蒙古人全没有胡须,而胡须和欧洲人一般多的,在蒙古人中也不在少数,因此根据胡须去说明那幅刺绣画上的匈奴人不属于蒙古种、不像现时的蒙古人,论据也未必充分。② 另一个蒙古学者纳·义

① 参见中国科学院考古研究所编著的《沣西发掘报告》(文物出版社1963年版)第138—140页。

② 参阅策氏《北匈奴》第一章“北匈奴的坟墓”。

喜扎木苏还说突厥人是披发(即留长头发并把它散开)的,而匈奴人则和蒙古人一样,却是短头发的,即长到几分后就剃一次,不让它长得过长。① 然而上举刺绣画中的匈奴人恰恰就是头发浓密、梳向后方,客省庄第140号墓出土的透雕铜饰中的那两个匈奴人也披长发,而不是剃短发的。如果依照纳氏的说法——蒙古人是短发的、突厥人才是披发,那么他正好自我证明匈奴人属突厥种而不属蒙古种。②

蒙古族与匈奴族既非同种,也非属于同一族系,彼此的语言也不大相同。根据史书记载,蒙古族的主体部分——蒙古部(萌古部)和塔塔儿部属于东胡系统,是由室韦部落的一支发展而来的。"蒙古"一词最早见于《旧唐书》卷一九九《室韦传》,书中称其为"蒙兀室韦",《新唐书》卷二一九《室韦传》则称它为"蒙瓦部",是居于室建河(《旧唐书》作"望建河",今额尔古纳河)南岸的一个部落,是室韦部落联盟的一个成员。14世纪伊儿汗国的史学家拉施特丁,在他的名著《史集》(卷一)中,也记下了13、14世纪时蒙古人中还流行着一种认为自己祖先来源于"额尔古纳·昆"("昆"为峻岭的意思),后来因为人口增殖和畜牧业的发展,才西迁到漠北草原去的传说。可见蒙古族的主体部分的发源地是在今额尔古纳河上游一带,这与匈奴的发源地在漠南阴山(今内蒙古阴山,俗称大青山)一带是不同的。

从公元1世纪末匈奴退出大漠南北至12世纪末蒙古族兴起,其间相距一千多年。在这一千多年之中,大漠南北先后为鲜卑、柔然、突厥、薛延陀、回纥、黠戛斯、契丹所占据。蒙古族是通过上述的哪一个族作"桥梁"

① 参阅纳氏《匈奴之起源及其社会制度》一文,1956年乌兰巴托科学委员会出版的《科学院学术研究的成就》第1期。

② 美国学者W.M.麦高文有一段论述西迁后匈奴人的种族成分的话,可供参考。他说"匈奴人因为曾经久居远东,且常和中国人及其他的蒙古利亚种人通婚,故极可能在他们的血管中渗有颇多的蒙古利亚种血液,因使哥德人及罗马人对他们的外貌感到惊异,可是他们绝不是纯血的蒙古利亚人。即使匈奴人仍居于蒙古利亚境内时,已因与印度欧罗巴种的阿兰那人及各种芬乌格里安人民杂婚之故,而使其所含的蒙古利亚种因素趋于减少而不增多。这一主张,更因在匈牙利及欧洲其他各处匈奴古墓中发掘所得的人骨而获得证实。从这些骨骼加以判断,可知公元第4世纪及第5世纪时侵入欧洲的匈奴人,其种族带有高度的混合性,而其中的蒙古利亚血统不过是若干重要因素之一而已"(《中亚古国史》章巽译本第六章"侵入欧洲的匈奴人",中华书局1958年版,第169页)。

而与匈奴发生民族的继承关系的呢？上文已经说过，北匈奴西迁之后，残留在漠北的匈奴人尚有十余万落（户）计数十万人，都加入了鲜卑并逐渐鲜卑化（最后完全消失于鲜卑之中），而始终留在漠北西北角的匈奴人，至4世纪末5世纪初，最终亦被柔然族兼并。那么蒙古族究竟与原先活动在漠北的哪一部分匈奴人发生民族继承关系？是在何时通过何种方式发生关系呢？根据史书记载，大约在公元2世纪后期（东汉末年），当鲜卑首领檀石槐的部落军事大联盟瓦解之时，拓跋鲜卑的第七代始祖第二推寅由漠北草原西移，后来南移至漠南“匈奴之故地”，有一部分匈奴人与鲜卑人互相通婚，因而产生了一个新的族支——铁弗匈奴（匈奴男子与鲜卑女子通婚所产生）[①]。通过鲜卑（包括拓跋鲜卑）的中介，再遗传于与鲜卑同属东胡族系的契丹和室韦，然后蒙古族才有可能与匈奴人发生一种间接而又间接、稀疏而又稀疏的血缘关系；而蒙古族与鲜卑人的血缘关系反而比匈奴人直接和密切得多。因此蒙古族是属于东胡系统，而蒙古语也与鲜卑语几乎完全相同。

此外，史料表明，蒙兀室韦所属的室韦是属于契丹系统，语言和契丹相类，服饰、辫发和使用“角弓”的风俗习惯也和鲜卑相同。以《十六国春秋》和《魏书》中所载的鲜卑语与蒙古语对照，人名和代名词完全相同；《辽史》中所载的契丹语，也和蒙古语差不多。所以清末蒙古史学者沈曾植说蒙古语和鲜卑语“相去无几”[②]，是有道理的。有的学者还认为“鲜卑”和“室韦”就是同一个词的两种音译。从地域上考察，鲜卑起源于今额尔古纳河东南的大鲜卑山[③]；而后来室韦的活动地区也在额尔古纳河东南岸一带。可见蒙古族的主体部分来源于东胡—鲜卑—契丹—室韦，是符合历史事实的。

蒙古语言的成分也颇为复杂，其中有少量的匈奴语。因此有些学者依据这一点，就说蒙古的族源是匈奴。其实这是由于从公元1世纪末北

---

① 参阅《魏书》卷95《铁弗刘虎传》。

② 沈氏著《海日楼札丛》卷2“鲜卑语与蒙古语”条，中华书局上海编辑所1962年版。

③ 参阅1980年11月25日《光明日报·史学》第202期载米文平《大兴安岭北部发现鲜卑石室遗址》一文。

匈奴西迁之后，有数十万残留在漠北的匈奴人加入了鲜卑，因此鲜卑语中掺杂了一定数量的匈奴语，再通过鲜卑人的中介而转为蒙古语，这都是不足为奇的。现时国内外的语言学家大多认为匈奴语属突厥语族，故仅此一点（蒙古语中有少量的匈奴语这一点），还不能遽断匈奴就是蒙古的族源。

蒙古语中还杂有大量的突厥语。这是由于室韦曾经长期受过突厥和操突厥语的回纥的统治，及蒙古部（萌古部）在9世纪从额尔古纳河西迁至漠北草原之后，与原来生活在那里的操突厥语的各部杂处，因而受到突厥语言的影响的结果（国内外语言学家大多认为蒙古语与突厥语有很大的差别），如后来组成蒙古族之一部的乃蛮、克烈、汪古等部都是操突厥语的。

匈奴既属突厥种，匈奴语又属突厥语族，那么匈奴与突厥的关系又如何？根据史书及突厥文《阙特勤碑》和《苾伽可汗碑》的记载，突厥与铁勒是同族，是铁勒族的一支。铁勒在汉代称为丁零。丁零在南北朝时称为敕勒（高车），至隋、唐时期突厥一支乃开始强大，其名称遂亦显赫。匈奴虽属突厥种，但早在战国秦汉时期，自始即与丁零各自成为一族，故它不是突厥族的族源，而只是突厥种族系统中的一个别支。《北史》卷九九《突厥传》说："突厥者，……匈奴之别种也。"卷九八《高车传》又说："高车盖古赤狄之余种也。初号为狄历，北方以为敕勒，诸夏（中原）以为高车、丁零。其语略与匈奴同而时有小异。或云其先（祖先）、匈奴〔之〕甥也。"这两段记载，把匈奴与突厥的关系叙述得再明确也没有了。

匈奴人的语言，国内外学者一般认为属于阿尔泰语系，但究属该系中的蒙古语族，抑属突厥语族，则尚有争论，然而认为属于突厥语族的居多。①

① W.M.麦高文说："各国学者们经过多年的激烈争辩，……现时大多数的专家都同意中国史籍的定案，承认匈奴人所说的是一种突厥语。事实上现时一般都相信，直到匈奴帝国倾覆（91年）后许多世纪，在蒙古利亚境内的居民间蒙古语才渐占优势。这一结论纯粹从语言学上推定，但和我们所知道的关于匈奴人的种族特性也互相符合。我们可以相信，这些古匈奴人在种族上和语言上都是属于突厥族的。"（《中亚古国史》章巽译本第四章"匈奴帝国之前期"）又，奥地利学者O.J.敏岑海尔芬说："直到20世纪40年代，很少有人对欧洲的匈奴人和中国的匈奴人的同一性发生疑问"；"由部落名称判断，大部分〔欧洲的〕匈奴人肯定是讲突厥语的。"（《匈奴人的世界》第八章"种族"及第九章"语言"，英国伦敦加利福尼亚出版有限公司1973年版）

现时留下的匈奴语很少,而且因为匈奴人没有自己的文字,现存的匈奴语汇是由两汉时人用汉语音译保存下来的,其能依据文献而探求其语义的有以下几个词语。

1. 匈奴与胡

根据文献的记载,“匈奴”一语乃是匈奴人自己的称呼;匈奴人同时自称为“胡”。

《史记》卷一一〇《匈奴列传》载:单于致汉帝的文书中,一再自称为“匈奴大单于”。冒顿单于致文帝的文书中亦云:今已平定了楼兰、乌孙、呼揭及其旁各族,“皆以为匈奴(都隶属于匈奴)”。《汉书》卷九四《匈奴传下》载:呼韩邪单于死,颛渠阏氏议立雕陶莫皋时说:“匈奴乱十余年,不绝如发。”这些记载都说明匈奴人自称为“匈奴”。

《汉书·匈奴传上》载:狐鹿姑单于致武帝文书云:“南有大汉,北有强胡。胡者,天之骄子也。”同传又载:匈奴丁灵王卫律欲陷害投降的汉贰师将军李广利,故意教唆胡巫言先单于发怒说:“胡故时祠兵(出兵时杀牲飨士卒谓之祠兵),常言得贰师以社(常说要把贰师作牺牲,血祭胡社)。”可见“胡”也是匈奴人的自称。

正因为匈奴人自称为“胡”,并为邻近各族所稔知,故各族对匈奴也常称为“胡”。《汉书》卷九六《西域传》载:鄯善、疏勒、龟兹、尉犁、危须、焉耆、车师等“国”都有“却胡侯”“击胡侯”“却胡君”“击胡君”“却胡都尉”“击胡都尉”等官,就是因为这些“国”邻近匈奴,屡为所侵,故专设此等官职以主防“胡”(防御匈奴)之事。汉族更十分明确地知道匈奴人自称为“胡”,故对于活动在匈奴之东的部族则称它为“东胡”。《史记·匈奴列传》《索隐》引服虔曰:“东胡,乌丸之先,后为鲜卑;在匈奴东,故曰东胡。”活动于匈奴之西的西域各族则称它为“西胡”①。对于在今甘肃河西走廊一带与匈奴毗邻而居的羌族,则区分它们为“羌”与“胡”。《汉书·匈奴传上》说:“西置酒泉郡,以隔绝胡与羌[交]通之路。”故两汉时期,

① 参阅王国维:《观堂集林》卷13《西胡考》,中华书局1959年版。

“胡”是匈奴的专称，凡言“胡”者，大抵即针对匈奴而言。一般语言学家认为“胡”与“匈奴”之“匈”，可能就是一音之转。但“匈奴”与“胡”究属何所命意，则尚不明白。

2. 单于、撑犁、孤涂、若鞮、屠耆

《汉书·匈奴传上》云：单于姓挛鞮氏（挛音孪，鞮音低），其族内称他为“撑犁孤涂单于”。匈奴人称天为“撑犁”①，称子为“孤涂”；“单于者，广大之貌也，言其象天单于然也。”单于，古音读作蝉余，为匈奴语最高首领的意思。《史记·匈奴列传》《索隐》引《玄晏春秋》云：“士安（人名）读《汉书》，不详此言（不懂‘单于’这个词的意义），有胡奴在侧言之曰：此胡所谓天子。”综合“撑犁孤涂单于”之意，无非就是匈奴文书中所常自称的“天所立匈奴大单于”或“天地所生、日月所置匈奴大单于”等自夸为单于受命于天、十分崇高广大之意。

后来受了汉朝封建统治者的影响，在“单于”称号之上又加“若鞮”二字。《汉书·匈奴传下》云：“匈奴谓孝曰若鞮；自呼韩邪后，与汉亲密，见汉谥帝为‘孝’，慕之，故皆为‘若鞮’。”故自呼韩邪单于之子复株累单于开始皆称“若鞮”，如复株累若鞮单于、搜谐若鞮单于等；南单于比（名“比”）以下直称“鞮”，如醢落尸逐鞮单于（即南单于比）、丘浮尤鞮单于等。

此外，《史记·匈奴列传》载：“匈奴谓贤曰‘屠耆’，故常以太子为左屠耆王。”左屠耆王即左贤王。

3. 阏氏、居次

匈奴人称妻、妾为阏氏，称母亲为母阏氏（阏氏音烟支）。

《史记·匈奴列传》《索隐》引习凿齿致燕王书云：山下有“红蓝”（一种菊科植物），足下知道否？北方人（北方的匈奴人）采取其花（花红黄

① 《汉书》卷55《霍去病传》载：元狩二年夏，去病出北地，至祁连山。颜师古注：“祁连山即天山，匈奴呼天为祁连。”按，“祁连”与“撑犁”实即一音之异译。

色)之鲜艳者染粉,以制作胭脂,妇女用它来面饰以美颜容;匈奴称妻为“阏氏”,今可音烟支,想足下原先亦不如此读《汉书》也。

许多匈奴人都是过着一夫多妻的生活。且因父死妻其后母及兄弟死尽妻其寡嫂之故,多妻的现象更为普遍。特别是统治阶级的上层人物,无不阏氏成群。如冒顿在他未自立为单于之前,“以鸣镝(即响箭,镝音笛)自射其爱妻”,这是第一个阏氏;在他自立为单于之后,曾“取所爱阏氏予东胡”,这是第二个阏氏;公元前200年刘邦在平城被围时,曾遣使厚遗(即厚礼赠送)其阏氏,这是第三个阏氏;前199年刘邦遣刘敬往匈奴结和亲之约,“奉宗室女为公主嫁匈奴单于”,这是第四个阏氏①;前192年吕后又“以宗室女为公主嫁匈奴单于”,这是第五个阏氏②。又如呼韩邪单于也有五六个阏氏:第一是颛渠阏氏;第二是大阏氏;另有第三、第四和第五阏氏;最后便是宁胡阏氏王昭君③。此外,呼韩邪之兄郅支单于阏氏更多,竟至有“诸阏氏夫人数十”④。可见阏氏不仅是妻、同时也是妾的称谓。有些史、汉注释家(如注《史记》的《索隐》及注《汉书》的颜师古),都以为阏氏乃“匈奴皇后之号”,显然是误会了。

颛渠阏氏与大阏氏的位次及身份如何?《汉书·匈奴传下》载:“始,呼韩邪嬖(音闭,宠爱的意思)左伊秩訾兄呼衍王女二人:长女颛渠阏氏,生二子,长曰且莫车(且音沮);少女为大阏氏,生四子,长曰雕陶莫皋,〔年〕长于且莫车。颛渠阏氏贵(正妻谓之贵),且莫车爱(得呼韩邪之喜爱),呼韩邪病且死,欲立且莫车。其母颛渠阏氏曰:‘且莫车年少,百姓未附,恐复危国(恐再次使政权发生危险);我与大阏氏一家共子,不如立雕陶莫皋。’大阏氏曰:‘且莫车虽少,大臣共持国事(有大臣们共同处理政务);今舍贵立贱,后世必乱!’单于卒从颛渠阏氏计,立雕陶莫皋。”这段记载把颛渠阏氏与大阏氏的位次和身份说得很明白,即颛渠阏氏是大,大阏氏是小;颛渠阏氏子是嫡生(贵),大阏氏子是庶出(贱),那就表明颛

① 以上见《史记·匈奴列传》。

② 见《汉书》卷2《惠帝纪》。

③ 见《汉书·匈奴传下》。

④ 见《汉书》卷70《陈汤传》。

渠阏氏是正妻,大阏氏是妃妾。故《资治通鉴》(卷二三)胡三省注,谓“颛渠阏氏,单于之正室也,位大阏氏上”,是对的;王先谦《汉书补注·匈奴传》引沈钦韩之说,谓“匈奴正妻称大阏氏”,则错了。①

《汉书·匈奴传》常常提到“母阏氏”,如“母阏氏恐〔狐鹿姑〕单于不立子而立左大都尉也,乃私〔自〕使〔人〕杀之”;“〔壶衍鞮〕单于年少,初立,母阏氏不正(行为不端正)”等等。而同书卷六八《金日磾传》记载更为详确,传曰:“日磾以父(休屠王)不降见杀(因不附汉而被浑邪王所杀),与母阏氏、弟伦(其弟名‘伦’)俱没入官,输(被送往)黄门(官署名)养马。日磾母教诲两子甚有法度,上(武帝)闻而嘉之。病死,诏图画(诏令画她的像)于甘泉宫,署曰(题名为)‘休屠王阏氏’。日磾每见画常拜,向之涕泣,然后乃去。”可见匈奴语“母阏氏”就是母亲的意思。

匈奴语谓公主为“居次”。《汉书·匈奴传下》云:“复株累单于复妻王昭君,生二女:长女云(长女名‘云’)为须卜居次,小女为当于居次。”同传又云:“匈奴用事大臣右骨都侯须卜当,即王昭君女伊墨居次云之婿也。”颜师古注引李奇曰:“居次者,女之号,若汉言公主也。”师古又曰:“须卜、当于,皆其夫家氏族。”而云之所以既为须卜居次,后又称伊墨居次者,则因云原称伊墨居次,由于匈奴实行氏族外婚制,云由父系的挛鞮氏族出嫁异姓须卜氏族之后,即以夫家氏族须卜氏之故而又称须卜居次。此如汉公主细君及解忧二人先后嫁到乌孙之后,通称为“乌孙公主”,正复相类。故清代学者钱大昭谓“云是伊墨居次,因为须卜之妻,故亦称须卜居次”的说法是对的。

4. 瓯脱

《史记·匈奴列传》载:“东胡王愈益骄(傲),西侵(向西侵犯)。与匈奴间中有弃地,莫居千余里(东胡与匈奴中间有一段距离千余里、彼此都不在那里驻牧的废弃之地),各居其边(彼此仅驻牧于弃地的边界处)

① 《汉书·匈奴传下》有“乌累单于咸立,以弟屠耆阏氏子卢浑为右贤王”之语。这个屠耆阏氏不外是屠耆王之阏氏的意思,别无他义。

为瓯脱。东胡使使〔者〕谓冒顿曰:'匈奴所与我界瓯脱外弃地,匈奴非能至也,吾欲有之。'冒顿大怒,遂东袭击东胡,大破灭东胡王,而虏其民人及畜产。"

这里"瓯脱"一词,历代封建学者对它有各种不同的解释:有的说它是"界上屯守处",或"境上斥候之室",或"境上候望之处";有的说它是"作土室以〔窥〕伺汉人",或说是"土穴",或说是"地名"①。

以上各家的解释都是附会之辞。清人丁谦驳斥说:"传既明言'弃地莫居',又言'各居其边为瓯脱',则瓯脱指弃地而言,原极明晰。且细读本文,并无防守意义。抑知地亘(音艮,地域绵长之意)千里,何能遍守?既无人居,守之何为?要之,瓯脱二字为当时方言,今难确解,然大意不过谓不毛之地,不足以居人。何所见而曰(怎见得就说是)'作土室以伺',又何所见而曰'境上候望处'耶?"②

丁谦虽驳诸家之说,但也没有正确地把瓯脱解释清楚。其实,瓯脱就是匈奴语边界的意思,原文已经说得明白。所谓"各居其边"的"间中弃地",就是恩格斯在《家庭、私有制和国家的起源》中所说的原始部落间的"中立地带"。

东胡与匈奴是公元前3世纪前后同时在我国境内兴起的两个强大的对立的部落联盟和部族。东胡游牧于今辽河上游的老哈河、西拉木伦河流域,在匈奴之东,互相毗邻,故两者之间需要以瓯脱作为缓冲的"中立地带"。恩格斯说:"在语言接近的各部落中间,这种中立地带比较狭小;在语言不接近的各部落中间,中立地带比较大。"匈奴与东胡的语言不同,故两者之间的瓯脱占地竟达千余里之广。恩格斯又说:"由这种不确定的疆界隔开的地区,乃是部落的公有土地,而为相邻部落所承认,并由部落自己来防卫,以免他人侵占。"③因此东胡想要侵占这片土地,也先经过派遣使者前往索取的交涉手续,而索取这片土地的企图,便遭到了冒顿

① 以上分别见《史记·匈奴列传》三家注引各家之说及《汉书·匈奴传上》颜注。

② 《汉书匈奴传地理考证》,见浙江图书馆丛书。

③ 上引恩格斯各句,俱见《马克思恩格斯选集》中译本第4卷,人民出版社1972年版,第87页。

单于的大怒和反击。

匈奴除了在东边有瓯脱与东胡作缓冲以外，在南边与汉朝毗邻的地方，同样也有瓯脱。《汉书》卷五四《苏武传》载：李陵至北海上告知苏武："瓯脱捕得云中生口，言太守以下，吏民皆白服（皆穿白色衣服），曰上崩（说武帝死去）。"李陵是兵败投降匈奴的汉将，这时苏武因出使匈奴而被单于扣留在北海（今贝加尔湖）上。李陵这段话就是说，在边界处捉到了汉人，得知武帝死去的消息。可见匈奴与汉朝的边境地方，也是有瓯脱的。从这个生口是在"云中"捕得一语看来，可知这里所指的瓯脱是在今内蒙古托克托县（汉云中郡治）一带。

《汉书·匈奴传上》又载：宣帝地节二年（前68年）秋，"匈奴前所[获]得西嗕[之]居[于]左地者，其君长以下数千人，皆驱畜产行（赶着畜群向南行进），与瓯脱战，所杀伤甚众，遂南降汉"。西嗕是被匈奴奴隶主征服的一个小部落，被强制游牧于匈奴的东部地区（即左地），这时它的部落首长乘着匈奴衰弱、属国瓦解的时机，遂率领部众数千人南下投归汉朝。正因为匈奴与汉朝边界处有瓯脱，而且瓯脱中还驻有边防部队担任巡逻、警戒，故西嗕南下时，遭到了边防部队的阻拦，因此双方发生战斗，结果西嗕把匈奴的边防部队打败，方得以安全到达汉朝。

西嗕这次所经的瓯脱在什么地方？根据《史记·匈奴列传》的记载，诸左方王将居东方，对着上谷郡以东，右方王将居西方，对着上郡以西，而单于之庭则对着代郡和云中郡。如果照这个地望探测，则左地应是对着上谷（治所在今河北怀来县）以东的地带。但这是匈奴早期原先的辖地分布情况，后来因屡被汉武帝击败，在漠北难于立足，故自元封六年（前105年）之后，单于乃益向西北，左方兵对着云中郡，右方兵则对着酒泉、敦煌二郡，辖地逐渐西移。故西嗕这时从左地南下，正是直对云中郡。可见西嗕这次所经的瓯脱，还是云中一带的瓯脱。

云中是汉匈双方经常发生战争的地方，匈奴在这里划出瓯脱，并驻扎部队，以便巡逻和守卫，是很自然的。但是，除了这一带地方之外，匈奴在与汉边界的其他地方，是否还有瓯脱呢？《汉书·匈奴传下》载：元帝初元五年（前44年），汉朝派使者谷吉把郅支单于的侍子送还给他，郅支杀死了谷吉。“汉不知吉音问，而匈奴降者言，闻瓯脱皆杀之（听说谷吉在瓯脱被杀）。呼韩邪单于使[者]来，汉辄簿责之甚急（即严厉追查来使关于谷吉的死讯）”。其时在匈奴统治集团分裂为郅支与呼韩邪两个部分之后，郅支占领了漠北的单于庭，而呼韩邪则南下归附于汉，接受中原中央王朝的统一领导，驻牧于朔方的鸡鹿塞（今内蒙古河套杭锦后旗西）。谷吉在瓯脱被杀，史书未曾言明谷吉出塞的路程，故这里的瓯脱不知在什么地方。但从汉朝误以为呼韩邪部下所杀来看，可见在朔方（今内蒙古河套）一带匈奴与汉边界处也有瓯脱，否则谷吉被瓯脱巡逻部队杀死，汉朝不会怀疑到在朔方驻牧的呼韩邪身上。朔方也是汉匈双方经常交战的地方，汉朝在那里建筑了许多亭、候、障、塞，故匈奴在这一带也需要划出瓯脱来做缓冲和防卫。其实，匈奴与汉朝缘边各地都可能有瓯脱①，不过史载不详，无从作较多的探索而已。

瓯脱既是匈奴与东胡或汉朝边界上的“中立地带”，且驻有边防部队守卫，那么这些部队必有重要的官员担任统帅。《汉书·匈奴传上》载：昭帝元凤元年（前80年），汉捕得匈奴的瓯脱王；匈奴“见瓯脱王在汉，恐以为道击之（恐怕为汉朝当向导出击），即西北远去，不敢南[下]逐水草，发（即调动）人民屯瓯脱”。可见匈奴驻在瓯脱的边防部队是由瓯脱王率领的。瓯脱王长期驻在边境地区，对边防情况熟悉，故瓯脱王被俘，匈奴统治者则怕他替汉朝充当向导出击，因而赶快往西北遁逃，不敢南下游牧。从“发人民屯瓯脱”一语观之，瓯脱不仅驻有边防部队，同时也有牧民在缘边游牧。这次匈奴统治者怕汉朝出击，除了急忙遁逃之外，随即调动更多的牧民充实边境。不过，匈奴社会的军事组织与生产组织是结合的，因此，“发人民屯瓯脱”，则不仅是单纯的充实边境，实即直接加强了边防部队的守卫力量和战斗力量。

综上所论，可见“瓯脱”就是匈奴语边界的意思。匈奴与东胡之间有瓯脱，与汉朝之间也有瓯脱。汉匈之间的瓯脱有文献可考的，除云中一带

---

① 在中国古代多民族国家中，在匈奴族尚未接受中原中央王朝的统一领导之前，在与汉朝边界之处设置“中立地带”以资防守，作为缓冲，这与上引恩格斯的论述是符合的。

外,在朔方一带也有。瓯脱驻有边防部队担任巡逻和守卫,由瓯脱王负责统帅。

5. 逗落

《史记·匈奴列传》载:“其送死,有棺椁、金银、衣裘,而无封树(聚土为坟而标墓以树,这是封建时代的一种葬礼)、丧服。”《集解》引张华曰:“匈奴名冢曰逗落。”

6. 径路、服匿

匈奴人称宝刀为“径路”。《汉书·匈奴传下》载:呼韩邪“单于以径路刀金留犁挠酒(即用‘径路’宝刀削金放入酒中搅和),[与汉使]共饮血盟”。颜师古注引应劭曰:“径路,匈奴宝刀也。”1958年,在内蒙古和林格尔县范家窑子、属于战国时期(前3世纪以前)的墓葬中,出土了蝴蝶展翼状的青铜短剑一把。[①] 考古学家认为,这种青铜短剑就是匈奴的径路刀。

《汉书·苏武传》载:苏武在北海上,单于弟於轩王赐武服匿。颜师古注引孟康曰:服匿如罂(音英),小口、大腹、方底,用以装酒酪。又引晋灼曰:河东北界人呼小石罂能装二斗左右的就叫服匿。服匿就是匈奴语陶缶(音否)的意思。这种陶缶,近数十年来在漠北匈奴墓葬中出土甚多。

7. 㸏蠡、湩酪

《汉书》卷八七《杨雄传》下《长杨赋》云:“驱橐驼,烧㸏蠡。”颜师古注引张晏曰:㸏蠡,干酪也,用来做酪母(做奶酪的原料)用的;烧之坏其养生之具也(即毁掉他的生活资料)。师古又曰:“㸏音觅,蠡音黎。”

《史记·匈奴列传》载:中行说劝单于不宜“变俗好汉物”时,到汉人的食物“不如湩酪(湩音肿)之便美”。《集解》引骃案:“湩,乳汁也。”

以上的匈奴语汇是能依据文献而寻释其语义的,其余读音较殊而尚不

---

① 参阅1963年文物出版社出版的《内蒙古出土文物选集》图版第40幅。

能探求其义的,例如“冒顿”音墨毒,冒顿之父“头曼”音头瞒,冒顿之子“稽粥”音鸡育,左、右谷蠡王之“谷蠡”音鹿黎或鹿离,等等,则略而不论。

许多中外学者都用比较语言学的方法去探求匈奴的语言族系。这本来是一种很重要的方法,但因匈奴遗留下来的语言不仅不多,且因匈奴兴起之后,曾先后征服东胡、丁令、月氏、乌孙、呼揭、坚昆和西域各族。这些部落或部族不全是与匈奴属于同一语族的。现时一般语言学家公认,东胡是属蒙古语族的,丁令、呼揭和坚昆则是属突厥语族的。月氏、乌孙和西域各族的语言亦各不同。因此匈奴与各族之间在语言上的混杂和互相影响,是显而易见的。其后匈奴大部分西迁,余部十余万落加入了鲜卑;另有一小部分始终留在大漠西北部的頞根河,直至公元 5 世纪初始被源出东胡族系的柔然吞并。在柔然政权统治的地区,还包含有几十万落的属于突厥语族的高车人(丁令在魏晋南北朝时期称高车);而柔然最后亦为突厥所灭。因此匈奴退出漠北历史舞台之后,它的语言仍在大漠南北遗留并影响后世的各游牧部族,也是可以想见的。难怪匈奴语中,有许多语汇不仅与后世的蒙古语或突厥语相同,而且与通古斯语相同。如果不考虑这些原因,仅凭现时遗留下来的寥寥几十个匈奴语汇便论断它的语言族系,其结果必然会像过去有些外国学者那样(如日本的白鸟库吉即其中之一),一会儿说匈奴属突厥语族,一会儿又说匈奴属蒙古语族了。①

---

① 参阅日本《史学杂志》1923 年第 18 期白鸟库吉《蒙古民族的起源》一文。

第 十 章
匈奴的文化

一、文字、民歌、音乐、艺术

匈奴人有没有自己的文字？根据文献的答案是否定的，考古资料目前也没有发现肯定的物证。《史记 · 匈奴列传》说：匈奴人“毋文书，以言语为约束”。《后汉书 · 南匈奴传》也说：呼衍氏等大姓“主断狱讼，当决轻重，口白单于（用口头报告单于），无文书簿领（无文簿、记录之类）”。那么匈奴单于屡次写给吕后和皇帝的文书，当是出于汉人之手，用汉文书写，自无疑义。《南匈奴传》又说：匈奴右薁鞬日逐王比（名“比”），在归附汉朝之前，秘密派遣汉人郭衡奉匈奴地图，送给汉使中郎将李茂。这幅地图自然也是汉人（或者就是郭衡）代画的。至于《汉书》卷九六《西域传上》载：“自乌孙（驻牧地在今伊犁河上游流域）以西至安息（即西史所称的帕提亚王国，在今里海东南），近匈奴，匈奴尝困月氏，故匈奴使持单于一信到国（匈奴使者持单于书信到各国或各地），国传送食（各国或各地立即送食物招待），不敢留苦（不敢留难）。”那么单于写给乌孙以西各国或各地的书信，究用什么文字书写？这个问题，目前国内外学者还不能解答。

匈奴人后来是否有自己的文字或文字的萌芽？这在文献上找不到反映，但从考古中却露出了若干隐隐约约的蛛丝马迹，吸引着我们去探索。1941年及1945—1946年，苏联考古学家吉谢列夫先后两次在哈萨克自治省首府阿巴干以南八公里的地方掘出许多文物，有的文物上有“Y”“P”“S”“ℷ”等文字符号。但这些符号都不见于我国的史书，而这些文物是否为匈奴文物，也需要进一步研究。1924—1925年，另一个考古学家科兹洛夫在诺颜山第十六号匈奴墓挖出一个碗，碗底有“M”符号；挖出一个漆桶，桶底有“[illegible]”符号。1955年，蒙古考古学家普尔赉在巴隆多尔奥匈奴城镇遗址挖出的陶制器皿上，皿底有“[illegible]”符号。从诺颜山的其他匈奴墓中挖出的一些器皿，皿底也有“[illegible]”符号。[①] 以上出土的文字符号是否匈奴人自己发明的文字符号？就目前出土的这些有限的资料来看，一时还不易作出肯定的回答。

匈奴虽没有文字，但民歌却优美动人。《史记·匈奴列传》《索隐》引《西河旧事》云：祁连山在张掖、酒泉二郡界上，东西二百余里，南北亦百里，生长松柏等木材，水草丰盛，冬温夏凉，宜于畜牧；匈奴失此二山（还有燕支山），乃歌曰：

失我祁连山，使我六畜不蕃息；

失我燕支山，使我嫁妇无颜色。

这是匈奴在公元前121年（汉武帝元狩二年）被汉击败、失去祁连山和燕支山（二山俱在今甘肃河西走廊，燕支山或作焉支山）之后，民间流行的一首口头歌曲。这首民歌的主题思想，鲜明地反映了匈奴人对于他们的统治者所发动的对邻族的掠夺战争及其失败所造成的经济萎缩和政治势力衰落，表示无限感慨。情调虽然有些低沉，但它的内容却具有十分浓厚的游牧民族色彩及与现实生活密切结合的特点。这个特点说明，民歌作为匈奴人的观念形态的一种表现，把他们在经济、政治生活中的感受充分反映出来。

这首民歌把“燕支山”与“嫁妇无颜色”联系在一起，是有深意的。因

① 上述文字符号，俱见策·道尔吉苏荣《北匈奴》一书第五章“匈奴的文化”。

为燕支山之燕支，亦即胭脂，是同音同义之词。匈奴叫妻作阏氏（音烟支）。而燕支（胭脂）则是匈奴妇女用“红蓝”花染粉为面饰以美容者，俗谓之燕支粉（胭脂粉）。此歌借音寓意，以燕支山比作阏氏和胭脂，意思是说，匈奴失去了燕支山，也就等于匈奴妇女失去了胭脂，不能成为美貌的阏氏一样；以“嫁妇无颜色”比作匈奴对邻族无声誉和无威望。取材巧妙、含意深远，可见创作者的匠心独出。可惜匈奴人留下的民歌不多，这是硕果仅存的一首了。

在匈奴分裂为南北二部（东汉初）以前，匈奴人有没有自己的音乐，文献及考古资料现时都还没有发现什么遗迹。就是在南北分裂以后，也仅《后汉书·南匈奴传》提到建武二十六年（50 年）光武帝赐南单于比的器物中有乐器，及二十八年北匈奴复遣使要求和亲、并请赐音乐。光武帝对北单于的复书中云：单于前言先帝时所赐给呼韩邪（稽侯珊）的竽、瑟、箜篌都已破烂，愿请再赐；现在考虑到单于的政权尚未稳定，正在奖励武节，以战功为务，竽、瑟之用不如良弓、利剑，故未赠给。从这里得悉西汉时匈奴单于接受过汉朝中央政府送给他的一些乐器。但这些并不能说明匈奴人自己的音乐情况。

可是，从后人的诗歌中，多少可以反映出匈奴人还是有自己的音乐，最广泛流行的乐器就是胡笳和鞞鼓（鞞音俾）。蔡文姬（字琰）在《胡笳十八拍》[①]中说：“胡笳本自出胡中”（第十八拍）；又说：“鞞鼓喧兮从夜达明”（第三拍）。蔡文姬是东汉末时人，她被“胡骑”掠去，没于南匈奴左贤王为妻，在匈奴生活了十二年。[②] 可以推想，她所说的胡笳和鞞鼓，自然是匈奴民间流行的乐器，不过不是南匈奴人所独创，而是匈奴在分裂为南北以前早就有的，所以《后汉书》的作者范晔在《窦宪传》赞中（窦宪是东汉初期北征匈奴的主将之一）有“远兵金山（出兵远至金山），听笳龙庭

---

① 见郭茂倩《乐府诗集》卷 59（1937 年商务印书馆《四部丛刊》本）。又，《胡笳十八拍》是否出于蔡文姬的真笔，现时学术界尚有争论；她所生活的南匈奴左贤王庭究在什么地方，也没有定论。但从“夜闻陇水兮声呜咽，朝见长城兮路杳漫”（第六拍，杳音咬）；“原野萧条兮烽戍万里”（第七拍）等句看来，她好像生活在今内蒙古西部旧长城以南一带。这一带正是南匈奴自东汉初入塞以后分布的地区。

② 参阅《后汉书》卷 84《烈女传·董祀妻》。

(听胡笳于龙庭)”之语。

匈奴人的胡笳后来传入中原地区,为汉人所喜爱,晋时的刘畴和并州刺史刘琨,他二人都会吹奏胡笳,而且能吹成“出塞入塞之声”,据说匈奴人听了“有怀土之切”(有怀念乡土的殷切心情),很受感动。①

匈奴人的艺术,在题材上明显地反映出他们长期的游牧生活和狩猎生活。故在他们的艺术品中,动物形或动物画最为普遍。在诺颜山及其他漠北地区匈奴墓葬中,曾出土了一些牛、马、鹿头形或体形的及野兽互相搏斗的毡毯、铜饰牌、金叶和银片,还有一些骨器中也绘了精致的兽类图画。例如诺颜山的“巴洛勒德墓”出土了用黏土塑成的马和胳驼,作俯卧状的金马,雕成兽形的琥珀球;第一号墓出土了兽头铜像;第六号墓出土了用木雕成的马、鹿,用玉雕成的马、牛、鹿,金制兽像;第十二号墓出土了绘有牧牛图案的缎子靴筒;第二十三号墓出土了饰有兽头的青铜器皿,用石料雕成的带角牛头等。

出土的毡毯中,有很多图案复杂、色彩艳丽,有的图案还用各色丝线绣成。例如上述诺颜山第六号墓内有一块覆盖在通道上的毡毯,长 2.6 米,宽 1.95 米。毡毯上覆有深棕色缎子镶边的红色彩缎,深棕色的贴边上绣有绿、黄、绯、红等色花纹。沿着贴边,四周有一幅宽 24—28 厘米的带小方格的刺绣画,画面有用绿色丝线绣成的九棵树,树与树之间各有一对用各色丝线绣成的、作互相追逐状的禽兽,其中四对是鹿和鸟,五对是老虎和犁牛。沿着这幅刺绣的四周,还用绿、黄、绛、绯红等色丝线绣着方形、圆形、叉形和十字形的花纹。彩缎当中则是用丝线绣成的云朵。

公元前 3 世纪之后,由于匈奴氏族贵族的出现及单于最高权力的形成,因此人物的偶像崇拜在艺术品中也有反映。例如诺颜山第六号及第二十三号的大型贵族墓葬中,都出土了用玉石雕成的人像,用灰色玉石雕成的人形、白玉人形、木俑等。特别值得注意的是,第二十五号墓出土了一幅匈奴人像刺绣画。画中人物头发浓密,眼睛巨大,目光锐利,神态肃

① 参阅《晋书》卷 69《刘隗传》附传及卷 62《刘琨传》。

穆,表现出酷似最高统治者的威严。①

我国考古学者 1958 年在内蒙古和林格尔县范家窑子属于战国时期(前 3 世纪以前)的墓葬中,发掘出兽形铜饰片及环状、管状铜饰件,都是具有特色的匈奴艺术品。兽形饰片中,有的作蹲踞状动物形,背后有双纽;有的则作两个动物蜷曲状,背后有一纽。环状饰件的一面有交错弧形。管状饰件中,有的是圆管形,外表有螺旋纹;有的是扁长形,一面有几何纹。环状和管状饰件曾被人称为"铰具",是马上装饰或人佩戴的饰品。②

又,1962 年在伊盟(今鄂尔多斯市)准格尔旗速机沟村发现的属于汉代(前 3 世纪末以后)的一批匈奴铜器,也有铜制的立式长角鹿,鹿头微昂,眼前视,双角后伸近臀,长角分作数枝,四脚直立,腹中空,神态异常生动,通高 16. 7 厘米,体长 9. 5 厘米。还有卧式长角鹿,屈足、昂首,双眼作远眺状,两耳竖起,胸部、臀部肥硕,腹部细瘦,背有凸棱一道,腹中空,通高 12. 4 厘米,体长 10. 3 厘米。此外还有羊头形、狼头形、狻猊形及屈足马形等饰件。③

1950 年在内蒙古察右后旗二兰虎沟的匈奴墓葬中,出土了属于东汉时期(1 世纪以后)的双鹿纹、三鹿纹、双龙纹和网格纹等铜饰件。这些动物纹铜饰件呈长方形,周围有框,花纹镂空。这可能是南匈奴的遗物。④

二、原始信仰与巫医

《史记 · 匈奴列传》载:匈奴人每年有三次集会:正月,诸首长小会单于

① 以上出土的匈奴文物,分别见 П.К.科兹洛夫的《外蒙古调查报告》及策 · 道尔吉苏荣的《北匈奴》第一章《北匈奴的坟墓》。

② 参见《文物》1959 年第 6 期封底李逸友《内蒙古和林格尔县出土的铜器》一文及文物出版社 1964 年版《内蒙古出土文物选集》"概述"第 5 页图版第 47、48 幅。

③ 参见《文物》1965 年第 2 期盖山林《内蒙古自治区准格尔旗速机沟出土的一批铜器》一文。

④ 参见《文物参考资料》1957 年第 4 期李逸友《内蒙古西部地区的匈奴和汉代文物》一文。林卓年按,近年来有很多考古学者认为这个墓为鲜卑墓,不是匈奴墓。又,上文第八章所引补洞沟及赵家房子那两个墓,也有人认为并非匈奴墓,而是鲜卑墓。

庭,祠(举行春祭);五月,大会宠城,祭其祖先、天地、鬼神;秋,马肥,大会蹛林(蹛,音带),课校人畜计。在这三次集会中,除了秋天那一次是稽查户口增减和牲畜繁殖情况外,其余两次都是祭祠的集会。但据刘珍《东观汉记·南匈奴单于传》载:单于每岁祭三龙祠,并走马、斗橐驼为娱乐。《后汉书·南匈奴传》也载:匈奴之俗,每岁有三龙祠,常以正月、五月、九月祭天神;南单于既内附,兼祠汉帝;因会诸部,商议政事,并走马及骆驼为娱乐。是则匈奴每年的三次集会都有祭祠。祭祠的对象是祖先、天地和鬼神。

匈奴人有祖先的观念,从他们对死者的安葬和对祖坟的重视,也可以反映出来。《史记·匈奴列传》说:匈奴人送死,有棺椁、金银、衣裘,而无封树、丧服;近幸臣妾(即奴婢)从死者,多至数千百人(《汉书》作"数十百人")。从诺颜山及其他漠北地区的和内蒙古的匈奴墓葬中出土了许多随葬的金银、衣物、辫发及木棺,证明上述的文献记载是真实的。通过许多随葬的衣服和用具,确信匈奴人有灵魂不灭的信仰,而崇拜祖先正是灵魂不灭的信仰的一种表现。匈奴人认为,死者将如生前一样的生活,故需要各种衣服、用具;贵族还需要奴婢以供驱使,因此以"近幸臣妾"殉葬。《后汉书·乌桓传》说:汉昭帝时,乌桓曾挖掉匈奴单于的冢墓,匈奴大怒,发兵东击乌桓。可见对祖坟的重视。

由于社会生产力的低下,匈奴人对于自然界还不能科学的理解,因而在日常生活以至军事、政治生活中,表现出对大自然现象的膜拜,甚至往往求助于鬼神。《史记·匈奴列传》载:单于朝出营,拜日之始升,夕拜月。又说:举事要看星、月,月盛则攻战,月亏则退兵。大抵匈奴人对于天地十分尊崇,对于鬼神却无限畏惧。匈奴单于在写给汉帝的文书中,总是自称为"天所立匈奴大单于"或"天地所生、日月所置匈奴大单于"。冒顿单于之征服月氏及西域各族,也说是由于"以天之福"。汉武帝时,曾设谋在马邑伏击单于,单于几乎中计,后因汉朝的尉史(官名)告密,单于乃得脱险。他脱险后说:"吾得尉史,天也;天使若言(天使他告知我的)。"因此封尉史为"天王"。同传又载:冒顿单于围困刘邦于平城之时,阏氏对冒顿说:两主不应相困,今纵得汉地,单于也终不能居住;且汉主亦有神灵,请单于留意审察!加上其他原因,冒顿乃采纳阏氏之言,解开包围圈的一个角落，刘邦因得脱围。《史记》卷一二三《大宛列传》载：乌孙昆莫（王号）诞生，被弃于野，有乌鸦衔肉飞其上，狼往乳之；单于奇怪，以为得神庇祐而收养之；后来昆莫长大，率众远徙，不肯隶属于匈奴，单于派奇兵前往攻击，不胜，以为神而远避之。《汉书》卷五四《苏武传》载：单于扣留苏武，把他禁闭在大窖中，断绝他的饮食，会天下雪，武饮雪水，吃毡毛，数日不死，单于以为神，乃徙武于北海上。《后汉书》卷一九《耿恭传》载：恭在西域与匈奴作战，会发生暴风雨，恭随风雨击之，杀伤甚众，匈奴震怖，相谓曰“汉兵神，真可畏也”，遂撤兵退走。

匈奴人的迷信，有时是出于对社会生产的希望和避免灾害的企求。例如汉贰师将军李广利投降匈奴后，丁灵王卫律妒忌他得宠，乃串通胡巫陷害贰师，假托已死的“先单于”降言要用贰师作牺牲，血祭胡社。于是单于逮捕贰师，贰师骂曰：“我死，必灭匈奴。”会连续雨雪数月，牲畜死亡，人民疫病，谷稼不熟，单于恐惧，为贰师设立祠室。[①]

从这里，可见天地、鬼神的观念在匈奴人的日常生活及军事、政治生活中所起的影响。

匈奴人祭祠的地点和仪式，史载不详。除了单于庭是单于建牙之处，是匈奴政权机构首脑部不论外，茏城和蹛林都不知在何处。《史记·匈奴列传》载：“自马邑军后五年（元光六年）之春，卫青出上谷，至茏城。”这茏城在今内蒙古锡林郭勒盟东、西乌珠穆沁旗附近，不知是否即匈奴每年五月祭祀之处？《汉书·匈奴传上》颜师古注：“蹛者，绕林木而祭也。鲜卑之俗，自古相传秋天之祭，无林木者尚竖柳枝，众骑驰绕三周，乃止。此其遗法。”又传李陵逸诗中有“相竞趋蹛林”一语。[②] 据此，蹛林是个地名，匈奴人于林木地带设祭。

匈奴人有没有庙宇之类的祭坛？祭坛是在旷野，抑在森林，虽不得而知，但上文提到匈奴以贰师血祭“胡社”，后来又为贰师立“祠室”。大概匈奴人是有庙宇之类的建筑物的。

---

① 参阅《汉书·匈奴传上》。

② 参见《史记·匈奴列传》《索隐》引晋灼之说。

1952 年及 1955 年,蒙古考古学家和·普尔赉先后发掘了蒙古中央省靠近克鲁伦河右岸的高瓦—道布(Jyagoь)、德尔津方台地(Щзрзлжсц'н gорволжцн)、位于布尔黑河右岸的布尔黑方台地(Бурхц'н gоволжцн)和位于乌兰巴托与乔巴山之间的巴隆多尔奥(Баруун gороо)四个匈奴城镇遗址。高瓦—道布和德尔津,除了建筑物外,没有发现有关经济生活的遗物(甚至人们日常生活用具都没有),只有类似祭坛的泥桌(祭桌)。普尔赉认为这两个城镇的大型建筑物都是匈奴人每年定期祭祀的庙宇。后两个城镇的建筑物和前两个的差不多。普尔赉根据建筑物的筒子瓦瓦沿的花纹,断定那四个城镇都是属于我国秦汉时期的。①

由于匈奴人迷信天地、鬼神,因此便把偶像作为天地鬼神的化身而予以崇拜。《史记·匈奴列传》及《汉书》卷六八《金日磾传》都说汉武帝时,霍去病过燕支山北击匈奴,获得"休屠王祭天金人"。金人就是偶像。匈奴人造此偶像作为"天主"而祭祀之,故《金日磾传》赞中有"本以休屠作金人为祭天主,故因赐姓金氏"之语。又据《魏书》卷一一四《释老志》载,这个金人有一丈多高,汉武帝把它陈列于甘泉宫,对它不祭祀,仅烧香礼拜而已。从诺颜山匈奴墓葬中出土了木俑,证明匈奴人确实崇拜偶像。

天地鬼神远处太虚,与现实的人间社会无法接近。为了沟通"天人之际"(天上、人间的关系),因此匈奴又出现了"巫"(用跳舞形式以降神的女子)来担当这种任务。史书记载匈奴的巫——胡巫——不少。除了上文提到的卫律因陷害贰师而串通胡巫外,《汉书》卷九六《西域传下》也说:匈奴使巫埋牛羊于所出诸道及水上以诅军(按,即使胡巫用迷信方法对汉军设置障碍);单于赠给汉帝的马、裘,常先使巫祝之。可见巫对于匈奴的军事、政治影响也很大。

胡巫所用的法术通常是咒语,也就是所谓"诅"(音阻)或"祝诅"。这种法术很流行。《史记》卷一九《惠景间侯者年表》载,附汉的匈奴人遒侯隆强之子和容成侯唯徐卢之孙,都曾因为使胡巫祝诅汉帝而被削爵。《汉书·匈奴传上》载,汉武帝征和(前 92—前 89 年)时,汉军追击匈奴

① 参阅和氏《匈奴三城的遗址》一书,乌兰巴托科学委员会 1957 年出版。

兵,至漠北的范夫人城。颜师古注引张晏曰:这范氏是个能“胡诅”的女人。可见这个城主范夫人原先也是个胡巫。

这种胡巫,后来由于匈奴人的不断附汉而流入中原地区,故在汉安定郡(武帝元鼎三年置)属的朝那县(今甘肃平凉市西北),就有端旬祠十五所,祠内有胡巫祝诅。[①] 汉朝宫廷中也有不少胡巫。《汉书》卷四五《江充传》载:江充奉武帝命,治理巫蛊(音古)事件[②],充带领胡巫入宫掘地搜索偶人(即木头人),因欲捉捕巫蛊及在夜间祭祠祝诅之人,故先遣胡巫去查看鬼及在夜间以酒污染地面为祠祭之处,作为诬害的证据。胡巫这样助充为虐,陷害戾太子,当然激起戾太子的忿怒,故太子斩充之后,用火烧胡巫于上林苑中。《汉书》卷六三《戾太子传》颜师古注引服虔曰:胡巫者,作巫蛊之胡人也。师古又曰:胡巫受江充指使,妄作蛊状,太子特别忿恨,且欲得其实情,故以火烧之,使他痛苦。

匈奴的巫,并不是只会弄神作怪,同时也能治病救人。史书上提到匈奴有“毉”(音医),毉就是巫医。《汉书·苏武传》载,苏武在匈奴引刀自杀后,卫律驰往召毉,凿地为坎(即地穴),下置温火,把苏武放在上面,用脚踩他的后背,使之出血,苏武原先气绝(即闭过气),半日后乃复苏醒。从这里得知,匈奴的巫医懂得急救及治刀伤等外科手术。巫医是匈奴的医生,也是匈奴人医学文化的代表。

三、婚姻习俗及其他风尚

《史记·匈奴列传》载:“其俗,父死,妻其后母;兄弟死,皆娶其妻妻

① 参阅《汉书》卷28《地理志下》。

② 巫蛊者,谓巫以祝诅之术为蛊惑以害人也。史载汉武帝信方士,诸巫多聚京师,女巫往来宫中,教宫人避灾,每屋辄埋木人祭祀之,后逐渐因妒忌怨恨,更相告讦,以为祝诅。会武帝病,江充言病源在于巫蛊。武帝乃以江充为使者,挖木人于宫中并治其狱。充与戾太子(武帝子,名据)有仇隙,谬言于太子宫中得木人特多。太子惧,矫节斩充,并发兵反,旋兵败自杀。后田千秋讼太子冤,得昭雪,武帝遂族江充之家。史称“巫蛊之狱”。这是武帝时的一次统治阶级内部的斗争。

之。”这是匈奴人的婚姻习俗。这种风俗，应从匈奴人所处的历史发展阶段和社会特征去理解。

匈奴在登上历史舞台的时候（前3世纪），正由原始氏族社会过渡到奴隶制社会，因此氏族社会的各种风俗习惯，仍有许多遗留，这种蒸母（虽不是生母）、报嫂的风俗，就是其中之一。

在匈奴的社会中，氏族外婚制是流行的。氏族外婚制最初出现于对偶婚家族的历史时期。氏族外婚制规定，同一氏族的男女不准互相通婚，只有在本氏族之外才能寻找自己的配偶。这种婚姻关系，并不是个人对个人，而是氏族对氏族，即出嫁的男子（当时不是女子出嫁）是作为氏族的一个成员与妻方的氏族发生关系的。

匈奴登上历史舞台的时候，在家庭婚姻史上，与奴隶制相适应，已经发展到父系家长制家族的阶段。父系家长制家族是由对偶婚家族过渡到一夫一妻制家族的中间形态。因为去古未远，所以对偶婚家族时期所实行的氏族外婚制的习俗和观念仍在匈奴人中遗留。这时在匈奴人的观念中，嫁入本氏族的女子，仍是以氏族对氏族，而不是以个人对个人；女子嫁到夫家，她不仅属于夫家，成为夫家中的一个家庭成员，同时也属于夫家的氏族，成为夫家氏族中的一个氏族成员；如果夫死之后，妻若改嫁，其势不仅脱离夫家，而且也脱离夫家的氏族。为了把她们约束在本氏族之中，因此，除生母外，都由儿子或兄弟继承她们的婚姻关系，使她们不能脱离夫家的氏族共同体而单独采取个人行动。汉文帝时陪伴公主嫁往单于庭的中行说说：“匈奴之俗，父子兄弟死，取其妻妻之，恶种姓之失也；故匈奴虽乱，必立宗种。”①这正说明匈奴这种婚姻习俗的社会背景和历史内容。

其次，由于父系家长制家族是脱胎于对偶婚家族，而对偶婚又是从原始群婚发展而来的。故父死妻其后母及兄弟死尽妻其嫂的婚姻习俗，也正是原始群婚的一种遗风。

此外，从公元前3世纪开始，由于匈奴社会生产力的发展，氏族公社

① 《史记·匈奴列传》。

内部出现了私有牲畜的个体家庭的独立小经济，氏族公社逐步趋向解体。随着贫富家庭的分化愈来愈剧烈，个体家庭在社会中所起的经济作用也愈来愈超过了氏族的作用。这时约束寡母寡嫂的原来目的，也由原先出于古代遗风的观念而转变为带有保留一家一族的个体家庭的劳动人手和增强家庭或家族中生产力量的经济意义。《汉书·匈奴传下》载：汉平帝（1—5 年）时，匈奴按照旧例遣使者至乌桓勒收税物，匈奴人民妇女欲贾贩者，皆随同前往。可见匈奴妇女在父系家长制家族的婚姻形态下，虽在家庭中具有自由的家族成员的身份，但在父权家长的支配下，需要参加生产或其他劳动。因此上述婚姻方面的遗风习俗所赖以凭借的历史条件（群婚、氏族）虽或已消灭或日趋动摇，但新的条件（家庭或家族）又起来代替并支持这种习俗。这就是匈奴人这种婚姻习俗长期保留的原因。

由于妻后母及妻兄弟之妻的结果，使得匈奴的一夫多妻现象更为普遍。在文献记载中，我们可以举出匈奴人妻后母及妻兄弟之妻的具体事例。如公元前 31 年（成帝建始二年），呼韩邪单于死，其子雕陶莫皋继位为复株累单于，复妻其后母王昭君。又如公元前 68 年（宣帝地节二年），壶衍鞮单于死，其弟虚闾权渠单于立，以右大将女为大阏氏，而黜废前单于之妻颛渠阏氏。因为他另娶新欢，遗弃寡嫂，违反了妻兄弟之妻的习俗，故招致了颛渠阏氏之父左大且渠的怨恨①。

妻后母不仅是一种婚姻习俗，同时也是一种婚姻制度，学术上一般称它为“收继婚”。收继婚制不仅匈奴人有，其他许多北方游牧民族也有，不过形式间或不同。例如：

在公元前 2 世纪前后游牧于今甘肃河西走廊一带而后来迁往今伊犁河流域的乌孙人，就有形式与匈奴不同的收继婚制及妻其嫂的习俗。据《汉书·西域传下》载：汉先以细君公主妻乌孙王昆莫，昆莫年老，乃命其孙岑陬（音邹）收继细君为妻；细君死后，汉复以解忧公主妻岑陬，岑瞰死，他的叔父大禄之子翁归靡（岑陬之从兄弟）复妻解忧；翁归靡死，岑陬

① 二例俱见《汉书·匈奴传》。

胡妇子泥靡(翁归靡之侄)又妻解忧。从这里,可见乌孙的收继婚制及妻其嫂的习俗较之匈奴更为复杂:(1)不仅子可以妻其后母,而且孙亦得妻其后祖母;(2)祖父虽未死,孙亦得妻其后祖母;(3)叔父死,侄得妻其叔母;(4)兄弟死,得妻其嫂,从兄弟亦同。这种婚制及习俗带有更为原始的性质,与乌孙当时处于原始氏族社会末期的历史阶段是相适应的。

在公元4世纪末兴起于大漠南北的柔然人,也有收继婚及妻其嫂的习俗。据《北史》卷一三《后妃传》上载:神武(东魏帝高欢)娶柔然可汗阿那瓌(音规)之女蠕蠕公主(蠕音软);及神武死,"文襄(欢子澄)从蠕蠕国法蒸公主(子妻其母谓之蒸),产一女"。文襄之妻蠕蠕公主既是仿照柔然的"国法"(妻后母的习惯法)行事,那么妻后母的习俗当然是在柔然社会流行。又据《魏书》卷一〇三《蠕蠕传》载:初,豆仑死,那盖为主,伏图(豆仑从兄弟)收纳豆仑之妻侯吕陵氏,生丑奴、阿那瓌等六人。可见兄弟、甚至从兄弟妻其嫂的习俗,在柔然也是存在的。

在公元6世纪中叶兴起于大漠南北的突厥人也有收继婚制。据《北史》卷九九《突厥传》及《通典》卷一九七《突厥》上载:隋义成公主曾先后为突厥启民可汗、启民子始毕可汗、始毕弟处罗可汗、处罗弟颉利可汗(颉音鞋)之妻。这个婚例证明了突厥的婚姻习俗是长辈收继婚与平辈收继婚并存的。

在匈奴的婚姻关系中,还有一种现象值得注意,就是最高统治者单于往往以其子女许配他人,作为一种政治上拉拢的手段。如汉武帝时,为了企图"断匈奴右臂",以细君公主远嫁乌孙王昆莫,昆莫以为右夫人;单于为了争夺乌孙,亦遣送其女妻昆莫,昆莫以为左夫人。[①] 又如元帝时,郅支单于在漠北无法立足,乃西奔康居,康居王欲倚仗他的威势以胁逼邻近各族,故以女妻郅支,郅支亦以女妻康居王[②],以便互相勾结。又如武帝时,汉翕侯(翕音吸)赵信(原是个归附汉朝的匈奴小王)投降匈奴,因为

---

① 参见《史记》卷123《大宛列传》。

② 参阅《汉书》卷70《陈汤传》。

赵信长期在汉，熟悉汉朝的军政情况，单于遂封他为自次王（尊重他仅次于单于自己），以姊妻之，与他共谋图汉。① 后来贰师将军李广利投降匈奴，也因为单于素知贰师为汉朝大将及重臣，故亦以女妻之，尊宠在卫律之上。② 以上这些婚姻现象，可能是受了汉族封建统治者的和亲政策和羁縻政策影响的结果。

在匈奴氏族社会所遗留的风俗习惯中，杀敌庆功也是一项。《史记·匈奴列传》说：匈奴人作战，斩敌首级的赐一卮酒，就是这种杀敌庆功的表现。这种风俗原先只是社会对这个杀敌有功的氏族成员的一种赞扬，后来随着私有制的产生，阶级的出现，及氏族贵族为了诱惑和驱使一般氏族成员参加他们所发动的对外族的掠夺战争，便把这种仅仅赐一卮酒的赞扬演变为同时以所得的虏获物赏赐给他、占有所掠得的战利品。随后又由于生产力的进一步发展及奴隶制的逐步形成，再演变为把俘掠得来的人口收为奴婢。在这种利益的诱惑下及因生产上需要战俘作为奴隶以补充劳动人手，故匈奴人作战，每个战士都尽量掳掠人口，把战俘变为自己的奴隶。这种风俗，正是匈奴社会由氏族公社转变为阶级社会的发展过程的一种反映。

氏族成员间的互助，是匈奴社会中的一种风尚，特别是在战争中，这种互助更有必要。《史记·匈奴列传》说，在战场上把战死者的尸体抬回来，就是这种互助的表现之一。也是由于匈奴社会向私有制发展，因而这种本来只是一种高尚义务的互助，后来成为把战死者的尸体抬回来便尽得死者的家财的权利。

匈奴是个“士力能弯弓、尽为甲骑”、军事组织与生产组织相结合的社会，生产劳动和出征战斗构成匈奴人的全部生活内容。因此社会上对于一个人的衡量，也是以他在劳动和战斗中（特别是战斗中）所起的作用为标准。年轻力壮、能在劳动中特别在战斗中有所表现的就受到社会的重视，年老体弱的则否。中行说说：匈奴明以战攻为事，因老弱不能战斗，

① 参阅《史记·匈奴列传》。

② 参阅《汉书·匈奴传上》。

故给壮健的人吃肥美的饮食,这样无非是为了保卫本族,如此父子才能各得永久互相保全。《史记·匈奴列传》说:匈奴人壮者食肥美,老者吃剩余,重视壮健,轻贱老弱,原因即在于此。故匈奴人崇尚勇敢,而不甚计较其勇敢的动机与效果如何。同上《列传》载:头曼单于欲废长子冒顿而立其所爱之少子,乃使冒顿前往月氏当人质,随即发兵急攻月氏,欲假手月氏杀死冒顿;月氏欲杀冒顿,冒顿盗其善跑的马,骑着逃回来,头曼认为他是个壮士,派他将领万骑(即当万骑长)。又《汉书》卷五四《李陵传》载:李陵投降匈奴之后,汉朝有个塞外都尉名叫李绪也投降了匈奴。李绪教单于用兵以防备汉军,汉朝误以为李陵所教,乃族灭李陵家属,母、弟、妻、子尽被杀。李陵痛恨其家以李绪而诛,使人刺杀绪,单于很赞赏他,认为这是勇壮的行为,以女妻之,立为右校王,并重用他参与政事。

匈奴人还有一种风俗,就是盟誓时必歃血。汉刘安《淮南子》卷一一《齐俗训》(商务印书馆《四部丛刊》本)高诱注:胡人之盟约,置酒于人头中,饮之互相发誓。事实正是如此。《汉书·匈奴传下》载:呼韩邪单于与汉使韩昌、张猛盟约时,一起登上匈奴地区的诺水东山,杀一匹白马,单于以"径路"宝刀削金放入酒中搅和,以老上单于所破月氏王头为饮器,共饮血盟。

匈奴人的服饰和辫发,史载不详。《淮南子·齐俗训》说:匈奴之族,纵体施发。所谓"纵体"就是不检束容止,"施发"就是披发。《周书》卷五〇《突厥传》说:突厥,其俗披发左衽,犹古之匈奴也。《汉书·李陵传》载李陵、卫律在匈奴招待汉使时,两人皆胡服椎髻。考自春秋战国以至秦汉,大抵北方民族披发,南方民族椎髻。《汉书》卷四三《陆贾传》载陆贾出使南越,南越王尉佗魋结(即椎髻)而见贾。颜师古注:椎髻者,一撮之发,其形如椎。李陵和卫律的胡服是何样式,不得而知,但他们的椎髻,恐怕不是匈奴人的发式,因为匈奴人一般都是披发的,这不仅文献(如《淮南子》及《周书》)都如此说,考古中也有线索可寻。新中国成立后,中国科学院考古研究所沣西发掘队 1955 年至 1957 年在陕西长安汉上林苑(今沣西客省庄)发掘了一座特殊的墓葬(第 140 号墓葬),随葬品中有两块长方形铜牌,铜牌的透雕花纹是:有两匹马和两个人,两人互相搂住对方的腰部和一腿作摔跤状；二人俱高鼻，披长发，穿绑腿裤。[①] 据考古学家鉴定，这是一座匈奴墓葬，死者可能是匈奴派往汉朝的使臣或使臣的随员。这个墓葬的发掘，为帮助了解匈奴人的发式、服饰、容貌[②]和摔跤的习俗与姿态，提供了实物的证据，虽然这个墓葬不是出现在大漠南北匈奴人的聚居区。

四、城镇和庙宇遗迹[③]

《史记·匈奴列传》载：匈奴人“逐水草迁徙，毋城郭、常处、耕田之业”。但据苏联和蒙古国考古学家近数十年来的考古研究，却发现了十多处被认为是匈奴的城镇遗址，其中有五处（苏联一处，蒙古国四处）已经进行部分的发掘。这便给史学工作者提出了研究匈奴城镇的新问题。

同上《列传》又载：“岁正月，诸长小会单于庭，祠；五月，大会茏城，祭其先、天地、鬼神；秋，马肥，大会蹛林，课校人畜计。”又载：公元前121年（汉武帝元狩二年），骠骑将军霍去病“出陇西，过焉支山千余里，击匈奴，得休屠王祭天金人”。这些记载，说明匈奴人有每年定期集会祭祖祀天

① 参见《考古》1959年第10期《一九五五——一九五七年陕西长安沣西发掘简报》及1963年文物出版社出版、考古研究所编的《沣西发掘报告》第138—140页。

② 有些外国资产阶级学者把匈奴人的容貌描绘得十分丑陋，其实毫无根据，只是对历史上少数民族的一种侮辱。匈奴人的容貌如何？现时文献和考古都不能作出具体的答案。《汉书》卷68《金日磾传》说：“日磾长八尺二寸，容貌甚严（严肃）。”这是中国文献中描绘匈奴人的容貌的唯一记载。此外，过去学者往往援引《晋书》卷107《石季龙载记》下，冉闵大杀诸胡羯，无论贵贱、男女、老幼，皆斩之，死者二十余万户，以致当时高鼻多须的人因误杀而滥死者过半；及援引同上《载记》上，石宣诸子中容貌最为胡状、目深。作为匈奴人容貌的佐证。但羯族虽史称其祖先为匈奴别部，因散居于上党武乡的羯室，故号羯胡（《魏书》卷95《羯胡石勒传》），但与匈奴弃种（羯胡属西域种），已为中外学者所公认。羯族人的容貌特征虽在某些方面与匈奴人类似，但二者的族别不能混同。

③ 原作《匈奴城镇和庙宇遗迹》，载《匈奴史论文选集（1919—1979）》，中华书局1983年版。

的习惯。但匈奴人的祭祀是不是在城镇和庙宇举行？也就是说匈奴人有没有庙宇之类的建筑物？这些问题，从文献资料中是比较难于找到答案的。1952 年，蒙古人民共和国考古学家和·普尔赉，发现了和发掘了高瓦—道布、德尔津方台地和布尔黑方台地三处被认为是匈奴的庙宇遗址，这便给我们提供了寻求解答这些问题的线索。

本章将根据策·道尔吉苏荣著的《北匈奴》一书“北匈奴的城镇”一章及和·普尔赉著的《匈奴三城的遗址》发掘报告①，对他们认为是匈奴的城镇和庙宇的遗迹作一简单的介绍。

（一）“伊沃勒加城镇”②

在现时已经发掘的匈奴城镇遗址中，以在下伊沃勒加河流域的一处为最大，出土遗物也最多。考古学家把它命名为“伊沃勒加城镇”。

伊沃勒加城镇遗址在俄罗斯布利亚特自治加盟共和国首府乌兰乌德西南约 16 公里处。这个遗址最早在 1927 年由苏联考古学家波波夫发掘过一次，1928 年至 1929 年苏斯诺夫斯基继续发掘。此后在 1949 年至 1950 年及 1955 年至 1956 年，奥克拉德尼可夫领导的考古研究小组成员西洛夫和达维多瓦二人也都对这个遗址进行过发掘。

这个城镇为四方形，四面有围墙，围墙外面有壕沟。西墙长 348 米，因为这个城镇正当色楞格河故道，东墙已全被河水冲毁，南北二墙也被冲毁了一部分，残存部分长 216 米和 194 米。这个城镇没有被水冲毁的地方，中部有两个四角光滑的方形大土丘，大土丘周围各有一些小土丘。发掘结果表明，这些大大小小的土丘都是古时建筑物的遗址。

1927—1956 年，在伊沃勒加城镇先后共发掘了十多所匈奴的房屋遗址。这些房屋可分为普通房屋和大型房屋两种。

---

① 参阅《匈奴三城的遗址》，乌兰巴托科学委员会 1957 年版；原文为新蒙文。《北匈奴》书，已见前。

② 《北匈奴》一书叙述的部分。

1. 普通房屋

普通房屋即达维多瓦所说的普通人家居住的房屋。这种房屋,他共挖了九所。每所占地的面积,一般的为二十多平方米。向下挖至半米多深之处,即可见到它的遗址。这些房屋的南墙和北墙,都是在下面埋好了一二层石基之后,在石基上垒土砸实的;东墙和西墙则是用许多根柱子先做成木架,然后用泥土填满、打夯砸实的。地面有的用火烧过,有的没有烧过,都经过打夯砸实。房门在南边,屋顶形状无法查考。房屋东北角有用卵圆形石块垒成的炉灶,炉灶外面抹有灰泥。房屋西北角和西南角的下面大都有烟道遗迹。在这些房屋里面发现许多陶器、武器、用具和装饰品。大部分房屋的地面上都有不少畜骨、兽骨和鱼骨。

2. 大型房屋(即贵族房屋)

大型房屋是和普通房屋错杂在一起的。伊沃勒加城镇有两所这样的房屋,达维多瓦把其中的一所发掘了。发掘结果表明,大型房屋不仅面积比普通房屋大,而且构造也较精细,这无疑是贵族居住的房屋。这所大型房屋就是坐落在上述那两个大土丘遗址中的略小的一个上面。房屋四方形,门在南边。它和普通房屋不同之处在于:不是先把表土挖去、打夯砸实后再盖房,而是把房屋盖在用细黄土垫起的土丘上面。垒墙的办法是先立起一些粗大的柱子,然后在其中填满泥土、打夯砸实。屋顶上部的情况不明,下部则是先钉好木板后再抹上灰土,故在发掘中出现不少灰土片。

这所大型房屋的另一特殊之处就是它的取暖设备:房屋东北角有一个长宽均为 2.5 米的、用石块垒成的、抹着灰泥的炉灶,炉口向西,有三条烟道从炉灶伸出再合成一条,然后沿着北面和西面的墙壁直抵房屋的西南角,与砌在墙壁内的垂直烟囱相连,烟囱为圆形。沿着烟道,有一段是土坑。道尔吉苏荣认为,这种建筑热炕取暖的方法是从中原地区汉族那里学来的。

这间大型房屋的北面还有一间小屋和大屋紧紧相连。大屋里有许多碗碟之类的器皿,小屋里有铁灯台及其他零星物件,看来住在这间大型房屋的主人大概是个贵族。

3. 伊沃勒加城镇遗址出土的文物

陶器——从伊沃勒加城镇遗址出土的文物,以陶器为最多。这些陶器的形状、大小、花纹和用途虽各不相同,但在制造方法上,约可分为轮制和手制两种。

轮制的陶器,都是用红色或灰色而杂质很少的陶土制成,其中有的饰有黑色或灰色的发亮的花纹,有的则饰有线形花纹。由于制造时使用了器械,故器底都有向下凹陷的四方形刻印,颈部和肩部大都有突起的线条。另有一种敞口的小型陶器,器底有小孔,大概是用来过滤乳酪的。此外还有一种高达一米多的大型陶器,器口都向外敞,颈部较细,肩部突起,从肩部起,越往下越细,器底比器口略小。靠近器底之处,有直径约二厘米的小孔。颈部有黑色或灰色的发亮的花纹,肩部有三条并排的横线,当中的一条是弯曲的。肩部和下部也有花纹。以上这种形式的花纹,在匈奴陶器上最为常见。其他形式不同和用途不同的小型陶器还有不少,器底都有四方形刻印。还有一些盆、碗、碟、盘之类的器皿,也都是轮制的。道尔吉苏荣认为,这说明伊沃勒加城镇当时陶器使用轮制已是一种很普遍的方法了。

用手制造的陶器,种类也很多。有器口向外卷和器口往里收的小型器皿。这类陶器,器口和器底大小相同,但腹部鼓起。还有一种敞口而颈部很粗的器皿,从它外面积有很多烟灰来看,大概是一种炊具。

此外还出土了陶纺轮。

道尔吉苏荣根据遗址中发现不少不合规格的陶器和烧制陶器时扔弃的碎土块,推断上述各种陶器都是在伊沃勒加城镇出产的。

铜铁器——从伊沃勒加城镇遗址出土了两个铜杯,杯口外敞,底部隆起,腰部有很高的棱。一个已锈蚀不堪,另一个还相当完整。铜杯铸得很薄而且均一,这说明当时的铸铜技术已达到较高的水平。还有用青铜和红铜铸造的铜锅之类的器皿及炼铜时扔弃的铜碴和碎铜块,这也能说明当时匈奴人已有了铸铜业的情况。

除铜器外，还出土了铁片、铁刀、铁钉等铁器，并发现了炼铁时扔弃的铁碴，这是匈奴人有了炼铁业的物证。道尔吉苏荣认为，炼铁不能单靠一个人，故可以推断当时匈奴必有一批专门炼铁的手工业工匠，并且还有融化铁矿的高温炉子。

在铜铁器中，还发现了一个铁质的三棱箭镞。

骨器——伊沃勒加城镇遗址出土了不少骨器，其中以骨制箭镞为最多。道尔吉苏荣根据在遗址中发现很多为制造箭镞而储备的骨、角等原料，推断这些出土的箭镞都是在伊沃勒加城镇制造的。

骨制箭镞有下列三种类型：一是柳叶形；一是细长，上有三棱；一是长方形。道尔吉苏荣说：西伯利亚和蒙古地区的新石器时代和青铜器时代的出土文物中，也有许多这样的箭镞，这说明这种箭镞自古以来就是匈奴人自己制造的。

农具及其他——伊沃勒加城镇遗址还出了土犁铧，道尔吉苏荣认为，这说明匈奴人已经懂得犁耕土地；同时因为还出土了为数很多的储藏谷物的大型陶器和石磨，又说明当时农耕已经很普遍。

鱼骨很多，还有不少渔网，道尔吉苏荣认为当时的捕鱼业也很发达。又说：色楞格河渔产丰富，而伊沃勒加城镇正好在色楞格河河畔，故这条河流当然会对这个城镇居民的生活产生巨大的影响。

装饰品也不少，如用石髓制造的石圈，用孔雀石制造的珠子和耳坠。其中用煤炭制造的圆形珠子和耳坠，引起了道尔吉苏荣的注意。他说：煤的来源最耐人寻味，如果这些煤炭是伊沃勒加城镇附近出产的，那就说明这一带地方当时已经发现了煤矿，如果是从外地获得，那就说明匈奴人当时的对外关系。

道尔吉苏荣最后说：从伊沃勒加城镇往北，再也没有发现匈奴的墓葬和城镇遗址，因此伊沃勒加成镇当是匈奴最北的城镇；再从伊沃勒加城镇周围既有围墙又有壕沟来看，这个城镇当是一个设防的城堡。又说：这个城堡一定是为贵族而设的，城中还有很多房民，故小型房屋每所都有炉灶，这是一所房屋由一户人家占用的说明，因而，很明显，居住在那里的，一定是组成个体家庭的一家一户的匈奴人。又说:从出土物中发现有刻着汉字的石碑和中原地区制造的用具(原文未详叙石碑和用具的情况)来看,说明这个城镇在建筑时有汉人参加。

(二)高瓦—道布及其他庙宇遗迹

在蒙古国境内,共发现了七处匈奴城镇和庙宇遗址,考古学家和·普尔赉于 1955 年对其中四处进行了试挖。

1. 高瓦—道布

第一处在蒙古中央省尼拉嘎苏木乡的高瓦—道布镇(位于克鲁伦河右岸)。高瓦—道布城镇遗址为四方形,四周有围墙,围墙东西长 360 米,南北长 367 米,厚 3.5—3.7 米,高仅 0.5—0.7 米,围墙的南北两面都有栅门。围墙中央有一个大型建筑物也叫"高瓦—道布"①,这个"高瓦—道布"的周围还有许多小型建筑物直抵围墙内侧。普尔赉在这个城镇共发掘了十二座大大小小的建筑物。

最先发掘的是那个名叫"高瓦—道布"的大型建筑物。"高瓦—道布"原来长 56 米,宽 45 米,高 3 米,中间分成几间小屋,小屋都建筑在一个用泥土垒成的土台上。墙壁很厚,是先埋好一层石基,然后立上许多根粗大的柱子,再在其间填满泥土、打夯砸实的。地面是一般的土壤,文化层的厚度不超过半米。

在"高瓦—道布"遗址中,除了建筑物本身外,没有发现其他的文物,日常生活用品更是没有。有的只是大批的建筑材料:900 多块完整的和残破的瓦当,200 多块尚未烧透的土砖和很多完全未烧过的土坯。这说明这座建筑物在某种程度上是用土坯修建的。此外还发现不少带有毡毯形花纹的土坯,但用途不明。

---

① 道尔吉苏荣说:"高瓦—道布"这个名称在古时行巫时经常使用,大概和一种什么巫术有关。

“高瓦—道布”大概后来遭了火灾。建筑物全被焚毁，土坯也被烧得变了形。

普尔赉认为，“高瓦—道布”不是一般的供人们居住的城镇，而是一座庙宇。

除了“高瓦—道布”这座大型建筑物外，普尔赉还发掘了十一座小型建筑物。这些小型建筑物，形状如房屋，也是先把柱子立在石基上，然后在其间填满泥土、打夯砸实的。覆盖在屋顶上的是灰砖和瓦当。有的瓦当，瓦沿向外卷，有的往里收；另外有的瓦当是筒形，瓦沿上有角形图案。

小型建筑物内没有任何日常用具，但每座建筑物内都有长宽均为 24 厘米的、上面带有毡毯形花纹的土坯。其中有一座靠近高瓦—道布城镇围墙的东北角（编号第二），它屋内紧挨着南边山墙之处还有一个用土坯搭成的土台。普尔赉认为这个土台是用来摆设供品的。

2. 特列勒金・多尔布勒金

第二处在蒙古中央省克鲁伦河河口的特列勒金・多尔布勒金镇。1955 年，普尔赉对这个城镇遗址进行试挖。这个城镇也是四方形，长宽均为 235 米，四周有围墙，围墙高 50—80 厘米，厚 10—15 米。围墙外面有壕沟，沟宽 3—6 米，深 30—70 厘米，围墙四面均有栅门。

围墙里面有两座大型建筑物，大型建筑物周围各有一些从属性的小型建筑物。发掘的结果，出土物除了约有 800 块瓦沿向外卷的和约 600 块瓦沿往里收的瓦当、小量瓦沿上饰有花纹的筒瓦及饰有毡毯形花纹的土坯以外，没有发现武器或日常用具。普尔赉认为，这两座大型建筑遗址和高瓦—道布遗址一样，是匈奴人的庙宇。

3. 布尔黑・多尔布勒金

第三处在蒙古中央省布尔黑河畔的布尔黑・多尔布勒金镇。这个城镇遗址也是四方形，四面有围墙，各长 180 米，东面和南面的围墙已被布尔黑河冲毁，西面和北面的围墙也只剩下依稀可辨的轮廓了。

围墙内有两座大型建筑物：一座长 30 米，宽 18 米；另一座长 29 米，宽 28 米。发掘的结果,出土物和高瓦—道布、特列勒金·多尔布勒金两处遗址一样。普尔赉认定这两座建筑物的年代及其属于庙宇的性质,都与上述两处遗址相同。

4. 巴隆多尔奥

第四处在蒙古国乌兰巴托—乔巴山之间的巴隆多尔奥镇。这个城镇遗址也是四方形,四周有围墙,围墙长 345 米,宽 335 米,高 1—2 米,厚 4—5 米,南面和北面各有一个栅门。靠近北面围墙之处,有四座大小不同的建筑物。发掘的结果表明,这些建筑物与上述三处遗址一样,都是匈奴人的庙宇遗址。

道尔吉苏荣说:从高瓦—道布、特列勒金·多尔布勒金、布尔黑·多尔布勒金三个城镇遗址出土了饰有花纹的筒瓦,对匈奴的考古研究有重大意义。因为这种筒瓦,都是把瓦沿分成四个部分,其间各有角形花纹,这是中国秦汉时代中原建筑物中常见的花纹,这说明汉族的建筑技术对匈奴人的影响。

(三)高瓦—道布遗址①

高瓦—道布在蒙古国中央省辖区,位于克鲁伦河右岸。据说在古代蒙古的萨满教祷辞中,常常把“高瓦—道布”和“不尔罕哈勒都山”“斡难河”“克鲁伦河”等名称连在一起,这说明“高瓦—道布”这个名称和萨满教有密切的关系。

高瓦—道布是个城镇的名称,它的城址,南北各长 367 米,东西各长 360 米。现在遗留下来的城墙,厚度 3.5—3.7 米,高度仅 0.5—0.7 米。城的南北两面仍可看出城门的遗迹,但东西两面的城门遗迹却已看不出来了。城内沿着城墙有许多小型建筑物。城中央有一座巨型建筑物,它的名称也叫“高瓦—道布”。

---

① 《匈奴三城的遗址》叙述的部分。

普尔赉在高瓦—道布一共发掘了12处。第一次挖这个名叫“高瓦—道布”的巨型建筑物。这个建筑物高3米，宽45米，长56米。在5—6米深处发现夯打的房屋地面，地面上有很多木炭块、黑灰色的灰、土沙、砖块和十几个圆形柱础石。这些柱础石都在建筑物的原来基地上未动。柱础石的上半部是扁圆形的，上面还残存着圆柱的下端部分。柱础石大30—40厘米或40—50厘米，圆柱粗25厘米×35厘米（周度）。出土物有大小筒瓦片600余片，大小板瓦片250余片，条形花纹方砖80余块，花纹陶片一片，花纹金属衣扣一个。此外还发现夯打筑成的房壁残部，现有厚度90厘米，高60厘米。在房壁内部有四个圆柱，下端残部仍留置在原柱础石上面。还发现有附在壁表的金黄色泥层，厚度0.5厘米。

根据上述出土物可以看出，“高瓦—道布”是一座建筑在厚2.5米、各边22米×22米的房基上面的，具有夯打筑成的墙壁和划分为很多小室（14米×12米）的，屋顶是用灰瓦（筒瓦和板瓦两种）盖起来的土造巨型建筑物。普尔赉断定这是匈奴的古代建筑物的一个遗址，后因遭到火灾而被废弃。

第二次挖了高瓦—道布城内东北角的一座小型建筑物。挖掘面积3米×2.5米。在45厘米深处发现青土房屋地面，地面东部出现坐东朝西、好似泥桌的遗迹。这个建筑物靠着东城墙，房址坐东朝西，门是向西开的。上述泥桌靠着建筑物的南墙。这个泥桌的形状是，上面铺着几块灰砖，靠墙那一边是把灰砖的下半部埋在地里，上半部露在地面，砖的中间填满了土沙。它的宽度和高度是24厘米×24厘米，灰砖桌面有深0.1厘米的条纹。普尔赉判断这个泥桌既不是住人的火坑，又不是建筑物的装饰品，可能是用来摆设什么东西的。这里的出土物和“高瓦—道布”的出土物大多相同，计有柱础石1块；条纹方砖8块；灰瓦（筒瓦和板瓦）片225片，瓦面有双条横线纹或一条曲线纹，瓦背则无花纹；瓦当12块，大体上有与“角纹”相似的花纹。

第三次挖的是高瓦—道布南城根坐南朝北的一座小型建筑物。挖掘面积2.4米×3米。在20厘米深处发现夯打的黑灰色土质的房屋地面。在各处都有木炭和朽木。在房屋地面西北角发现与第二次发掘出土的泥桌相同的泥桌残部。这次出土物有：板瓦片359片；筒瓦片232片；瓦当

21 块;桌面方砖 4 块。

第四次挖的是城西南部西端的一座建筑物。挖掘面积 2 米×3.6 米。在 20 厘米深处出现灰色土质房屋地面,有一部分还留存被烧过的黑土。在中央部分放着没有烧过的木头。这次出土物有:瓦片 87 片,瓦当 4 块。这些出土物的大小和花纹,和上几次发掘出土的没有什么两样。

第五次挖的是西城的一座建筑物。挖掘面积 2 米×1 米。在 20—50 厘米深处出现很多瓦片、木炭块、烧红了的土坯。这次出土物有烧红了的土坯 157 块,筒瓦片 53 片,瓦当 23 块,板瓦片 339 片。

第六次挖的仍是西城的一个建筑物。挖掘面积 3.6 米×3.6 米。40 厘米深处,在中部发现两角各向东西的"桌子"残部。在它的北面 20 厘米深处有三块没有加过工的柱础石。前面的一块还残存着被烧掉了的圆柱下部的一截。有一个用土垛成的矮桌,用砖作成桌面,靠墙的部分也用砖砌好,长 1 米,高 24—25 厘米,宽 27—28 厘米。这个矮桌靠着墙,正面向着门。这次出土物有:未经加工的柱础石 3 块,柱子残部 1 块,砌桌子用的方砖 12 块,板瓦片 202 片,筒瓦片 98 片,残瓦当片。

第七次挖的是靠北城墙的一座建筑物。挖掘面积 1.9 米×4.5 米。挖到 40 厘米深处,在中央部分又发现"桌子"的残部,桌长 1.15 米,宽厚各 24 厘米。在东北部还发现未经加工的柱础石,上面残存着已被烧掉了的柱子下端的一部分,这是个方柱。这次出土物有烧红土块 121 块,筒瓦片 96 片,板瓦片 71 片,砌"桌子"用的方砖 7 块,柱础石 1 块,柱子残部。

第八次挖的是靠北城墙(在第七次挖掘的东边)的一座建筑物。挖掘面积 6 米×6 米。在 50 厘米深处发现有灰色泥土。这个房屋地上有两个柱础石,桂础石上边仍有柱子残部。还有不带柱子残部的柱础石三块。在这些柱础石中间,有"桌子"的残部。根据柱础石的分布情况来看,这是一座 3 米×5 米面积的建筑物,这个建筑物的门可能是带廊檐的。这次出土物有柱础石 8 块,残柱下部 2 块,砌"桌子"用的方砖 8 块,残瓦当 18 块,板瓦片 98 片。

第九次挖掘仍在北城(在第八次挖掘的东边)。挖掘面积 1.7 米×4.5 米。在 50 厘米深处发现灰色土质的房屋地面,地面上有不少瓦片和一些木炭、柴灰等物。

第十次挖的是在“高瓦—道布”东北 30 米处的一座建筑物。挖掘面积 1 米×9 米。在 25 厘米深处发现青色土质的房屋地面,地面上有一些和泥土混在一起的柴灰和木炭。这次出土物有方砖碎块 10 块,筒瓦片 57 片,板瓦片 37 片。

第十一次挖的是在东城(在第二次挖掘的北边)。挖掘面积 1.45 米×2.5 米。在 40 厘米深处发现青色土质的房屋地面,地面上有很多柴炭。这里的出土物虽然和过去几次挖掘的出土物完全相同,但值得注意的是发现了可以复原成完整的板瓦,瓦长 60 厘米,上部宽 37 厘米,下部宽 50 厘米。此外还有很多大型板瓦片。

第十二次挖的是在南城。挖掘面积 4 米×4.4 米。在 20 厘米深处发现青色土质的房屋地面,地上有未加工的柱础石 4 块,大小各 35 厘米×37 厘米。这些柱础石仍在它原来的位置上未动。在这里发现有可以复原成完整的筒瓦,瓦长 53 厘米,宽 20 厘米。

离开高瓦—道布域东南角 190 米远处,有一座建筑物遗址,面积 15 米×15 米。在这个遗址上有几个未经加工的石块露在地面。包括这些石块在内,进行了 11.2 米×2 米面积的挖掘工程,在 30 厘米深处发现了青色土质房屋地面。在东部出现了用石板压在上面的尸体和十来块石板。尸体的葬法是,头向东,面向北,两手垂直靠着身体伸开,以右侧曲足而卧,并没有什么被褥。殉葬品有骨镞 1 个,长 6 厘米,尖粗 0.2 厘米,尾部粗 1 厘米,柄长 1.6 厘米,柄粗 0.5 厘米。普尔赉认为这个骨镞可能是属于石器时代末期的。普尔赉又断定这个建筑物遗址是一处匈奴人祖先的墓葬。他并根据建筑物柱础石已经不在它原来的位置上,和尸体的遗骨不太完整(缺少一只手骨的下半和另一只手骨)的情况,判断这个墓葬是经过被盗掘并盗走了殉葬品的。

普尔赉根据以上发掘的结果和以下的论证,断定“高瓦—道布”及其周围的一些建筑物遗址是匈奴强盛时期的一个祭祀场所:

(1)如前所述,“高瓦—道布”这个名称是和古代蒙古的萨满教有密切联系的。

（2）根据第二、三、七、六、八次挖掘的出土物来看，“高瓦—道布”周围靠着城墙的小型建筑物中都有用方砖砌成的“桌子”，可以断定这种“桌子”是匈奴人用来祭祀的祭桌。

（3）“高瓦—道布”和高瓦—道布城以及它的附属建筑物，在建筑以后，好像没有存在多久；并且在出土物中，除了建筑材料（如砖瓦等）以外，并没有发现有关经济生活方面的器物。这些情况说明，匈奴人本着他们的习惯，于每年一、五、九月集会，在这里进行定期的祭祀，会后便各自四散，仅留下少数几个人看守此城。很明显，“高瓦—道布”及其全城的建筑物是曾经因为遭到火灾而被焚毁了的；在纵火以前，很可能已被劫掠一空，所以在遗物中看不到什么祭祀的用具。

（4）匈奴人在公元前 118 年（汉武帝元狩五年）以后，主要活动在大漠以北，“高瓦—道布”就是属于匈奴人移居大漠以北之后这一时期的遗址。“高瓦—道布”的被焚毁，可能在匈奴分为南北以后，北匈奴不断被汉朝和鲜卑、丁零等族攻击，公元 85—93 年（后汉章帝元和二年—和帝永元五年）这一时期的。

（5）除了以上的情况足以说明“高瓦—道布”是匈奴人的祭祀场所以外，在它的附近还发现有匈奴人祖先的墓葬，这也可以证明“高瓦—道布”确是匈奴人的祭坛。

（6）建筑物上用的瓦是大型瓦，瓦纹虽不大细致，但也富有地方特色。例如瓦纹的花样，有很多就和现时蒙古人、布利亚特人的“角形花纹”特别类似。另一方面，这些花纹也和诺颜山匈奴古墓出土的陶器上的花纹相同。但是瓦的形制和制法受到汉朝建筑学的影响也是相当大的。

（四）德尔津方台地遗址

德尔津方台地在蒙古中央省孟棍茂利苏木（乡）辖区，位于克鲁伦河右岸支流德尔津河左岸，当地人把它叫作“哈萨尔城”。1925 年，苏联科学院的弗拉基米索夫曾在此地进行发掘，并认为这是一个军营遗址，但没有确定属于什么年代。1949 年,苏联吉谢列夫在蒙古中央博物馆观察了弗拉基米索夫所发现的一些出土物以后,认为德尔津方台地是匈奴时期的一座古城遗址。这是一座用土夯打而成的方城。城周围以城壕(水城),面积 235 米×235 米。城墙现有宽度 10—15 米,高度仅 50—80 厘米。城壕现有宽度 3—6 米,深度仅 30—70 厘米。城内有两座建筑物遗址,面积一是 25 米×30 米,一是 30 米×55 米;现有高度一是 2. 5 米,一是 2—2. 5 米。这两座建筑物遗址可能是大型建筑群组成部分之一。此外还有两座小型建筑物,面积一是 15 米×17 米,一是 20 米×25 米;高度一是 1. 3 米,一是 1. 6 米。普尔赉在这里进行了大规模的发掘 1 处,小规模的发掘 11 处。

第一次挖的是城西北部的大型建筑物的北部。挖掘面积 19 米×1 米。挖到 3 米深处,便已了解建筑物原来是一座夯打而成的土壁瓦顶房屋。这次出土物有筒瓦片 312 片,板瓦片 115 片。由于出土瓦片非常破碎,因而很难测定瓦的大小。至于那些瓦片的制法和花纹,则是和“高瓦—道布”出土的相同。

第二次挖的是上述大型建筑物的中央部分。挖掘面积 2 米×2 米,深 50 厘米。这次出土物有筒瓦片 237 片,板瓦片 187 片。

第三次挖的是城中央(即南北城门之间的直线上)的大型建筑物。挖掘面积 15 米×1 米。在 50 厘米深处发现夯打的房屋地面。这次出土物有筒瓦片 225 片;板瓦片 109 片,朽木 1 块。从这里获得了几乎完整的一片大板瓦。这片板瓦虽比“高瓦—道布”出土的大板瓦略小,但它的制法和花纹却是相同的。

第四至十次挖的是属于大型建筑物的组成部分的小型建筑物。挖掘面积 1 米×2 米或 2 米×3 米不等。在 30—50 厘米深处发现房屋地面,墙壁是用当地泥土夯打而成的。在这些遗址中发现了一些残瓦片。

第十一次挖的是西面城壕的遗址。挖掘面积 1 米×3 米。挖掘的结果,了解到壕深原来在 1 米以上。出土物有残瓦片 12 片,残瓦当 2 块,带有菱形花纹的砌“桌子”用的方砖碎块 1 块。

第十二次挖的是在第三次挖的大型建筑物的东侧。挖掘面积 1. 5

米×3 米。在 25 厘米深处发现夯打的房屋地面。这次出土的残瓦特别多,计有筒瓦片 731 片,板瓦片 984 片,另砌“桌子”用的方砖碎块 1 块。

根据以上发掘的结果,普尔赉断定:

(1)德尔津方台地这个城址和它的建筑物,是和“高瓦—道布”属于同一时期的;吉谢列夫认为这是属于匈奴时期的遗址的论断,依据这里的出土物得到了进一步的证实。

(2)在这里并没有发现有关经济生活方面的遗物,这一点也和“高瓦—道布”相同。因此可以断言,此处和“高瓦—道布”一样,是一个祭坛;除祭期以外,仅有很少数的掌管祭祀的事务人员留守,所以他们并没有留下什么遗物。

(3)德尔津方台地是和“高瓦—道布”在同一时期被破坏的。但根据这里并没有发现被烧毁的痕迹及根据第十二次挖掘的很小的面积(1.5 米×3 米)内竟发现数百片残瓦片等情况判断,这个遗址并没有遭到火灾,而是被拆毁的。

(五)布尔黑方台地遗址

布尔黑方台地在蒙古中央省孟棍茂利苏木(乡)辖区,位于东布尔黑河右岸,这是一座规模不大的古城遗址。当地人传说,此处是“性情暴烈的男萨满人和女萨满人的故居”。这是一座方城,城内有两处建筑物遗址。方城面积 180 米×180 米,两处建筑物的面积是 18 米×30 米和 28 米×29 米。方城和建筑物已被埋没得几乎难以认清。城墙的东南角且已被东布尔黑河冲去。

普尔赉在这里进行了五次发掘。第一次挖掘面积是 6 米×2 米,第二次挖掘 2 米×18 米,第三次挖 3 米×6 米,第四次和第五次都是挖 2 米×2 米。从这五次的挖掘中,发现了和“高瓦—道布”、德尔津方台地出土一样的残瓦片甚多,这说明这个遗址和上述两处遗址是属于同一时期的。

普尔赉综括了以上三处遗址的发掘结果,提出了如下的小结:

(1)上述三处城镇的遗迹,是有助于研究匈奴社会经济关系及文化发展情况的新资料,也是有关古代蒙古和中央亚细亚城市历史的新资料。

(2)这三座古城所用的瓦并不是由外地输入的,而是用当地的泥土制成的,因为匈奴人自己能制造陶器。这种判断,可以依据诺颜山和南部西伯利亚的匈奴古墓以及布利亚特的匈奴古代城堡等出土物获得证实。

(3)这种社会生产,并不是单纯由匈奴人自己参加,而是有好多奴隶参加。这些奴隶,主要是在掠夺战争中,从外族(汉族等)掳掠得来的。根据所出土的瓦的形制和制法,可以看出受到汉族的影响是很大的。以单于为首的匈奴侵略者,把战争俘虏充当奴隶,不仅役使他们从事畜牧业和小规模的农业,而且役使他们从事手工业。

五、墓　葬①

匈奴墓葬在我国境内发现的不多。截至 20 世纪 50 年代,唯一的一座经过科学发掘的匈奴墓,并不是在匈奴人的聚居区,而是在汉代长安城的上林苑(今陕西省西安市长安区沣西客省庄)②,有些考古学者认为,这墓中的死者可能是个匈奴的使臣或使臣的随员。可是在当时蒙古人民共和国各地,苏联和蒙古学者在他们国内、在 20 世纪 60 年代以前的数十年间,却发现了和发掘了不少匈奴的墓葬。这些考古资料,对于研究匈奴历史有很大的史料价值。本文第一部分将根据蒙古考古学家策·道尔吉苏荣的一篇考古文章——《北匈奴的坟墓》③,简单地介绍一下古代漠北匈奴墓葬的情况。

---

①　原作《匈奴墓葬简介》,载《匈奴史论文选集(1919—1979)》,中华书局 1983 年版。

②　参阅《沣西发掘报告》(中国科学院考古研究所编著、文物出版社 1963 年版)和《考古》1959 年第 10 期考古研究所沣西发掘队《1955—1957 年陕西长安沣西发掘简报》中的客省庄第 140 号墓。

③　参见 1956 年乌兰巴托科学委员会出版的《科学院学术研究成就》第 1 期,原文是新蒙文。

（一）公元前7—前3世纪的匈奴墓葬

最古的匈奴墓葬是一种封丘、方形的石墓（简称方墓）。现时被发掘的方墓已有几十处。最早的方墓是属于公元前7—前3世纪的。公元前3世纪以后，这种形式的墓葬依然存在。在公元前7—前3世纪的方墓中，常常发现许多马、牛、羊等牲畜的骨骼，在方墓分布地区还发现了许多鹿石（有时把这些鹿石立在方墓的一角）①，这说明在公元前7—前3世纪这个时期，方墓的主人主要是经营畜牧业和狩猎业的。但从方墓分布的地区还经常发现属于公元前7—前3世纪的石臼来看，方墓的主人也从事农业。在蒙古、苏联南部西伯利亚以及我国（中国）北部，都曾有相同的石臼出土，而这些出土物的年代也是相互一致的。

方墓的葬式是仰身直肢葬，头向东、北或东北。在尸体两侧放着许多随葬品，其中有铜制颈饰、琉璃珠、铜镞等。这些随葬品和阿尔泰、南部西伯利亚、鄂尔多斯的墓葬出土的完全相同。方墓中还有陶器，这些陶器大体上可分为两类：一类是泥质红陶带把手的陶器；另一类是夹砂红褐陶或夹砂灰陶的大口浅腹器，表面常饰以粗条纹。

蒙古的方墓和南部西伯利亚的方墓一样，也随葬有铜、铁镞和斧，柄上有兽形装饰的铜刀，兽纹铜镜，铜马衔等。此外在南部西伯利亚的一个方墓中埋葬着铁马衔。从以上情况来看，在公元前7—前3世纪这个时期被埋葬在方墓中的主人，曾经是使用过铁器的。

在公元前7—前3世纪的时期，虽然还看不出有氏族组织解体的迹象，但苏联考古学家吉谢列夫从有些后期方墓的四周出现院墙的情况判断出，这是家庭对于氏族组织及其瓦解起了很大影响的一种象征（参阅吉氏著《蒙古史》）。

方墓中出土的陶器、铜斧、铜镞和铁马衔等物，都和以后其他的匈奴

① 原文作“鹿石”，为一种上面刻有鹿形的石头。

墓葬中的出土物相同；而匈奴的普通墓葬，其地上形状及随葬品，也是和方墓一样的。

（二）公元前3—前2世纪的普通匈奴墓葬

自公元前3世纪开始，便能看出匈奴的社会已经出现了贫富的差别。从这个时候起，匈奴的向外侵略也日益加剧起来。这种侵略行为，是和匈奴社会经济的发展变化有着密切联系的。从公元前3—前2世纪的方墓中发现了很多铁器，这和当时匈奴的贫富分化、向外侵略等情况是相适应的，这说明方墓的主人就是广泛使用铁器的匈奴人。公元前3—前2世纪的方墓出土的铁马衔，制法精致，质量也高，因而道尔吉苏荣认为很难说从这个时期才开始使用铁器；如果和乌兰巴托博物馆所藏的铜柄铁头器具联系起来观察，可以断定在公元前5—前4世纪的时候，匈奴人就已经使用铁器了。

公元前3—前2世纪的普通墓葬的地上封丘形状，大体上可以分为下列三种类型：

一是用大块长方形厚石建筑起来的小方墓，墓顶突出在地面上（但这种形式的墓葬多属于公元前3世纪以前的）；

二是在地面上的外围石块中间有方形小院墙的方墓，墓顶不突出在地面上；

三是“制钱背面花纹形”的方墓①，墓顶也不突出在地面上（以上两类墓葬多属于公元前3—前2世纪的）。

在第一类墓葬中发现了铁马衔。道尔吉苏荣认为这种铁器虽然是属于公元前4世纪末至前3世纪初的遗物，但是第一类型的方墓，总的来说是属于青铜器时代（前7—前4世纪）的；同时根据第二和第三类型的墓葬的出土物来看，已经是广泛地使用了铁器，因此这两类墓葬应该是属于

① 原文作“制钱背面花纹形”的方墓，因原墓未经目睹，原文亦未附图片，故其形式颇难推测。

公元前3—前2世纪的,这两类墓葬已经是后期的方墓了。从这两类墓葬的周围有了方形和圆形的院墙(类似围墙)及在院墙四周还出现了许多极其贫困的小墓来看,吉谢列夫认为这是氏族组织解体的象征。

从公元前3—前2世纪开始,除方墓以外,还出现了许多大小不同的突出地表上面很高的丘形和鄂博形(鄂博,即用石头堆积成的丘状物)的圆形石墓。

这些墓葬的墓圹内有双重围墙。棺的做法,有的用木板做成,有的用原木刳制而成。葬式是仰身直肢葬,头向北。出土物有陶器和铜器、铁器等。

1. 陶器

(1)是细颈、侈口、扁凸腹器,呈橙红色或灰色,有时还带有暗黑色的斑点,陶质为夹砂粗陶;

(2)是颈较粗、有沿的深凸腹器;

(3)是敞口、有沿、微凸腹的小型陶器,其底径与口径相等,陶质为夹砂粗陶。

除以上三种器形外,还有一种坛状小陶器。几类陶器的花纹虽然各不相同,但一般来说,多饰以篦纹或附加堆纹。

2. 铁器

(1)三角形有铤镞和三棱有铤镞;

(2)刀、剑残片及其他铁制品;

(3)铁马衔。

3. 青铜器

(1)与上述铁镞形制相同的铜镞;

(2)铃形的有三角孔的装饰品;

(3)刀、剑残片;

(4)中国铜钱和铜镜;

(5)方形钟;

(6)铜马衔;

(7)两三个野兽搏斗的铜饰牌和牛、马头形或体形的铜饰牌;

(8)叶状装饰品。

此外还有石制品和玉环出土。

道尔吉苏荣从以上出土的资料论定,匈奴人自公元前3—前2世纪已经广泛地使用了铁器,从这个时期起,匈奴的氏族组织趋于解体,原始社会开始瓦解了;铁器对进一步推动原始社会进入阶级社会起了很大的作用。

第二和第三类型的方墓分布得不太广泛,而丘形和鄂博形的圆墓却分布得比较普遍一些。道尔吉苏荣因此断定第二和第三类型的方墓只是第一类型方墓的残余形式,接着第一类型方墓而出现的主要是丘形和鄂博形的圆形石墓。从而又判断第一类型的方墓应该是属于青铜时代(前7—前4世纪)的,换一句话说,就是氏族组织还没有解体时期的匈奴墓葬。第二类型和第三类型很可能是属于氏族组织趋向解体的过渡时期的墓葬。在过渡时期以后、进入了阶级社会时期(即公元前3—前2世纪以后)的匈奴墓葬则是丘形和鄂博形的圆形石墓,其中丘形墓是属于比较早期的墓葬。

(三)公元前3—前2世纪的大型匈奴墓葬

规模较大的匈奴墓葬是在诺颜山的苏珠克图、珠鲁木图和郝珠鲁木图三个谷口。这里除分布有上述的普通墓葬外,还有许多大型墓葬。这些大型墓葬都有一个凸出的部分——墓道。历史考古文献上认为这些大型墓葬大多是匈奴单于及贵族的墓葬,其中的出土物非常丰富。这些出土物的形状及制法,都和上述那些小墓的出土物相同。大型墓葬的墓室长6米,宽3米,高6—9米。内有木棺,尸体仰卧,头向北,手足直伸。

1954年道尔吉苏荣等在诺颜山发掘的第3、8、9号墓及科斯洛夫曾发掘过的“安德列夫墓”①，都是公元前3—前2世纪这个时期的大型墓葬。

第3号墓的封丘不是方形而是圆形的，直径21米，前部高50厘米，后部高15厘米，中部有直径5米、深50厘米的陷坑，从里面挖出不少大石块。这是把墓坑用土填满以后，在周围21米面积上摆上大石块，然后再用土盖好的。在1.3米深处发掘出夹砂粗陶片，这些陶片里面粗糙，外表稍光滑，有暗色花纹。由陶片断面看，内呈红褐色，但也有些陶片没有饰以花纹。在1.55米深处发现泥质陶片。这些陶片也是里面粗糙，外表光滑，呈橙红色。在1.7米深处，靠墓坑西壁，有一块腐朽了的相当厚的木板，长约1米，这可能是墓穴盖的残片。因为从坑口2.3米深处（即上腐朽木板以下7厘米的深处）发现了垫在尸体下面的木板，可见原来是把尸体放在方坑的木板上面，再用木板把坑口盖好的。在墓里发现了如下的随葬品。

1. 陶器（大体上可以分为三类）

第一类，敞口侈唇的浅凸腹器。底部有方形凹坑，由颈部一直到底部都有不甚明显的垂直线纹。陶质是泥质红陶，表面呈橙红色，还有暗黑色的斑点。这些陶器都是残片，根据它的口沿和底片来看，高度不超过50厘米，因为器形是扁圆的，容量可能相当大。

第二类，肩部有横纹，横纹以上有好多垂直的不太明显的线纹，横纹以下到底部，则有垂直的明显的线纹。这些都是小型陶器。陶器内部光滑，陶质为泥质黑陶，表里都呈纯黑色。

第三类，陶片的表面有一道带纹，很可能是陶器的肩部饰以一周带纹。其陶质为夹砂橙陶，内部不太光滑。

2. 铁器

在铁器中最值得注意的是铁马衔。马衔相当粗大，两端有长方形的

① 据策·道尔吉苏荣在《北匈奴》一书（1961年乌兰巴托出版）中说，因为安德列夫首先发掘过这座墓葬，故把他的名字定为这座墓葬的名字。

环。这种铁马衔是由六个部分组成的。在这个墓里还发现了很多大小不同的铁环，其中有些是马肚带上用的。有的是半圆形的，具体地说，铁环的前半部是圆形的，后半部是方形的，并附有铁舌。还发现了很多铁片，其中有的做成三瓣花的形状，一侧有把，另一侧印有布纹或木纹。此外，出土物中铁镞也是值得注意的，镞和铤共长 13 厘米，镞长 3 厘米，是三角形的。

第 8 号墓在苏珠克图谷口的东南方，其封丘也是圆形的，直径 13 米。北部不凸出地表，相反的南部却高出地表 0. 3 米，中部仍有 9 厘米陷坑。从 70 厘米深处发现了马形铁片，其下端有两个长圆形孔，其中一个已经裂开，这是把马形铁片钉在某种东西上的钉孔。在 1. 7 米深处发现了小铜铃。铃纽上附有皮带，铃内还有系缚铃舌用的线绳。铃舌是用铁制成的。和铃一起，还有一撮毛鬃，可能是铃穗。从铃的附近又发现了和第 3 号墓相似的铁马衔，它的特点只是衔的两端扁平。此外还发现不少铁屑（这个墓的发掘工作还没有做完）。

第 9 号墓在第 8 墓的东北，相隔 10 米。封丘是一个直径 16 米长的圆丘，中部有直径 5 米、深 50 厘米的陷坑。墓的北部高出土表 30 厘米，南部高出 50 厘米。封丘用石砂混泥制成，在其下面有相当于蒙古包地基那么大的范围内铺着石头，在石头下面才是墓穴。把墓穴挖下去两三米深以后，就出现灰炭相混的黑泥层。埋葬尸体的墓穴的穴壁内部是黑色土，壁后面用红土夯填，红土后面是用松软黄土夯打制成的。墓穴长 2. 7 米，宽 1. 6 米，深 1. 2 米。

墓穴西北角有夹砂红陶器，已经破碎不堪。这种陶器的表里都较光滑，无花纹，口沿外侈，扁圆，下端尖细，底厚。在上述陶器的东南方有暗纹黑陶盘。

在黑陶盘的北方，有一个形似附有大灯芯的佛灯状的铁器。在墓穴的东北角有一个长颈、精致的铜器，扁圆形，有很高的圈足，两侧有花纹，并附有提梁，没有底。在它的前方还有一个敞口的、肩部稍粗、下部稍细的铜器，是长方形的，口部原来可能有两个提梁，外部带有很多的烟苔，底部也有小型的提梁，可能是准备用梢皮绑在马鞍上用的，可见是带在马鞍上的“小锅”。在这个“小锅”里放着马腿骨等骨骼。在上述两个铜器中间发现了铁马衔，这个马衔和第3号墓中的铁马衔完全相同，不过有些不大完整。此外还发现了马肚带椭圆形铁环等铁器。

“安德列夫墓”的顶端高出地面，看来好似土丘。发掘至8米深处发现了墓穴的盖，但盖下面未发现墓穴的壁，以后才发现在棚盖的南北两端是用大石块压着的。安德列夫在他的日记上写道：“把尸体放在墓穴里，再用数重石盖压好。”在盖的上下发现五个三棱镞，二个四棱镞。还发现粗制的铜勺、铜提梁、铜壶嘴以及很多铜、铁器残片，还有碗片和黑陶片40块。

道尔吉苏荣认为，从苏联德尔苏图、苏兹和伊里木谷口等地很多的大墓（详后）中，从“安德列夫墓”中，以及从第3、8、9号墓中出土的铜镜，根据它的花纹和制法来看，是属于汉代初期的遗物，还有从上述墓葬中出土了公元前118年（汉武帝元狩五年）铸造的铜钱，由此可知这些古墓都是属于公元前3—前2世纪的。

（四）公元前2—前1世纪的匈奴墓葬

前面已经谈了关于三种类型的方墓和属于公元前3—2世纪的大型墓葬，以下打算谈一些关于公元前2—前1世纪的方形、丘形和鄂博形的墓葬。这些墓葬，有的把棺木放在不深的墓穴中间，有的把尸体放在间隔成1—3米部分的墓穴中。葬式皆为仰身直肢葬，头向北。1—2米深处有灰、炭、墓穴盖，1.5—4米深处有棺木。放棺木的墓穴的长度是根据墓室的多少而定的，一般的有三个小墓室，墓室都有地板，两侧的宽度互不相等。一般来说，尸体放在大室里，小室里放有畜骨和其他物品。

在普通的墓葬中，有的墓主是很贫困的，有的则有许多随葬的金银物品。金银物品放在墓室南壁里面。此外还发现许多铜、铁、木制的器物和碎骨。在一个墓里发现两个灰白色铜镜。铜镜一面光滑，另一面有印制花纹（花纹的中部多是角形纹）。镜上附有纽，纽的周围有双行并行的条纹，条纹间有类似文字的花纹。另一个铜镜上还有“P”形花纹。这两个铜镜是属于公元前 2 世纪末至前 1 世纪初的。从诺颜山第 24 号墓中发现了四角形的中部有孔的铜器,从第 26 号墓中发现了三耳有把手的圆形铜器。出土物证明,这些墓葬都是属于公元前 2—前 1 世纪的。此外从这些墓葬中发现了很多弓上的骨制附件和骨制筷子等。有些骨器上绘有精致的兽类图画。

属于公元前 2—前 1 世纪的墓葬,还有 1928—1929 年苏联学者苏斯诺夫斯基等在伊里木谷口发掘的某些墓葬。这些墓葬的封丘是用石块堆积成方形的,在 4—6 米深处有木构墓室,墓室内外用丝织品作衬,衬上附有 3—4 瓣花朵模样的东西,有些花朵上还有涂金的痕迹。这里的出土物和苏兹地方鄂博形墓葬的出土物大致相同,其中的铜马也和库可河出土的完全一样。考古学家认为这种铜马属于公元前 1 世纪的遗物。此外科斯洛夫在诺颜山所发掘的第 23 号墓也是属于公元前 2—前 1 世纪这个时期的。

伊里木谷口和诺颜山两地墓葬的出土物,在数量上虽然有所差别,但二者都是匈奴的贵族墓葬。第 23 号墓封丘是方形的,前部有 17. 5 米长的细长的墓道。封丘全部是用石块堆积成的,两侧高度各 38 厘米,前部高 1. 4 米。在 6. 5 米深处发现有很多马牙,马牙的侧面有很多乱放着的木片,这可能是原来墓盖的残片。科斯洛夫是从墓顶挖下去的。在很多的出土物中发现有黑色的农作物的种子。

诺颜山匈奴墓葬中,以第 23 号的出土物为最多。其中有 80 片小金片和金制品,有些带有各种花纹,有些是镶有宝石的。还发现很多银制品、壶片、木杓(长 38 厘米)、木俑、车网等物。还有白玉人形,其上有三孔,可见它是另一种物品上的附件。还有很多丝织品,其中有一块绒毡垫,上面放有四个釉陶碗的碎片(共 13 片)。此外还有 16 块陶片。

根据以上出土物来看,这些古墓都是属于公元前 2 至前 1 世纪的。

科斯洛夫在诺颜山所发掘的第 6 号墓,位于苏珠克图谷口的北面,是苏珠克图谷口墓群中最大的一个墓。这个墓的封丘是方形的,每边各长 24. 5 米,北部高 1. 62 米,南部高 1. 95 米。下面有细长的墓道,长 25. 2 米,宽 9. 5 米。墓封顶部有坑陷处,直径 3. 5 米,深 2 米。挖至 4—5 米深处有大石块,6 米深处有炭,9.5 米深处有泥沙,10.5 米深处有椽木(椽木在墓穴北侧),11.3 米深处方见尸体。尸体围以双重木墙。① 随葬品主要集中在内墙南部角落。这是盗墓者为了搬出方便,放在自己的出口处的。

根据遗物的分布情况来看,外墙的里面或内墙的里外,都是用丝织品衬托的,地板上还铺着毡子。壁衬和地毡上面绣有很精致的各种动物。还发现了汉人和希腊人制造的丝织品很多。还有衣、帽、裤、靴等服装,铜锅,釉陶碗,陶器,金银物品,装饰品,鞍辔零件,刀以及镀金的各种环子和镶有宝石的各种贵重器物。此外还发现了弓箭、车器和一只"碗"②,根据碗底的字认定是公元前 2 年的。因此大体上可以推定这座墓是属于公元前 1 至公元 1 世纪的。

道尔吉苏荣在叙述了以上各种匈奴墓葬的形制、出土物及其年代之后说,根据上述墓葬的情况来看,差不多每一座墓都发现有许多马、牛、绵羊、山羊的骨骼,可见匈奴人主要是经营畜牧业的。从很多墓葬中还发现有谷物、农具以及与农业有关的大型陶器,这说明农业也占有很重要的地位。此外还发现有优质而精致的金属制品,可见金属制造业也有相当大的发展。同时有些玉器虽然制自汉人,但也应注意具有匈奴人自己的特点。以上的情况说明,匈奴人的社会经济,自公元前 3 至 1 世纪的时期,已经达到了相当发展的阶段。正因为这样,所以在中央亚细亚的游牧和半游牧的部落中,匈奴人最早建立了自己的国家。

1961 年,蒙古人民共和国乌兰巴托科学委员会出版了一本《北匈奴》,作者就是上文提到的策·道尔吉苏荣。该书除"序言"及附图外,共分五章,约八万言(以汉译文计算,原文为新蒙文)。内容主要根据 20 世纪 20 年代初至 50 年代末这 40 年间,苏联和蒙古的考古学家在漠北发掘数百个匈奴墓葬的出土文物,对匈奴的墓葬、村镇、经济、社会、政治、文化及出土文物的年代,进行论述和考订。该书在史学上的价值不如在史料上的价值大。因为书中对匈奴的经济、社会、政治和文化,不仅论述很少

① 原文作"木墙"。推测当为木椁墓,有双重木椁,或棺、椁各一层。

② 诺颜山第 6 号墓出土的这个所谓"碗",其实就是西汉蜀郡所造的漆耳杯,也就是羽觞。另详下文。

（仅占全书比例的四分之一），而且因为作者没有掌握足够的文献资料，因此对上述各方面的问题论证很不充分，有些论断且不无商榷的余地；全书多处行文较为紊乱或表达模糊。但是，对于匈奴墓葬则叙述綦详（约占全书一半的篇幅），实际上，作者在书中等于把近数十年来漠北匈奴墓葬的发掘和出土情况作了一个综合报道，可说是一部匈奴墓葬的考古资料集，而且有许多发掘工作是作者亲自参加的。因此本文第二部分将该书叙述匈奴墓葬的情况，结合考订出土文物的年代等章节，作一简单的介绍，以供研究匈奴历史的参考。

匈奴史的研究虽开始于 18 世纪，但直至 19 世纪末 20 世纪初，匈奴考古才成为研究匈奴的重要方法。

最早对匈奴墓葬进行发掘的，是一位俄国医生兼人类学家塔利克·格林策维奇。他在今俄罗斯恰克图附近发掘了一百多座用石块堆成方形或圆形的匈奴墓葬，并把发掘的结果于 1898—1901 年先后公布于世；其中在苏兹（恰克图东北）地方发掘的三十多座墓葬是另外综合发表的；而在德尔苏图（恰克图西南）地方发掘的二十多座墓葬则是后来由苏联考古学家苏斯诺夫斯基于 1935 年发表的。1928—1929 年，苏斯诺夫斯基也在恰克图附近对匈奴墓葬进行过发掘，并把发掘的结果公布于世。

诺颜山（在色楞格河上源今乌兰巴托北 70 英里处）的匈奴墓葬，是 1912 年由一个名叫巴洛勒德的俄国采矿技术人员无意中发现后进行盗挖的。这次挖出的匈奴文物，由赫都金用《诺颜山墓葬第一次发掘》为题把它发表。1924—1925 年，苏联考古学家科斯洛夫领导的研究小组在诺颜山对匈奴墓葬进行发掘。1925 年，科斯洛夫和他的研究小组成员之一铁普洛赫夫都各自发表了他们发掘的情况。但上述已发表的历次发掘报告，大多仅报道了对墓葬的发掘经过和部分的出土文物，并没有发表墓中随葬品的全部内容。科斯洛夫小组的另一个成员特列维尔，1932 年在列宁格勒（今圣彼得堡）用英文出版的《1924—1925 年间在外蒙古的发掘》一书，也只是把诺颜山匈奴墓葬的一般构造、墓中特别珍奇的随葬品及随葬品的位置，作了简单的介绍。

1927 年，蒙古考古学家西姆克夫在诺颜山对匈奴墓葬也发掘过一次,发掘结果由蒙古人民共和国科学院刊印出版。1954—1957 年,策·道尔吉苏荣曾多次在诺颜山进行发掘,并把发掘的结果,于 1954、1955 和 1958 年先后公布于世。

匈奴的墓葬,有的在俄罗斯的恰克图附近,有的在蒙古国中央省的诺颜山、海尔罕山、色楞布贝勒赫山及后杭爱省的呼尼河。现已查明的约有 850 座,已经发掘的有 180 座。墓葬分普通墓葬和大型墓葬两种。

1. 普通墓葬

在已经发掘的 153 座普通墓葬中,计在恰克图的 110 座,在呼尼河的 26 座,在诺颜山的 15 座,在海尔罕山的 2 座。

普通墓葬是从露出地表的用石块堆成方形、圆形或半圆形的封丘而加以识别的。从墓葬内部的构造样式,可以区分为石椁墓、木椁墓和木棺墓三类。

(1)石椁塞

道尔吉苏荣于 1956—1957 年在呼尼河发掘了 26 座普通墓葬,其中 13 座(编号第 1、2、3、4、5、6、7、8、9、16、17、19、24)是有石椁的。这些墓葬的封丘大都是圆形。墓圹 1. 5—2. 5 米深处即是用中型石块垒成的石椁。石椁长 1. 8—2 米,宽 1. 2—1. 5 米,高度虽因石块的大小而不同,但一般都是 0. 2—0. 5 米。

石椁里面是死者。葬式是仰身直肢葬。头部放置陶罐 1—3 个,颈部放置念珠、绿松石和残缺不全的金首饰,胸部还有丝织品残片、椭圆形小铜铃和木碗,腰部放置木柄铁刀、铁马衔、铁环、铁器碎块和我国(中国)漆器残片等物。

(2)木椁墓

塔利克·格林策维奇 1896—1897 年在伊里木盆地(恰克图东北 20 公里,靠近苏兹河中游)发掘了 32 座普通墓葬,其中 29 座是木椁墓。他 1900 年又在南苏兹(第 6 号)和中苏兹(第 1、2、3、4 号)发掘了 5 座木椁墓;其后又在西朗布尔敦(恰克图东 14 公里)发掘了两座(第 1、2 号)木椁墓。此外,其他学者也先后在奥尔格依(恰克图东 14 公里)地方,1954

年在诺颜山,及 1956—1957 年在呼尼河,都发掘出木椁墓。

木椁墓的形状和石椁墓一样。

木椁在墓圹 1. 5—4 米深处。木椁有大有小,是用 1—3 排圆木搭成的,大体上有长方形和细长梯形两种。长方形的长 1—3. 5 米,宽 0. 4—2 米;梯形的长 1. 75—3 米,上部宽 0. 5—1 米,下部宽 0. 25—0. 75 米。木椁内有用横木隔开的两三个小墓室(伊里木盆地有 6 座墓葬是如此),前室较大,用来停放尸体,后室较小,用来放置牲畜骨骼及其他随葬品。

死者头向北,仰身直肢葬。但有一座墓葬的死者,他的两腿和两臂却是相互交错的。此外,有 3 座墓葬的死者是头向南的。随葬品和石椁墓基本上相同,只是石椁墓把陶罐放在死者的头部,而木椁墓则既放在头部,也放在足部。死者的颈部多有珠子和石制的饰物。死者的右侧还放置弓、箭、刀、剑、马衔、马镫、骨制鞍峰、青铜镜、玉石、戒指等物。木椁内外都有牛、羊、马、骆驼的骨骼,但这些牲畜的头骨则全放在死者的头部和胸部附近。呼尼河第 12 号墓北面椁壁上钉着饰有日月的金片(其他地方的墓葬也发现过这种情况),道尔吉苏荣认为这是匈奴人有宗教信仰的证明。

(3)木棺墓

塔利克 · 格林策维奇 1900—1901 年在恰克图西南即得河德尔苏图地方发掘了 26 座墓葬,其中 9 座是木棺墓。古兹尔梅格依山峡的昂得尔沙地上有 30 座墓葬,其中两座是木棺墓。这些墓葬,因风雨侵袭,受到严重破坏,已无法辨明它的形状,只是根据其中的人骨、兽骨、陶罐和铁器碎块等,可以认出是匈奴的墓葬。这些墓葬都在今俄罗斯境内,至于蒙古国境内还没有发现这类墓葬。

木棺埋在墓圹 0. 5—1. 5 米深处,有长方形和细长梯形两种。长方形的长 1. 5—2 米,宽 0. 3—0. 35 米;梯形的长 1. 9—3 米,上部宽 0. 58—1. 75 米,下部宽 0. 45—1. 5 米。

死者头向北,仰身直肢葬。棺内四周覆有布帛,布帛上钉着许多兽形的青铜片。死者的胸部、腿部大多放置珠子和下端隆起、上有三角形小孔的铜饰品及其他铜饰品。死者身边还有一些丝织品残片,大概原先是死者的衣服或覆盖棺木的用品。死者的头部和足部都放置各种陶罐,有时股骨旁边还放置我国汉代的铜币(“五铢钱”)。女性墓葬中还在死者头下发现头发。大部分墓葬内都有牛、羊、马、骆驼的骨骼和鹿角。

(4)普通墓葬中出土的随葬品

普通墓葬中发掘出不少随葬物品,计有:

马具——马鞍、马衔(有的带别棍)、马镫、骨制鞍峰、骨圈。

武器——弓、铜箭镞和铁箭镞(有的三棱、有的四棱)、木把铁刀、骨把铁刀。

器皿——陶罐、釜、碗、盘、碟、勺子。其中以陶罐为最多,形状不一,有大口或小口,有颈部细长或颈部较短,有肩部宽、下部细,有口、腹均特别宽大,有体积极小而状如坛子。内中有一盘状陶器,中分二格,用途不明。

衣饰——普通墓葬中没有发现完整的衣服,只在木棺墓中残存着一些红色和绿色的绸缎碎片。饰物有珠子、铜饰品和金饰品,这些饰物原先大概是镶在死者的衣服上的。女性墓葬中,死者的头部和颈部都发现金耳环、银耳环、琉璃珠、玉石或红黄蓝绿等色的宝石。有两座墓葬,死者的手上还有铜戒指。有的墓葬还发现了镜子。

牲畜骨骼——普通墓葬中都有牲畜的骨骼,其中以牛、羊的骨骼为最多。也有马的骨骼,有的墓葬内甚至有四个马的头骨,道尔吉苏荣认为这说明当时马不仅供人骑乘,也被当作食物。此外也有鹿、野驴、鸟类的骨骼,道尔吉苏荣认为当时人也吃这些动物。有两座墓葬发现了狗的骨骼,道尔吉苏荣认为不是当时人吃狗肉,而是与宗教信仰有关。

谷物——普通墓葬中发现了不少谷物,道尔吉苏荣认为这说明蒙古地区在很早的时候就已种植五谷。道尔吉苏荣还说:匈奴人从事耕种并把谷物当作食品,不仅见于公元前1世纪的中国文献,而且现在还能获得他们耕种时使用的农具;匈奴人储藏谷物的方法,是把谷物装在一个下部有孔的大型陶器里,然后放进地下室或放在一个专用的房间内;这种陶器被发现不少,有的陶器内还放着谷物。

道尔吉苏荣认为墓葬内有一些随葬物是与宗教信仰有关的:

(1)如木椁墓中放置饰有日月的金片(共发现有两个墓葬是如此),因为匈奴人崇拜日月,故把饰有日月的金片钉在死者头部附近。

(2)墓葬内发现有狗的骨骼。

(3)匈奴人为了向死者继续供应食品和饮料,故在墓中存放肉类和饮水,甚至把整只羊随葬,因此有的墓葬竟发现三具完整的羊骨骼及十多个带有下颚的羊头骨(1955 年在诺颜山苏珠克图阿茨山口的一个匈奴墓葬里,便发现过这种情况)。这当然是与宗教信仰有关。

(4)从出土物考订上述匈奴墓葬的年代。

塔利克·格林策维奇在德尔苏图第 7、9、10 等号的匈奴墓葬中发掘出不少我国的铜币,上面铸印“五铢”二字。道尔吉苏荣根据这些“五铢钱”的样式,考订是西汉宣帝时(前 73—前 49 年)铸造的。因而出土这些钱币的匈奴墓葬,当可推断为公元前 1 世纪的墓葬。

从当时苏联贝加尔湖以南地区及蒙古人民共和国境内的匈奴墓葬中发掘出不少铜镜,其中:

德尔苏图第 5 号墓出土一面;

苏兹第 3 号墓出土两面;

伊里木盆地第 38 号墓出土一面;

呼尼河第 25 号墓出土一面。

此外,在诺颜山的大型匈奴墓葬(第 25 号)中,也出土了铜镜一面。

德尔苏图第 5 号匈奴墓葬出土的铜镜是青铜质的,由于残破不堪,它的样式无法详述。但这个青铜镜还能看出周围是宽边的,围绕着把手处有一些花纹,并明显地镌刻着“TLV”三个拉丁字母。因此西方学者常把这类铜镜叫作“TLV 铜镜”。1956 年在呼尼河第 25 号匈奴墓葬出土过一面破碎了的 TLV 式的青铜镜。道尔吉苏荣考订这类铜镜是西汉时期(前 1 世纪左右)制造的。因而出土这类铜镜的匈奴墓葬,也可推断为公元前 1 世纪前后的墓葬。

匈奴墓葬中还出土了其他样式的铜镜。塔利克·格林策维奇从苏兹第 3 号墓葬中挖出两面铜镜,一面是青铜的,另一面是黄铜的。青铜镜较大,宽边,当中有四个乳钉,乳钉之间有四个 S 形花纹,花纹里侧有一个细小的圆圈，圈内有个钮。黄铜镜很小，外边有一个圆圈，圈内又有两个大小相同的小圆圈，小圆圈之间有[illegible]六个汉字。道尔吉苏荣说，他不知这六个字的读法和译法（我以为这六个字是“见明日以之昌”）。拉布勒瓦（蒙古考古学者）说这种镜子是西汉时制造的，因为从西汉时的汉墓中也出土过这样的镜子。

此外，还有一种铜镜虽然也是TLV式的，但它的旁边有老虎形或蜥蜴形的花纹。苏斯诺夫斯基从伊里木盆地的匈奴墓葬中挖出了一面有老虎形花纹的铜镜，老虎在TLV几个字的里面。科斯洛夫从诺颜山第25号匈奴墓葬中挖出的一面铜镜则是蜥蜴形花纹的。拉布勒瓦认为这些老虎形和蜥蜴形花纹的铜镜都是东汉时（约公元1—2世纪）制造的，因为东汉时的汉墓也曾出土这种铜镜。

2. 大型墓葬（即贵族墓葬）

匈奴的大型墓葬是和普通墓葬混杂在一起的。因为没有分别统计，故不知在已查明的约850座匈奴墓葬中，究竟有多少座是大型墓葬（即贵族墓葬）。现时只知在已经发掘过的墓葬中，有14座是大型的。在这14座大型墓葬中，有8座是由科斯洛夫研究小组于1924—1925年在诺颜山苏珠克图谷口和珠鲁木图谷口发掘的（内一座原是巴洛勒德于1912年盗挖而没有挖完的）；有两座是由苏斯诺夫斯基于1928—1929年在伊里木盆地发掘的；有一座是由道尔吉苏荣于1954—1955年在诺颜山发掘的；还有一座也是由道尔吉苏荣于1957年在呼尼河发掘的，这一座墓葬特别巨大，可惜没有挖完就停止了。

所有大型墓葬的构造和死者的葬式，基本上都是相同的，但墓葬的大小、埋葬的时间及随葬品的种类和数量却不一样，而各个墓葬的发掘经过也不尽一致，故下面将分别加以论述。

大型墓葬的形状非但不同于非匈奴的墓葬，而且不同于匈奴的普通墓葬。这在19世纪末叶已经引起学者的注意，但那时只是因为它的形状特殊而发生兴趣，却不知是匈奴的墓葬。

1896—1897年塔利克·格林策维奇在恰克图东北伊里木盆地发掘了

一座大型墓葬（被定名为10号墓葬），后因过分泥泞而被迫中止；1928—1929年，苏斯诺夫斯基好像也曾继续发掘过这座大型墓葬，但结果不明。

（1）“巴洛勒德墓葬”

1912年，一个在蒙古工作的俄国采矿技术人员巴洛勒德，在诺颜山南麓的苏珠克图、珠鲁木图和郝珠鲁木图三个谷口，无意中发现了一个匈奴墓葬并加以盗挖（这个墓葬后被称为“巴洛勒德墓葬”），在墓葬中获得了锈铜块、锈铁块、烧过的木头、两端有孔的圆形金饰品、金片、女人用的包金角针、大粒琥珀、用黏土塑成的马和骆驼、丝织品碎片、貂皮和旱獭皮碎块等物。巴洛勒德当时把这些出土物的一部分寄往彼得格勒和伊尔库茨克的研究机关，一部分则自己留下。后来科斯洛夫从已死的巴洛勒德的妻子手中买得雕成兽形的琥珀、琥珀球、方形金片、两根有球形花纹的金管（类似烟管）、镶有宝石的金箔和一些人头发。

1924—1925年，科斯洛夫领导的研究小组重新发掘“巴洛勒德墓葬”。该墓长、宽均为35米，高3.2—3.5米，在周围的匈奴墓葬中这是最大的一座。南面有一条墓道，墓道与墓葬连接处宽10.8米，其他部分则宽8—9.35米。墓里有内外两道木椁，木椁上有保护盖，盖是用许多圆木垒成的。圆木上有一个洞，显然是为了进入墓内而凿开的，这大概是巴洛勒德凿的。内外椁之间的通道上，除了一些丝织品碎片和上了漆的木器外，没有其他随葬品。

研究小组在“巴洛勒德墓葬”内捡得一个包袱，包里有作俯卧状的金马、带花纹的金箔、黑色和灰色陶器残片和一些缎子碎片等物。研究小组成员推断是巴洛勒德在盗墓时遗忘、落在那里的。

科斯洛夫研究小组在诺颜山共发掘了4座普通墓葬和8座大型墓葬。因为从普通墓葬获得的随葬品不多，故他们没有提出报告；但从8座大型墓葬中获得的随葬品则很多，现分别摘要叙述如下。

（2）第1号墓葬

第1号墓葬在诺颜山苏珠克图谷口外东部墓葬群的最南端。封丘是四方形，长宽均为21.9米。南面有墓道，长21米，和墓葬连接处宽9米，平均宽6.5米，尖端宽4.5米。封丘北边高1.25米，南边高1.56米，当中高 1.73 米。顶端中央部分向下凹陷,凹陷部分直径 8 米。封丘是用石块和泥土垒成的,8.5 米深处是用圆木垒成的木椁保护盖。下面有两重木椁,也是用圆木做成的,内椁挨着外椁的南壁。内椁里面是棺木,停放在东壁旁边。内椁与外椁之间,东西北三面都有能容人行走的通道。

内椁的里面和外面都有缎子碎片,这说明内椁的两侧原来都覆盖着缎子的。内椁里的墓底铺着覆有彩缎的毡毯。棺木已经腐烂,棺内也没有死者的骨骼。棺底和棺木周围有画着飞鸟的颜料碎片和其他各色颜料碎片。科斯洛夫小组认为那原来是画在棺木上、后来剥落的。棺木外面有不少布片,有的上面还钉着薄薄的金箔。这座墓葬内有不少装在绸布口袋里的人头发。内外椁之间的通道上,东西北三个角落各有一个陶罐。陶罐口大、颈细,肩部突起,愈往下愈细,肩部有两条弯曲的附加堆纹,花纹与花纹之间向下凹陷(东、北角上的陶罐已破碎)。通道上和内椁里还有金片,玉制饰物,带三足的心脏形金属物品,带花纹的铜漏斗,黄铜刀柄,兽头铜像,漆器残块和各色丝织品碎片。

(3)第 6 号墓葬

第 6 号墓葬在诺颜山苏珠克图谷口外东部墓葬群中。封丘是四方形,长宽均为 24.5 米,高 1.62—1.95 米。南边有墓道,长 22.5 米,和墓葬连接处宽 9.25 米。封丘顶端中央部分向下凹陷,凹陷部分深 2.04 米,直径 8.57 米。封丘周围埋有石块。在 10.34 米深处有用圆木垒成的保护盖,但已腐烂。下面有内外椁。内外椁壁上都有布帛碎片,这说明外椁的内侧和内椁的两侧原来都覆有布帛。内椁保护盖上有一块带花纹的毡毯,毡毯上覆有绸布。这块毡毯很大,竟占保护盖一半的面积。

第 6 号墓葬中毡制品颇多,有的还相当完整,这是珍贵的匈奴文物。其中有四件最引人注目,因为它反映了匈奴的文化和匈奴对外族的关系。

第一件:通道上有一块长 2.6 米、宽 1.95 米的毡毯,毡毯上覆有深棕色缎子镶边的红色彩缎。深棕色的贴边上绣有绿、黄、绯红等色花纹。沿着贴边,四周有一幅宽 24—28 厘米的带小方格的刺绣画,画面有用绿色丝线绣成的九棵树,树与树之间各有一对用各色丝线绣成的,作互相追逐状的禽兽,其中四对是鹿和鸟,五对是老虎和犁牛。沿着这幅刺绣的四周,还用绿、黄、绛、绯红等色丝线绣着方形、圆形、叉形和十字形的花纹。彩缎当中则是用丝线绣成的云朵。这块毡毯,据道尔吉苏荣推断,大概是用来覆盖通道的。

第二件:外椁保护盖的内侧,钉有一块长 4.4 米、宽 3.2 米的毡子,毡子上覆有原先是红色、后因褪色变成棕色的彩缎。彩缎上绣着图画,画当中是用各色丝线绣成的树木、青蛙和鱼,四周绣有一宽一窄的两条线,两线之间整齐地绣着各种各样的花草树木,彩缎周围用带方格的粗布镶边。据学者鉴定,这是我国古代的工艺品,是东汉时期制造的。在这座 6 号墓葬内,我国古代的工艺品很多,例如放在棺木西边的一块缎子,就值得提到。这块缎子赭绿色,绣有金黄色的图案,图案上是一个人骑着马在云端翱翔,内中还有"仙境""皇"等汉字。

第三件:外椁壁上钉有两幅大小相同的刺绣品。一幅绣着一株类似椰子树的树木,树旁有一只带翅膀的虎形动物,正伸着脖子翘着尾巴向前奔驰。另一幅绣着一簇花木,花木上端有一只鸟在飞翔,鸟的左爪持盾,右爪持叉,口中还衔着一条蛇。以上刺绣,是用白色丝线为主的各色丝线,绣在深棕色的毛织品上的。

第四件:在上述两幅刺绣品旁边,还有一幅用红、黄、白、绿、棕等色丝线绣在棕色毛织品上的刺绣品。可惜左、右、上方都已残缺,画面形象不大完整。画中绣着一个骑白马的人,马竖着耳朵、伸着脖子向左看,骑马的人则向前看。那个人头戴有护耳的帽子,身穿用皮子镶边的绣花长外衣,脚穿一双鞋面上有横线的软底皮鞋。马缰和马衔都很清楚,只是马衔上的铁环已看不出来。马的前胸有带花纹的圆钉,那是马身上的装饰品。在这个骑白马的左边有一个人(头部已残缺),再左边还有一个人眼睛向前看。右边则是一匹扬着头、一匹低着头的黑色马。此外还有一匹马正用白眼珠警惕地盯着那匹白马注视的方向。这幅刺绣说明,那时的工艺已经很精巧了。

苏联考古学家勃劳乌卡认为,上述第三、四两件刺绣品中的人物,和黑海北岸出土的斯基泰人的金银器皿上及陶器上的人物完全一样,这说明斯基泰人和属于斯基泰的萨尔马特人,已经把希腊式的和巴克达利亚式的工艺品，经由中央亚细亚，传到匈奴去了。

第6号墓葬是诺颜山匈奴墓葬中获得随葬品最多的一个墓葬，除上举的刺绣品外，还有许多丝织品及其他物品，现分述如下。

铁器和铜器——墓葬中有不少铁器，虽大多锈蚀，但还能辨认出形状的计有马衔、马肚带上的铁具和各种铁钉。马衔又细又直，当中很平，马衔上还有两个方形的小孔，大概是系皮条和缰绳用的。

青铜器也很多，内有两耳铜釜，下部宽大、壶嘴特长的铜壶，马衔上的铜钉，铜戒指，铜刀把等，其中有的铜器上面还镀了金。

陶器和木器——墓葬中有不少黑、灰等色的细泥陶片，有的陶片上带有花纹。此外还有汉式的漆耳杯（原文写作“花漆碗”）、木碗，用木雕成的鹿、马，残破了的木轿车、木马鞍，上面画着马奶杵的木盘等。

马鞍是四方形的，穿肚带、吊带、皮条及马镫的孔洞虽然都和现时蒙古人使用的一样，但尺寸比现在的马鞍宽大。道尔吉苏荣认为，匈奴人的马鞍所以又宽又大，是因为马鞍越宽大，人和马就越轻松，马鞍越窄小，人和马就越容易疲劳；那时匈奴人差不多每天都生活在马上，为了适应需要，自然要把马鞍加宽加大了。

漆耳杯的出土很重要，因为它能使我们确定第6号墓葬的年代。这个漆耳杯为椭圆形，两边各有一个把手（按，这种漆耳杯也就是羽觞），把手上有镀了金的铜箔包裹。耳杯里边涂的是红漆，外边则是棕黑漆。耳杯上有杏红色的线条，线条之间有飞鸟和三角形花纹。杯底有“上林”及“建平五年”等汉字。“上林”即汉朝长安的上林苑，建平五年为西汉哀帝的年号，相当于公元前2年。因此道尔吉苏荣推断这座第6号墓葬是公元前1世纪至公元1世纪期间的墓葬。

衣冠——南边通道的东端有一件原来是绛紫色、后因褪色变成黄色的外衣。这件外衣的两肩和身背后都镶有貂皮和旱獭皮，袖口镶有宽约7厘米的旱獭皮。外衣身长1.17米，宽1.94米（连衣袖合计）。外衣没有纽扣和衣襟，衣领上镶有旱獭皮。从衣领可以看出这件外衣曾被穿用过。

东边通道的南端有一条用毛织品做的棕色裤子。两条裤腿各有一道横线,跟上述刺绣品(第四件)中骑白马的人所穿的裤子一样。裤长 1. 14 米,裤腰周长 1. 16 米,裤腿很瘦。道尔吉苏荣认为,裤子的样式跟现时蒙古人穿的一样,只是裤腿稍微瘦些。

裤子旁边还有一双长筒靴,筒长 1. 09 米,靴筒周长 0. 5 米,靴底长 0. 28 米。靴扣为四瓣花形,靴前脸是杏红色缎子,其他部分是棕色花缎子,外有杏红色缎子贴边。这和现时蒙古人穿的长筒靴一样。在这双长筒靴旁边,还有一双黄缎子面的毡鞋,大概是这双长筒靴的套鞋。

内外椁之间东边通道上有一顶带护耳的帽子。帽顶用薄毡制成,外边是毛织品,里边是深蓝色的丝织品。帽后沿外边是红色的毛织品,里边也是深蓝色的丝织品。护耳上有貂皮贴边,里外都是杏红色的缎子。帽后沿和帽顶及帽后沿和护耳间的接连外,也都有貂皮贴边。帽顶有扣绊,护耳有绿色绸带。帽前沿满覆着貂皮,上有两个三角形小孔,小孔间用丝线绣着一个圆圈。道尔吉苏荣认为这大概和一种巫术有关。

通道南边还有一顶相当粗劣的帽子。它的形状,道尔吉苏荣认为与现时蒙古人戴的尖顶帽子差不多。这帽子是把两块缎子缝在一起,原来是红色,现因褪色,已变成黄色了。帽顶也是用薄毡子做的,里面还絮有像棉花之类的东西,帽里是丝织品,上有扣绊和飘带。道尔吉苏荣认为,这顶帽子就是现时的尖顶帽的原来样式,同时说明这种帽子在古时已在蒙古地区盛行了。

饰物及其他——墓葬中有许多装饰品,如金制兽像,银饰,各种玉石,用玉石或其他贵重石料雕成的马、牛、鹿和用玉石雕成的人像等等。此外还有一些用丝织品做成的荷包及其他包囊之类。

综合起来,从这座墓葬共得随葬品 378 种。

(4)第 23 号墓葬

第 23 号墓葬在诺颜山苏珠克图谷口外中部墓葬群的最北端,封丘为四方形,长 19 米,宽 17 米,北部高 0. 83 米,南部高 1. 4 米。顶端中央部分向下凹陷,凹陷部分深 0. 75 米,直径 4. 5 米。封丘的南边有墓道。挖到 6. 1—6. 4 米深处发现许多骆驼牙齿、燃烧不完全的白桦树皮和圆木。

从这个墓葬中发掘出的随葬品有：

金饰品——棺木前面有40片残破不全的金箔,有的上面带花纹。这大概是棺木上、其他用具上或死者衣服上的装饰品,而被过去盗墓的人扔在那里的,其中有一片上面有一只俯卧着的马。此外有一根上面饰有三个圆圈的金管,圆圈间各镶有一颗宝石(共四颗)。还有一个用石料雕成的带角的牛头。其他金属制品很少,只有一些银纽扣和青铜圈而已。

陶器——有16个破碎了的陶罐,外面是红色,上有花纹。这些陶罐很粗劣。有一些陶罐内还放着谷物。此外有15块汉式花碗的碎块,样式和其他墓葬出土的一样。

木器——有一个0.83米的粗劣的长勺子,和现时蒙古人盛马奶、盛酸奶浆的长勺子一样。还有一只上了色的角,大概是一种什么木器上的装饰品。此外有残破了的木器皿、木俑、漆碗、木车轮及可以摩擦生火的木头等。

其他——石器很少,只有一块雕成人形的灰色玉石,另有一些江、黄等色的石球。丝织品除了一些两面都覆有缎子的毡子残片外,没有什么值得引人注目的东西。

(5)第24号墓葬

1924年9月,苏联科学院派考古学家铁普洛赫夫和勃劳乌卡二人到蒙古,帮助科斯洛夫研究小组发掘匈奴墓葬。他们发掘了第24号及第12号墓葬。随后铁普洛赫夫写了完备的第24号墓葬的发掘报告。

第24号墓葬在诺颜山苏珠克图谷口外中部墓葬群的北端。封丘长16米,宽14米,南部高1.5米,北部高0.5米。南边有塞道,墓道长12米,宽5米。封丘顶端中央部分向下凹陷。发掘后得知:墓穴长13米,宽12米,深9米;南边还有一条挖得很深很远的墓道;墓道和墓穴周围都埋有大块的石头。

墓椁在7米深的地方,棺木在内椁里面。内椁、外椁和棺木都是用松柏木做的,内椁还相当完整,外椁则已腐烂。墓椁为长方形,东西短,南北长。墓底上南北向放着两根长的圆木,圆木上横放着15根短的圆木,墓椁就构筑在这些圆木上面。

外椁的保护盖是用圆木做成的,下面放着三根一排的两排柱子,上面放两根脊木,脊木上就是保护盖。为了防止保护盖损坏,盖上面还放置几根圆木。外椁里面是内椁,内椁靠近外椁的南壁,长 3 米,宽 1.7 米,高 1.2 米。内椁的保护盖也是用圆木做成的,下面有两根柱子,柱上有一根脊木,内椁的保护盖在脊木的上面。外椁的保护盖和内椁的西壁都已被凿穿,显然是过去盗墓的人凿的。木椁中还有一些约 0.1 米粗的桦木橛子,大概是过去盗墓的人使用的工具。

棺木停放在内椁的中央,长 2.16 米,宽 0.77 米,高 0.85 米。棺木前方横垫着一根三角形的枕木。棺盖和棺底都是双层木板,木板上有羯鼓形的凿孔,上面再钉上十字形的木板加固。

随葬品凌乱地放在木椁里,大概是过去盗墓的人扔在那里的。从其中还有小型金饰来看,过去盗墓的人一定偷走了许多珍贵的物品。死者的骨骼一部分在棺内,一部分在棺外,这可能是过去盗墓的人为了寻找随葬品而把死者拉出棺外。根据骨骼判断,死者是个女性。

从第 24 号墓葬发掘出的随葬品不多,除了一些绸缎残片和衣服残片外,只有 3 个石球、3 个琥珀球和 4 片带花纹的金箔,还有一些饰有兽头的青铜器皿碎块而已。

(6)第 12 号墓葬

除了第 24 号墓葬外,铁普洛赫夫和勃劳乌卡还发掘了第 12 号墓葬。这座墓葬在诺颜山苏珠克图谷口外中部墓葬群的最高处,距离第 24 号墓葬仅 200 多米。这座墓葬的构造和面积都没有发表(大概是因为和第 24 号墓葬相同),只发表了墓中的随葬品。

从第 12 号墓葬中共得随葬品 507 件。丝织品较多,其中有两幅刺绣画在考古上很有价值。

山云刺绣——一幅是绣着小山和白云的刺绣品,长 1.92 米,宽 0.38 米,原来是用红、黄、棕等色丝线绣在棕色的缎子上的,现因褪色,缎子已变成深灰色了。画面上两旁是两座小山,当中还有一座矮山。当中的矮山上有一株枝叶茂密的大树,两旁的小山上各有一只羽毛丰满的飞鸟,都是头向外、尾对树。三座小山旁边各有三朵白云。这种山云刺绣的画面可能是一幅挨着一幅的,但因那幅刺绣两边都已残缺,无法看到。勃劳乌卡认为这幅刺绣画是希腊式的。

腾龙刺绣——另一幅绣的是一条龙,也是绣在缎子上面。那条龙扬着尾巴,一边伸着头向后看,一边向前飞腾。这条龙虽然也是四只爪,但龙身却与画成蛇形的中原地区习见的龙不一样,而且也不类其他一般动物,画面颇为奇特。龙的双肩上还画着一对短翅,因为小得和龙身不相称,故也不是飞龙。龙的周围是角形图案。刺绣品的四周还绣有三角形、圆形和角形图案。道尔吉苏荣说,这种画面和结构,令人想起现时在哈萨克人中使用的毡毯上的图案画。

除上述刺绣品外,从这座墓葬中还获得了缎子口袋、衣服残片、靴、帽、器物及人头发等。现分述如下:

靴、帽——随葬品中有一双缎子做的靴。靴前脸原是红色,现因褪色,已变成黄色了。上面有用红、黄、蓝、棕等色丝线绣成的角形花纹。靴前脸和靴后跟的里面都絮有一张牛皮,好像现时的皮鞋。靴筒用棕色缎子做成,上有云形图案,云朵间有放牧着的牛。靴里面从上到下全是红棕色的丝织品。道尔吉苏荣认为,这双靴子对于考证匈奴人的衣物,很是重要。

有一顶帽子原是用杏红色缎子做的,因褪色已变成淡黄色。帽顶为椭圆形,帽檐上有黑缎子贴边。帽檐很旧,帽后沿更旧,这说明这顶帽子曾被戴用很久。道尔吉苏荣认为,这顶帽子和现时蒙古人戴的便帽一样。

器物及其他——在墓中还挖出汉式漆耳杯残片、残木碗、漆器(有的上面还镶有铜花)、绘有云形图案的木制饰物、残木马鞍、桌子腿、带有圆形扳手的椭圆形木盖等。

墓中金饰品不多,只有一些用金箔做成的金花,从形状上看,是包在木制饰物之上的。这种金花,别的墓葬也有,一般的是镶在棺木盖上。它的做法,是先把木头雕成各种花形,然后包上金箔,再镶在棺木或死者的衣服上。有的学者说,这种情形还见于苏联阿尔泰帕兹勒克地方的属于公元1世纪左右的古墓中出土的随葬品里。

墓中还有一个用白玉石雕成的双龙形耳环。道尔吉苏荣根据它的样式,认定是从中原地区传去的。

此外,墓中也有牲畜骨骼和谷物。

(7)第 25 号墓葬

第 25 号墓葬在 24 号墓葬的旁边。封丘为四方形,南部高 1.41 米,北部高 0.4 米。封丘中央部分向下凹陷,深 0.94 米,直径 4.9 米。木椁在 6.35 米深处,已经损坏。墓南有墓道,长 18 米,宽 5.2—6.64 米。墓道上和木椁里随葬品都很多,说明这座墓葬原来是很大的。

匈奴人像刺绣画——内椁里有一块深棕色的毛织品,经化验后发现,那是一幅人像的刺绣画。画中人头发浓密、梳向后方,前额宽广,眼睛巨大,目光锐利,鼻梁颇矮,上唇有浓密的胡须(下唇没有)。道尔吉苏荣认为这是死者的肖像,又说这人的相貌和现时的蒙古人一样。

这个人像的眼珠虽然是黑色,但瞳孔却用蓝线绣成。这就给主张“匈奴人属突厥种”的学者提供了话柄。那些学者说,蒙古人是没有胡须的,可是从匈奴墓葬中出土的这幅肖像画却绣着浓密的胡须,于是便作出了“匈奴人是蓝眼珠的突厥种人”的结论。

然而——道尔吉苏荣反驳说——这幅刺绣上的人像是蒙古种人,不会有问题。因为用蓝线绣瞳孔,无非是为了和黑眼珠区别开,是为了使目光显得威严、锐利一些。至于上唇胡须浓密而下唇没有胡须,这毋宁说正是和现时的蒙古人一样。蒙古人胡须较少是事实,但不能说蒙古人全没有胡须;而胡须和欧洲人一般多的,在蒙古人中也不在少数。因此根据眼珠和胡须去说明那刺绣上的匈奴人不属蒙古种、不像现时的蒙古人,论据不够充分。从墓中获得一缕黑头发,这也能说明死者的头发是黑的。

棺木内外有许多丝织品和毛织品的残片,有的带花纹,大概是死者的衣服。还有许多大块的缎子残片,大概是覆盖或包缠棺木用的。棺木周围有 85 片带花纹或不带花纹的大大小小的金箔,有的上面还有为了穿线而设的小孔,大概是镶在死者的衣服上或镶在覆盖棺木的缎子上的。此外还有 1 个大琥珀球和 6 个小琥珀球,可能是死者脖颈上的装饰品。

铜器——通道上凌乱地放有许多铜器。有 9 件铁心铜棒,当中细,两端粗,形状很像现在的臼杵,5 件是青铜的,4 件是红铜的。有 12 块大口青铜杯和小型青铜器皿的碎块。有 33 块各式铜器碎块,其中有残嘴的铜壶、残铜碗和 13 个铜把手等。有一个残的带花纹的青铜盘子,里面放着 4 个(二大二小)带把的、形状如同勺子的椭圆形青铜器及两个(一大一小)圆形铜器。有一个带长把的勺形铜灯,上面有花纹。有 9 个椭圆形的铜球,球下面有支足。有 6 个铜碗把和 3 个树叶形的铜器,上面都有钩形突起。东边墓道上有 35 个车篷上的铜饰品,全是六瓣花的花瓣形。有两个盖弓帽,有一面残铜镜。有一件外面有蝎虎形花纹、里面有角形花纹的铜器,把手在器皿中部,把手周围有四条向下凹陷的小沟。

陶器——棺木北面有 44 块大型陶器残片,里面还盛有谷物。内椁东北角上有 41 块小型陶器残片。这些陶器的肩部都有弯曲的划纹,器底绘着圆轮,圆轮中有方形图案。

这个墓葬还出土了汉式的铜镜和漆碗,道尔吉苏荣认定这是公元 1 世纪(即东汉时期)的产物。

(8)“康德拉梯也夫墓葬”

“康德拉梯也夫墓葬”在诺颜山珠鲁木图谷口外匈奴墓葬群的西南角,面积很大,仅次于“巴洛勒德墓葬”,在大型墓葬中居第二位。因为是科斯洛夫研究小组成员康德拉梯也夫发掘的,故以他的名字命名。

封丘为四方形,长宽均为 30 米,高 1—3 米,封丘中央部分向下凹陷,凹陷部分深 0. 7 米,直径 8. 65 米。南边有墓道,长 17. 5 米。封丘下面 4. 78 米深处有三块带花纹的铜器残片,5. 34 米深处发现腐烂的木头,是保护盖上的圆木。

墓中随葬品放置凌乱。棺木旁有一块上了红漆的木板,上有 10 个细小的金饰品,大概原先是镶在棺木上的。棺内有一块覆盖着缎子的毡毯,已经腐烂不堪。通道上和木椁里都有丝织品和毛织品的残片。通道上还有不少上了漆的木棍,其中有 30 根尖端隆起,其上有四个花瓣的花纹,有的上面还镀了金,这说明墓内原有大约 30 个遮阳伞。通道上还有车网、车辐条,盖弓帽,马衔、马衔上的铁环和铆钉,铜器残片,残石板,细泥灰陶残片等。此外还有装在口袋里的八缕人头发。

(9)“安德列夫墓葬”

“安德列夫墓葬”在诺颜山珠鲁木图谷口外墓葬群东北角的一个高岗上,因由安德列夫发掘而以他的名字命名。

这座墓葬的封丘形状和其他墓葬不同,虽然顶端中央部分也向下凹陷,但封丘不是四方形而是圆形的,而且南边没有墓道。从结构上说,这座墓葬不能算作大型墓葬,只能列入中型墓葬。匈奴的中型墓葬一般的南边都没有墓道。这座墓葬与大型墓葬还有一个不同之点,就是没有木椁,只有保护盖。

保护盖上面有五个三棱箭镞和两个四棱箭镞,保护盖下面有一个粗劣的铜勺子(勺把已折断),中部弯曲的铜器,铜器碎块;铁杵,铁器碎块;折断了的皮吊带;40 块黑陶残片。陶器上没有花纹,陶质和制法都很粗劣,从器口和器底观看,有的是用手捏成的。

(10)第 5 号墓葬及“西姆克夫墓葬”

1927 年 3 月,蒙古科学院历史研究所研究人员西姆克夫在诺颜山苏珠克图谷口发掘了一座匈奴墓葬(被定名为第 5 号墓葬)。在 11 米深处发现麋鹿的骨骼和鹿角。木椁在 12.5 米深处,内椁高 0.2—0.5 米,长 2.1 米,宽 1.75 米,已极度损坏,外椁、保护盖、棺木和棺底下的垫木全都没有了。

内椁外面有一些不大的陶器、金箔、铁器碎块、带花纹的淡绿色石头和一块块珍贵的毛皮(道尔吉苏荣认为,这些毛皮说明这一带地方在古代很富饶)。此外再没有发现什么其他的随葬品了。这座大型墓葬的随葬品之所以这样稀少,一因过去被盗过,二因结构损坏,随葬物品遂被泥沙腐毁了。

随后,西姆克夫又在诺颜山珠鲁木图谷口外匈奴墓葬群边缘上发掘了一座低矮的墓葬,即所谓“西姆克夫墓葬”。

这座墓葬的封丘为长方形,南边有墓道,不但封丘上有一块块石头外露,而且封丘和墓道的周围也都埋有石头,这说明这座墓葬在建筑时曾经特别加工。挖到 7 米深处,发现这座墓葬过去也曾被盗过。这座墓葬的内部构造和第 6 号墓相同。但内椁紧靠外椁南壁,内外椁之间没有通道,这和第 1 号墓相同。其他墓葬的棺木不是放在内椁中央就是靠近东壁，这座墓葬的棺木却靠近西壁，而且在墓底的泥土上面撒上一层锯末，然后才把棺木放上。

外椁保护盖上有一块覆有红布的毡子，毡很薄（仅有厚纸那样薄），圆木放在毡子上面。墓底泥土里有不少缎子和毡毯的残片，说明墓底原来都铺有覆着缎子的毡毯，毡毯上还有圆形的图案。椁壁的两侧、柱子上、保护盖的下面，原来都覆有红缎子或带有方格的绿缎子，这从上面残留着的缎子碎片可以看得出来。木椁里还紊乱地（东一张、西一张地）放着许多刺绣品，其中有的绣得非常精巧，此外还有不少各种颜色的没有花纹的缎子残片。

在随葬品中，有一个杯底写着汉字的漆耳杯，树木形和花草形的金箔、陶罐（里面好像还有谷物）和人头发。以上这些物品都放在北面的通道上，棺木也是搬到这里后才打开的。棺内还有完整的人头骨和其他部分的骨骼。西姆克夫认定这些物品原是过去盗墓的人准备拿走的。

上述随葬品中，以漆耳杯和人头骨的发现最有资料价值。这个漆耳杯是椭圆形的，靠近下端有两个向外伸出的扁平的把手，把手上包有镀金的铜箔。杯里红色，外边棕黑色，上有红色花纹。沿着杯底有 69 个汉字，因杯已碎成两半，且缺了一个角，故只剩 67 个字。全文如下：

> 建平五年蜀郡西工造乘舆髹印画木黄瓦木容一升十六龠素工尊髹工褒上工寿铜瓦黄涂工宗画工□□工丰清工白造工夫造护工卒史巡守长克丞骏琢丰守令史严主

“建平”为西汉哀帝年号，五年相当于公元前 2 年。蜀郡，西汉时治所在成都（今成都市）。这耳杯是珍贵的汉代工艺品。诺颜山第 6 号匈奴墓葬已出土过这种耳杯。这个耳杯的出土，证明“西姆克夫墓葬”的年代是公元前 1 世纪至公元 1 世纪的墓葬。

这个耳杯的杯底还有三个汉字，因为杯底缺了一部分，两边的字大部分已佚失，只有当中的“币”字还完整。

从这座墓葬中挖出完整的匈奴人头骨，更是难能可贵的，这是为从人种学上研究匈奴人种提供了最重要的资料。但据说这个人头骨在讨论过程中，由于保管不周，在蒙古中央博物馆被弄碎了。

(11)第40号墓葬和第128号墓葬

苏斯诺夫斯基于1928—1929年在恰克图东北伊里木盆地发掘的第40号墓葬和第128号墓葬，与上述第5号墓葬和“西姆克夫墓葬”属于同一类型，外形也全和上述两座墓葬一样，只是内部构造略小。

第40号墓葬的木椁在6米深处，椁壁每边都用三根圆木做成，棺木在内椁里面。棺木覆有彩缎，上面镶有三四个花瓣的金黄色铜花。从骨骼上考察，死者是男性。这墓的随葬品有：镀了金的铜马；带花纹的银饰品，银片；玉器，用滑石雕成的鸟；残铁器；大型陶器碎片；骨制勺子、筷子和鹿角杵等。

第128号墓葬的外形和内部构造都和40号墓一样。随葬品有：缎子及其他丝织品，上面铸着老虎的铜镜，青色琉璃球，破马衔，弓箭上的骨制鸣镝及其他弓箭上的骨器、三棱箭镞、陶残片等。

伊里木盆地的匈奴墓葬，不但外形、构造和诺颜山的匈奴墓葬相同，随葬品也基本上一样。其中出土的汉式工艺品也是东汉时期的遗物。所以苏斯诺夫斯基认为第40号及第128号那两座墓葬也是属于公元1世纪前后的墓葬。

(12)道尔吉苏荣发掘的大型墓葬(积石积沙墓)

1954年，道尔吉苏荣在诺颜山发掘了一座大型墓葬，这座墓葬在苏珠克图谷口外中部墓葬群的东南角。封丘为四方形，长宽均为14米，北部高0.7米，南部高1.1米，顶端中央部分向下凹陷，凹陷部分深1.8米，直径9米。南边有墓道，长10米，和墓葬连接处宽8米，中部宽5米，尖端宽3米。墓道和墓葬连接处高1米，尖端高0.2米。封丘的周围埋有不少石块，在发掘过程中，发现那是按墓圹的大小埋设的。这和铁普洛赫夫发掘的那些墓葬一样。但墓圹的内侧变成了红色，而且比较光滑、倾斜，大概是因为埋入棺木以前用火把墓内烧了一遍的缘故。沿着墓圹，从上到下都有许多细沙。这是一座积石积沙墓。道尔吉苏荣认为，苏珠克图谷口的土壤黏性较强，没有沙子，这些细沙显然是从别处运来的。

在发掘的时候，于封丘下面见到煤炭灰烬和马的骨骼，于 3.2 米深处见到破碎的汉式漆碗、颜料片和带花纹或不带花纹的金饰品，于 5 米深处见到完整的马下颚骨。木椁在 7 米深处，因全已腐烂，无法测量。

这座墓葬的出土物计有一个三棱铁箭镞；两片三角形金箔（呈三瓣花形），两根折断了的针形金饰品，两个钉帽形的金饰品，一块绿松石；七块灰陶片；一对汉式轿车的车轮（木头已腐烂，只能看见它的着色的外形），一根车轴，一些车把上的顶罩和车上的铁制零件。

道尔吉苏荣把这个墓葬的墓道也挖了，发现里面有铜车轴和饰有椭圆形花纹的陶片。这种饰有椭圆形花纹的陶器与其他匈奴墓葬出土的陶器不一样。道尔吉苏荣认为，这不是匈奴人的陶器，而是东胡人的陶器，在中国内蒙古地区和东北兴安岭南麓搜集到的东胡人的文物中，就有不少这类陶器。

道尔吉苏荣在《北匈奴》一书中最后说：在现时已经发现的八百多座大大小小的匈奴墓葬，过去全都被盗过，这与鲜卑人在匈奴国家崩溃后曾占领匈奴地区有关。

以上就是苏联和蒙古的考古学家在 20 世纪 20 年代初至 50 年代末这四十年间发掘匈奴墓葬的大体情况。

最后具体地谈一下《北匈奴》这本书的美中不足之处。

上文已经说过，该书在史学上的价值不如在史料上的价值大，其原因之一，就是作者没有掌握足够的文献资料，故对于许多问题不仅论证得不充分，而且有些论断尚不无商榷余地。例如在第五章《匈奴的文化》中，作者说“历史文献上没有匈奴军队使用甲胄、盾牌的记载”，这话就失实。《汉书・晁错传》载错上言兵事书曰：

> 今匈奴地形、技艺与中国异，……险道倾仄，且驰且射，中国之骑弗与也（不及匈奴人）。……材官驺发（材官即骑射之官，驺发即骤发，突然急射之意），矢道同的（向同一鹄的发射，言材官之善射），则匈奴之“革笥”“木荐”弗能支也（抵挡不住）。

颜师古注引孟康曰：“革笥（音伺），以皮作如铠者被之；木荐，以木板作如盾。”据见匈奴人用皮革制造铠甲（也就是甲胄），作战时穿在身上，用来护身；用木板制造木盾，用来挡箭。因此不能说匈奴军队没有甲胄和盾牌。

其次，书中行文紊乱或表达模糊之处颇多。例如介绍诺颜山第 6 号墓时，说"尸体围以双重木墙"。其实就是木椁墓的双重木椁，或棺、椁各一层。在介绍同上第 6 号墓及"西姆克夫墓"时，说是这两个墓都出土了同样的一个"碗"，并根据碗底的字，认为是公元前 2 年的汉代物品。这个"碗"，道尔吉苏荣有时称它为"木碗"或"花漆碗"①。但据他自己对这个碗的描述："这个碗为椭圆形，两边各有一个把手，把手上包有镀着金的铜叶子，碗里边漆着红漆，外边是棕黑色，上有杏红色线条，线条间有飞鸟和三角形花纹。碗底有'上林'二字，两个字的旁边还写着'建平五年'等字"，他在"西姆克夫墓"的介绍中说："沿着碗底有 69 个汉字，因碗已碎成两半，且缺了一个角，故只剩 67 个字。全文如下……"（按，全文 67 个字已见前）。通过上述的介绍，使我们得知这个所谓"碗"或"花漆碗"，其实就是西汉蜀郡制造的漆耳杯②，也就是羽觞③。

还有，有些汉字，道尔吉苏荣不认识，因此对于出土的器物就描述不清。例如他介绍苏兹（在俄罗斯恰克图东北）第 3 号匈奴墓葬（俄国医生兼人类学家塔利克 · 格林策维奇在 19 世纪末所发掘）出土的黄铜镜时，说这个镜的外边有几重小圆圈，圆圈之间有見明日以之昌六个汉字。道尔吉苏荣说，他不知这六个字的读法和译法（我以为这六个字是"见明日以之昌"）。因而对于这个镜的鉴别，就很难准确。

又如介绍俄罗斯伊里木盆地（在恰克图东北、靠近苏兹河中游）匈奴墓葬（苏斯诺夫斯基所发掘）出土的一面铜镜时，说这面铜镜有老虎形花纹；介绍诺颜山第 25 号匈奴墓葬出土的铜镜时，说这面铜镜有蜥蜴形花纹。拉布勒瓦（蒙古考古学者）认为这些老虎形和蜥蜴形花纹的铜镜都

---

① 关于双重木墙和"碗"（花漆碗）的提法，并见《北匈奴的坟墓》一文。

② 故我在上文介绍这个"碗"时，把原文改译成漆耳杯。

③ 按，羽觞是一种酒器，古人用以盛酒。《汉书 · 外戚传》班倢伃赋："顾左右兮和颜，酌羽觞兮销忧。"（即举杯酌饮以消愁之意）颜师古注引孟康曰："羽觞，爵（酒杯）也。"唐代著名诗人李白《春夜宴桃李园序》："开琼筵以坐花，飞羽觞而醉月。"班倢伃和李白二人所说的"羽觞"就是指的这种酒杯。

是我国东汉时制造的。因此我怀疑所谓有"老虎形和蜥蜴形花纹的铜镜"也许就是汉墓出土的青龙白虎镜,这种汉镜通常有"左龙右虎辟不祥,朱雀玄武顺阴阳"的铭文。由于道尔吉苏荣在书中没有能把这些出土器物(包括花纹)用比较准确的学术用语描述清楚,因而对于他所介绍的器物就不大容易使人识别(当然,更准确地识别还需直接接触这些器物)。

综合以上种种不足之处,因而《北匈奴》这本书的内容,有许多地方是颇为费解或易滋误解的。然而,这本书尽管有上述之不足,但仍不失为一部比较全面、完整的匈奴考古资料集,它对于匈奴的研究,有一定的学术价值。故拙著《匈奴史》及其他的匈奴史论文,都曾参考或引用了这些资料,同时也对这些资料进行具体分析和慎重选择,并对它作出适当的评价。

从这里使我们获得了一个启示,那就是考古资料虽然常常可以补充文献资料记载的缺漏或纠正文献记载的失实,但是,如果不与文献资料互相印证,单凭考古去论断问题,就很容易发生错误。例如 1940 年在苏联南西伯利亚发现的所谓中国宫殿遗址,由于吉谢列夫(这个遗址是他发掘的)没有把它和我国古代文献资料互相印证,没有把考古与文献二者互相结合进行研究,因而得出了"该宫殿遗址是汉将李陵投降匈奴后所建"的错误结论。根据我国史书的记载①,李陵投降匈奴后,并没有、也不可能在今南西伯利亚建筑宫殿。故当时(1946 年)郭老对于吉氏的结论就表示怀疑,认为"不会是李陵的住居"②。郭老之所以判断正确,就是因为他老人家既懂得考古、又熟识文献,并用二者互相结合的方法,严谨地从事分析、研究的缘故。

(1983 年夏发表,2006 年夏修订)

---

① 参阅《汉书 · 李广附陵传》及《苏武传》。

② 郭沫若:《苏联纪行》,中外出版社 1946 年版,第 136 页。

第十一章

屠各与南匈奴联合建立的“汉—前赵”政权

汉代内迁的匈奴,在魏晋南北朝时期有了很大变化。除南匈奴外,这时分解出名为“屠各”(通称屠各胡)的一支却活跃起来。南匈奴和屠各俱散居今甘肃、陕西、内蒙古和山西一带,其中以聚居在山西的为最多最强。这两部分匈奴人,在公元4世纪的头30年间联合起来,先后在山西和陕西建立了“汉—前赵”政权。从匈奴分解出的另一支——临松卢水胡,居于今甘肃河西走廊与青海之间,在5世纪的头40年间,在河西走廊一带建立了“北凉”政权。由匈奴与鲜卑(鲜音险)两族融合而产生的新的一支——铁弗匈奴,原先居于今内蒙古河套一带,在5世纪的头30年间,在今陕北一带建立了“大夏”政权。

一、“汉”政权建立前中原的政治形势

南匈奴归附汉中央王朝之后,设立单于庭(南庭)于西河郡的美稷县(今内蒙古准格尔旗西北),部众入居塞内,北边郡沿着今甘肃东部、山西陕西北部及内蒙古呼和浩特至包头一带,都布满了南匈奴人。此后匈奴

人不断内徙。经过公元 140 年(东汉顺帝永和五年)南匈奴句龙王吾斯及右贤王联合举兵围攻西河美稷的事件之后,原来分布上述地方的匈奴人更为南下,大多数深入集中到并州(今山西省一带)中部的汾水流域一带。这在上文(第七章)已经说过了。

汉末魏晋之间,边疆各族不断大量内徙,其原因,除了出于自愿(如南匈奴)者外,有的则是汉族统治者强迫或招引的。因为自汉末以来,中央朝廷军事力量衰弱,而鲜卑的入侵却频繁起来。东汉政府为了加强防御能力,往往利用内附的各族参与作战。此外还有一个原因,就是补充劳动力之不足。因为自东汉中央政权崩溃之后,继之以地方封建军阀的长期混战,中原地区人口大量死亡,生产极度残破。当时社会的景象是"出门无所见,白骨蔽平原"(汉末"建安七子"之一的王粲《七哀诗》)。土地不能耕种,为时达二十余年,政府领户仅及汉代全盛时人口总数的七分之一。故中原统治者尽量设法招引边疆各族人口入塞,为的是要他们每家出谷、输纳租调。因而魏晋时期,边疆各族沦为国家的编户齐民和汉族世家豪门大地主的佃客(如并州的匈奴人),为数不少。有的还被迫服杂役(如羌族首领姚馥为晋武帝长年养马);有的甚至被贩卖为奴隶,二人一枷,犹如囚犯(如羯族首领石勒及并州的匈奴人)。

西晋初期,塞外匈奴及其属部仍陆续归附:

泰始(265—274 年)初,由大水塞泥黑难等率领的计二万余落(户);

太康五年(284 年),由胡太阿厚率领的计十二万九千三百人;

太康七年,由胡都大博及萎莎胡等率领的计十万余人;

太康八年,由大豆得一育鞠等率领的计一万一千五百人。族类共有屠各、羌渠、萎莎、力羯等十九种,各按部落分居塞内,其中二万余落计十余万人居于平阳、西河、太原、新兴、上党、乐平等郡(俱属并州)①。此外,还有所谓"杂虏",也因内附而移居中原内地的,亦"前后千余辈"。

---

① 参阅《晋书》卷 97《北狄匈奴传》。

由于大量边疆各族人口的入塞，当时的形势，正如江统在《徙戎论》[①]中所说：西北诸郡都已成为“戎居”（少数民族居住之地），关中之人（今陕西省一带，因地处函谷关、武关、散关、萧关四关之中，故曰关中）百余万口，“戎狄”几乎占了一半；从匈奴族的聚居中心平阳、上党（今山西临汾市西南、长治市潞城东北）至晋都洛阳（今河南洛阳市东北），仅骑兵三四日的路程，在受着残酷压榨的边疆各族极端仇视西晋政权的情况下，一旦有什么“风尘之警”（意即入寇），矛盾白热化时，山、陕、甘肃一带都会有变为“狄庭”的危险。

公元291—306年（惠帝元康元年至永兴三年），西晋统治集团内部为了争夺皇帝这个“宝座”，发生了“八王之乱”[②]。西晋宗室诸王之间相继卷入互相残杀的斗争，进行了长达十六年的激烈的大混战。由于战争频仍，加以官兵烧杀掠夺，生产遭到严重破坏，饥荒连年，不仅汉族人民无法生活，只得铤而走险，起来反抗，就是边疆各族人民，也因入居内地之后，遭到西晋地方官吏和豪门地主的剥削、压迫，久积仇怨，加以八王之乱加深了他们的灾难，故反抗行动也不断发生。因此在八王之乱的混战中、统治阶级的力量开始受到削弱时，各族人民反阶级压迫、反民族压迫的起义，便如火燎原地发生了。

早在西晋初年，秃发鲜卑（拓跋鲜卑的一支）的树机能，就在凉州（晋时治姑臧，今甘肃武威县）起兵，历时十一年之久（武帝泰始五年至咸宁五年，269—279年）[③]。泰始七年（271年），匈奴右贤王刘猛率部反抗，进攻并州（治晋阳，今山西太原市西南），但不久被刺杀，反抗被平息[④]。元

---

① 参见《晋书》卷56《江统传》。

② 八王之乱为西晋皇族之间为了争夺政权而展开的一次内战。晋初大封同姓子弟为王，握有军政实权。公元291年惠帝妻贾后与辅政的杨骏争权，勾结楚王玮杀骏，改以汝南王亮辅政。后来贾后又使玮杀亮，再借杀亮的罪名以杀玮。赵王伦起兵与齐王冏入宫杀死贾后，伦自称帝。成都王颖起兵杀伦，复立惠帝，冏任大司马执政。不久长沙王乂杀冏，河间王颙复出兵杀乂，废成都王颖。及东海王越起兵，颙又使颖领兵拒越，结果颙、颖均因兵败被杀。其时惠帝已死，怀帝即位，东海王越执政，八王之乱才告结束，前后混战长达十六年（291—306年）。

③ 参阅《晋书》卷3《武帝纪》。

④ 参阅《晋书》卷3《武帝纪》、卷57《胡奋传》及《资治通鉴》卷79晋武帝泰始七年条。

康四年(294 年),匈奴人郝散在上党(治潞县,今山西长治市潞城区东北)起兵,攻入上郡(汉末已废,故治在今陕西榆林市)。元康六年(296 年),郝散弟郝度元联合马兰羌和卢水胡,攻破冯翊(治临晋,今陕西大荔县)和北地(治泥阳,今陕西铜川市耀州区南)二郡。关中的氐人和羌人群起响应,共推氐帅齐万年为帝,打败了派来镇压的西晋政府军,起义队伍前后战斗了五年,坚持至元康九年才被镇压下去[①]。

当齐万年起兵的时候,巴蜀地区(今四川)又发生了汉、氐各族人民的"流民"起义,摧毁了西晋在巴蜀的地方政府,永兴元年(304 年)在今成都成立了以李氏为首的"成"政权(后改为"汉",至公元 347 年被东晋所灭)。其后江、湘、汉、沔(今两湖地区)一带的"流民"继续爆发起义,直至公元 315 年才以失败结束。

在南方"流民"起义期间,北方人民的起义更是风起云涌,从四面八方冲击着腐朽的西晋政权。如汉人王弥率领数万人活跃于徐、青、兖、豫(今江苏徐州市、山东淄博市东北、郓城县西北及安徽淮阳县)一带(后兵败归于匈奴刘渊)。汲桑率领以牧奴和农民为主体的队伍起义于赵、魏(今河北省南部、河南省北部和山东省西部),羯胡石勒参加了这次起义。不久汲桑战败被杀,起义队伍瓦解,石勒往投刘渊。此外还有王如在南阳(今河南南阳市)领导的"流民"起义,但最后也归于失败。

以上全国各地轰轰烈烈的起义,除"成"(汉)外,都先后被镇压下去。但起义却给西晋的统治以沉重的打击,使其陷于朝不保夕的境地。

八王之乱所造成的政治后果,除了官逼民反,迫使"流民"到处起义,动摇了西晋自己的统治基础以外,还有一个政治后果,便是为边疆各族的上层贵族参与中原内战打开了方便之门和提供了便利条件。因为八王在混战中,为了克敌制胜,曾广泛利用边疆各族上层贵族参与战争,如成都王司马颖招引匈奴刘渊为外援,于是匈奴贵族势力遂得乘机入邺(成都王颖当时坐镇邺城,今河北磁县东南三台村);东瀛公司马腾招引乌桓羯

① 参阅《晋书》卷 4《惠帝纪》。

朱(人名)袭击司马颖,于是乌桓遂长驱入塞;幽州刺史王浚招引辽西鲜卑段务勿尘(人名)攻邺,鲜卑遂大掠妇女,沉溺于易水(在今河北省西部)而死者八千人。东海王司马越也有鲜卑兵三万人。从此大河南北尽属匈奴、鲜卑贵族横行的天下。

二、刘渊起事及“汉”政权的建立

当西晋政权被全国各地人民的大起义冲击得摇摇欲坠的时候,内迁的边疆各族的政治野心家纷纷起兵,趁火打劫;同时,有些参与各地起义的上层人物,也想乘机窃取人民斗争的胜利果实,把起义引向为自己争权夺利的斗争上去,因此中国历史上所谓“五胡十六国”的局面出现了,首先开创这个局面的是匈奴贵族刘渊。

刘渊,字元海,匈奴屠各人,《晋书》卷一〇一《刘元海载记》说他是南匈奴单于於扶罗之孙、左贤王左部帅刘豹之子,可能是伪托。而伪托的原因,大概是为了树立自己在南匈奴贵族中的威望和争取南匈奴贵族的支持。根据其他史书的记载,刘渊、刘聪、刘曜一族和他们的许多部众都是屠各人。如:

《魏书》卷二三《卫操传》载:“屠各匈奴刘渊。”

《晋书》卷六三《李矩传》载:靳准起兵杀粲(刘聪子),“遣使归矩,称刘元海屠各小丑”。

《世说新语》卷下《假谲》刘孝标注引《晋阳秋》载:“[刘]聪,一名载,字玄明,屠各人。”

《南齐书》卷五七《魏虏传》载:“晋永嘉六年,并州刺史刘琨为屠各胡刘聪所攻。”

《晋书》卷六二《刘琨传》载:“琨受任并州,……东西征讨。屠各乘虚,晋阳沮溃(指刘曜、刘粲攻陷晋阳事)。”

《晋书》卷一〇〇《王弥传》载:弥怒刘曜不从其徙都洛阳之计,骂曰:

“屠各子[1]岂有帝王之意乎！”

《晋书·李矩传》又载：“会刘琨遣参军张肇率鲜卑范胜等五百余骑往长安，……行至矩营，矩谓肇曰：‘……屠各旧畏鲜卑。’遂邀肇为声援，肇许之。贼（指刘曜军）望见鲜卑，不战而走。”

《晋书》卷一〇二《刘聪载记》载：靳准作乱，“将以王延为左光禄，延骂曰：‘屠各逆奴，何不速杀我。’”

《晋书》卷一〇三《刘曜载记》载：石勒灭刘曜，“坑其王公等及五郡屠各五千余人于洛阳。”

屠各就是《史记》《汉书》上的休屠，《后汉书》或作“休屠各”。它的来源可以上溯到西汉时期驻牧于今甘肃河西走廊一带的休屠王。故屠各原来就是匈奴族的一部。《汉书》卷二八《地理志下》载：“武威郡（治武威县，今甘肃民勤县东北），故匈奴休屠王地。”卷六八《金日磾传》载：“金日磾，字翁叔，本匈奴休屠王太子也。武帝元狩中，骠骑将军霍去病将兵击匈奴右地，多斩首，虏获休屠王祭天金人。……单于怨昆邪、休屠居西方多为汉所破，召其王欲诛之。昆邪、休屠恐，谋降汉。休屠王后悔，昆邪王杀之，并将其众（四万余人）[2]降汉。［汉］封昆邪王为列侯。日磾以父不降见杀，与母阏氏、弟伦俱没入官，输黄门养马。”这四万余人（其中当有一半左右为屠各人）随后被分别安置在缘边的陇西、北地、上郡、朔方、云中五郡故塞之外（约在今甘肃临洮县、庆阳市，陕西榆林市，内蒙古乌拉特前旗、托克托县一带），汉朝并设置属国都尉以管理他们[3]。公元1世纪中叶匈奴分裂为南北二部之后，这批屠各人随同入塞的南匈奴人逐渐散处各地，及至魏晋期间，已深入到中原腹地的辽阔地区，除了其中由刘渊所统的五部屠各居住较为集中、人数也最多最强外，其余各地的屠各均互不统属。例如：

《三国志》卷二六《魏书·郭淮传》载：正始元年（240年），凉州

① “屠各子”，原误作“屠贩子”，此处据《资治通鉴》改正。

② 《史记·匈奴列传》载：“浑邪王（即昆邪王）杀休屠王，并将其众降汉，凡四万余人，号十万。”

③ 参阅《史记》卷111《卫将军骠骑列传》。

（魏凉州治姑臧，今甘肃武威县）休屠胡梁元碧等率种落二千余家附魏。

《晋书》卷一〇三《刘曜载记》载：晋永昌元年（322 年）休屠石武以桑城（在今甘肃临洮县南）降于刘曜。

《晋书》卷一〇五《石勒载记》下载：晋咸和五年（330 年）秦州（后赵秦州治上邽，今甘肃天水市）休屠王羌背叛石勒。

《晋书》卷一一六《姚苌载记》载：晋太元十一年（386 年），苌至安定，击平凉胡（平凉郡，苻秦置，治所在今甘肃平凉市西北）金熙。[①] 又载：苌至秦州，天水（今甘肃天水市一带）屠各、略阳（今甘肃张家川县一带）羌胡应苌者二万余户。其后（太元二十一年）姚秦的陇西王姚硕德又讨伐平凉胡金豹于洛城（今地不详，当在陇东）[②]。

《晋书》卷一一五《苻登载记》载：晋太元十二年（387 年），屠各董成、张龙世等在贰县（今陕西黄陵县西北）响应苻纂。又载：太元十九年，苻登攻克屠各的姚奴、帛蒲二堡（二堡在今陕西彬县东）。

《资治通鉴》卷一〇五《晋纪》太元九年（384 年）载：慕容农驱列人县（在今河北磁县三台村东北）的居民为士卒，使赵秋往说屠各毕聪，聪遂与屠各卜胜、张延、李白、郭超等各帅部众数千赴之。

《太平御览》卷四二八《人事部》引崔鸿《十六国春秋 · 后赵录》载：“张进，元城（今河北大名县东北）屠各人也，为刺奸外部都督，纠举不避豪右，军中惮之，号曰张霹雳。”

屠各因非属单于所出的挛鞮氏族，且因休屠王前以不降汉被杀，故在匈奴人和汉人的心目中，地位和声望均远较南匈奴为低。刘渊企图起事，为了提高自己的地位和树立威信，不得不打着南单于和汉家天子的旗号，以便诱惑群众和争取各方面的支持。因此：

第一，他冒充南单于於扶罗之孙、左贤王左部帅刘豹之子。根据《晋

---

① 《资治通鉴》卷 106 谓“金熙本东胡之种”，这是不对的。盖平凉金氏乃匈奴著姓，属屠各部，当为《汉书 · 金日磾传》“赞”所说“本以休屠作金人为祭天主，故因赐姓金氏”。金熙当为金日磾之后裔。

② 参阅《晋书》卷 117《姚兴载记》上。

书·北狄匈奴传》《刘元海载记》及《资治通鉴》的记载，刘豹为左贤王在汉兴平二年（195 年），为左部帅在建安二十一年（216 年），死于鲜卑树机能起兵反晋（泰始十年，274 年）之后。若以初任左贤王时二十岁计之，死时将近百岁；其任左部帅亦长达六十四年。而刘渊则生于魏嘉平中（249—253 年），时豹已逾古稀（七十岁），殊属有乖情理。又，《晋书·武帝纪》载：泰始“八年（272 年）春正月，监军何桢讨匈奴刘猛，屡破之；左部帅李恪[①]杀猛而降。”竟不提刘豹，大概刘豹在此以前早已死去，左部帅由李恪继任；果真如《刘元海载记》所说“会豹卒，以元海代为左部帅”，那么此时何能再有一个“左部帅李恪”出现？因此说刘渊是刘豹之子，恐非真实。

第二，刘渊自以为匈奴自归附汉朝之后，即为汉之外甥；他既为“南单于於扶罗之孙”，为匈奴最高首领的“嫡系”，自然有继承汉家帝位的资格。正如他后来在起事时所说：“今见众十余万，皆一当晋十，鼓行而摧乱晋，犹拉枯耳！”力量是强大的，只是威望不行，不能不拉上汉家的关系，因此他接着说：“虽然，晋人未必同我（就是怕汉人不拥护）。汉有天下世长，恩德结于人心，是以昭烈（刘备）崎岖于一州之地，而能抗衡于天下。吾又汉氏之甥，约为兄弟[②]，兄亡弟绍，不亦可乎？且可称‘汉’，追尊后主（刘禅），以怀人望。”[③]遂于自立为汉王之后，又“立汉高祖以下三祖（高祖刘邦、世祖刘秀、昭烈刘备）、五宗（太宗文帝、世宗武帝、中宗宣帝、显宗明帝、肃宗章帝）神主而祭之”[④]。直认自己为刘邦、刘秀、刘备的当然继承者。

刘渊在匈奴贵族中，是个深受汉族文化影响的人。他从小就拜汉族的文士为师，精通经、史和孙（膑）、吴（起）兵法等古典文化。魏末晋初，以“任子”（即人质）的身份留在晋都洛阳。他交结西晋的达官贵人和各

---

① “左部帅李恪”，《晋书·北狄匈奴传》作“左部督李恪”。左部督亦即左部帅。

② 《晋书·刘元海载记》载：“初，汉高祖（刘邦）以宗女为公主以妻冒顿，约为兄弟，故其子孙遂冒姓刘氏。”

③ 《晋书·刘元海载记》。

④ 《晋书·刘元海载记》。

地名士，颇得统治阶级上层的赏识和信任。史载“咸熙中（264 年）为任子于洛阳，文帝（司马昭）深待之。泰始（265—274 年）之后，［王］浑又屡言之于武帝（司马炎）。帝召与语，大悦之”①。故武帝太康（280—284 年）中西晋改匈奴五部帅为五部都尉时，他被任为北部都尉，第二年又被升为五部大都督，实际上等于掌握了并州匈奴五部“大单于之权舆”。惠帝元康元年（291 年）八王之乱开始。元康九年，晋宗室成都王司马颖坐镇邺城，以他为行宁朔将军、监五部军事，在邺城将兵。

惠帝永兴元年（304 年），司马颖在八王之乱的混战中处于劣势，打算拉拢匈奴的势力作为外援，于是给刘渊“北单于、参丞相军事”的名义和权力，派他回并州召集匈奴五部的骑兵前来支援。

但是，并州的匈奴人民，对魏晋以来统治者对他们的阶级剥削和民族压迫早已恨之入骨，此前已屡有反抗，不过因为当时西晋的统治力量还相当强大，故那些反抗都没有成功。如今西晋统治集团发生内讧，八王互相残杀，加上各地人民起义，统治力量已大为削弱，统治基础已根本动摇，这正是匈奴人民再次起来反抗、摆脱压迫的大好时机。因此刘渊及其他匈奴贵族，利用匈奴广大人民群众的反抗情绪和晋室行将倾圮的有利条件，以“赴国难”为名，实行匈奴统治阶级的复兴运动。正如《晋书·刘元海载记》载匈奴贵族刘宣之言曰：

> 自汉亡以来，魏晋代兴，我单于虽有虚号，但没有能够实际控制的地盘，各级王侯以下都已下降如同编户齐民一般。晋朝无道，以奴隶的方式驾御我们，所以右贤王刘猛不胜其忿，起兵造反（事在泰始七年），时值晋朝纲纪尚未废弛，政权稳定，起事不遂，右贤王被刺杀，这是单于的耻辱！今司马氏父子兄弟内讧、自相残杀，此乃上天要废弃晋朝的统治权，转而传授于我们！

他们企图通过介入西晋的内战，乘机起兵，“兴我邦族”，进则争取“成汉高（刘邦）之业”（统一天下），退则至少“不失为魏氏”（如曹操之独霸一方）。总之，他们的最终目的，是要在新的历史条件下重建一个庞大匈奴

① 《晋书·刘元海载记》。

政权。因此,刘渊一回到并州,匈奴贵族便推举他为大单于。刘渊在匈奴贵族的支持下,竖起反晋的旗帜,于永兴元年(304 年)冬十月,在离石的左国城(今山西吕梁市离石区北)即汉王位[①],建立起一个屠各贵族与南匈奴贵族联合的封建政权,国号曰"汉",建元"元熙"。由于他的号召颇能煽动和吸引群众,所以建号以后,远近归之者达数万人。随即展开军事攻势,连克太原、上党、西河郡属的兹氏(原误作"泫氏")、屯留、长子、中都、介休等县。永兴二年(305 年)离石大饥,渊徙屯黎亭(在今山西壶关县),利用邸阁(在今河南通许县南)的粮仓以就食,留太尉刘宏镇守离石。怀帝永嘉二年(308 年)秋七月,渊攻克平阳、河东二郡,遂迁都蒲子(今山西隰县)。冬十月,进位皇帝,改元"永凤",迁都平阳(今山西临汾市西南)[②]。

当时聚众于青、徐的王弥,起兵于赵、魏的汲桑、石勒,上郡鲜卑陆逐延,氐族酋长单征等,都先后拥众归于刘渊,以渊为反晋的共主。

永嘉四年(310 年),刘渊患病,将为顾托之计,乃封欢乐为太宰、刘洋为太傅、刘延年为太保,以其第四子刘聪为大司马、大单于,并录尚书事,置单于台于平阳西;以刘裕为大司徒。及病重,召欢乐及刘洋等入禁中受遗诏辅政。秋七月,刘渊死,太子刘和继位。和性多猜忌而驭下无恩。其卫尉刘锐及宗正呼衍攸(和之舅)恨不参顾命(即没有与欢乐、刘洋等同受刘渊遗诏),侍中刘乘亦素恶刘聪,乃相与阴谋,说和曰:"先帝不惟轻重之计(不权衡轻重),而使三王(齐王刘裕、鲁王刘隆、北海王刘乂)总强兵于内,大司马(刘聪)握十万劲旅居于近郊(指屯兵于平阳西),陛下今便为坐寄耳(言大权旁落)。此之祸难,未可测也。愿陛下早为之所。"和信其言。锐、攸、乘遂亲自指挥军队分别进攻刘裕、刘隆及刘聪。刘乂逃奔刘聪,聪发兵反击,杀和、锐、攸及乘而自立为帝,改元"光兴"。

---

① 《资治通鉴》卷 85《晋纪》惠帝永兴元年冬十月载:刘渊"建国号曰'汉'。刘宣等请上尊号,渊曰:'今四方未定,且可依高祖(刘邦)称汉王。'于是即汉王位。"

② 参阅《晋书》卷 110《刘元海载记》、卷 4《惠帝纪》及卷 5《孝怀帝纪》。

三、刘聪的统治及“汉”政权的发展

永嘉四年冬十月，刘聪遣族弟刘曜率王弥等四万之众长驱入洛，与晋军周旋于梁、陈、汝、颍之间，攻下堡壁百余处，使晋都洛阳陷于战略上的孤立。时洛阳饥困，晋太傅司马越遣使以羽檄（特急的文书）征天下兵使入援京师，然卒无至者。

永嘉五年（311 年）夏四月，西晋主力军十余万人，在苦县之宁平城（今河南鹿邑县）为石勒军全部消灭。五月，刘聪遣呼延晏将兵二万七千进攻洛阳，及至河南（即周朝之东都王城郏鄏，今河南洛阳市、旧洛阳县西），晋兵前后十二败，死者三万余人。刘曜、王弥、石勒皆引兵前来会战，六月攻入洛阳，纵兵大掠，悉收宫人、珍宝。曜杀晋太子司马诠及尚书闾丘冲、河南尹刘默等，士民死者又三万余人；发掘诸陵，焚烧宫庙，官府尽毁。怀帝（司马炽）被俘至平阳，不久被毒杀。①

洛阳陷落之后，晋臣拥立秦王司马邺为帝（愍帝），都长安（今陕西西安市西北）。建兴四年（316 年），刘聪遣刘曜围攻关中。秋七月进至泾水之阳，渭北诸城悉被攻溃。八月逼近长安。九月攻陷长安外城。晋臣退保小城以自固。时内外断绝，城中饥甚，米一斗值金价二两，人相食，死者大半，士卒逃亡，无法制止。宫内粮仓只剩麦曲数十块，晋臣碎之为粥以供帝食。愍帝谓晋臣曰：“今穷厄如此，外无救援，当忍耻出降，以活士民。”冬十一月，帝肉袒出降，被送至平阳，不久亦被杀。② 至此，西晋亡。刘曜留镇长安。第二年（317 年），西晋皇族琅琊王司马睿在江南的建康（今江苏南京市）称帝（元帝），成立了偏安的政权，史称东晋。

刘聪既灭西晋，中原广大地区全入汉政权版图，这是汉政权的全盛时期。

---

① 参阅《晋书》卷 102《刘聪载记》、卷 5《孝怀帝纪》、卷 100《王弥传》及《资治通鉴》卷 87《晋纪》有关年月各条。

② 参阅《晋书》卷 102《刘聪载记》、卷 5《孝愍帝纪》及《资治通鉴》卷 89《晋纪》有关年月各条。

永嘉变乱对中原社会的破坏是极其严重的。《晋书》卷二六《食货志》载：

> 及惠帝之后，政教陵夷，至于永嘉，丧乱弥甚。雍州（约今陕西境）以东，人多饥乏，互相鬻卖，奔迸流移，不可胜数。幽、并、司、冀、秦、雍六州（约今河北、山西、河南、陕西、甘肃东部一带）大蝗，草木及牛马毛皆尽，又大疾疫，兼以饥馑，百姓又为寇贼（指刘聪、刘曜等兵）所杀，流尸满河，白骨蔽野。刘曜之逼，朝廷欲迁都仓垣（今河南开封市西北），人多相食，饥疫总至，百官流亡者十[之]八九。

这种惨象虽非全部由“汉”统治者造成，但烧杀掳掠及造成的后果，他们是不能辞其咎的。

此外，刘曜等人还焚毁太学，破坏文化设施。《水经注》卷一六《谷水注》载：

> 考古有三雍之文。今灵台太学并无辟雍（大学）处。晋永嘉中，王弥、刘曜入洛，焚毁二学（太学、小学），尚仿佛前基矣。

可见“汉”对西晋的战争，在中国历史上所起的作用是很坏的。

由于匈奴是个游牧部族，它的社会是部落组织，因此反映在政治上，漠北时期的那一套官制，晋初基本上仍沿袭下来。除最高首领仍称单于或大单于外，据《晋书·北狄匈奴传》载，晋初的匈奴，“其国号（即官号）有左贤王、右贤王、左奕蠡王、右奕蠡王（即原先的左、右谷蠡王）①、左于陆王、右于陆王、左渐尚王、右渐尚王（即原先的左、右渐将王）、左朔方王、右朔方王、左独鹿王、右独鹿王、左显禄王、右显禄王、左安乐王、右安乐王，凡十六等，皆用单于亲子弟也。其左贤王最贵，唯太子[始]得居之。其[显贵]四姓有呼延氏（即原先的呼衍氏）②、卜氏（即原先的须卜氏）③、兰氏、

---

① 《晋书·刘聪载记》载：“元海为北单于〔时，聪被〕立为右贤王，随还右部；及〔元海〕即大单于位，更拜[聪]为鹿蠡王。”鹿蠡王即谷蠡王。

② 唐人林宝《元和姓纂·十一模》载：“呼衍氏：匈奴四族（指四姓）有呼衍氏，入中国改为呼延氏。”

③ 参阅《魏书》卷113《官氏志》载：“须卜氏后改为卜氏。”

乔氏。而呼延氏最贵，则有左日逐[王]、右日逐[王]，世为辅相；卜氏则有左沮渠、右沮渠（即原先的左、右大且渠）；兰氏则有左当户、右当户（即原先的左、右大当户）；乔氏则有左都侯、右都侯（即原先的左、右骨都侯）。[此外]又有‘车阳’、‘沮渠’、‘余地’诸杂号，犹中国百官也。”

现在汉政权建立并征服了这样广大的中原地区，要统治这么多的汉族封建农业人口，为了适应这种现实情况，加强民族压迫和维持统治，匈奴统治者不得不改变政府内部的官制和统治人民的方式方法。

在官制方面，政府首脑部设有丞相（后改为相国）、太师、太辅、太保、大司马、大司徒、大司空等“七公”，太尉、御史大夫，及冠有“辅汉”“辅国”“冠军”“龙骧”称号的大将军等文武官职；在地方还有州牧郡守，完全仿照魏晋官制。对于皇室子弟的分封，也是采用历代中原封建王朝的封号，如刘渊称帝之后，封其子刘裕为齐王，刘隆为鲁王，刘乂为北海王；刘聪继立之后，封其弟乂为皇太弟，领大单于、大司徒；封其子刘粲为河内王，刘易为河间王，刘翼为彭城王，刘悝为高平王。后来刘曜建立“前赵”，也封其子刘熙为皇太子，刘胤为南阳王；其余诸宗室皆封为郡王。这时“单于”的称号，意义和地位也逐步下降。在先刘渊起事时，南匈奴贵族刘宣等共推渊为大单于，刘聪继立之后，仍集皇帝与大单于于一身，但随即以乂为皇太弟，领大单于、大司徒，更后（314 年）又封石勒为东单于①。可见单于或大单于的地位已沦为与大司徒或封疆大吏相等，非复匈奴最高首领之旧了。

在统治方式方法方面，对于汉政权境内的汉人和“胡”人，一般采用了“汉胡分治”的办法。在皇帝兼大单于的最高权力之下，建立两个不同的行政系统，设置两种不同的官职：一是按“户”（户口）统治汉人，一是按“落”（部落）统治“胡”人（包括匈奴人在内）。据《晋书·刘聪载记》载：统治汉人的官职有左、右司隶，各领二十余万户，每一万户置一内史，凡四十三个内史，共统治四十多万户汉人；统治“胡”人的官职则另设单于左、

---

①　参阅《晋书》刘元海、刘聪、刘曜各《载记》及《石勒载记上》。

右辅,各主六夷十万落。所谓六夷,就是胡(匈奴)、羯、鲜卑、氐、羌、乌丸。[①]每一万落置一都尉,共统治二十万落。汉胡分治,使得汉人与非汉人的民族界线非常鲜明,便于匈奴统治者制造各民族间的隔阂和对立,便于居中操纵和维持统治。

由于汉政权为屠各贵族与南匈奴贵族联合建立的政权,故在汉政府的文武官员中,南匈奴贵族所占比重不小。除了拥戴刘渊最为出力的刘宣高居百揆之首的丞相要职外,其余南匈奴贵族中的呼延氏、卜氏、乔氏等著姓大族,大多位居显要。如刘渊时期有御史大夫呼延翼,宗正呼延攸,大将呼延朗,大司农卜豫[②];刘聪时期有卫尉呼延晏(后官至太保),侍中卜幹,左卫卜崇,冠威将军卜抽,平北将军卜翊[③];及后刘曜时期有卫军呼延瑜,辅威将军呼延清,镇东将军呼延谟,冠军将军呼延那鸡,大将呼延实,侍中卜泰(后官至大司空)、乔豫及司隶乔智明[④]等。

又由于屠各本是匈奴的一支及南匈奴对于汉政权的建立和发展所起的作用巨大,故汉政权的最高统治者对于维系屠各与南匈奴两部之间、特别是与南匈奴上层人物之间的关系,十分重视。史载"元海即王位,[刘]宣(南匈奴贵族)之谋也,故特荷尊重"[⑤]。又载刘聪"遣其镇北(将军)靳冲(屠各贵族)寇太原,平北(将军)卜翊(南匈奴贵族)率众继之。冲攻太原不克,而归罪于翊,辄斩之。聪闻之,大怒曰:'此人朕所不得加刑,冲何人哉!'遣其御史中丞浩衍持节斩冲"[⑥]。仅此两例,可见一斑。

刘聪在名义上虽是中原的共主,但随着军事力量的扩张,各地方的割据势力也在迅速形成。早在公元311年(怀帝永嘉五年),石勒就已吞并了王弥,"有跨据赵、魏之志";312年(永嘉六年)进据襄国(今河北邢台

---

① 魏晋南北朝时期的乌丸,是杂胡的一种笼统称呼,其含义已非汉代乌桓之旧。正如《魏书》卷113《官氏志》所说:"其诸方杂人来附者,总谓之乌丸,各以多少称酋、庶长。"

② 参见《晋书·刘元海载记》及附《刘和传》。

③ 参见《晋书》卷102《刘聪载记》及卷95《艺术卜珝传》。

④ 参见《晋书》卷103《刘曜载记》及卷90《良吏乔智明传》。按《乔智明传》说智明为鲜卑前部人,但鲜卑无前、后部之制,仅匈奴有之;乔氏为匈奴著姓,智明当为匈奴前部人。

⑤ 《晋书·刘元海载记》附《刘宣传》。

⑥ 《晋书·刘聪载记》。

市)之后,势力更为扩张。当时晋并州刺史刘琨就说“自东北八州,勒灭其七”①。名义上虽仍隶属于刘聪,实际上是处于半独立状态。故当石勒诱杀了王弥之后,聪虽遣使责勒“专害公辅,有无上之心”,但怕他公开背汉,反而把王弥原有的部众分配给他。316年(愍帝建兴四年),勒遣骑二万屯于并州,大量招纳汉区的流民,聪遣使责勒,“勒不受命,潜结曹嶷,窥为鼎峙之势”②。这说明刘聪对他已无法控制。315年(建兴三年),王弥的部将曹嶷(音宜)攻拔齐、鲁之间的郡县堡壁四十余处,部众发展到十余万人,也“有雄踞全齐之志”③。其时鲜卑的势力也逐步向南推进,满布于燕、代之间。刘聪当时实际上所能控制的地区,只局限于并州的一角及刘曜坐镇的关中一部分地区,而并州还有一部分地区则仍掌握在晋并州刺史刘琨的政权之手。故明末清初顾祖禹《读史方舆纪要》(卷三)说:汉政权的疆域,“东不逾太行,南不越嵩、洛,西不逾陇坻,北不出汾、晋”。

汉政权的统治中心——并州地区,在刘渊统治期间,本来就很残破。《晋书·刘琨传》及《刘越石集·上怀帝请粮表》(刘琨字越石)俱载刘琨当时在并州沿途所见到的情况是:人民流移四散,十不存二,即使能生存下来的,也是鬻卖妻子,互相抛弃,死亡、困厄,白骨蔽野;此外,耕牛完全没有,又缺乏农具。随后由于战争无岁不兴,社会生产始终没有恢复。刘聪继位之后,本人荒淫奢侈,任意挥霍,而匈奴贵族在过度富裕的生活中也日趋腐化。《刘聪载记》说:“时聪中常侍(宦官)王沉……等皆宠幸用事。聪游宴后宫,或百日不出。群臣皆因沉等言事,多不呈聪,率以其意爱憎而决之,故或有勋旧功臣而弗见叙录,奸佞小人数日而便至二千石者。军旅无岁不兴,而将士无钱帛之赏,后宫之家,赐赉及于僮仆,动至数千万。沉等……奢僭贪残,贼害良善。”又说:“[时]朝廷内外,无复纲纪,

① 《晋书》卷62《刘琨传》。又,《资治通鉴》卷89《晋纪》愍帝建兴二年春三月条胡三省注:“勒入邺,杀都督东燕王腾;寇信都,杀冀州刺史王斌;袭鄄城,杀兖州刺史袁孚;攻新蔡,杀豫州刺史新蔡王确;袭蒙城,擒青州都督苟晞;克上白,斩宵州刺史李恽;攻信都,杀冀州刺史王象;攻定陵,杀兖州刺史田徽;袭幽州,擒王浚;除李恽、田徽,王浚承制所授,是灭其七也。”

② 《晋书·刘聪载记》。

③ 《晋书·刘聪载记》。

阿谀日进，货贿公行，军旅在外，饥疫频仍，后宫赏赐，动至千万。”因此人为的饥荒不时发生，人民不是死亡，便是在饥饿线上挣扎，最后只得冒死远走他乡。故刘聪时期，据《刘聪载记》所载，都城平阳的人口，流叛、死亡者十有五六；司隶部民逃奔石勒的，前后有二十万户之多；甚至右司隶部内的匈奴族人，也有三万余骑，驱牧马，负妻子，逃奔东晋辖区。可见不仅汉族人民与匈奴统治者之间的阶级矛盾和民族矛盾，就是匈奴本族内部人民与其统治者之间的阶级矛盾，也正在不断增长和日益尖锐化。

与阶级矛盾和民族矛盾增长的同时，匈奴统治集团内部争权夺利的斗争也十分激烈，最后竟发展到互相残杀和战争的地步。

斗争首先发生在晋王刘粲（刘聪子）与皇太弟刘乂（刘聪弟）之间。初（310 年，晋怀帝永嘉四年秋），刘聪既杀其兄刘和，群臣劝聪继位为帝，聪佯让其弟北海王刘乂，乂与公卿固请，聪乃即帝位，并言“待乂年长，复子明辟”（意即待乂长大之后，再把帝位传给他，以表明自己并无夺位之意），因以乂为皇太弟（帝位的候补人），领大单于、大司徒。及至公元 314 年（晋愍帝建兴二年）冬十一月，聪以粲为相国、大单于，总百揆。太傅崔玮、太保许遐说乂曰：

> 主上（刘聪）往日以殿下为太弟者，欲以安众心耳；其志在晋王久矣，王公以下莫不希旨附之。今复以晋王为相国，羽仪威重，踰于东宫（乂居东宫），万机之事，无不由之（即军、政大计皆决于相国），诸王皆营兵以为羽翼，事势已去；殿下非徒不得立也，朝夕且有不测之危，不如早为之计。今四卫精兵（谓东宫之左、右、前、后四卫所统兵马）不减五千，相国轻佻，正烦一刺客耳（意谓杀之不难）。……苟殿下有意，二万精兵指顾可得，鼓行入云龙门，宿卫之士，熟不倒戈以迎殿下者！大司马（指刘曜）不虑其有异也。

乂不从。东宫舍人（官号）密告玮、遐劝乂谋反，聪捕杀玮、遐，并使冠威将军卜抽将兵监守东宫，禁乂不得参与朝会。

中宫仆射（官号）郭猗及中护军靳准皆与刘乂有怨隙，猗因说刘粲曰：

> 臣闻太弟与大将军（聪子刘骥）谋，因三月上巳大宴［时］作乱，

[如]事成，许以主上(刘聪)为太上皇，大将军为皇太子，又许卫军(聪子卫大将军刘勤)为大单于。三王(乂、骥、勤)处不疑之地，并握重兵，以此举事，无不成者。然二王(骥、勤)贪一时之利，不顾父兄，事成之后，主上岂有全理！殿下兄弟固不待言；东宫、相国、单于，当在武陵兄弟(指乂之诸子)，何肯与人也。今祸期甚迫，宜早图之。

粲深信不疑。靳准复说粲曰：

人告太弟为变，主上必不信。宜缓东宫之禁，使宾客得往来；……轻薄小人不能无迎合太弟之意为之谋者，然后下官为殿下露表其罪，殿下收其宾客与太弟交通者考问之，狱辞既具，则主上无不信之理也。

粲乃命卜抽撤去监守东宫之兵。

公元317年(东晋元帝建武元年)春三月，刘粲使人至东宫对刘乂说：“适奉中诏，云京师将有变，宜衷甲(将铠甲穿在衣内谓之‘衷甲’)以备非常”。乂信以为真，命宫中所属皆衷甲。粲遣使驰告靳准、王沉。准因禀报刘聪曰：“太弟将为乱，已衷甲矣！”聪大惊，立使粲发兵围东宫。粲使准、沉收捕在东宫服役的氐、羌酋长十余人，严刑拷打，烧铁灼目，逼他们供认与乂谋反。酋长受刑不过，皆自诬陷。聪因对王沉等曰：“吾今而后知卿等之忠也！”于是尽诛东宫官属数十人，坑杀士卒一万五千余人；废乂为北部王，立粲为皇太子。不久粲使准杀乂。

公元318年(元帝太兴元年)秋七月，刘聪病重，征大司马刘曜为丞相，石勒为大将军，皆录尚书事，受遗诏辅政。曜、勒固辞。乃以曜为丞相、领雍州牧，勒为大将军、领幽冀二州牧，勒辞不受。聪又以刘景为太宰，刘骥为大司马，刘颉为太师，朱纪为太傅，呼延晏为太保，并录尚书事；范隆守尚书令、仪同三司，靳准为大司空、领司隶校尉，皆迭决尚书奏事。聪卒，太子刘粲继位，改元“汉昌”。粲为人任性苛刻而无恩惠，亲近奸佞，拒谏饰非。刘聪遗下的一群皇后——他的后母，年皆未满二十，并有国色，粲朝夕入内蒸淫，全无居丧哀戚之态。

靳准抱有阴谋，私对刘粲曰：“如闻诸公将欲行伊尹、霍光之事(伊尹曾放逐太甲，霍光曾废昌邑王)，谋先诛太保(呼延晏)及臣，以大司马(刘骥)统万机,陛下若不先之(不先下手),臣恐祸之来也,不晨则夕。"(言祸患早晚会降临)粲不从。准惧,复使二靳氏(聪皇后与粲皇后)进言,粲乃听从。收捕太宰刘景、大司马刘骥、骥母弟车骑大将军吴王刘逞、太师刘颉、大司徒刘劢,皆杀之。太傅朱纪及尚书令范隆逃奔长安(刘曜)。

八月,刘粲治兵于上林(平阳之上林苑),谋讨伐石勒。以丞相刘曜为相国、都督中外诸军事,仍镇长安;靳准为大将军、录尚书事。粲经常游宴后宫,军国之事,一决于准。准矫诏以从弟靳明为车骑将军、靳康为卫将军。随即勒兵至光极殿,使甲士执粲,数其罪而杀之;刘氏男女,无论少长,皆斩于东市。发掘永光、宣光二陵(渊墓与聪墓),并焚其宗庙。准自号大将军、汉天王,称制,置百官,遣使称藩于晋。准对晋人胡嵩曰:"自古无胡人为天子者,今以传国玺付汝,还如(给)晋家。"(洛阳沦陷时,晋传国玺被移至晋阳)嵩不敢受,准怒杀之。①

四、刘曜建立"前赵"及匈奴屠各政权的覆亡

刘曜闻靳准之乱,自长安发兵赴晋阳。石勒亦率精锐五万以讨准,屯据襄陵(在平阳东南)北原。公元318年(东晋元帝太兴元年)冬十月,曜至赤壁(在河东界),太保呼延晏等自平阳前往归附,与太傅朱纪共上尊号。曜遂即皇帝位,改元"光初"。以朱纪领司徒,呼延晏领司空,太尉范隆以下悉复本位;以石勒为大司马、大将军,加九锡,增封十郡,晋爵为赵公。

石勒围攻靳准于平阳,收降巴(巴氐)、羌、羯十余万落,徙之于自己所辖的各郡县。刘曜遣将率兵屯于汾阴(今山西河津市西南),与勒共讨准。

---

① 以上参阅《晋书·刘聪载记》及《资治通鉴》卷89、卷90《晋纪》有关年月各条。

勒准自度不能抗拒刘曜、石勒之师，乃遣侍中卜泰向石勒求和，勒将泰扣押，转送之于刘曜。曜对泰说：“先帝（指刘粲）末年，实乱大伦（谓蒸淫其诸后母）。司空（指靳准）行伊（尹）、霍（光）之权（意谓杀死了刘粲），使朕及此（使我得至晋阳），其功大矣。若早迎大驾（即早日归降），当悉以政事相委，况免死乎！卿为朕入城，具宣此意。”泰还平阳复命，准自以曾杀曜之母、兄，恐不见容，犹豫未决。十二月，左、右车骑将军乔泰、王腾及卫将军靳康（靳准从弟）等共同杀准，推尚书令靳明（准从弟）为主，遣卜泰奉传国玺降于刘曜。石勒大怒，进军攻靳明，明大败，乃闭城固守。石虎（勒之从子，一说从弟）率幽、冀之兵协同石勒进攻平阳，靳明屡败，遣使求救于刘曜，曜遣将揆应，明率平阳士女一万五千人投奔刘曜。曜西屯粟邑（今陕西白水县西北），收捕靳氏男女，无论少长皆斩之。石勒占据了平阳，焚毁宫室，留兵驻守，自归襄国。

石勒遣左长史王修献捷于刘曜，曜遣兼司徒郭汜授勒为太宰、领大将军，晋爵赵王，加殊礼，出警入跸（出入时警戒、清道），如曹公（曹操）辅汉故事；拜王修及其副使刘茂皆为将军，封列侯。舍人（官号）曹平乐随从王修至粟邑，留汉政府任官，因对刘曜曰：“大司马（石勒）遣修等来，外表至诚，[实]内觇大驾强弱，俟其复命，将袭乘舆。”（皇帝车驾谓之“乘舆”，意即王修回报之后，石勒即将发兵前来进攻）。时汉兵屡经战斗，疲弊已极，曜信其言，乃追还郭汜，斩王修于市。公元 319 年（元帝太兴二年）春三月，石勒返抵襄国，刘茂逃归，言修死状。勒大怒曰：“孤事刘氏，于人臣之职有加矣。彼之基业，皆孤所为，今既得志，还欲相图（图谋陷害）；赵王、赵帝，孤自为之，何待于彼耶！”乃诛曹平乐三族。

夏四月，刘曜自粟邑还，定都长安（今陕西西安市西北），以其子刘熙为皇太子。六月改国号曰“赵”（史称前赵）。自此平阳和洛阳以东地区尽入于石勒。刘曜盛时有兵二十八万五千，关陇氐、羌，无不降服。①

刘曜的统治办法，基本上与刘聪相同而微有差异。刘曜是自己以皇

---

① 以上参阅《晋书》卷 103《刘曜载记》、卷 104《石勒载记上》及《资治通鉴》卷 90、卷 91《晋纪》有关年月各条。

帝的地位直接统治汉人，而以其子刘胤（音印）为大单于，依靠各“胡”族豪帅去统治他们本族的人民。《晋书·刘曜载记》载：曜设置单于台于渭城（今陕西咸阳市），拜胤为大单于；又设置左、右贤王以下的官职，这些官职，都由胡、羯、鲜卑、氐、羌“豪杰”（上层人物）担任。这仍然是汉胡分治的办法，但和刘聪集皇帝与大单于于一身的制度略有不同。

为了进行封建剥削，刘曜定有租税制度，虽具体规定不详，但从同上《刘曜载记》东晋成帝咸和三年（328 年）有“大赦殊死（即斩刑）以下，复（即免除）百姓租税之半”来看，前赵境内的租税额是轻不了的。刘曜的力役之征十分繁重。他为了营建其父、妻的坟墓，征发了大批的劳动力，日夜开工，以致怨恨之声，到处皆是。

为了加强他的统治，刘曜还利用汉族的封建文化。他在都城长安设立太学和小学，挑选年龄在十三岁以上、二十五岁以下的人入学，学习儒家经典，任命所谓“朝贤、宿儒、明经、笃学”等官僚、文士担任教授，以培养封建士大夫和官僚的后继人选；经过考试，成绩“上第”的拜为郎中。

匈奴统治者所进行的屠杀和掳掠，以及其他各种残酷、落后的政治压迫和经济剥削，不仅直接造成北方社会经济的大破坏，阻碍历史向前发展，而且加深了各族之间的隔阂和仇视，对当时各族融合的趋势大为不利。当时各族劳动人民，除了遭受匈奴统治者的阶级压迫和剥削之外，还加上一层民族的压迫。因而他们在共同的命运之下，常常联合起来反抗匈奴统治者的残暴统治。那时，各族人民反抗民族压迫的斗争，此起彼伏、绵延不断。公元 320 年（元帝大兴三年），关中巴氐举起反抗前赵的义旗，推戴句渠知（句音勾）为首，接着在今四川的氐、羌及巴、羯各族人民群起响应，很快发展到三十余万人。刘曜任用投降的汉族地主分子游子远为统帅，采取恶毒的政治诱降和军事镇压的两面手法，使这次陕、川各族人民的联合起义归于失败。与此同时，上郡（今陕西榆林市一带）氐、羌十余万落，在酋大（即酋长）虚除权渠及其子伊余的领导下，坚持反抗，结果仍被游子远用武力镇压下去，被迫投降。刘曜徙伊余所属部落二十余万口于长安。

不久（322 年，元帝永昌元年春），秦陇汉族人民，在陈安的领导下，继续发动武装起义，陇右（今甘肃陇山以西地区）氐羌人民纷纷加入，群众至十余万人。义军发展神速，声势浩大。刘曜亲自出马，并联合少数民族的豪帅，分路围攻。陈安率领起义军奋勇血战，最后壮烈牺牲。起义坚持了一年半，结果失败。陇上人民怀念陈安，作《壮士之歌》以为纪念。歌曰：

陇上壮士有陈安，躯干虽小腹中宽，爱养将士同心肝，䯀骢（音聂聪）父马铁瑕鞍（按，此句费解，但原文如此，疑有错字）。七尺大刀奋如湍，丈八蛇矛左右盘，十荡十决无当前。战始三交失蛇矛，弃我䯀骢窜岩幽，为我外援而悬头；西流之水东流河，一去不还奈子何！[1]

各族人民的起义斗争，动摇了刘曜政权的基础，促使前赵日趋衰弱。

石勒自诛曹平乐三族之后，即与刘曜公开决裂。公元319年（东晋太兴二年）冬十一月，勒自称大将军、大单于、领冀州牧、赵王，依汉昭烈（刘备）在蜀及魏武（曹操）在邺故事，以河内等二十四郡为赵国，正式建立“赵”政权（史称后赵），定都襄国（今河北邢台市）；朝会用天子礼乐；以右长史张宾为大执法，专总朝政；以石虎为单于、元辅、都督禁卫诸军事，不久赐爵中山公。

公元324年（东晋明帝太宁二年）春正月，后赵司州刺史石生发兵击斩前赵河南太守尹平于新安（在今河南渑池县东），掠五千余户而归。“自是二赵构隙，日相攻掠，河东（今山西夏县一带）、弘农（今河南灵宝市一带）之间，民不聊生矣。”[2]（河东、弘农二郡居二赵分界上）

公元325年（东晋太宁三年）春三月，北羌王盆句除（句音勾）归附于前赵，后赵将石佗自雁门出上郡（今陕北一带）偷袭之，俘三千余落（户），获牛马羊百余万头。刘曜遣中山王刘岳将兵追之，与石佗战于河滨（大河之滨），斩佗，后赵兵死者六千余人，岳悉收所虏而归。

夏五月，后赵将石生屯于洛阳，攻掠河南东晋辖区，晋司州刺史李矩、颍川太守郭默军数败，又乏食，乃遣使求附于前赵，刘曜使刘岳将兵一万

① 参见《晋书·刘曜载记》。

② 《晋书·石勒载记》下及《资治通鉴》卷93《晋纪》太宁二年春正月条。

五千及呼延谟率众东出往救。后赵石虎率步骑四万从成皋关(即虎牢,在今河南荥阳市旧成皋县西北)出发,与刘岳战于洛水西,岳兵败,中流矢,退保石梁戍(在洛水北)。石虎又击斩呼延谟。刘曜亲自将兵救岳,屯于金谷(在今河南洛阳市西北),入夜,军中无故自惊,士卒奔溃,乃退屯渑池(今河南渑池县),夜,又惊溃,遂归长安。六月,石虎攻拔石梁戍,擒刘岳及其将佐八十余人,氐、羌三千余人,坑其士卒九千人。续攻杀前赵将王腾于并州(今山西省境),坑其士卒七千余人。郭默弃妻子南奔建康(东晋首都),李矩亦率众南归,其众皆于途中逃亡,矩旋死,余众二千降于后赵。于是司、豫、徐、兖诸州之地皆入于后赵,后赵与东晋以淮河为界①。

公元328年(东晋成帝咸和三年)秋七月,后赵中山公石虎率众四万自轵关(在今河南济源市西)西入,击前赵河东,应之者五十余县,遂进攻蒲阪(在今山西永济市西)。刘曜自将中外精锐水陆诸军以救蒲阪,从卫关(在今河南旧汲县)北渡,虎惧,引退。曜追之,八月追及之于高候(在今山西闻喜县北),与虎战,大破之,斩石瞻,枕尸二百余里,获其辎重器械以亿计。虎奔朝歌(今河南淇县朝歌镇)。曜自大阳(即春秋时之茅津,在今山西平陆县西南)渡河,围攻石生于金墉城(在今河南洛阳故城西北角),决千金埸(在今洛阳市西)之水以灌之;并分遣诸将进攻汲郡、河内等地,后赵荥阳太守尹矩、野王太守张进等皆先后请降,襄国大震。

冬十一月,石勒拟自将兵救洛阳,因问计于其臣徐光。光对曰:"刘曜乘高候之势,不能进临襄国,更守金墉,此其无能为可知也。以大王威略临之,彼必望旗奔败。平定天下,在今一举,不可失也。"勒称是,乃命石堪、石聪及豫州刺史桃豹等各统所部兵马会于荥阳(今河南郑州市荥阳市);石虎进据石门(在今荥阳市东北)。勒自统步骑四万趋向金墉。勒估计:如刘曜盛陈大兵于成皋关,上策也;如隔洛水为阵,中策也;如坐

① 参阅《晋书》卷103《刘曜载记》、卷105《石勒载记下》、卷63《李矩传》及《资治通鉴》卷93《晋纪》明帝太宁三年各条。

守洛阳则属下策，必将被擒。十二月，后赵诸路兵马齐集成皋，计步卒六万、骑兵二万七千。勒见前赵无守兵，大喜，卷甲衔枚，诡道兼行，出于巩（今河南巩义市东）、訾（在巩义市西南）之间。

刘曜专与嬖臣饮酒、赌博，不抚士卒。及闻石勒已渡河，始议增添荥阳戍卒及堵住黄马关（在成皋北）。俄而洛水斥堠捕得后赵羯卒，羯卒言，“石勒亲自率军前来，军势甚盛”。曜闻之惊骇，命撤金墉之围，移阵于洛水之西，部众计十余万，分布南北，长达十余里。勒望见，益喜，遂率其步骑四万入洛阳城。

石虎引步卒三万自城北而西，攻前赵中军，石堪、石聪各以精骑八千自城西而北，击前赵前锋，双方大战于西阳门（洛阳城西面南头第一门）。石勒亲自披甲率军自阊阖门（洛阳西面北头门）出，夹击之。刘曜少而嗜酒，末年尤甚，这次出战前即已饮酒数斗，及出战，其常乘之赤马无故跼顿（足踡曲不能屈伸），乃改乘小马，及出，复饮酒斗余，至西阳门，正指挥调整阵势，石堪乘机突击，前赵兵大溃。曜昏醉急退，马陷石渠，坠于冰上，身上受伤十余处，为石堪所执。勒遂大破前赵兵，斩首五万余级。曜被送至襄国，不久被杀。

公元 329 年（东晋咸和四年）春正月，前赵太子刘熙闻刘曜被擒，大惧，与南阳王刘胤谋弃长安、西保秦州。尚书胡勋谏，以为“今虽丧君，境土尚完（完好），将士不叛，且当并力拒之；力不能拒，[再]走未晚”。胤怒，以为扰乱众心，斩之，遂与熙共率百官奔于上邽（秦州治所，今甘肃天水市西）。镇守各地的镇将亦皆弃其所守而随同撤退，关中大乱。将军蒋英、辛恕拥众数十万，仍据长安，遣使请降于后赵，后赵遣石生率洛阳兵众前往受降。

秋八月，刘胤率众数万自上邽进攻长安，陇东及秦雍各郡多起兵响应，胤屯军于仲桥（在今陕西礼泉县）；石生闭城固守，石虎率骑二万往救。九月，虎大破前赵兵于义渠（今甘肃宁县西北），胤奔还上邽。虎乘胜追击，枕尸千里（似应作十里）。上邽溃，虎执杀前赵太子刘熙、南阳王刘胤并将、相、诸王及诸卿、校、公、侯以下三千余人，徙其台省文武、关东流民、秦雍大族九千余人于襄国，又坑杀其王公等及五部屠各五千余人于洛阳。前赵亡。从刘渊建号起算，立国凡二十六年(304—329 年)[①]。

并州匈奴自前赵覆亡之后，或死亡，或远徙，留下的并不多，但也不是绝种。《周书》卷四九《稽胡传》有刘蠡升、刘平伏、乔是罗、乔三勿同，《魏书》卷二《太祖纪》及卷二八《庾业延传》有离石胡呼延铁。刘、乔、呼延都是匈奴著姓，这些匈奴人就是在前赵政权覆亡后留在并州和秦雍一带，与北魏时兴起的稽胡(亦称山胡，居地在离石者则称离石胡)杂居错处或羼入稽胡族中的遗种。

《晋书》卷一一九《姚泓载记》载：东晋安帝义熙十二年(416 年)夏六月，并州贰城胡(贰城即贰县城，故址在今陕西黄陵县西北)数万落叛后秦，进入平阳(今山西临汾市西南)，推匈奴曹弘[②]为大单于，攻立义将军姚成都于匈奴堡(匈奴人聚居之地，因以为名)。征东将军姚懿自蒲阪(今山西运城市西南蒲川镇)讨之，执弘，送长安(后秦都城)，徙其豪右一万五千落于雍州(后秦雍州治安定，今甘肃泾川县北)。这也是并州匈奴的遗种。

又，《魏书》卷四《世祖纪》上载：太武帝神䴥(音加)元年(428 年)夏六月，并州胡酋卜田谋反被杀，余众不安，诏令淮南公王倍斤坐镇虑虒(音斯)对他们进行抚慰。考魏、晋时虑虒县属新兴郡，其地故址在今山西五台县北，也就是原先匈奴聚居的地方。卜田既能发动反抗北魏的变乱，自非少数人所能举行，而且《纪》文说他是“胡酋”，又说还有“不安”的“余众”，那么当然领有一定的部众，否则就不能称为“胡酋”。并州匈奴本来就有很多卜姓，如卜珝、卜抽、卜崇、卜斡、卜泰[③]，俱于“汉—前赵”政权中位居显要，已见前述。卜氏是匈奴著姓，据见卜田之众也是并州匈奴在前赵覆亡后遗留下来的。

---

① 以上参阅《晋书》卷 103《刘曜载记》、卷 105《石勒载记下》及《资治通鉴》卷 94《晋纪》有关年月各条。

② 曹弘即匈奴右贤王曹毂之子曹寅之后，所谓“东、西曹”者是也。参阅下文第十三章第一节注。

③ 此外还有个卜休，见(宋)乐史《太平寰宇记》卷 43《晋州》引《前赵录》，清乾隆五十八年刊本。

第十二章

卢水胡及其建立的"北凉"政权

一、卢水胡的先世及其后的分布

《晋书》卷一二九《沮渠蒙逊载记》载：

> 沮渠蒙逊，临松卢水胡人，其祖先世为匈奴左沮渠，遂以官号作姓氏。

《宋书》卷九八《氐胡传》也载：

> 大且渠蒙逊（且音沮，下同），张掖临松卢水胡人；匈奴有左且渠、右且渠之官，蒙逊之祖先曾任此职，羌之酋豪曰"大"，故且渠以官位为姓氏，而以"大"字冠之，世居卢水为酋豪。

张掖即今甘肃张掖市；临松是郡名，又是山名，前凉张天锡在凉州置临松郡于临松山下，山在今张掖市南；卢水即卢溪水，在今青海西宁市西。大抵从张掖南贯祁连山，直至西宁市西湟中一带，都是卢水胡原先聚居之地。

卢水胡之名最早见于《后汉书》卷八七《西羌传》。该传载：烧何（羌族之一种）豪有妇人名比铜钳，被卢水胡所击，比铜钳乃率领她的部众前来依附郡县，后因她的部众犯法，临羌长收捕了比铜钳。考汉临羌县在今青海湟源县西湟水南岸,故攻击比铜钳的卢水胡,其住地当去临羌县不远。

同上《西羌传》又载:章帝建初二年(77 年)夏,迷吾(人名)遂与各人众聚兵,欲叛出塞,于是各人众及属国卢水胡尽与他互相呼应。既云"属国卢水胡",当指归东汉政府属国都尉管辖的卢水胡而言。从《后汉书》卷二三《窦固传》载明帝永平十六年(73 年)窦固率张掖甲卒及卢水羌胡万二千出酒泉塞击匈奴来看,东汉时张掖一带的卢水胡当是归张掖属国都尉管辖。故东汉发兵出击匈奴,卢水胡即与张掖属国都尉所部甲卒同被征发。

汉末魏晋时期,卢水胡向下列四个地区移动和发展:一是今四川西北部;一是甘肃武威;一是陇东;一是陕西。北魏时陕西的卢水胡则以渭北的杏城为最多。

《后汉书》卷八六《南蛮西南夷传》载,汶山郡(后汉治汶江,今四川茂汶羌族自治县东北)之北有卢水胡。晋常璩撰《华阳国志》卷八《大同志》(商务印书馆《四部丛刊》本)也载,晋惠帝元康八年(298 年),汶山兴乐县(今四川松潘县北)的卢水胡成豚坚、成明石等攻劫县令,豚坚被太守挞杀,余众遂叛。这是四川西北部的卢水胡。

《三国志》卷一五《魏书·张既传》载,魏文帝黄初二年(221 年),凉州卢水胡伊健妓妾(人名)、治元多等反,被张既在武威(今甘肃武威市)大破之,斩首和俘获人众以万数。这是武威的卢水胡。

陇东之有卢水胡,见《晋书》卷一二五《乞伏乾归载记》。载记说鲜卑、休官及卢水胡尉地拔(尉音玉)等并率众降于乾归。休官是氐族,活动地区在安定(治安定县,今甘肃泾川县北)、天水(治上邽县,今甘肃天水市)等郡,卢水胡既与休官一同降附,那么安定、天水等陇东一带自然也有卢水胡聚居。

陕西的卢水胡聚居于关中各处。《三国志》卷一五《魏书·梁习传》裴注引《魏略》载:建安二十二年(217 年),曹操攻拔汉中后回到长安,留驻骑督(官号)乌丸王鲁昔,使他屯在池阳(今陕西泾阳县西北)以防备卢水胡。同上卷二《魏书·文帝纪》延康元年(220 年)夏五月条及裴注引

《魏书》载：冯翊（魏治临晋，今陕西大荔县）山民郑甘、王照及卢水胡率其所属人众来降。这是渭北的卢水胡。

西晋末年关中各族大起义时，渭北卢水胡也曾参加。《晋书》卷四《惠帝纪》载：元康六年（296 年）夏五月，匈奴郝散弟郝度元与冯翊、北地（今陕西大荔县、铜川市耀州区一带）马兰羌、卢水胡俱反，杀北地太守张损，败冯翊太守欧阳建。秋八月，雍州刺史解系又为度元所破。秦雍氐、羌悉反，推氐帅齐万年为帝，围攻泾阳（今甘肃平凉市西北）。

前秦苻坚统治关中（357—384 年）时，陕北一带也有很多卢水胡。清人陆耀遹纂《金石续编》卷一所收《郑能进修邓艾祠碑》（碑在今陕西蒲城县）记秦甘露四年（362 年）能进任冯翊护军时，所统上郡肤施（今陕西榆林市东南）就有卢水胡等杂户七千。前秦瓦解之后，渭北的卢水胡又在关中起事，但随即失败。《晋书》卷一一六《姚苌载记》载：晋孝武帝太元十一年（386 年），鲜卑慕容冲既率众东下，长安空虚。春三月，前荥阳太守赵榖招杏城（今陕西黄陵县西南）卢水胡郝奴等四千户入于长安，渭北尽起响应，以榖为丞相。扶风人王骥有众数千，保据马嵬（在今陕西咸阳市西），郝奴遣弟郝多攻之。夏四月，后秦主姚苌伐王骥，骥奔汉中（今陕西汉中市）。苌执郝多而进，郝奴惧，请降，苌拜奴为镇北将军、六谷大都督（六谷在长安南山）①。

北魏时，渭北卢水胡多集中在杏城（今陕西黄陵县西南）周围，而且不断起来反抗北魏的统治，其中以盖吴为首的一次起义规模最为巨大。《魏书》卷四《世祖纪下》太平真君六年（445 年）载：卢水胡盖吴聚众反于杏城，冬十月派长安镇副将元纥（音核）率众进讨，为盖吴所败杀，吴党遂盛。这次起义，除卢水胡外，还有汉、屠各、氐、羌等族；活动范围，西及秦陇的金城、天水、略阳（今甘肃兰州市西北、天水市、秦安县东北一带），东及河东（黄河以东），南至长安及今之周至；参加起义的人数，从后来战败被溺被杀每次动辄三数万人，即可见其数量之多。在战斗过程中，盖吴虽然屡次战败，但史书说他接刃交锋，无日不战，获敌过半，伏尸蔽野。给予

① 另参阅《资治通鉴》卷 106《晋纪》太元十一年。

北魏统治者的打击是沉重的①。第二年(446年)五月,盖吴复聚于杏城,自号秦地王,联络周围的山民,队伍又重新振作②。这次起义影响很大,故响应的人很多。《宋书》卷九五《索虏传》说,盖吴起义之后,诸"戎夷"普遍响应,有众十余万。盖吴还两次上表请求南朝刘宋出兵北伐并接济军械。表中曾提出"以义伐暴"(即驱逐北魏统治者)和"五州同盟"(即统一中国)的口号。在当时南北朝分裂的局面下,这种口号是符合国内各族人民的愿望的。刘宋接受了盖吴的请求,在南边派军接应。可惜同年八月盖吴死去,起义被镇压。这是一次各族联合的反魏大起义,是北魏末年六镇大起义的先声。

杏城卢水胡经过这次起义后,有大量的人口被屠杀。在献文帝拓跋弘(466—470年)时,他们在盖平定和成赤子的领导下,又再次分别发动起义,但结果仍归于失败。《魏书》卷四三《唐和附玄达传》载:杏城卢水胡盖平定聚众反,显祖(拓跋弘)遣给事(官号)杨钟葵率兵进击,不克而还。乃诏唐玄达往讨,始击平之。同传又载:杏城成赤子复聚众自号为王,攻逼郡县,诏玄达率骑击平之。按杏城为卢水胡聚居之地,成氏亦为卢水胡姓③,此成赤子当为卢水胡人。

卢水胡的种族,学者间还没有定论。依据《晋书》、《魏书》和《宋书》的记载,只说沮渠蒙逊的祖先曾任匈奴且渠之官,并没有说是属于匈奴之族。因此有些学者怀疑他们不是匈奴④。但是,根据《史记》《汉书》的《匈奴传》的记载,且渠一官,向由匈奴贵族担任,他族任此官的,史书上未之见。《后汉书》卷八九《南匈奴传》说:"异姓大臣:左、右骨都侯,次

---

① 参阅《宋书》卷95《索虏传》。

② 参阅《魏书·世祖纪下》。

③ 见上文引《华阳国志·大同志》载卢水胡成豚坚、成明石等。

④ 周一良先生认为卢水胡与生活于湟中的小月氏有关,见《北朝的民族问题与民族政策》一文,载《魏晋南北朝史论集》,中华书局1963年版。唐长孺先生同意上文"卢水胡与小月氏有关"的说法,见《魏晋杂胡考》,载《魏晋南北朝史论丛》,三联书店1955年版。姚薇元先生更进一步肯定"沮渠氏之先世本月氏族",见《北朝胡姓考》(中华书局1962年版)外篇《羯族诸姓》(5)沮渠氏条。但马长寿先生则主张把卢水胡当作匈奴,见《北狄与匈奴》一书(三联书店1962年版)第五节。

左、右尸逐骨都侯，其余日逐、且渠、当户诸官号，各以权力优劣、部众多少为高下次第焉。”这些异姓贵族也是匈奴贵族，不过他们不是单于所属氏族的虚连题氏（《汉书》作挛鞮氏，实即汉译一音之转）的族系成员，故称“异姓”，否则他们就不可能担任匈奴的且渠这样的高官显职。因此卢水胡可以推断为匈奴族的一支。

二、沮渠蒙逊建立“北凉”

张掖、武威一带的卢水胡，在“五胡十六国”后期，以沮渠蒙逊为首，曾建立“北凉”政权。《晋书·沮渠蒙逊载记》说，蒙逊是临松卢水胡人，“博涉群史（即广泛阅读各种史书），颇晓天文，雄杰有英略，滑稽，善权变（善于玩弄权术）”。他的祖先，世为部帅。据说他的祖先在东汉时曾赞助窦融（汉大将军、凉州牧）保卫过河西走廊一带。

蒙逊的两位伯父——罗仇、麹粥，原分别为后凉（都姑臧，今甘肃武威县）三河王氐族吕光的尚书和三河太守（后凉三河郡治白土，即今青海西宁市东南之白土城）。罗仇从吕光征西秦（陇西鲜卑乞伏氏所建，都苑川，今甘肃兰州市东），前军大败。吕光听信谗言，以败军之罪杀罗仇及麹粥。蒙逊以罗仇、麹粥之丧归葬，诸部宗亲会葬者凡万余人。蒙逊哭对众曰：

> “吕王昏荒无道，多杀不辜。吾之上世，虎视河西（指其先祖均曾于河西雄健有勇名），今欲与诸部雪二父之耻，复上世之业，何如?”众皆听从，咸称万岁。蒙逊遂结盟起兵，得万余人，攻拔后凉之临松郡（郡治在今甘肃张掖市南），屯据金山（在今甘肃山丹县境）。

凉王吕光遣太原公吕纂将兵击破蒙逊于忽谷（在今甘肃山丹县界），蒙逊逃入山中。

蒙逊从兄沮渠男成为后凉将军，闻蒙逊起兵，亦合众数千，屯于乐涫（故城在今甘肃高台县西北），击败前来讨伐的酒泉太守垒澄，澄战

死。男成随即进攻建康(故城在今甘肃高台县南),遣使说建康太守段业曰:

吕氏政衰,权臣擅命,刑杀无常,人无容处。一州之地,叛者相望,瓦解之形昭然在目,百姓嗷然无所依附。府君(指段业)奈何以盖世之才,欲立忠于垂危之国?男成等既唱大义,欲屈府君抚临鄙州,使涂炭之余,蒙来苏之惠,何如?

段业在初不从。双方相持二旬,外救不至,业乃许允。男成等推业为大都督、龙骧大将军、凉州牧、建康公,改元神玺。北凉政权建立始此,时在公元397年(东晋安帝隆安元年)夏五月。段业以男成为辅国将军,委以军国之任。蒙逊率众归业,业以蒙逊为镇西将军。吕光遣吕纂将兵讨业,不克。①

公元398年(东晋隆安二年)夏四月,段业使蒙逊攻后凉西郡(郡治在今甘肃永昌县),执太守吕纯(吕光侄)以归。晋昌(郡治在今甘肃瓜州县东南)太守王德、敦煌(郡治在今甘肃敦煌市西)太守孟敏皆以郡降段业。考西郡在武威之西,据山岭之要,蒙逊得之,故晋昌、敦煌二郡皆降。业封蒙逊为临池侯,以王德为酒泉太守,孟敏为沙州刺史。

六月,后凉常山公吕弘镇张掖(今甘肃张掖市西北),段业使男成及王德攻之,弘引兵弃张掖东走,段业徙治张掖,将追击弘。蒙逊谏,以为"归师勿遏,穷寇勿追,此兵家之戒"。业不从,大败而还,赖蒙逊救,得免于难。段业又置西安郡于张掖东境,以其将臧莫孩为太守,并筑西安城,蒙逊对业曰:"莫孩勇而无谋,知进不知退;此乃为之筑冢,非筑城也。"业不从,莫孩不久果为吕纂所攻破。

公元399年(东晋隆安三年)春二月,段业即凉王位,改元天玺;以蒙逊为尚书左丞,梁中庸为右丞。②

公元400年(东晋隆安四年)冬十一月,北凉晋昌太守唐瑶叛,移檄六郡(晋昌、建康、敦煌、酒泉、凉兴、祁连),推陇西人李暠为冠军大将军、

① 以上参阅《晋书》卷129《沮渠蒙逊载记》、卷122《吕光载记》、《魏书》卷99《卢水胡沮渠蒙逊传》及《资治通鉴》卷109《晋纪》隆安元年。

② 以上参阅《晋书·沮渠蒙逊载记》及《资治通鉴》卷110、卷111《晋纪》有关年月各条。

沙州刺史、凉公、领敦煌太守。暠改元庚子（其政权史称“西凉”），以瑶为征东将军。遣宋繇率兵东伐凉兴（段业分敦煌之凉兴、乌泽二县及晋昌之宜禾县为凉兴郡，郡治在敦煌东），并攻下玉门（今甘肃玉门市）以西诸城。

酒泉太守王德亦叛北凉，自称河州刺史。段业使蒙逊将兵讨之。德焚城，将部曲奔于唐瑶，蒙逊追至沙头县（属晋昌郡），大破之，虏其妻子、部落而还①。

公元401年（东晋隆安五年）夏四月，段业忌惮蒙逊勇略，欲远离之，蒙逊亦深自晦匿。业以门下侍郎马权代蒙逊为张掖太守；权素豪儁，为业所亲重，常轻侮蒙逊。蒙逊谮之于业曰：“天下不足虑，惟当忧马权耳。”业遂杀权。蒙逊因对男成曰：“段公无鉴断之才，非拨乱之主，向所惮者惟索嗣、马权，今皆已死（上年四月业杀嗣），蒙逊欲除之以奉兄，何如?”男成不从。蒙逊乃求授西安（郡治在今甘肃张掖市东南）太守，业喜其出外，许之。

蒙逊玩弄权术，与男成约同祭于兰门山，而阴使司马许咸告段业曰：“男成欲以取假日为乱，若求祭兰门山，臣言验矣。”至期，男成果请祭，业乃杀男成。蒙逊遂泣告众曰：

男成忠于段王，而段王无故枉杀之，诸君能为报仇乎？且始者共立段王，欲以安众耳；今州土纷乱，非段王所能济也。

男成素得众心，众皆愤泣，争为奋发，及至氐池（今甘肃山丹县西南），聚众已逾一万；镇军将军臧莫孩率所部归附，羌、胡亦多起兵响应。蒙逊进逼侯坞。段业遣右将军田昂与武卫将军梁中庸共讨蒙逊。昂至侯坞，率五百骑降于蒙逊，业军遂溃；中庸亦降。五月，蒙逊军进至张掖，田昂侄田承爱斩关内迎蒙逊，段业左右皆逃散，蒙逊遂斩段业。

六月，梁中庸等共推沮渠蒙逊为大都督、大将军、凉州牧、张掖公，改元永安，都张掖。蒙逊以其从兄沮渠伏奴为张掖太守、和平侯，弟沮渠挐为建忠将军、都谷侯，田昂为西郡太守，臧莫孩为辅国将军，房晷、梁中庸

① 参阅《资治通鉴》卷111《晋纪》隆安四年冬十一月条。

为左右长史，张骘、谢正礼为左右司马；擢任贤才，文武咸悦。①

当时蒙逊所面临的形势是：除了中原有北魏（都平城，今山西大同市东北）与东晋（都建康，今江苏南京市）两个王朝的对峙外，还有都于长安（今陕西西安市西北）的后秦羌族姚兴；都于苑川（今甘肃兰州市东）的西秦陇西鲜卑乞伏乾归；都于西平（今青海西宁市）的南凉河西鲜卑秃发利鹿孤；其逼近北凉者，东则有都于姑臧（今甘肃武威县）的后凉氐族吕隆（吕光侄），西则有都于敦煌（今甘肃敦煌市西）的西凉李暠。北凉的都城在张掖（今甘肃张掖市西北），蒙逊要使他的政权得以巩固，首先必须避免四面受敌，然后才能谋求进取。因此，秋七月，遣使奉表入贡于强大的后秦。时北凉酒泉、凉宁（郡治在今甘肃玉门市境）二郡叛降于西凉，而后凉吕隆又被后秦将姚硕德所攻，已降于后秦。蒙逊大惧，遣其弟沮渠挐及牧府长史张潜至姑臧见姚硕德，拟请尽率其部众东迁归附。挐私谓蒙逊曰：

> 姑臧未拔，吕氏犹存，硕德粮尽将还，不能久也，何为自弃土宇，受制于人乎！

蒙逊乃止，遣其子沮渠奚念为质，纳款于南凉秃发利鹿孤以求援。利鹿孤不受，复索沮渠挐为质，并发兵至临松等地，执蒙逊从弟沮渠鄯善苟子，虏其民六千余户。蒙逊不得已，乃许以挐为质，利鹿孤乃归其所掠。

蒙逊既不东迁，遂加紧境内的社会生产，以便积蓄力量。因下书曰：

> 孤以虚薄，猥忝时运，未能弘阐大猷，勘荡群孽（未能打开局面、扫平群雄），[使]戎车屡动，干戈未戢，农失三时之业，百姓户不粒食，可蠲省百傜（免除各种徭役），专攻南亩（专力从事农耕），明设科条（制定法规），务尽地利。

又令“内外群僚（内外大臣），其各搜扬贤儁（推荐人才），广进刍荛（多献计策），以匡孤不逮（以补救我之不足）”。随后不久，以敦煌人张穆“博通经史，才藻清赡”，擢拜为中书侍郎，委以机密之任。又，蒙逊伯父中田护

---

① 以上参阅《晋书·沮渠蒙逊载记》、《魏书·卢水胡沮渠蒙逊传》及《资治通鉴》卷 112《晋纪》隆安五年。

军(官号)亲信(人名)、临松太守孔笃,皆骄恣为民患,蒙逊曰:“乱吾法者,二伯父也。”逼之皆令自杀。群雄角逐的局势,使蒙逊不得不注意励精图治。①

公元 402 年(东晋安帝元兴元年),姑臧大饥,米斗值钱五千,人相食,饿死者十余万口。春二月,蒙逊乘机发兵进攻,吕隆遣使求救于南凉,但救兵未至而蒙逊已被吕隆击败,蒙逊遂与吕隆议和,留谷万余斛(十斗为一斛)遗之而还。翌年(403 年)秋七月,南凉王秃发傉檀(时利鹿孤已死,弟傉檀继位,都乐都,今青海海东市乐都区)与蒙逊互出兵攻吕隆,吕隆以境内饥窘,深感忧虑。后秦主姚兴乘机对他施加压力,遣使征其弟吕超入侍。隆念姑臧终无以自存,乃因超入秦之便,诸降于秦。姚兴遣尚书左仆射齐难等率步骑四万迎隆于河西。八月齐难等至姑臧,隆素车白马降于道旁。② 齐难以司马(官号)王尚镇姑臧。傉檀收兵撤退,蒙逊则与齐难结盟,并遣其弟沮渠挐入贡于秦。秦遣使拜蒙逊为镇西大将军、沙州刺史、西海侯,拜傉檀为车骑将军,封广武公。公元 406 年(东晋安帝义熙二年)夏六月,傉檀伐蒙逊,蒙逊闭城固守,傉檀至赤泉(在今甘肃山丹县西)而还,献马三千匹、羊三万头于秦。秦主姚兴以为忠,拜为都督河右诸军事、车骑大将军、凉州刺史,使镇姑臧,征王尚还长安。冬十一月,傉檀迁都于姑臧。③

公元 410 年(东晋义熙六年)春三月,傉檀复自将五万骑伐蒙逊,战于穷泉,傉檀大败,单马奔还。蒙逊乘胜进围姑臧,姑臧人皆惊溃,夷、夏降者计万余户。傉檀惧,纳质于蒙逊以请和,蒙逊许之,徙其众八千余户而去。傉檀畏蒙逊之逼,乃将都城迁回乐都,留大司农成公绪守姑臧。傉檀刚出城,魏安人焦朗即据城作乱,自称大都督、龙骧大将军。④

公元 411 年(东晋义熙七年)春二月,蒙逊率步骑三万攻焦朗,拔其城,以弟沮渠挐为秦州刺史,镇姑臧。翌年(412 年)冬十月,蒙逊迁都于

① 参阅《晋书·沮渠蒙逊载记》及《资治通鉴》卷 112《晋纪》隆安五年。

② 参阅《晋书》卷 122《吕隆载记》。

③ 参阅《晋书》卷 126《秃发傉檀载记》。

④ 参阅《晋书》卷 126《秃发傉檀载记》。

姑臧;十一月即河西王位,改元玄始,置官僚如后凉吕光为三河王故事;随后又以其子沮渠政德为世子,加镇卫大将军,录尚书事[①]。

公元414年(东晋义熙十年)夏五月西秦(412年六月迁都枹罕,今甘肃临夏县东北)河南王乞伏炽磐攻灭南凉之后,蒙逊与西秦便成邻敌,因此双方不时交兵。415年夏五月,炽磐率众三万袭击湟河(郡治在今青海海东市乐都区东南),太守沮渠汉平拒战,但因汉平长史焦昶、将军段景背叛,遂失湟河。[②]

其后蒙逊的主要攻击目标集中在西凉。417年(东晋义熙十三年)夏四月,遣张掖太守沮渠广宗诈降以诱李歆(李暠子,暠死继位,时都酒泉),歆发兵接应。蒙逊将兵三万伏于蓼泉(在张掖西北),为歆发觉、引兵还。蒙逊追之,歆与战于解支涧,蒙逊大败,被斩首七千余级。翌年(418年)秋九月,蒙逊复引兵伐西凉,李歆固守不战,蒙逊芟其秋稼而还。歆用刑过严,又好治宫室,其从事中郎张显上疏,以为:

> 凉土三分(李氏、沮渠、乞伏三方割据),势不支久(三方不能长期并存),兼并之本,在于务农;怀远之略,莫如宽简。……[殿下]宜减膳彻悬(宜节约、废乐),侧身修道,而更(今反而)繁刑峻法,缮筑(建筑)不止,殆非所以致兴隆也。……沮渠蒙逊,胡夷之杰,内修政事,外礼英贤,攻战之际,身均士卒,百姓怀之,乐为之用。臣谓殿下非但不能平殄蒙逊,亦惧蒙逊方为社稷之忧!

这一段话评论了李歆与蒙逊两人的得失,同时也反映了西凉与北凉双方形势的优劣,这些因素决定了西凉终于为北凉所灭。

公元420年(宋武帝永初元年)秋七月,蒙逊欲伐西凉,佯先引兵进攻西秦之浩亹(音告门,在今青海海东市乐都区东),既至,潜师还屯川岩。李歆以为张掖空虚,欲乘机偷袭。大臣宋繇及其母尹氏切谏,歆均不听,遂将步骑三万东出,与蒙逊战于怀城,大败;勒兵复战于寥泉(在今张掖市西北),为蒙逊所杀。歆弟酒泉太守李翻等西奔敦煌。蒙逊入酒泉,

① 参阅《晋书·沮渠蒙逊载记》。

② 参阅《晋书》卷125《乞伏炽磐载记》。

严禁侵掠，士民安堵。以宋繇为吏部郎中，委以选举之任；西凉旧臣之有才望者，皆礼而用之。以其子沮渠牧犍为酒泉太守①。

敦煌人刘昞（字延明），精通经业，隐居酒泉，蒙逊拜他为秘书郎，专管记注，并为他筑“陆沈观”于西苑，亲往礼见，号之为“玄处先生”。昞聚徒讲学，生员数百，月送羊酒。及后牧犍继位为河西王，亦尊他为国师，亲往拜谒，并命官属以下俱北面受业②。

李翻西奔敦煌之后，翻弟敦煌太守李恂亦弃敦煌逃奔北山。蒙逊以索元绪为行敦煌太守。李恂在敦煌，有惠政；元绪粗险好杀，大失人和。郡人宋承等密招恂还，元绪东奔凉兴。承等推恂为冠军将军、凉州刺史，改元永建，继续拒守。蒙逊命世子沮渠政德攻敦煌，恂闭城不战。421 年（宋永初二年）春二月，蒙逊亲自率众二万续攻，并筑堤壅水灌城，李恂乞降，蒙逊不许，宋承等举城降，恂自杀。蒙逊屠其城，捕获李翻子李宝，囚之于姑臧。西凉亡。于是西域诸国皆向蒙逊称臣朝贡，这是北凉的全盛时期③。

西凉既灭，蒙逊遂把兵锋转向西秦。但西秦亦屡次反攻，北凉频年失利，建节将军沮渠苟生、前将军沮渠成都先后被擒，士卒被斩者每次均达数千，人民被徙去者亦数万口。

公元 428 年（宋文帝元嘉五年）夏五月，西秦王乞伏炽磐卒，子暮末继位。蒙逊因秦之丧，伐秦之西平。西平太守麹承背秦，建“先取乐都”之议，蒙逊乃弃西平而转攻乐都。西秦相国元基从枹罕率骑三千救乐都，甫入城而北凉之兵已至并攻克外城，水道断绝，城中饥渴，死者大半。东羌乞提从元基救乐都，秘密与蒙逊通谋，下绳接引北凉士卒，士卒登城者百余人，鼓噪烧门；元基率左右奋击，北凉兵始退。初，炉、磐临终时曾遗嘱暮末，谓“沮渠成都为蒙逊所亲信，宜遣归之”。至是，暮末遣使至蒙逊处，许归成都以求和。蒙逊遂引兵还，遣使入秦吊祭。暮末厚资送成都还归，并遣使至北凉报聘。

---

① 以上参阅《晋书》卷 129《沮渠蒙逊载记》、卷 87《凉武昭王李玄盛附子士业传》及《资治通鉴》卷 118《晋纪》、卷 119《宋纪》有关年月各条。

② 参阅《魏书》卷 52《刘昞传》。又，《太平御览》卷 474 引崔鸿《北凉录》载蒙逊拜刘昞之令，“秘书郎”作“秘书郎中”，“西苑”作“东苑”，“玄处先生”作“玄虚先生”。

③ 参阅《晋书・凉武昭王李玄盛附子士业传》及《魏书》卷 99《私署凉王李暠附子恂传》。

成都虽归，但并不能赢得西秦与北凉的长期和好，故仅仅过了几个月，蒙逊又发兵伐秦，翌年（429 年）春二月攻拔西平，执太守麴承。夏五月又伐秦，暮末留相国元基守枹罕，而自己则迁保定连（今地不详，当距乐都不远）。蒙逊遣世子沮渠兴国[①]攻定连，暮末迎击，擒兴国。蒙逊遣使送谷三十万斛以赎兴国，暮末不许，蒙逊乃立兴国弟沮渠菩提为世子。

暮末逼于蒙逊的军事压力，公元 430 年（宋元嘉七年）冬十月，遣使至北魏请降，魏帝（拓跋焘）许以平凉、安定（今甘肃平凉市、泾川县一带）封之。暮末乃焚城邑，毁宝器，率户一万五千，东赴上邽（今甘肃天水市西）。但其时平凉、安定为夏主铁弗匈奴赫连定所据（“大夏”政权原都统万，今陕西榆林市西南白城子，公元 427 年被北魏击灭，赫连定此时据上邽、平凉、安定一带），北魏正发兵企图夺取，双方仍在争战中。定闻暮末将至，发兵拒之，暮末留保南安（今甘肃陇西县东），其故地（自苑川至西平、枹罕一带之地）尽为吐谷浑（音突浴魂，鲜卑慕容氏的一支，都伏俟城，今青海湖西）所有。431 年（宋元嘉八年）春正月，赫连定遣其叔父韦伐（人名）率众一万攻南安，城中大饥，人相食，西秦将军出连辅政等逾城逃奔于夏，暮末穷蹙，只得舆榇（以车载棺，表示就死）出降，韦伐将暮末连同沮渠兴国送于上邽（时赫连定在上邽），西秦亡。不久夏主因畏北魏之军威，率领所得西秦人民十余万口，自治城（约在今甘肃武威市附近）渡河，欲击北凉而夺其地。吐谷浑王慕璝遣骑三万，乘其半渡而邀击之，执赫连定，沮渠兴国被创身死。夏亡。

公元 433 年（宋元嘉十年）夏四月，河西王沮渠蒙逊病重，国人共议，以世子菩提幼弱，改立其兄牧犍（亦作茂虔）为世子，加中外都督、大将军、录尚书事。蒙逊卒，牧犍即河西王位，改元永和；立子封坛为世子，加抚军大将军、录尚书事[②]。

---

① 《宋书》卷 98《氐胡传》及《资治通鉴》卷 119《宋纪》营阳王景平元年（423 年）秋八月条俱载：柔然寇河西，蒙逊命世子政德击之，政德轻进，被杀；蒙逊乃立次子兴国为世子。

② 以上参阅《晋书·沮渠蒙逊载记》、《宋书》卷 98《氐胡传》、《魏书》卷 99《鲜卑乞伏国仁附弟孙暮末传》、《太平御览》卷 127《偏霸部十一》引崔鸿《十六国春秋·西秦录》及《资治通鉴》卷 119 至 122《宋纪》有关年月各条。

三、北凉与北朝、南朝的关系及政权向西域迁移

北凉在初对北朝（北魏）颇为恭顺。太武帝拓跋焘神䴥三年（430年）冬，沮渠蒙逊遣使入贡于魏，受魏册封为凉王；册书要求蒙逊“盛衰存亡，与魏升降”。及沮渠牧犍嗣位，仍遣使请命于魏。先是太武帝欲迎纳蒙逊之女为夫人，会蒙逊卒；牧犍遵照先父遗意，遣使送其妹兴平公主至魏，太武帝拜她为右昭仪（妃嫔的称号）。太武帝复遣尚书李顺至姑臧（北凉都城，今甘肃武威市），拜牧犍为河西王，并以其妹武威公主妻牧犍。437年（魏太延三年），牧犍又遣其世子沮渠封坛入侍于魏。

尽管北魏统治者对北凉提出“盛衰存亡，与魏升降”，其实他们从经略中原的野心出发，迟早是要计谋吞并北凉的。故早在蒙逊未死之前，太武帝即曾询问出使北凉回来的李顺关于征服北凉的可能性。李顺回答说：

> 蒙逊控制河右，逾三十年（从401年杀段业至432年李顺出使，计三十一年），经涉艰难，粗识机变，绥集荒裔，群下畏服，虽不能贻厥孙谋（虽不能使其子孙长保政权），犹足以终其一世。……蒙逊诸子，臣略见之，皆庸才也。如闻敦煌太守牧犍，器性粗立，继蒙逊者，必此人也，然比之于父，皆云不及。此殆天之所以资圣明也（上天使陛下有消灭他的可能性）。

太武帝曰：“朕方有事东方（指方图北燕冯氏），未暇西略。如卿所言，不过数年之外，不为晚也。”及牧犍继立，太武帝又对李顺曰：“卿言蒙逊死，今则验矣；又言牧犍立，何其妙哉！朕克凉州（治姑臧），亦当不远。”不久发生了一件偶然的事情，这便成为北朝讨伐北凉的借口。

公元439年（魏太延五年）春三月，牧犍与其嫂通奸，李氏毒害魏公主（即太武帝妹），帝派解毒医乘传（坐快速驿骑）往救，得愈。帝征李氏

至平城(魏都)问罪,牧犍不遣,厚送资财,使她避居酒泉。又,北魏使者自西域还,道经姑臧,颇闻牧犍有轻魏之意,使者具报,太武帝乃遣尚书贺多罗前往北凉观察虚实,多罗还,亦言"牧犍虽外修臣礼,内实乖悖"。时北魏已灭北燕,太武帝遂欲征讨北凉。因问计于大臣崔浩,浩献突然袭击之计曰:"牧犍逆心已露,不可不诛。……今[宜]出其不意,大军猝至,彼必骇扰,不知所为,擒之必矣。"帝称善。

夏六月,魏军从平城出发,太武帝御驾亲征,留太子晃监国;命公卿为书以责牧犍,数其十二罪。帝自云中(今内蒙古托克托县东北)渡河,至上郡属国城(今陕西榆林市北),留辎重,部署诸军,分两路并进,以平西将军源贺为向导。贺陈夺取北凉方略:

> 姑臧城旁有四部鲜卑(即河西鲜卑秃发傉檀据姑臧时所留,居城外),皆臣祖先旧臣,臣愿处军前,宣国威信,示以祸福,必相帅归命。外援既服,然后取其孤城,如反掌耳。

帝称善。

秋八月,魏军前锋掠北凉牲畜二十余万头。牧犍闻魏军至,大惊,求救于柔然(活动在北魏北边的一个游牧部族),并遣其弟沮渠董来将兵万余人出战于城南,大败而回。太武帝至姑臧,谕令牧犍出降,牧犍闭城拒守。不料其侄沮渠祖逾城投魏,魏军因此尽知城中实情,乃分军围城。而源贺亦已引兵招纳四部鲜卑三万余落,故魏军得专攻姑臧,无复外虑。九月,牧犍侄沮渠万年亦以所部降魏,姑臧城遂溃。牧犍不得不率其文武五千人面缚出降。帝释其缚而礼待之。收其城内户口二十余万,仓库珍宝不计其数。随即分军徇略诸郡,杂胡降者又数十万人。牧犍至平城,太武帝在初仍以妹婿待之,其原有征西大将军、河西王封爵如故;至公元447年(魏太平真君八年)春,牧犍被告于魏军攻克姑臧时私取府库金玉、宝器,且父子多蓄毒药,暗杀人前后以百数,又姊妹皆学左道,随后又被告犹与故臣民交通谋反,遂与沮渠昭仪(牧犍妹兴平公主)先后被赐死①。

---

① 以上参阅《魏书》卷99《卢水胡沮渠蒙逊传》、卷36《李顺传》、卷102《西域传》序、卷35《崔浩传》、卷41《源贺传》、卷4《世祖纪》上及《资治通鉴》卷122、卷123《宋纪》有关年月各条。

初(439 年),牧犍以其弟沮渠无讳为沙州(治酒泉)刺史、都督建康(今甘肃高台县)以西诸军事、领酒泉太守,沮渠宜得为秦州(治张掖)刺史、都督丹岭(在姑臧西)以西诸军事、领张掖太守,沮渠安周为乐都(今青海海东市乐都区)太守,从弟沮渠唐儿为敦煌太守。及姑臧城破,太武帝分别遣军进攻张掖、乐都,宜得西奔酒泉,安周南奔吐谷浑。魏军续攻酒泉,无讳、宜得收集遗民西奔晋昌(今甘肃瓜州县东南),遂就唐儿于敦煌。魏军占领了酒泉、武威和张掖,徙牧犍宗族及吏民三万户于平城。第二年(440 年)无讳企图恢复故土,曾一度进军夺回酒泉,攻围张掖,但终以力量不足,遣使请降,并归还所夺酒泉于魏,魏封无讳为酒泉王。不久,沮渠唐儿叛无讳,无讳留其从弟沮渠天周守酒泉,而自己则与其弟宜得引兵击唐儿,唐儿败死。魏以无讳反复,终为边患,遂发兵进击酒泉。

公元 442 年(魏太平真君三年)夏四月,无讳率万余家,弃敦煌西去,谋渡流沙,使其弟沮渠安周西击鄯善(今新疆若羌县)。安周军未至,鄯善王比龙惧,将其众奔于且末(今新疆且末县,且音沮),其世子降于安周。无讳遂据鄯善,但士卒经流沙渴死者太半。

初(421 年),沮渠蒙逊灭西凉,囚李宝。翌年(442 年)蒙逊所署晋昌太守唐契(李宝之舅)据郡叛,蒙逊世子政德攻克之,唐契及弟唐和与李宝同奔伊吾(今新疆伊吾县),招集遗民二千余家,臣于柔然,柔然可汗以唐契为伊吾王。及沮渠牧犍灭亡(439 年),凉州人阚爽据高昌(今新疆吐鲁番市),自称太守。唐契因被柔然所逼,亦拥众趋高昌,欲夺其地,柔然可汗发兵追击,契败死。契弟唐和收集余众逃奔车师前部(今吐鲁番市西)。时沮渠安周屯横截城,和攻拔之,又拔高宁、白刃二镇城(高昌有四十六镇,高宁、白刃即其二),遣使请降于魏。

当阚爽被唐契进攻之初,爽曾遣使诈降于沮渠无讳,欲与之共击契。公元 442 年秋八月,无讳将其众趋高昌,及至,契已死,爽闭城拒之,九月无讳之将卫兴奴夜袭高昌,屠其城,爽奔柔然,无讳遂据高昌,翌年(443 年)改元承平。

公元 444 年(魏太平真君五年)夏六月,沮渠无讳卒,弟安周代立。初,车师大帅车伊洛世臣于魏,魏拜伊洛为平西将军,封前部王(驻地在今新疆吐鲁番市西）。及无讳据高昌，断伊洛入魏之路，伊洛屡与无讳战，辄获胜。安周代立之后，夺取了伊洛子乾寿的兵马，乾寿遂率其民五百余家奔魏。450 年（魏太平真君十一年）伊洛西击焉耆（今新疆焉耆县），留其子歇守车师城，安周引柔然兵间道袭破车师城，歇奔伊洛，共收余众，保据焉耆。此后安周的事迹，史书记载很少。460 年（魏文成帝和平元年，宋孝武帝大明四年），柔然攻高昌，杀安周，灭沮渠氏，以阚伯周为高昌王，北凉亡①。从蒙逊杀段业自立起算，建立政权凡六十年（401—460 年）。顾祖禹《读史方舆纪要》（卷三）说："沮渠盛时，西控西域，东尽河湟。尝置沙州于酒泉，秦州于张掖；而凉州仍治姑臧。'前凉'（汉族张轨 301 年建立，传至张天锡时，376 年亡）旧壤，几奄有（即尽有）之矣。"大抵北凉疆域包括今甘肃河西走廊、青海省的青海、湟中及新疆东部一带。

北凉的衣冠人物和文化对北魏颇有影响。

初，永嘉之乱，中州士人多避乱河西，前凉张氏皆礼遇之，子孙相承，衣冠不坠，故凉州自张氏以来，号为多士。沮渠蒙逊颇重人物；牧犍亦喜文学，以敦煌人阚骃为姑臧太守，张湛为兵部尚书，刘昞、索敞、阴兴为国师助教，金城人宗钦（《资治通鉴》作"宋钦"）为世子洗马，赵柔为金部郎（金部主财帛委输），广平人程骏、骏从弟程弘为世子侍讲。阚骃在蒙逊时即被重用，常侍左右，蒙逊经常问以政治损益，拜为秘书考课郎中，配给文吏三十人，助其典校经籍，因得校定诸子三千余卷，后拜为尚书。宗钦在河西亦撰《蒙逊记》十卷。及魏克姑臧，诸人皆被迁至平城，太武帝俱礼而用之。②

又，魏初入中原（398 年），用《景初历》（杨伟所造，曹魏明帝景初元年通行）。太武帝灭沮渠氏，得赵𢾺所造《玄始历》（"玄始"为蒙逊于公元 412—428 年所用年号），时人以为精密，遂于文成帝兴安元年（452 年）

① 以上参阅《魏书》卷 99《卢水胡沮渠蒙逊传》、卷 4 下《世祖纪下》、卷 43《唐和传》、卷 101《高昌传》、卷 102《西域传》、卷 30《车伊洛传》、卷 103《蠕蠕传》及《太平御览》卷 124 引崔鸿《十六国春秋·北凉录》、《资治通鉴》卷 124、125、129 有关年月各条。

② 参阅《魏书》卷 52《阚骃传》、《宗钦传》、《赵柔传》、卷 60《程骏传》及《资治通鉴》卷 123《宋纪》文帝元嘉十六年冬十二月条。

采用施行，以替代《景初历》[①]。

此外，史载：

> 魏氏来自云朔（云州、朔州，今晋北一带），肇有诸华（据有中原地区），乐操风土，未移其俗。至道武帝（拓跋珪）皇始元年（396年）破慕容宝于中山，获晋［朝］乐器，不知采用，皆委弃之。……至太武帝平河西，得沮渠蒙逊之伎，宾嘉大礼，皆杂用焉。[②]

又载：

> 《西凉》［乐］者，起苻氏之末，吕光、沮渠蒙逊等据有凉州，变《龟兹》［乐］声为之，号为“秦汉伎”。魏太武既平河西，得之，谓之《西凉》乐。[③]

又载：

> 世祖（太武帝）……平凉州，得其（沮渠蒙逊）伶人器服，并择而存之。[④]

河西自前凉张氏以来，佛教盛行，沮渠蒙逊尤笃信之，故为其世子起名“菩提”[⑤]。菩提为梵语，乃佛书中名，义即汉语“正道”之意。史载“蒙逊素奉大法，志在弘通”，曾厚待天竺（古印度）僧人昙无谶，并请他在姑臧翻译佛经《初分》《中分》《后分》共三十卷，于玄始十年（421年）译毕[⑥]。又载“先是沮渠蒙逊在凉州亦好佛法，有罽宾（在今克什米尔境）沙门昙摩谶（即昙无谶）习诸经论。于姑臧与沙门智嵩等译《涅槃》诸经十余部。又晓术数、禁咒，历言他国安危，多所中验。蒙逊每以国事谘之。……智嵩亦爽悟，笃志经籍。后乃以新出经论于凉土教授，辩论幽旨，著《涅槃义记》。戒行峻整，门人齐肃”[⑦]。

---

① 参阅《魏书》卷107《律历志》上及《资治通鉴》卷126《宋纪》文帝元嘉二十九年冬十二月条。

② 《隋书》卷14《音乐志中》。

③ 《隋书》卷15《音乐志下》。

④ 《魏书》卷109《乐志》。

⑤ 参阅《宋书·氐胡传》。

⑥ 参阅《高僧传》卷2《晋河西昙无谶》。

⑦ 《魏书》卷114《释老志》。

北凉最高统治者既笃信佛法，其臣下自然亦多皈依。史载“河西国沮渠茂虔。时有沙门昙曜，亦以禅业见称，伪太傅张潭伏膺师礼”①。

清光绪年间，在高昌故城出土了承平三年（445年）立的《北凉且渠安周造佛寺碑》②及在鄯善土峪沟出土了承平十五年（457年）写的北凉《佛说菩提藏经》残卷（内题“大凉王大且渠安周所供养经”）③，说明蒙逊诸子也是信佛的。因此北凉地区佛寺、佛塔林立，僧徒众多。后来北魏克姑臧，僧徒和经卷都被迁往平城，这对于原来就盛行佛教的北魏地区，自然增添了不少佛法的影响。故《魏书》卷一一四《释老志》说：

凉州自张轨后，世信佛教。敦煌地接西域，道俗交得其旧式（意即佛教思想易于向世俗传播），村坞相属，多有塔寺。太延中，凉州平，徙其国人于京邑，沙门佛事皆俱东，像教弥增矣。

北凉与南朝的关系甚为密切。早在东晋安帝义熙十一年（415年），沮渠蒙逊即曾上表称藩，表示如果晋朝北伐，愿“率河西戎（即率河西兵马）为晋右翼前驱（为晋朝打先锋）”④。刘宋代晋之后，少帝景平元年（423年），宋册封蒙逊为凉州牧、河西王。沮渠牧犍时，继续接受宋的册封，直至姑臧被北魏攻破后、沮渠无讳和沮渠安周西迁高昌时，仍先后向宋贡献方物及受宋褒授⑤。

蒙逊时曾向宋请求《周易》《搜神记》等书；牧犍时又求晋、赵《起居注》及诸杂书数十种，并向宋贡献：

《周生子》十三卷；

《时务论》十二卷；

《三国总略》二十卷；

《俗问》十一卷；

《十三州志》十卷；

---

① 《高僧传》卷11《宋伪魏平城释玄高》。

② 见蒋文光：《谈清拓孤本“北凉且渠安周造佛寺碑”》，《社会科学战线》1979年第4期。

③ 见清人王树枏：《新疆访古录》卷1，陶庐丛刻本。

④ 参见《晋书·沮渠蒙逊载记》。

⑤ 参阅《宋书·氐胡传》。

《文检》六卷；

《四科传》四卷；

《敦煌实录》十卷；

《凉书》十卷；

《汉皇德传》二十五卷；

《亡典》七卷；

《魏驳》九卷；

《谢艾集》八卷；

《古今字》二卷；

《乘丘先生》三卷；

《周髀》一卷；

《皇帝王历三合纪》一卷；

《赵畋传》并《甲寅元历》一卷；

《孔子赞》一卷。

合一百五十四卷①。促进了南北方的文化交流，同时也反映了北凉时期卢水胡仰慕和接受汉族文化的倾向。

① 参阅《宋书·氐胡传》。

第十三章
铁弗匈奴及其建立的“大夏”政权

一、铁弗匈奴早期的事迹

在魏晋南北朝时期，由于匈奴与他族融合的结果，出现了匈奴的新的一支，史书上称为“铁弗”，一般称作“铁弗匈奴”。

《魏书》卷九五《铁弗刘虎传》载：

> 铁弗刘虎，南单于之苗裔，左贤王去卑之孙，北部帅刘猛之从子。居于新兴郡虑虒县（故址在今山西五台县东北，虒音斯）之北。北人（北方人）谓胡父（匈奴父）鲜卑母为“铁弗”，因以为号。

据此可知，铁弗是由于匈奴与鲜卑两族互相错居杂处并进而发生通婚关系，由匈奴男子与鲜卑女子婚配的结果而产生的。但只有匈奴父鲜卑母的子孙才得称为铁弗；反之，如果是鲜卑父匈奴母的子孙，如何称谓，史乏记载，或称为“拓跋”，似嫌无据。

匈奴与鲜卑两族何时发生融合？史未明载。有些学者推测，可能在东汉末年鲜卑檀石槐部落联盟瓦解之时，拓跋鲜卑的第七代始祖第二推寅由漠北草原东北部西移及后来南移至漠南“匈奴之故地”之后。[①]

---

① 参阅马长寿《乌桓与鲜卑》一书（上海人民出版社 1962 年版）第四章。另参阅本书第七章。

关于刘虎先世的事迹，据史书记载，他的祖父去卑是并州匈奴的右贤王。公元216年（汉献帝建安二十一年）曹操把呼厨泉单于留在邺城时，曾派去卑回平阳监督、管理匈奴各部。公元251年（魏主曹芳嘉平三年）景王司马师以“去卑功显前朝”（指在汉兴平二年侍卫献帝从长安东还），加封其子显号，使居雁门郡（魏治广武，今山西代县西南）①。虎之从父刘猛，是并州匈奴的部帅，于公元271年（晋武帝泰始七年）因背叛出塞被杀。猛之子副仑投奔拓跋鲜卑，由去卑之子诰升爰代领其众。

诰升爰死，子刘虎代立，居于新兴郡虑虒县之北。在先，与白部鲜卑（居于并州东北）②俱依附“汉”政权匈奴刘聪（都平阳，今山西临汾市西南）。晋并州（治晋阳，今山西太原市西南）刺史刘琨自己将兵进攻刘虎。公元310年（晋怀帝永嘉四年），刘虎与白部鲜卑联合，进攻刘琨控制下的新兴（治九原，今山西忻州市）、雁门二郡。琨请时据盛乐（今内蒙古和林格尔县北）的鲜卑拓跋猗卢相救，猗卢乃发兵二万，助琨击破刘虎和白部鲜卑，摧毁他们的营帐。虎收集余众，西渡黄河，居朔方（今内蒙古河套一带）肆卢川（在朔方塞内）。汉主刘聪以刘虎为匈奴之宗室，封他为楼烦公。

刘琨为了酬谢猗卢，乃向晋朝中央表奏猗卢为大单于，以代郡封之为代公。不久猗卢自称代王，改元“建国”，以盛乐为北都，平城（今山西大同市东北）为南都。

公元341年（东晋成帝咸康七年，代建国四年），刘虎进攻跋拓代的西境，但被击败。虎从弟路孤率领部落归附于代。同年，刘虎死，子务桓代领其众。务桓一方面归附于代（代王拓跋什翼犍妻之以女），另一方面又和时据襄国（今河北邢台市）的后赵羯族石虎（石勒之侄）相通，虎拜务桓为平北将军、左贤王。公元356年（东晋穆帝永和十二年，代建国十九年），务桓死，弟阏陋头（阏音鹅）③代立，因部落多叛，惧而东走，后来他的部众全归务桓子悉勿祈。

① 参阅《三国志·魏书》卷28《邓艾传》。

② 《资治通鉴》卷104胡三省注：“鲜卑有白部。后汉时鲜卑居白山者，最为强盛，后因曰白部。”

③ 《魏书·铁弗刘虎传》作“阏陋头”，卷1《序纪》及《资治通鉴》（卷100）则俱作“阏头”，无“陋”字。阏陋头之阏（音鹅），与阏氏之阏（音烟），字形相同而读音互异。

阏陋头奔代，悉勿祁遂领阏陋头之众而自立。公元 359 年（东晋穆帝升平三年，代建国二十二年），悉勿祁死，弟刘卫辰杀其子而代之①。

刘卫辰（务桓第三子）既立，一面遣子向代王朝献（什翼犍妻之以女），一面与时据长安（今陕西西安市）的前秦氐族苻坚相通，坚以他为左贤王。其时卫辰居朔方塞外，部落有千余户，控地东西千余里，势力不弱，故拓跋代与苻秦都想羁縻他和拉拢他。

铁弗匈奴本来是游牧部族，社会结构仍是部落组织②，经济生活以畜牧为主。但是，由于自汉末以来受到汉族文化的影响，逐渐学会了农耕，故发展到刘卫辰统领部落时，农业生产在社会经济生活中已经占有一定的地位。因此卫辰向苻坚请求"入塞寄田（即借地种田），春来秋去"，坚许之。于是卫辰部众入居塞内，力量也逐渐强盛起来。③

后来卫辰背叛苻坚，公元 365 年（东晋哀帝兴宁三年，前秦建元元年），联合原居于贰城（即贰县城，故址在今陕西黄陵县西北）的匈奴右贤王曹毂（音谷），共出兵二万，进攻苻秦的杏城（今陕西黄陵县西南）。坚亲率精锐部队前往讨伐，曹毂弟曹活战败被斩，毂请降，坚徙其酋豪六千余户于长安；卫辰亦在木根山（在今宁夏盐池县西北）被坚擒获。但苻坚时因经略中原，正想利用这部分匈奴的力量，故以曹毂为雁门公、刘卫辰为夏阳公，仍使他们各自统领其部落④。

---

① 以上参阅《魏书》卷 95《铁弗刘虎传》、卷 1《序纪》、卷 13《皇后传》及《资治通鉴》卷 87、卷 96《晋纪》怀帝永嘉四年、成帝咸康七年各条。

② 《魏书·铁弗刘虎传》说：刘猛死，"虎父诰升爰代领部落；虎死，子务桓代领部落"。又说："帝（昭成拓跋什翼犍）讨卫辰，大破之，收其部落什六七"。同书《序纪》说："虎从弟路孤率部落内附"。《皇后传》也说："昭成遣卫辰兄悉勿祁还部落。"可见铁弗匈奴当时的社会仍是部落组织。

③ 参阅《魏书》卷 95《铁弗刘虎传》、《晋书》卷 113《苻坚载记》上及《宋书》卷 95《索虏传》。

④ 公元 367 年（东晋废帝太和二年，前秦建元三年）曹毂死，苻坚分其部落为二：贰城以西二万余落，使毂之长子曹玺统之；贰城以东二万余落，使毂之小子曹寅统之，号"东、西曹"。苻坚死后，曹寅投向后秦羌族姚苌。公元 416 年（东晋安帝义熙十二年，后秦永和元年），贰城匈奴人数万落背叛后秦，进入平阳（今山西临汾市西南），攻击后秦的立义将军姚成都于匈奴堡，共推曹弘（曹寅之后）为大单于。后秦主姚泓旅兵讨伐，战于平阳，曹弘战败，被擒送长安，匈奴豪右（即具有势力者）有一万五千落被徙至雍州（后秦雍州治安定，今甘肃泾川县北）。从此东、西曹的活动不再见于史册（参阅《魏书·铁弗刘虎传》、《晋书》卷 8《废帝西海公纪》、卷 113《苻坚载记》上、卷 116《姚苌载记》及卷 119《姚泓载记》）。

拓跋代以刘卫辰复附于苻坚，乃于公元 367 年（东晋废帝太和二年，代建国三十年）进兵朔方以击卫辰。卫辰没有料到代兵突然而至，乃与宗族西走，代王什翼犍收其部落十之六七而还。卫辰投奔苻坚，坚把他送还朔方，并派兵戍守朔方以护卫他。公元 374 年，代王什翼犍又征卫辰，卫辰南走。376 年（东晋孝武帝太元元年，代建国三十九年），卫辰向苻坚求救。坚发幽、冀、并三州兵计三十万，以卫辰为向导，分东、南、西各路合击代。什翼犍使南部大人刘库仁将十万骑御之。“刘库仁，刘虎之宗也”①（其母为拓跋郁律之女，故他是什翼犍的外甥）。他当时与苻坚之兵战于石子岭（在今山西偏关县北口外），大败。什翼犍率领诸将逃往阴山（今内蒙古阴山，俗称大青山）之北，不久返回云中（今内蒙古托克托县东北），被其子实君所杀，代政权大乱。秦兵遂占领云中，执杀实君。

苻坚以代王初死，群下叛散，遗孙年幼，不能统帅，而刘库仁与刘卫辰皆不可单独信任，乃分代政权辖境为二部，黄河以东云中、雁门一带归属库仁，黄河以西朔方一带归属卫辰，各拜官爵，使统其众。什翼犍少子拓跋窟咄被坚迁至长安，孙拓跋珪随其母前往依靠刘库仁，代政权亡。②

库仁忠于拓跋氏，并认真履行苻坚给予他的职责。他招抚离散，奉事拓跋珪恩勤备至，不因拓跋氏的衰败而变心。坚嘉赏其功，加封他为广武将军，并赐幢麾鼓盖。

卫辰耻在库仁之下，怒杀苻秦五原太守而叛。库仁击卫辰，破之，追至阴山西北，获其妻子。苻坚为了羁縻卫辰，不久以卫辰为西单于，督摄河西杂类，并筑代来城（故址在今内蒙古乌拉特前旗东南）给他屯居。

公元 383 年（东晋孝武帝太元八年，前秦建元十九年）冬，苻坚败于

---

① 《魏书》卷 23《刘库仁传》。

② 参阅《魏书》卷 1《序纪》、卷 2《太祖纪》、卷 24《燕凤传》、卷 95《铁弗刘虎传》、卷 23《刘库仁传》、卷 13《皇后传》及《晋书》卷 113《苻坚载记上》。

淝水。384 年，库仁被鲜卑慕容文等攻杀，库仁弟刘眷[①]代领其部落。385 年，库仁子刘显杀眷自立，又谋杀拓跋珪。珪轻骑逃往贺兰部，依其舅贺讷。

公元 386 年（东晋孝武帝太元十一年，北魏道武帝登国元年）春正月，拓跋珪大会诸部于牛川（在今内蒙古呼和浩特市西南），即代王位，改元登国，仍都盛乐，夏四月改称魏王（北魏建国始此）。刘显惧珪报复，乃从善无（今山西右玉县南）走马邑（今山西朔县）。其族人奴真率所部降于代。

公元 387 年（登国二年），魏王拓跋珪会同后燕慕容垂亲征刘显于马邑，追至弥泽（在马邑南），大破之，尽收其部落。显南奔时据长子（今山西长子县西南）的西燕慕容永。慕容垂立刘显弟亢泥（《资治通鉴》作“可泥”）为乌桓王以统领他的部众，又徙其八千余落于中山（后燕都城，今河北定州市）。至 396 年（北魏皇始元年），亢泥被拓跋珪遣将攻杀。[②]

刘卫辰居朔方代来城，士马强盛，控弦之士三万八千。公元 386 年冬十月，西燕慕容永拜卫辰为大将军、朔方牧。后秦姚苌亦遣使结好，拜卫辰为大将军、大单于、河西王、幽州牧。[③]

公元 391 年（北魏登国六年）冬，刘卫辰遣子直力鞮（音低）率众八九万攻魏南部，拓跋珪引兵抵抗，大破直力鞮之兵，直力鞮单骑遁走。珪乘胜追击，自五原金津南渡黄河，直抵卫辰所居的悦跋城（即代来城）。卫辰父子出走，最后直力鞮在木根山被擒，卫辰则被他的部下所杀。魏诛卫辰宗党五千余人。自黄河以南诸部尽降于魏，魏获马三十余万匹，牛羊四百余万头。卫辰第三子勃勃（字屈孑，《魏书》时或作“屈丐”）逃奔鲜卑

---

① 刘眷，《资治通鉴》作“鲜卑刘头眷”（见卷 106《晋纪》孝武帝太元十年八月条）。考刘眷乃刘库仁之弟，与铁弗刘虎原为同宗（见《魏书·铁弗刘虎传》）。但库仁属独孤部（见《北史》卷 20《刘库仁传》），为拓跋鲜卑的南部大人，他母亲是平文拓跋郁律之女，他本人娶昭成拓跋什翼犍之宗女为妻；而刘眷子刘罗辰又为拓跋珪宣穆皇后之兄（见《魏书·皇后传》及卷 83 上《外戚刘罗辰传》）。意司马温公以此之故而称刘眷为鲜卑欤？

② 参阅《魏书》卷 2《太祖纪》、卷 24《张衮传》及《资治通鉴》卷 107《晋纪》孝武帝太元十二年八月条。

③ 参阅《魏书》卷 95《铁弗刘虎传》及《晋书》卷 130《赫连勃勃载记》。

薛干部(在五原),薛干部帅太伏悉,把他转送后秦主姚兴(时都长安,今陕西西安市西北)属下的高平公没弈干(后秦高平郡,治所在今宁夏固原市),没弈干把女儿嫁给他为妻。①

二、赫连勃勃建立“大夏”

勃勃身材魁梧,仪表俊美,性情辩慧。姚兴对他很赏识,常与他讨论军国大事,宠遇逾于勋旧。后拜为安北将军、五原公,分配给他三交(故城在今陕西榆林市西)五部鲜卑及杂虏二万余落,使镇朔方(今内蒙古河套一带)。公元407年(东晋安帝义熙三年),勃勃闻姚兴复与北魏相通而怒,乃谋叛秦。时值柔然可汗社仑献马八千匹于秦,至大城(故址在今内蒙古杭锦旗东南),勃勃遂把他掠去,集合自己的部众共三万余人,伪装至高平川畋猎,因袭杀高平公没弈干而吞并了他的部众。

勃勃认为匈奴乃夏后氏之苗裔,同年(407年)夏六月,自称大夏天王、大单于,建号“大夏”,改元“龙升”,设置百官,仿照中原汉族王朝的政制,以其兄右地代(人名)为丞相,封代公;次兄力俟提为大将军,封魏公;叱干阿利为御史大夫,封梁公;弟阿利罗引为司隶校尉;若门为尚书令;叱以鞬为左仆射(射音亦,下同),乙斗为右仆射。随即进攻姚秦的三城(今陕西延安市东南)以北诸戍(边界守望之处曰戍)及岭北诸城(岭即九嵕岭,在今陕西礼泉县东北;嵕音宗)②。

公元408年(东晋义熙四年)夏,姚兴遣将齐难率众二万伐勃勃。勃勃潜军突击,生擒齐难,于是岭北诸夷、夏归附勃勃者以万计。409年(东晋义熙五年)秋九月,姚兴亲自将兵击勃勃,复大败于贰城(即贰县城,今

① 参阅《魏书》卷2《太祖纪》、卷95《铁弗刘虎传》、卷110《食货志》及《晋书·赫连勃勃载记》。

② 参阅《魏书》卷2《太祖纪》、卷95《铁弗刘虎传》、《晋书》卷130《赫连勃勃载记》及卷118《姚兴载记下》。

陕西黄陵县西北)[①]。随后勃勃与姚兴连年互相攻战于秦、陇之间,有时也和北魏交战。

公元411年(东晋义熙七年)春正月,勃勃南攻安定(今甘肃泾川县北),破秦尚书杨佛嵩之兵于青石北原,降其众四万五千;复攻下东乡,徙三千余户于贰城。秦镇北参军王买德奔夏,勃勃问以灭秦之策,买德以为"秦德虽衰,藩镇犹固,愿且蓄力以待"(意即一时尚不能把它消灭)。勃勃以买德为军师中郎将,从此买德遂为夏之谋臣,在对敌的斗争中起了很大的作用。

公元413年(东晋义熙九年)春三月,勃勃改元凤翔,发岭北夷、夏十万人,筑都城于朔方水北、黑水之南。自谓"方统一天下,君临万邦,宜名新城曰'统万'"(统万城故址在今陕西榆林市西南白城子)。铸铜为大鼓、飞廉、翁仲、铜驼、龙虎之属,饰以黄金,列于宫殿之前。勃勃又认为他的祖先从母氏姓刘,"子而从母之姓,非礼也",故改姓赫连氏。意思是说:帝王系天为子,他的显赫实与上天相连。又规定:凡非属于赫连氏正统的,一律以"铁伐"作姓氏。意思是希望他的宗族子孙刚锐如铁,都能"伐"人。翌年(414年),立子赫连璝(音桂)为太子,封子赫连延为阳平公,赫连昌为太原公,赫连伦为酒泉公,赫连定为平原公,赫连满为河南公,赫连安为中山公。[②]

赫连勃勃为了争取盟友,公元414年(东晋义熙十年)冬十月,与北燕汉族冯跋(时据和龙,故址在今辽宁朝阳市)联合。第二年(415年)夏五月,又与北凉卢水胡沮渠蒙逊(时据姑臧,今甘肃武威县)结盟。[③] 随即向姚秦发动进攻,连陷杏城(今陕西黄陵县西南)、新平(今陕西彬县)、上邽(今甘肃天水市西南),收降安定(今甘肃泾川县北),尽有岭北之地,兵锋直抵池阳(今陕西泾阳县西北),接近姚秦的政治中心长安。[④]

---

① 参阅《魏书》卷2《太祖纪》、卷95《铁弗刘虎传》、《晋书》卷130《赫连勃勃载记》及卷118《姚兴载记下》。

② 参阅《晋书·赫连勃勃载记》。

③ 参阅《资治通鉴》卷116、117《晋纪》安帝义熙十年冬十月及十一年夏五月条。

④ 参阅《晋书》卷130《赫连勃勃载记》、卷118《姚兴载记下》及卷119《姚泓载记》。

公元417年（东晋义熙十三年）秋七月，晋太尉刘裕灭后秦。裕因急于回洛阳策划篡晋，故留太尉谘议参军（官号）王修及傅弘之等辅其次子刘义真（时年十二岁）镇守长安，而自己则东还。早在刘裕伐秦之初，勃勃已预测关中的局势，曾对其群臣曰：

姚泓（姚兴子）非［刘］裕敌［手］也。且其兄弟内叛，安能拒人！裕取关中必矣。然裕不能久留，必将南归；留子弟及诸将守之，吾取之如拾芥耳。

乃秣马厉兵，训养士卒，准备进取。而刘裕亦预感到勃勃的威胁，因此于灭秦之后，遣使遗勃勃书，约为兄弟；勃勃为了抬高自己的声望，事先命臣下草拟一封复书，暗中把它背熟，然后面对刘裕使者口授舍人（官号）而命书之，以还报刘裕，裕读其文，自叹不如。冬十二月，刘裕东还，勃勃闻之大喜，乃向计于王买德。买德曰：“关中形胜之地，而裕以幼子守之，狼狈而归，正欲急成篡事耳，不暇复以中原为意。此天以关中赐我，［机］不可失也。青泥（今陕西蓝田县）、上洛（今陕西商县），南北之险要，宜先遣游军断之；东塞潼关（在今陕西潼关县境），绝其水陆之路；然后传檄三辅（汉朝以京兆尹、左冯翊、右扶风为三辅，辖境当今陕西中部地区，后世沿袭其名），施以威德，则义真在网罟之中，不足（不难）取也。”勃勃乃以其子抚军大将军赫连璝都督前锋诸军事，率骑二万向长安，前将军赫连昌屯潼关，以买德为抚军右长史、屯青泥，而自己则将大军为后继。

公元418年（东晋义熙十四年）春正月，赫连璝至渭阳，关中民众归附于他的络绎不绝。但随后被晋将傅弘之反击，一败于池阳（今陕西泾阳县西北），再败于寡妇渡（在今甘肃庆阳市北），损失甚众，不得不暂时退兵。刘裕闻讯，乃召义真东归，而以相国右司马朱龄石代镇长安。冬十一月，龄石至长安。义真将士贪纵，大掠宝货、子女而东，因辎重过多，故行军缓慢。赫连璝率众三万追之；傅弘之以为“追骑且至，宜弃车轻行”，义真不从。不久夏兵大至，弘之力战连日，至青泥，晋兵大败，弘之被擒。义真与晋臣相失，左右尽散，独逃草中，获免。长安百姓驱逐朱龄石，龄石焚其宫殿，逃奔潼关，赫连璝执之，送于长安，被杀。勃勃入长安，大飨将士，以王买德“算无遗策”;“往日之言,一期(一年)而验”,遂拜为都宫尚书,封河阳侯。①

同月(冬十一月),赫连勃勃筑坛于灞上(长安城东灞水上),即皇帝位,改元昌武,仍都统万。群臣请都长安,勃勃曰:

朕岂不知长安[乃]历世帝王之都,沃饶险固!然晋人僻远,终不能为吾患。魏与我风俗略同,土壤邻接,自统万距魏境才百余里,朕在长安,统万必危;若在统万,魏必不敢济河而西。诸卿适未见此耳。

公元419年(东晋恭帝元熙元年)春二月,乃于长安置南台,以其太子璝领大将军、雍州牧、录南台尚书事,镇守长安,遂还统万,改元真兴。刻石都南,纪其功德。又自矜大,名其都城四门:东曰招魏门,南曰朝宋门,西曰服凉门,北曰平朔门。

勃勃性情暴虐,视民如土芥。常居城上,置弓剑于其侧,有所嫌忿,则亲手杀之。群臣迕视他的常被凿去双目,讥笑他的割去嘴唇,规谏他的先断舌而后斩之。又尝造五兵之器,工匠必有被杀死的,因为“射甲不入则斩弓人;如其入也,便斩铠匠”②。又,隐士京兆人韦祖思(或作韦玄),有尚名,后秦主姚兴曾备礼征聘,谢而不出。勃勃攻占长安之后,命人强征之。祖思既至,因畏惧而过分谦恭,勃勃怒,以为“我以国士征汝,汝乃以非类遇我(对待我)!汝[往]昔不拜姚兴,今何独拜我?我在,汝犹不以我为帝王;我死,汝曹(你们这些人)弄笔,当置我于何地邪!”遂杀之。③其对待衣冠人物亦残暴如此,比之沮渠蒙逊,相去远矣!

赫连璝坐镇长安,部众逐渐强盛。公元424年(宋文帝元嘉元年)冬十二月,闻勃勃将废弃自己而改立其弟酒泉公伦为太子,乃将兵七万北伐伦。伦率骑三万拒之,战于高平(今宁夏固原市),伦败死。伦兄太原公昌率骑一万袭杀璝,兼并其众八万五千,返归统万,勃勃乃立昌为太子④。

---

① 参阅《晋书》卷130《赫连勃勃载记》、卷10《安帝纪》、《宋书》卷2《武帝纪》中、卷48《傅弘之传》、《朱龄石传》及《资治通鉴》卷118《晋纪》义熙十三年秋九月、冬闰十二月条。

② 以上参阅《魏书》卷95《铁弗刘虎传》、《晋书》卷129《沮渠蒙逊载记》及《资治通鉴》卷118《晋纪》元熙元年春二月条。

③ 参阅《晋书》卷129《沮渠蒙逊载记》、《宋书》卷95《索虏传》及《资治通鉴》卷1118《晋纪》元熙元年春二月条。

④ 参阅《魏书》卷95《铁弗刘虎传》及《资治通鉴》卷120《宋纪》文帝元嘉元年冬十二月条。

公元425年(宋文帝元嘉二年)秋八月,勃勃死,第二子昌继位,改元承光。顾祖禹《读史方舆纪要》(卷三)说:“勃勃盛时,南阻秦岭,东戍蒲津,西收秦陇,北薄(即北达)于河。置幽州于大成,朔州于三城,雍州于长安,并州于蒲阪,秦州于上邽,梁州于安定,北秦州于武功,豫州于李闰,荆州于陕。其地不逮于(即不及)姚秦,而雄悍则过之矣。”大概“大夏”之疆域包括今陕西渭水以北,内蒙古河套地区,山西太原、临汾西南部及甘肃东南部。

三、“大夏”政权的覆亡

赫连昌既立,因经过兄弟相攻,内部较乱。魏太武帝(拓跋焘)拟乘机伐夏。时柔然(活动于北魏之北的游牧部族)亦屡屡南下侵魏边境,太武帝因诏问群臣:“今用兵当以赫连、蠕蠕(即柔然)二国何先?”太常崔浩力主先伐赫连夏,其理由是:

> 蠕蠕鸟集兽逃(言其来去飘忽无定)。举大众追之则不能及,轻兵追之又不足以制敌。赫连氏土地不过千里,政刑残虐,人神所弃,宜先伐之。

公元426年(宋文帝元嘉三年,魏始光三年)秋九月,太武帝遣兵伐夏:以司空奚斤率四万五千人袭击蒲阪(今山西运城市西南蒲川镇),宋兵将军周几率万人袭击陕城(今河南三门峡市西旧陕县)。而太武帝则于冬十月亲率轻骑二万,在君子津(今内蒙古清水河县西北的喇嘛湾)渡河,直趋统万。时值冬至,赫连昌方宴群臣,魏师突然而至,上下惊扰。太武帝军于黑水(在今内蒙古鄂尔多斯市乌审旗西南),距统万城三十里。昌仓猝出战而败,退走入城。魏军分兵四出掳掠居民,杀获数万,得牛马十余万。太武帝以统万城坚,一时未易攻下,乃徙其民万余家而还。被徙之民在道多死,能到达平城者仅十之六七。

南线方面,夏弘农(郡治在今河南灵宝市西南)太守曹达闻周几将至,不战而走;魏军乘胜长驱,遂入三辅(今陕西中部之地),值周几卒于军中。蒲阪守将东平公乙斗闻奚斤将至,遣使至统万告急。使者至统万时,正值魏军围城,使者还告乙斗,谓“统万已败”。乙斗惧,弃城西奔长安,魏军遂克蒲阪。昌弟赫连助兴先守长安,乙斗至,助兴亦弃长安,与之共奔安定(今甘肃泾川县北)。冬十二月,奚斤入长安,秦、雍氐羌皆降于魏。

公元427年(魏始光四年)春正月,赫连昌遣弟赫连定率众二万向长安。太武帝闻之,命人在阴山(今内蒙古阴山,俗称大青山)伐木,大造攻具,再谋伐夏;以筒凉王礼镇守长安;又命造桥于君子津,以便军旅渡河。夏四月,奚斤与赫连定相持于长安。太武帝欲乘虚进攻统万,于是简兵练士,部署诸将,命司徒长孙翰等将三万骑为前驱,常山王素等将步兵三万为后继,南阳王伏真等将步兵三万送攻具,将军贺多罗将精骑三千为前候(居前为候骑)。

五月,太武帝从平城出发,渡君子津,至拔邻山(在黑水东北),筑城,舍辎重,以轻骑三万倍道先行。六月至统万,分军伏于深谷,以少众至城下(诱夏主出战)。赫连昌遣使召赫连定,定未至,昌坚守待援。太武帝乃退军伪示虚弱,遣骑西掠居民。时值魏军士中有因得罪而逃奔于夏者,言“魏军粮尽,士卒食菜,辎重在后,步兵未至,宜急击之”。昌竟信其言,将步骑三万出战。魏军收众伪遁,夏兵分两翼猛追,行五六里,忽有风雨从东南方向魏军迎面刮来,扬沙晦冥,于魏军不利。有人主张暂时收兵躲避,但崔浩反对,以为“千里制胜,一日之中,岂得变易!(意即先已定下必胜之计,故千里行军至此,不能以风雨之故而变更成算于一日之间)。贼贪进不止,后军已绝,宜隐军分出,掩击不意。风道在人,岂有常也!(意谓事在人为,风在人用,若分兵出其后,顺风击之,则风为我用,岂有常势哉!)”太武帝称善,乃分骑为左右两队进行包抄,并亲临战阵指挥战斗,乘马突然失足,坠地,几为夏兵所擒。拓跋齐以身捍蔽,决死力战,夏兵乃退。帝腾马复上,刺杀夏尚书斛黎文,又杀骑兵十余人,身中流矢,仍奋击不辍,于是夏兵大溃。魏军乘胜追逐赫连昌至城北,杀昌弟河南公满及兄子蒙逊,夏兵死者万余人。昌不及入城,遂奔上邽(今甘肃天水市西南),魏司徒长孙翰率八千骑追之至高平,不及而还。

太武帝入统万,获夏之王、公、卿、将、校及诸母、后妃、姊妹、宫人以万数,马三十余万匹,牛羊数千万头,府库珍宝、车旗、器物不可胜计。初,赫连勃勃性豪侈,所筑统万城,高十仞(古以八尺或七尺为一仞),基厚三十步,上广十步,宫墙高五仞,其坚可以砺刀斧;城内台榭壮大,皆雕镂图画,被以绮绣,穷极文采。太武帝见了,顾谓左右曰:“蕞尔小国而用民如此,欲不亡得乎?”①

赫连定闻统万城已被攻破,亦奔上邽。

公元428年(魏神䴥元年)春二月,魏平北将军尉眷攻上邽,赫连昌退屯平凉(今甘肃平凉市西南)。奚斤进军安定(今甘肃泾川县北),与别将丘堆、娥清军会合。时奚斤军中马多疫死,士卒乏粮,乃深垒自固;遣丘堆至民间督征租赋。堆士卒忙于抄掠,戒备疏忽,赫连昌偷袭之,堆大败逃回。昌乘胜每日至安定城下挑战,魏军不得出城刍牧。魏监军侍御史安颉以为:“今猛寇游逸于外,吾兵疲食尽,不一决战,则死在旦夕”。奚斤在初以马少不能出战为辞,而安颉则认为收集诸将所乘之马,亦可得二百匹;且认为赫连昌勇而无谋,每自出挑战,魏兵都认识他,若伏兵掩击,可把他擒获。奚斤虽犹有难色,但安颉暗中与尉眷等计谋,选定骑兵静待赫连昌之至。既而赫连昌前来攻城,颉出应战,昌自出阵前搏斗,魏军士皆识其貌,纷纷争先上前与他拼搏。值天气突变,大风扬尘,煞时昏暗如黑夜。昌败走,颉尾追,昌马失足,坠地,遂被擒。②

赫连昌被送至平城,太武帝仍优待他,使之居于西宫,门内器用皆给乘舆之副(即仅次于帝王,天子车驾谓之乘舆),又以妹始平公主嫁给他,拜他为常忠将军,赐爵会稽公;神䴥三年(430年)春三月晋封为秦王。延和三年(434年)春三月,昌背魏西走,在五原(今内蒙古包头市西北)之河西被斥候将格杀。

---

① 以上参阅《魏书》卷95《铁弗刘虎传》、卷4《世祖纪》上、卷35《崔浩传》、卷29《奚斤传》、卷31《于栗磾传》、卷25《长孙嵩传》、卷26《长孙肥附子翰传》、《太平御览》卷127引崔鸿《十六国春秋·夏录》及《资治通鉴》卷120《宋纪》有关年月各条。

② 参阅《魏书》卷4《世祖纪上》、卷26《尉古真附传》、卷30《安同附子颉传》、《丘堆传》及《资治通鉴》卷121《宋记》元嘉五年春二月条。

赫连昌既被擒，昌弟大将军、领司徒、平原王赫连定收其余众数万，奔还上邽，公元428年（魏神䴥元年）春二月即皇帝位，改元胜光。

奚斤以自为元帅，而赫连昌竟为偏将所擒，深感耻辱。乃舍辎重，赍三日粮，追赫连定于平凉。娥清欲循泾水而进，斤不从，自北道截定之去路。至马髦岭（在今宁夏固原市西南），夏军将欲遁逃，值魏军有一小将因犯罪投奔夏军，告以魏军食少、无水。定乃分兵包抄奚斤，前后夹击，魏兵大溃，斤及娥清俱为夏所擒，士卒死者六七千人。丘堆守辎重在安定，闻奚斤败，弃辎重奔长安，与高凉王礼同奔蒲阪，定复取长安。太武帝大怒，命安颉斩丘堆，代将其众，镇蒲阪以拒定。定遣使至魏请和，魏不受，谕令速降。

公元429年（魏神䴥二年）夏五月，赫连定欲夺回统万，引兵东至侯尼城（在今甘肃平凉市东），不敢进而还。定自少凶暴无赖，不为赫连勃勃所爱。及规复长安，而故都（统万）仍沦敌手，因畋于阴槃，登苛蓝山（在今甘肃平凉市界），遥望统万城而泣曰："先帝若以朕承大业者，岂有今日之事乎！"①

公元430年（魏神䴥三年）秋九月，赫连定遣其弟谓以代（人名）攻魏之鄜城（今陕西黄陵县东），魏平西将军隗归抗击，杀万余人，谓以代遁去。定自将数万人追击隗归于鄜城东，留其弟上谷公社干、广阳公度洛孤守平凉，遣使至宋求和，约联兵灭魏，遥分河北：自恒山（即北岳，在今河北曲阳县西北）以东属宋；以西属夏。太武帝闻之，治兵将伐夏。时宋文帝发大军北伐，欲恢复河南，宋魏双方正在大河南北争战。因此魏之群臣大多以为"刘义隆（即宋文帝）兵犹在河中，舍之西行，前寇（指赫连定）未必可克，而义隆乘虚济河，则失山东（太行山及恒山以东）矣"。太武帝以之问于崔浩，浩对曰：

> 义隆与赫连昌遥相招引，以虚声唱和，共窥大国（企图击魏），义隆望定进，定待义隆前，皆莫敢先入；譬如连鸡，不得俱飞，无能为害

---

① 参阅《元和郡县志》卷3《原州》、《太平御览》卷50《地部一五》引《凉州记》及《资治通鉴》卷121《宋纪》元嘉六年夏五月及冬十月条。

也。臣始谓（我在初以为）义隆军来，当屯止河中，两道北上，东道向冀州（北魏治信都，今河北衡水市冀州区），西道冲邺（邺城，今河北磁县东南三台村），如此，则陛下当自讨之，不得徐行。今则不然。东西列兵径二千里，一处不过数千，形分势弱。以此观之，伫儿情见（困弱之情显而易见），此不过欲固河自守，无北渡意也。赫连定残根易摧，拟之必仆（一推就倒）。克定之后，东出潼关，席卷而前，则威震南极，江、淮以北无立草矣。圣策独发（圣上高见，独自策划），非愚近（愚昧、近视之人）所及，愿陛下勿疑。①

太武帝遂发兵进攻平凉，夏上谷公社干闭城固守。赫连定自鄜城还救平凉，大败，被围于鹑觚原（今甘肃灵台县东北）数日，水草断绝，人马饥渴，只得引众突围，又被魏武卫将军丘眷截击，部众大溃，死者万余人。定身受重伤，单骑走，收其余众，驱民五万，西保上邽。定弟丹阳公乌视拔、武陵公秃骨及公侯以下百余人均被魏军所获。魏军乘胜进攻安定，夏东平公乙斗弃城奔长安，驱略数千家，复西奔上邽。冬十一月，太武帝亲临平凉，挖堑围城，夏陇西守将及上谷公社干、广阳公度洛孤先后出降，魏遂克平凉。奚斤、娥清得归魏。夏长安等地守将皆散走，关中尽入于魏。

时西秦王陇西鲜卑乞伏暮末正流亡在南安（今甘肃陇西县东），穷蹙无以自存，魏许以平凉、安定之地安置其人众。赫连定怒，公元431年（宋文帝元嘉八年，魏神䴥四年）春正月，遣其叔父北平公韦伐率众一万攻南安，城中大饥，人相食，守将逾城逃奔于夏，暮末只得出降，西秦亡。②

赫连定既灭西秦，以逼于魏军的压力。夏六月，杀乞伏暮末及其宗族五百人，收西秦人民十余万口，自治城（约在今甘肃武威市附近）渡河，欲击河西王沮渠蒙逊（都姑臧，今武威县）而夺其地。吐谷浑王慕璝（都伏俟城，今青海湖西）遣骑三万，乘其半渡而邀击之，执赫连定，夏亡。自赫

① 《魏书·崔浩传》及《资治通鉴》卷121《宋纪》元嘉七年秋九月条。

② 参阅本书第十二章。

连勃勃建立政权，至此凡二十六年（407—431 年）。翌年（432 年）春三月，慕璝送定至平城，太武帝杀定，给慕璝以封赏。①

综上所述，可见魏晋南北朝时期，匈奴内部已经不能像战国秦汉时那样构成一个整体，而是分解出或与他族融合而产生出很多的部分，除南匈奴外，计有屠各胡、卢水胡、铁弗匈奴及东、西曹等②。这些部分，彼此各不相属。同时，氏族组织也大多解体或名存实亡，故早在魏、晋之时，有许多匈奴人就已脱离了氏族组织，以个人身份沦为汉族官僚、地主的田客；而氏族的上层人物更不受氏族组织的约束，单独行动，或隐居山林，或仕宦各地。以匈奴原先几个著名的氏族为例，如呼衍氏（后改为呼延氏）、乔氏和须卜氏（后改为卜氏），在“五胡十六国”及南北朝的各个政权中任官的，史书记载，颇不乏人。加以匈奴人与汉族、鲜卑族及其他各族长期接触或发生隶属的结果，有些部分（如宇文部）已经鲜卑化；另外一些部分则逐渐与他族特别是汉族融合，这可从匈奴人的社会经济生活、精神文化和姓氏的变化看得出来。因此匈奴之名，在南北朝后期便已开始渐渐消失。匈奴名称在史书上的消失，正是匈奴族在历史舞台上消失的反映。

---

① 参阅《魏书》卷 4 上《世祖纪》上、卷 99《鲜卑乞伏国仁附弟孙暮末传》、卷 101《吐谷浑传》、《太平御览》卷 127 引崔鸿《十六国春秋 · 西秦录》、《夏录》及《资治通鉴》卷 121、122《宋纪》有关年月各条。

② 此外还有贺赖部。《晋书 · 北狄匈奴传》载，晋初入塞匈奴及其属部共十九种，贺赖即其一。这部分匈奴的活动见于《晋书》卷 110《慕容儁载记》。载记说：“匈奴单于贺赖头率部落三万五千降于儁（音俊），拜宁西将军、云中郡公，处之于代郡平舒城。”可惜这部分匈奴在史书上仅一见，故其活动无法详考。但北魏初仍有贺赖氏，至太和年间（477—499 年）改为贺氏（见《魏书》卷 113《官氏志》）。

附 录 一

匈奴首领人物世系

一、匈奴单于世系表

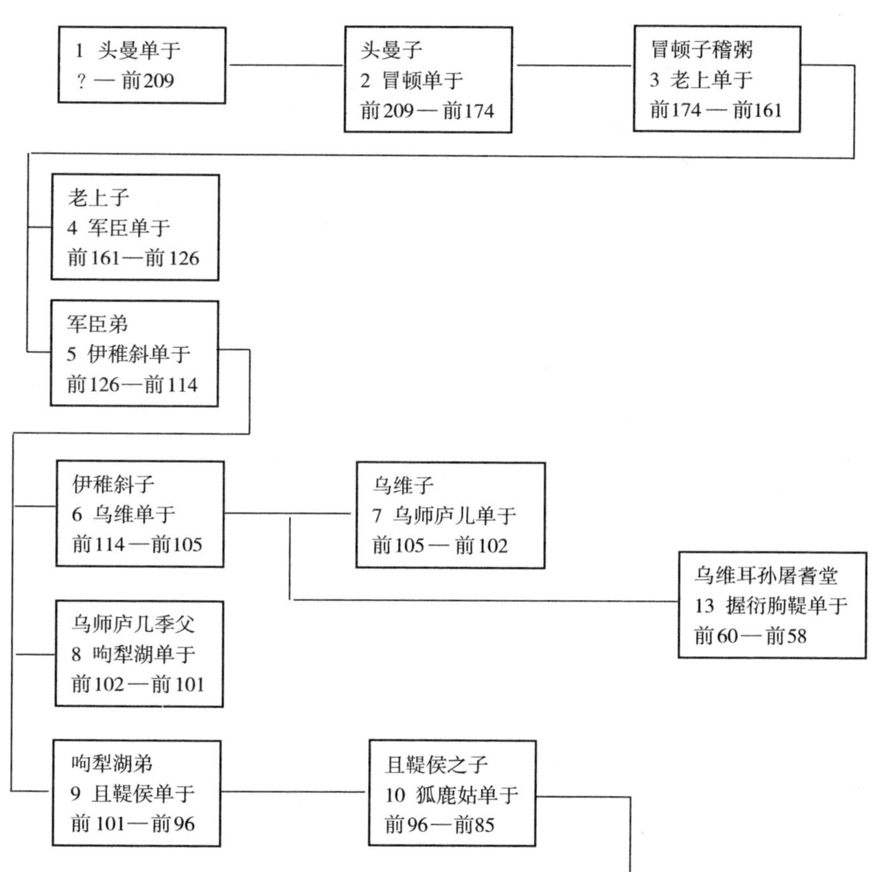

狐鹿姑子
11 壶衍鞮单于
前85—前68

壶衍鞮之弟
12 虚闾权渠单于
前68—前60

虚闾权渠子稽侯珊
14 呼韩邪单于
前58—前31

呼韩邪子雕陶莫皋
15 复株累若鞮单于
前31—前20

复株累弟且糜胥
16 搜谐若鞮单于
前20—前12

搜谐弟且莫车
17 车牙若鞮单于
前12—前8

车牙弟囊知牙斯
18 乌珠留若鞮单于
前8—13

乌珠留子比
23 醢落尸逐鞮南单于
48—56

乌珠留弟咸
19 乌累若鞮单于
13—18

乌累弟舆
20 呼都而尸道皋若鞮单于
18—46

呼都子
21 乌达鞮侯单于
46

呼都弟
22 蒲奴单于
46—?

握衍从兄薄胥堂
屠耆单于
前58—前56争立

呼揭王
呼揭单于
前57争立

右薁鞬王
车犁单于
前57—前56争立

乌藉都尉
乌藉单于
前57争立

屠耆从弟
闰振单于
前56—前54在西方争立

呼韩邪兄
致支骨都侯单于
前56—前36在东方自立

屠耆弟
伊利目单于
前49

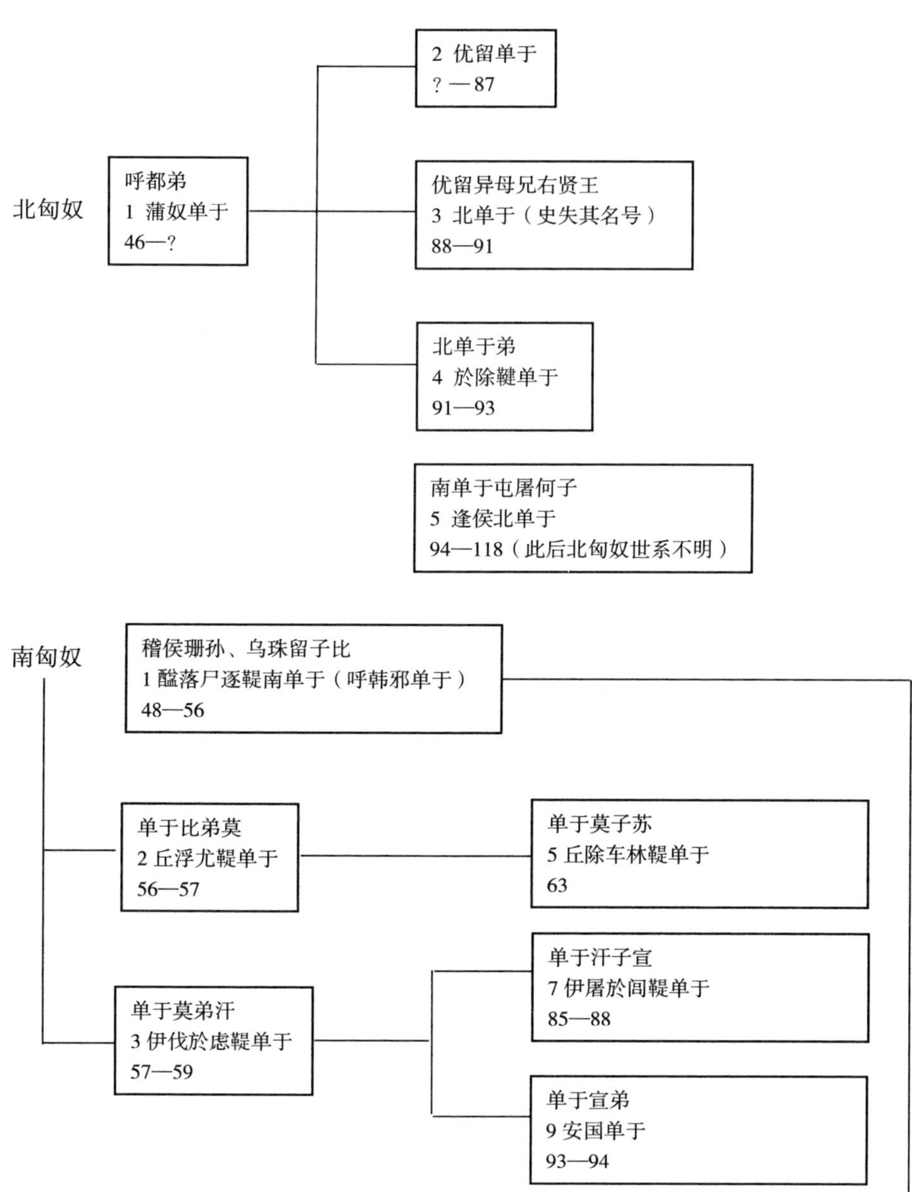
北匈奴
呼都弟
1 蒲奴单于
46—？
2 优留单于
？—87
优留异母兄右贤王
3 北单于（史失其名号）
88—91
北单于弟
4 於除鞬单于
91—93
南单于屯屠何子
5 逢侯北单于
94—118（此后北匈奴世系不明）
南匈奴
稽侯珊孙、乌珠留子比
1 醢落尸逐鞮南单于（呼韩邪单于）
48—56
单于比弟莫
2 丘浮尤鞮单于
56—57
单于莫子苏
5 丘除车林鞮单于
63
单于莫弟汗
3 伊伐於虑鞮单于
57—59
单于汗子宣
7 伊屠於闾鞮单于
85—88
单于宣弟
9 安国单于
93—94

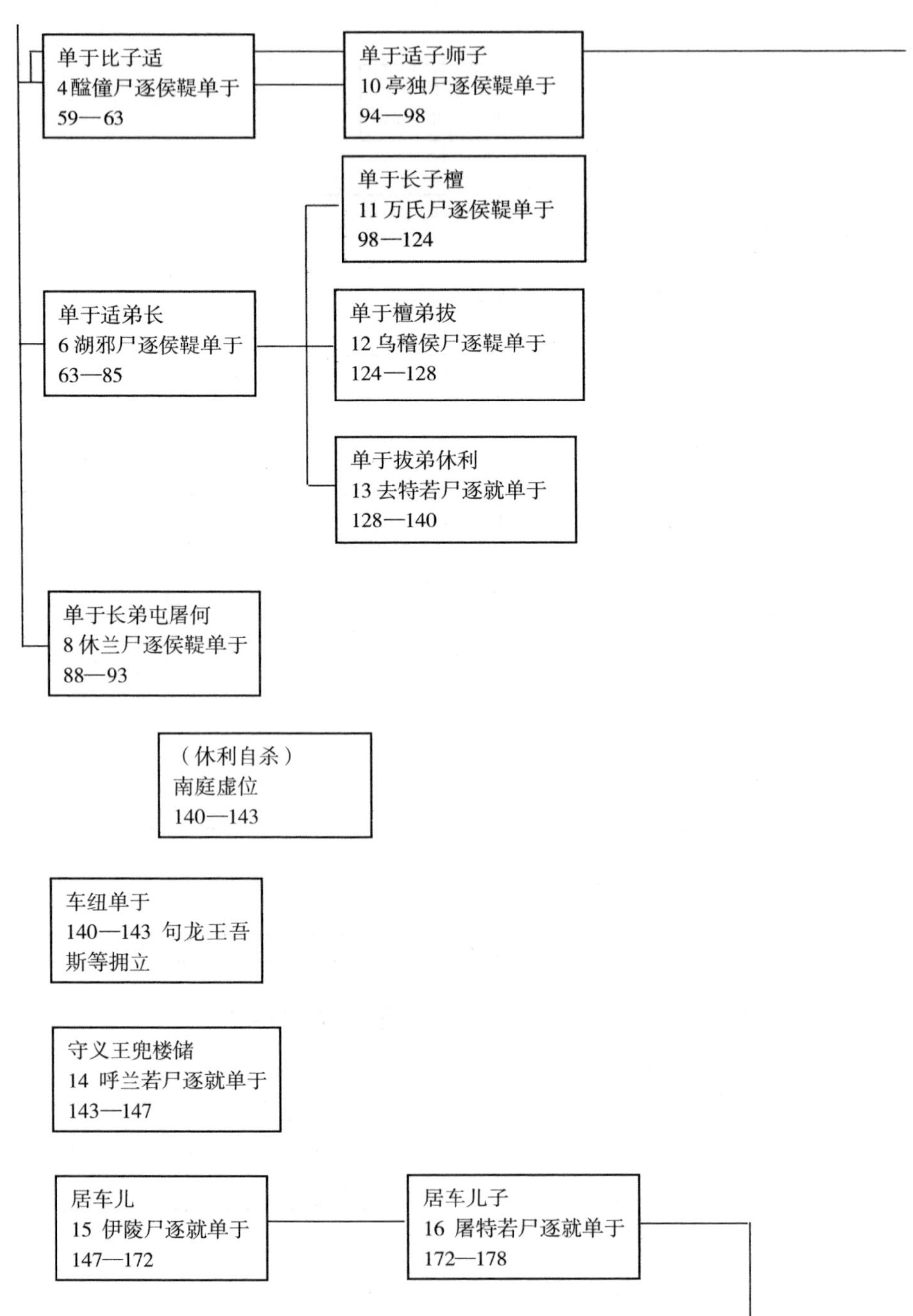
单于比子适
4 醓僮尸逐侯鞮单于
59—63
单于适子师子
10 亭独尸逐侯鞮单于
94—98
单于长子檀
11 万氏尸逐侯鞮单于
98—124
单于适弟长
6 湖邪尸逐侯鞮单于
63—85
单于檀弟拔
12 乌稽侯尸逐鞮单于
124—128
单于拔弟休利
13 去特若尸逐就单于
128—140
单于长弟屯屠何
8 休兰尸逐侯鞮单于
88—93
（休利自杀）
南庭虚位
140—143
车纽单于
140—143 句龙王吾斯等拥立
守义王兜楼储
14 呼兰若尸逐就单于
143—147
居车儿
15 伊陵尸逐就单于
147—172
居车儿子
16 屠特若尸逐就单于
172—178

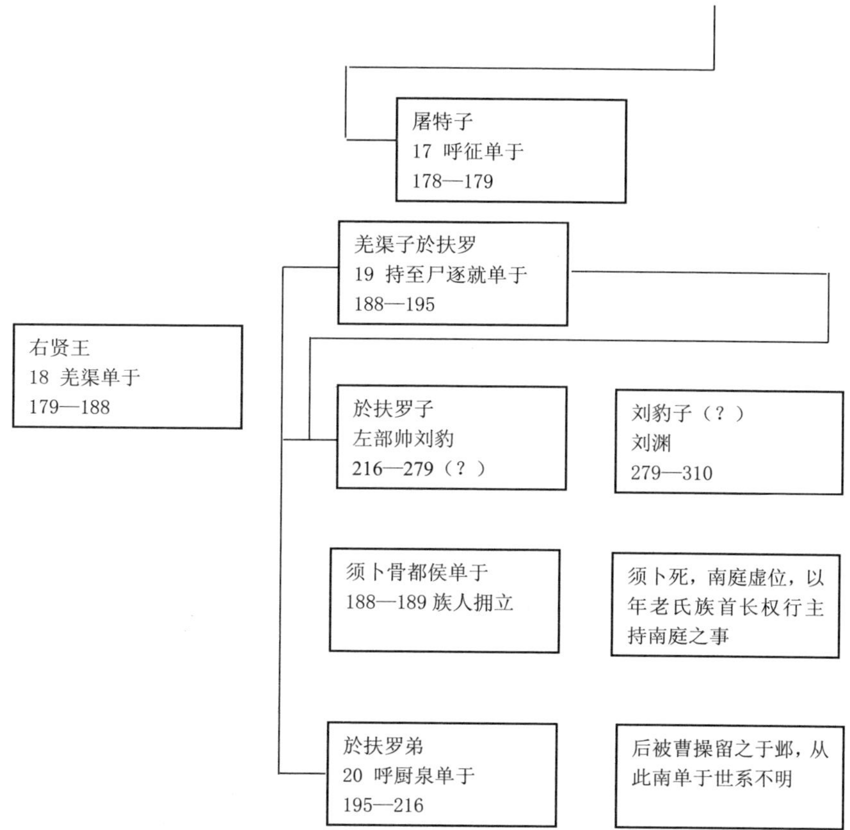

★此表据《史记》《汉书》《后汉收》的《匈奴传》及《晋书·北狄匈奴传》编制。

二、匈奴休屠王太子金日磾家系表

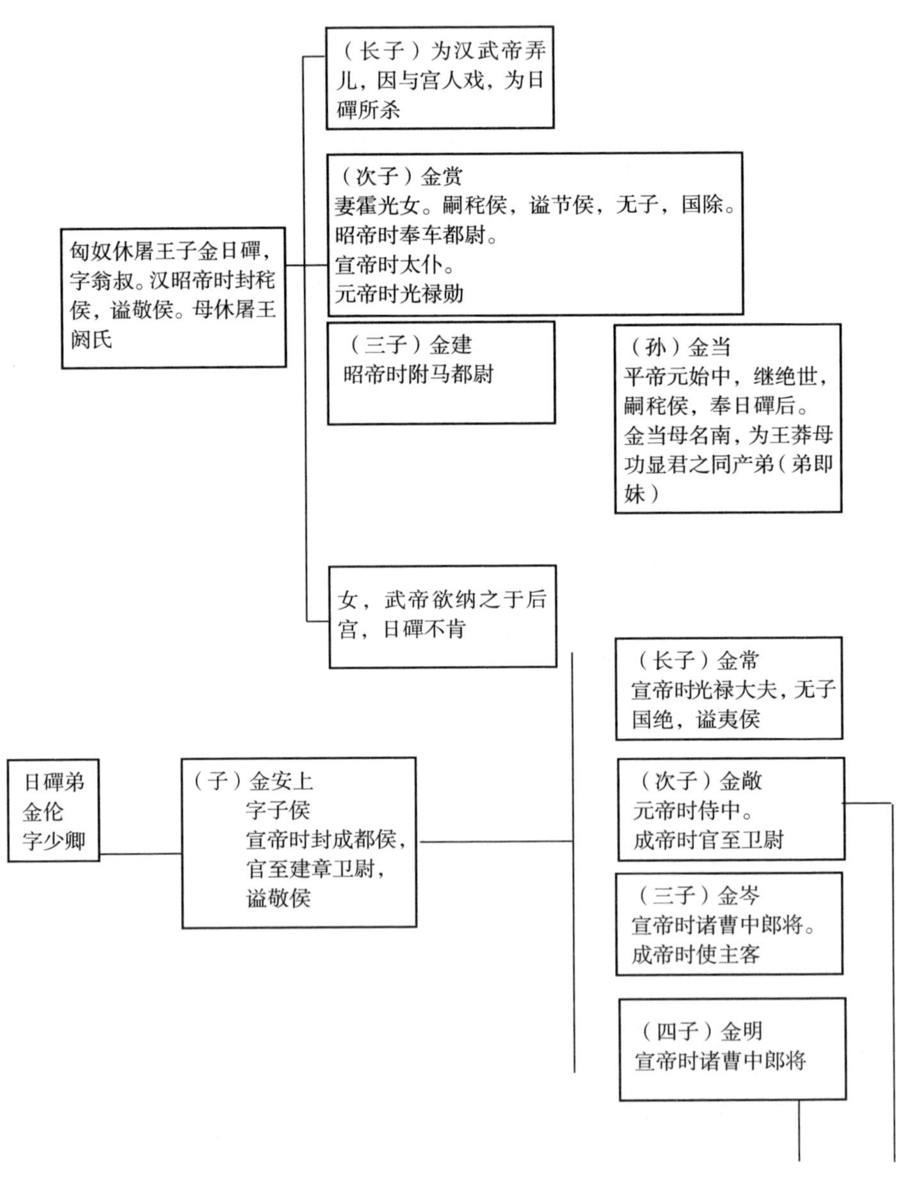

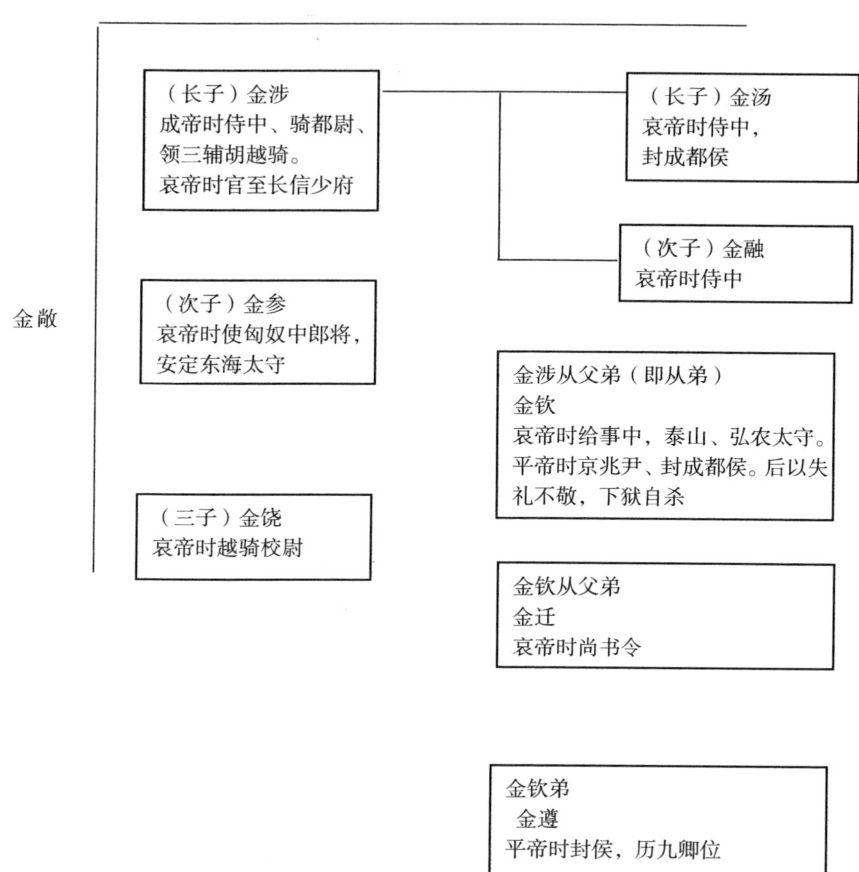

★此表据《汉书·金日磾传》编制。

三、铁弗匈奴（刘虎）世系表之一

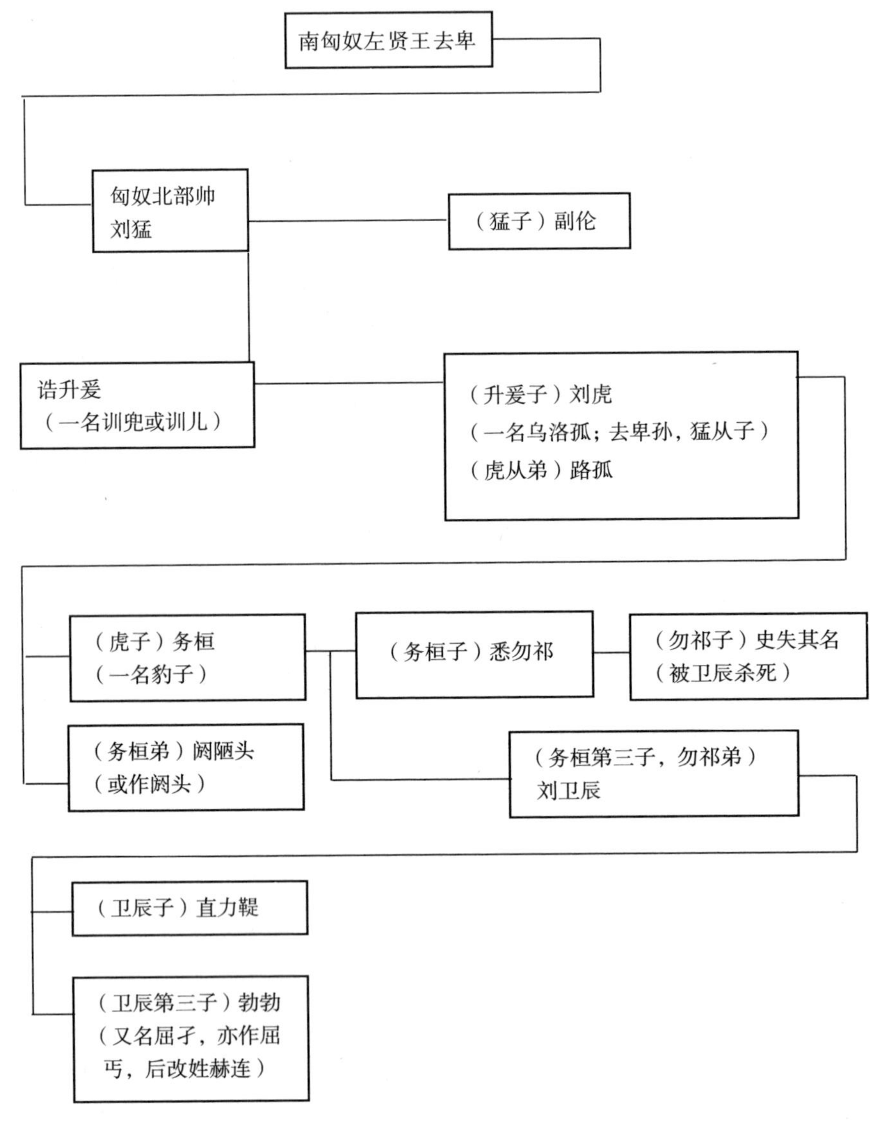

★此表据《魏书·铁弗刘虎传》编制。

四、铁弗匈奴（赫连勃勃）世系表之二

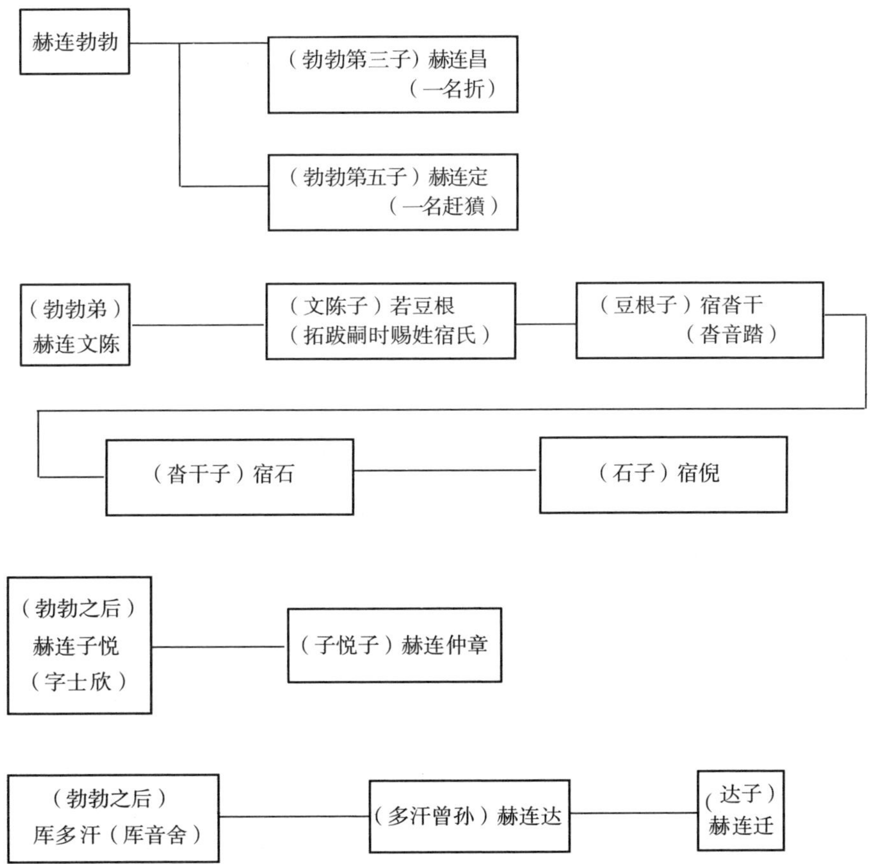

★此表据《晋书·沮渠蒙逊载记》、《太平御览》卷一二七《偏霸部十一》引崔鸿《十六国春秋·夏录》、《魏书·铁弗刘虎传》、《宿石传》、《北齐书·赫连子悦传》及《周书·赫连达传》编制。

五、匈奴独孤部（刘库仁）世系表

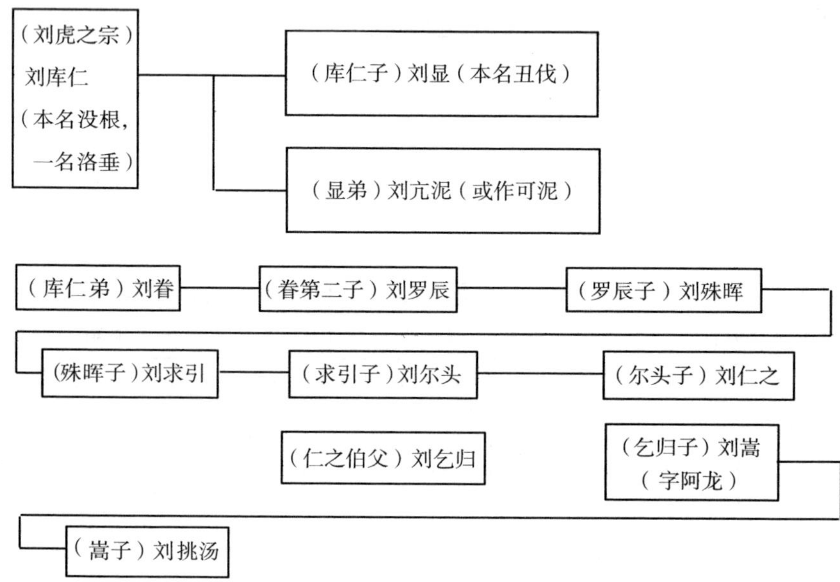

★此表据《魏书·刘库仁传》、《外戚刘罗辰传》、《刘仁之传》及《北史·刘库仁附乞归传》编制。

附　录　二

匈奴人在欧洲的活动

关于匈奴人在欧洲的活动，国内学者研究的很少，而国外则专著颇多。本文主要依据美国学者麦高文（W.M.McGovern）著的《中亚古国史》（*The Early Empires of Central Asia*）一书（1939年出版，此书有章巽先生中译本，1958年中华书局出版），并参考奥国学者鄂图·敏岑海尔芬（Otto J. Meanchen-Helfen）著的《匈奴人的世界》（*The World of the Huns*，英国伦敦1973年用英文出版）及其他有关史料写成，作为本书附录，以便读者参考。

一、匈奴入侵欧洲的第一期（374—400年）及其造成的民族大迁徙

从公元91年开始西迁的匈奴人，在374年击灭位于今顿河以东的阿兰聊国后，首次出现在顿河河滨，开始扮演着推动欧洲民族大迁徙的主要角色，同时也揭开了入侵欧洲的序幕。

阿兰聊国被击灭后，虽有许多阿兰聊人臣服于匈奴人并追随匈奴人西征，但也有一部分人向南逃入高加索山中，另有一部分则向西冲破了东哥特人的边防线，进入东哥特国境。东哥特人的国境在顿河以西至德聂

斯德河之间。不久匈奴人继续西进,渡过了顿河,于公元374年攻入东哥特人的领土。据说当时匈奴人的最高统治者名巴兰勃(Balember)。

匈奴人入侵"这种惊人的消息传到哥特人其他部落那里,他们听到说一种以前没有听说过的人,不知从地球的何处、如高山上的暴风雪般地骤然来临,碰到他们的东西都遭到抢夺、破坏"①,因此大为震怖。年老的东哥特国王赫曼立克(Hermanrik)无力抵御入侵的匈奴人,当他的军队打了第一个败仗之后,便自杀了。继位的维席密尔(Vithimir)虽力图支撑危局,与匈奴人苦战了数月之久,但结果仍不免兵败被杀。赫曼立克之子呼纳蒙特(Hunimund)率领他的部众投降了匈奴人。其余的东哥特人,由阿拉修斯(Alatheus)和萨弗来克斯(Safrax)二人率领,向西进入西哥特人的地区(德聂斯德河以西)。西哥特人鉴于东哥特人被击败及其余众进入境内,已预感到匈奴人入侵的威胁,国王阿散那立克(Athanarie)立即加强了东陲的防务,在德聂斯德河上设营布阵,企图阻止匈奴人渡河。然而匈奴人并不在那里渡河,却在远离西哥特人设营布阵的德聂斯德河上游偷渡,向西哥特军队的后方突然袭击。结果西哥特军伤亡惨重,损失辎重无数,只得向多瑙河北面的德兰锡尔伐尼亚森林地带(在今罗马尼亚境)逃走。匈奴人由于所得战利品过多,故追了一阵之后,即停顿下来。西哥特人在惊悸之余,其中有一部分人,约二十万,在酋长弗立铁真(Fritigern)的率领下,向罗马帝国请求准许他们渡过多瑙河进入罗马国境避难。其时罗马帝国尚未分裂为东西二部,罗马皇帝法伦斯(Valens)经过朝议审慎考虑之后,终于准许西哥特人入境。这些进入罗马国境的西哥特人,后来由于帝国的地方官吏的残酷的政治压迫和经济剥削,激起了一场较大的叛乱。② 西哥特

① 罗马帝国后期历史学家阿密阿那斯·玛西里那斯(Ammianus Marcellinus,330—390年)著《历史》一书,汉译文见齐思和等《世界史资料丛刊初集·中世纪初期的西欧》,生活·读书·新知三联书店1958年版,第35页。

② 阿密阿那斯说:罗马帝国的将领和地方官吏,"他们对待新来的、当时还是无辜的外国人的行为是含着极坏的动机的。……当蛮族渡过河来以后,食物的缺乏很严重,这些最可恶的将领竟乘人之危,想出来一桩最可耻的贸易,他们在广大的地区捉捕了许多狗,和蛮族交换,一只狗换一个奴隶,许多蛮族竟这样做了,其中包括着酋长的儿子们。"(齐思和译《世界史料丛刊初集》,第38页)

人在巴尔干半岛北部到处杀人放火，从事劫掠。随后不久，原先被匈奴人击破、由阿拉修斯和萨弗来克斯二人率领的东哥特人余众，此时也渡过多瑙河，出现于巴尔干半岛，劫掠了色雷斯和马其顿等地。再过不久，匈奴人和阿兰人的前锋也参加了这里的骚乱，但人数不多，因为匈奴人的主体部分这时还留在多瑙河以北原属哥特人的领土之内。

罗马帝国为了镇压哥特人的骚乱，动员了东西二部的精兵，由皇帝法伦斯亲自率领，于公元 378 年与哥特人作战。结果罗马军队大败，阵亡者竟达三分之二，法伦斯本人亦被杀死。这一战，动摇了罗马帝国的基础。法伦斯死后，哥特人因感到匈奴人的威胁，继续留居罗马帝国境内，帝国无力驱逐他们。最后双方终于在 382 年左右达成妥协。根据妥协的条款，东哥特人以及与东哥特人一同侵入巴尔干的阿兰人和匈奴人，均可在巴诺尼亚（Pannonia，今匈牙利之河西一带）及上慕西亚（Upper Moesia，在巴诺尼亚东南、多瑙河南）两地居住并获得土地；西哥特人则定居于下慕西亚（Lower Moesia，在上慕西亚东部）之内。此后东哥特人的情况所知甚少，但西哥特人则常起骚乱。公元 395 年罗马帝国正式分裂为东西两个部分。398 年，东罗马帝国觉得西哥特人的骚乱终难扑灭，于是改变方针，采用笼络他们首领阿勒立克（Alaric）的办法，使他们臣服于帝国。

公元 375—400 年之间，匈奴人虽迫使阿兰人和哥特人向西迁移，但匈奴人自己的主体部分这时仍留居于南俄草原（即阿兰人和东哥特人的故地）。其中有一小部分曾南越高加索山脉，侵入亚美尼亚、美索不达米亚和叙利亚的多处地方，但均被击退。公元 396 年，又有一小部分匈奴人企图侵入底格里斯河畔的忒息丰城（Ctesiphon，波斯萨珊王朝的首都），但也遭到反击，没有成功。故截至公元 400 年为止，匈奴人的主体部分仍然留居在喀尔巴阡山脉以东。可是从 400 年秋季开始，匈奴人第一次和罗马人发生了直接的接触，当时有一个名叫盖尼亚（Gania）的东罗马帝国的将领，因谋叛失败，潜渡多瑙河下游，意欲逃往今之罗马尼亚地区；但此时该地已被乌尔丁（Uldin）为首的匈奴人所据，乌尔丁为了表示对罗马帝国的友好，捕斩了盖尼亚，并将首级送往君士坦丁堡的东罗马皇帝[①]。大约即在此时，匈奴人开始作第二期的西进。

二、匈奴人在巴诺尼亚（今匈牙利河西一带）统治权的建立（入侵欧洲的第二期，400—415 年）

就在此时，有一群原居于昔斯河（Theiss R.）以东今匈牙利东部的新的哥特人被乌尔丁所部的匈奴人追击，在首领雷大盖斯（Radagais）的率领下，向西逃往多瑙河中游，不久渡过多瑙河而进入罗马帝国的巴诺尼亚省。由于匈奴人的尾追，他们被迫于公元 404 年越过阿尔卑斯山东端而进入意大利。但 405 年在法哀苏里（Faesuli，在今法洛伦斯附近）遭到西罗马帝国大军的阻击，几乎全军覆灭。而哥特人这次之所以惨败，则因乌尔丁所部的匈奴人不仅尾追着哥特人同时进入意大利，而且与罗马帝国军队合作，共同夹击哥特人。

雷大盖斯率领的哥特人之进入巴诺尼亚及匈奴人的尾追，造成了居住该区已久的凡达尔人（Vandals）、过去来自匈牙利东北部的瑞维人（Suevi）及以前因被匈奴人驱逐而来自俄罗斯东南部的阿兰那人（Alani，即阿兰人），均大受威胁，不得不从公元 401 年开始西移。他们最先移至雷希亚（Raetia）和诺里康（Noricum）两省（约即今瑞士之地），不久因续受压力，继续西移，406 年渡过莱茵河进入高卢（Gaul，今法兰西之地），因此与法兰克人发生大战，虽伤亡惨重，但仍冲破法兰克人的拦阻，侵掠了高卢的多处地方。后来由于罗马帝国的兵力增强，这三族人遂改途南下，于 409 年越过比利牛斯山，进入了西班牙半岛，并各自割据，结果分别建立

---

① 参阅麦氏《中亚古国史》章译本第七章“侵入欧洲的匈奴人”及敏氏《匈奴人的世界》第二章第四节“乌尔丁”。

了三个王国,即瑞维人在半岛西北部建立的瑞维王国,阿兰那人在今葡萄牙之地建立的阿兰那王国,凡达尔人在半岛的其余地区建立的凡达尔王国,其后凡达尔王国更把势力扩张至北非洲。

正当凡达尔人、瑞维人和阿兰那人在高卢境内从事劫掠并准备进入西班牙之时,西罗马帝国的腹地意大利亦遭到由阿勒立克统率的原居于下慕西亚的西哥特人的进犯。其原因也是由于继续西进的匈奴人在后面所造成的压力。阿勒立克曾先后三次围攻西罗马帝国的首都罗马城。第一次在公元 408 年,第二次在 409 年,每次均勒索了大量的赔款。第三次(410 年)竟攻入城中并大肆劫掠,使神圣的罗马从此失去了尊严。随后阿勒立克继续南下,于是意大利南部之地亦遍遭蹂躏。不久阿勒立克死去,阿萨尔夫(Athaulf)继位。公元 412 年,他率领所部占领了高卢南部一大片土地,西罗马帝国无力把他驱逐,只得与之妥协,皇帝荷诺洛斯(Honorius)以妹妹嫁他为妻。此后阿勒立克和他的继位者在所占领的地区中握有实际上独立的统治权,但在名义上则作为罗马帝国的总督,臣服于帝国。不久,这些西哥特人又越过了比利牛斯山,打败了凡达尔人,从凡达尔王国手中夺取了西班牙半岛的大部分地方,使他们自己建立的西哥特王国的领土,在往后的数世纪中,兼有今法兰西西南部及西班牙半岛东北部之地。

当西哥特人从罗马帝国取得高卢南部一大片土地之时,勃根底人和法兰克人也慢慢地开始移动,越过了莱茵河而进占了高卢北部各地。公元 413—443 年,勃根底人最终占领了至今仍称为勃根底(Burgundy)的这一地区,在移动之前,他们曾和匈奴人发生过几次恶战,故他们的移动,显然是受到匈奴人压力的影响。至于法兰克人的移动,据西方学者推断,情况也可能与此相同。

关于匈奴人所作的第二期的西进,W.M.麦高文有如下一段扼要的叙述:

> 匈奴人入侵欧洲的第二期始于公元 400 年左右,终于公元 415 年左右,以后欧洲的历史遂大受改造。我们还记得匈奴人第一期西侵的结果是将许多日耳曼族人民逐出了俄罗斯南部并使之成群地入

居巴尔干，这对于东罗马帝国是一大致命的打击，但西罗马帝国则所受影响较少。现在又来了第二期的匈奴西侵，驱使许多蛮人冲进西罗马帝国，结果意大利连遭西哥特人蹂躏达四年之久，而非洲、西班牙和高卢也被其他蛮族所占。

这些蛮族的冲入罗马帝国既然完全或大部分由于匈奴人在后面加以压力所致，我们对于匈奴人本身和罗马人之间所发生的直接接触，倒毋宁感觉其稀少了。我们颇可相信，匈奴人在此时期中，第一次获得了对于巴诺尼亚省的直接控制权。但巴诺尼亚之地本来已被大群的蛮族移民（如在阿拉修斯和萨弗来克斯二人统率下的东哥特人等）所占，所以匈奴人的征服该省，不过是使居于其地的蛮族，将他们的主人翁由罗马人换作匈奴人而已。又当匈奴人占领巴诺尼亚之际，所有的东哥特人民差不多全被重新团结起来，但皆服属于匈奴之控制。

此一时期，匈奴人除了占领巴诺尼亚之外，对于西罗马帝国几绝未加以直接之攻击，偶尔匈奴人也有入掠多瑙河南之事，但皆以东罗马国为对象，其性质亦轻微而不严重，有一次（408 年）匈奴人（当时的首领为乌尔丁）且曾因此反受一大打击，……乌尔丁自己也几乎不能保全生命。此后我们就不再听见乌尔丁及其事迹了，也许他不久即已逝世。乌尔丁之死，可说是结束了匈奴人第二期的征略。①

三、阿提拉“匈奴王国”的建立与覆亡（入侵欧洲的第三期，约 422—468 年）

乌尔丁死后的若干年间匈奴人的事迹，西方学者无所知悉，因为当时欧洲正处于一个几乎完全没有文献可证的时期。直至另一个匈奴首领阿

① 麦氏《中亚古国史》章译本第七章“侵入欧洲的匈奴人”，第 184—185 页。

提拉(Attila)所建立的、通常被称为“阿提拉王朝”或“阿提拉王国”的兴起,才又揭开了匈奴入侵欧洲的历史新的一页。

这个新的匈奴王朝的最初两个君主,一是奥克塔(Oktar)和他的兄弟路加(Ruga)。奥克塔的事迹留存很少,路加继位后的初期也默默无闻。及至公元422年及426年,史载匈奴人曾入侵东罗马帝国,并使色雷斯及马其顿两地大遭蹂躏。不久东罗马皇帝西阿多修斯二世(The Odosius Ⅱ)虽能把匈奴人逐回多瑙河以北,但仍不得不以付给路加每年350磅黄金作为代价,才换取到他答应不再扰掠帝国的边境。

在公元432年以前,在多瑙河以北紧接着东罗马帝国边境的地方,居住着许多小部落,他们原先都是单独地与东罗马帝国进行谈判并分别与帝国签订各种协定的。可是到了432年,当路加向东罗马帝国提出要求引渡逃入帝国境内的匈奴逃亡者时,同时宣布所有居住在多瑙河以北的各小部落都是匈奴王朝的臣属,帝国应废止原先与这些小部落所签订的各项协定,此后这种协定,帝国只能与匈奴朝廷谈判和签订。据此可见路加的匈奴王朝,这时已经在多瑙河以北的广大地区建立起统一的绝对权威了。①

西阿多修斯并不敢采用战争手段去拒绝路加的要求,而是派遣使臣前往匈奴朝廷进行和平交涉。当罗马使臣抵达匈奴国境时,路加业已逝世,继位者为他的两个侄儿——白里达(Bleda)和阿提拉(Attila)。这两位匈奴国王与罗马使臣会见的地点并不在匈奴王国的首都,而是在现时南斯拉夫境内的马格斯城(Margus)。据说两位匈奴国王及其侍从都骑在马上与罗马使臣谈判(罗马使臣也只得照样骑在马上)。谈判结果,罗马使臣不仅在引渡匈奴逃亡者及罗马帝国与边境各小部落签订协定的问题上作了让步,而且基于阿提拉的要求,因这时匈奴有两个国王,故罗马付给匈奴的年金也必须是双份,即由每年的350磅黄金增至700磅。匈奴国王并以诉诸战争相威胁,罗马使臣深知皇帝不愿战争,遂把上述各项条款全部接受下来。此后数年,罗马史书中很少关于匈奴人活动的记载,

① 参阅麦氏《中亚古国史》章译本第七章“侵入欧洲的匈奴人”及敏氏《匈奴人的世界》第二章第六节“奥克塔与路加”。

可能因为匈奴人这时正忙于征略北欧和东欧的各蛮族。

白里达和阿提拉共同统治的匈奴王国，其版图究有多大，其统治权力伸张的范围如何，因史料缺乏，西方学者也不甚明了。但当时匈奴王国的势力中心位于多瑙河中游、相当于19世纪时奥匈帝国之地，却是可以确定的。在此势力中心的范围内，匈奴人虽是统治民族，但人口却仅占少数，还有大量的居于多瑙河西巴诺尼亚境内的东哥特人和居于多瑙河东的吉匹特人俱臣服于匈奴王国。此外，匈奴王国对居于现时德意志境内的许多部落也握有相当的控制权，甚或在一定程度上可以把统治权力伸张到北海和波罗的海，因而有的西方学者认为盎格鲁人和撒克逊人之脱离欧洲大陆而渡海入居不列颠群岛，都是与匈奴人的统治和压力有直接关系。随后，住在俄罗斯南部大草原地带的匈奴人（其人数远较匈牙利境内的匈奴人为多），在公元435—447年前后，也都先后被迫接受阿提拉的统治，也许甚至连居于俄罗斯大草原以北森林地带中的斯拉夫人和芬人，这时也告屈服。斯拉夫人可能就是在此时被匈奴人逼迫随同匈奴人第一次进入欧洲西部的。①

公元445年白里达死后，阿提拉便成为匈奴王国的唯一统治者。王廷设于多瑙河东的大平原上（在今匈牙利境内），其统治范围，西起莱茵河以东，东至中亚细亚。东、西罗马帝国俱受其威胁。公元447年，阿提拉兵临东罗马帝国首都君士坦丁堡，东罗马皇帝西阿多修斯二世被迫乞和，翌年与之签订屈辱的城下之盟，规定帝国必须每年支付2100磅黄金给阿提拉作为“俸禄”，另外付给6000磅黄金作为清偿旧欠。议和后，帝国派遣以马克西明（Maximin）为首的外交使团前往阿提拉驻跸之地——盘耨年（Pannonien）纳贡聘问。使团人员中有一位名叫普利斯库斯（Priscus）的历史学家，他在出使后写下《纪行》一书②，叙述当时阿提拉王廷的生活

① 参阅麦氏《中亚古国史》章译本第七章“侵入欧洲的匈奴人”。

② 普利斯库斯的《纪行》为记述公元440—472年间之事，原文为希腊文。这是匈奴人在欧洲活动的最可靠的第一手史料。原文现已残缺不全，故通常被称为“残稿”。欧洲著名学者斐力塔（G.Freitag）在其所著的《德意志往代心影录》卷1《民族大迁徙时代》中把“残稿”译成德文。近代英国历史学家吉朋（Gibbon）在其名著《罗马帝国衰落的历史》一书中所述欧洲匈奴人的事迹亦全以“残稿”为依据。“残稿”的史料价值相当于记述中国匈奴的司马迁的《史记》。

情况，具有最珍贵的史料价值。兹转录其“残稿”的片段如下：

阿提拉之都城不啻一大营舍与村庄而非城镇。石建筑只有一所，是为仿罗马式之浴所。人民居于茅屋或篷帐中。阿提拉及其主要人物则与其群妻及从者住于一木宫之中，在一大堡围内。掠夺所得极夥。然阿提拉仍守游牧者简朴之风，用木碗及木盘。从未尝试面包。工作甚力。宫门前庭场常开，且时出骑驰。遵守雅利安及蒙古人在厅中设大宴之原始旧习，饮酒极多。普里斯库斯叙述诗人之如何吟咏于阿提拉之前：此辈诗人“背诵其所作之诗歌以祝颂阿提拉之英武与胜利。厅中肃静异常，来宾全神皆为此和谐之声音所吸引，提起其昔日伟绩之念而保存于心中；武士之赳赳锐气则时露于眉目间而不能复耐矣；老者则有潸然泣下者，因不能再执干戈争荣于沙场，表示其失望之态也。斯可谓训练军事道德之演讲。继此者则有喜剧，一扫人性严肃之态焉。喜剧之主角为摩尔人及塞种人之丑角，以其光怪陆离之衣服及姿势，杂凑之语言、拉丁语、哥德语与匈奴语之特殊滥用，均足以得粗陋座客之欢心。全厅笑声大作，耳为之震。当此纵乐之际，阿提拉独面不更色，固持其沉静不屈之态度”。①

西阿多修斯二世于公元 450 年逝世，东罗马帝国的帝位由元老马西安（Marcian）继承。马西安积极改进自己的军队，加强国防，以便俟机给予匈奴人以反击。

阿提拉自公元 434 年即位之后，直至 450 年，与西罗马帝国的关系极为友好，他虽和东罗马帝国作战，但并未在西帝国引起多大反响。公元 448—449 年，阿提拉与西罗马帝国的关系因一件悬案的争执发生了破裂，同时阿提拉又提出了他与皇帝弗伦铁年三世（Valentinian Ⅲ）的姐妹荷诺丽亚（Honoria）的“订婚”问题，要求皇帝将荷诺丽亚送给他，并将西罗马帝国领土之一半作为嫁奁。他的要求当然全被拒绝，于是阿提拉决定诉诸战争。

---

① 录自英人韦尔斯（H.G.Wells）著《世界史纲》，梁思成等译本（上海商务印书馆 1927 年版）上册第 418 页。按，此段文字，韦尔斯亦为引自吉朋的《罗马帝国衰落的历史》。

阿提拉选择进攻的目标是罗马统治下的高卢(今法兰西之地)而不是意大利本土,因为此时高卢已分裂为若干个半独立的蛮族王国,他以为当他向西罗马帝国开战后,可能获得这些蛮族王国的援助。公元451年,阿提拉亲率大军(据说有五十余万众),渡过莱茵河进入高卢北部,在初攻占了许多重要的城市,梅茨(Metz)被洗劫,高卢最重要的军事要地奥尔良(Orleans)也被包围。正在此时,罗马大将阿契斯(Aetius)率兵北上,并且获得了许多蛮族王国如西哥特人、勃根底人以及一部分阿兰那人之助。因与阿提拉展开猛烈的大战于加泰隆尼亚之野(Catalonian fields,在特里哀 Troyes 和梅茨两城之间)。此战历时甚久,双方均伤亡惨重,据说一日之间战死者即逾十五万人。这一场恶战双方虽未分胜负,但阿提拉却无意继续作战,因此班师退回今匈牙利境内。

公元452年,阿提拉再度向西罗马帝国发动战争。这次他进攻的目标不是高卢而是意大利。阿提拉挥师越过阿尔卑斯山脉,首先攻陷了意大利东北部的首邑阿奎利亚城(Aquileia),城中建筑物尽被摧毁,意大利北部各地亦均遭蹂躏。随后巴杜亚(Padua)、弗罗那(Verona)、米兰(Milan)诸城亦相继沦陷,并遭到劫掠。阿提拉还想把兵锋向南直指帝国的首都罗马。但适因军中发生饥馑和瘟疫,而此时东罗马帝国的援军亦已赶到,对阿提拉展开多次的反击。阿提拉遂把他的军队撤回多瑙河以东匈奴王国的首都。第二年(453年),他因酒色过度,在与新纳的一个美女"新婚后,恣情纵欲,当醉卧时,忽然血崩"而死①。

总括阿提拉的一生及匈奴人西迁给予欧洲历史的影响,麦高文对此有简要的评论:

> 阿提拉诚然是一个伟大的人物,但他的永久建树却又极少。匈奴人入侵欧洲所造成的真正重要结果或唯一永久结果,就是驱使哥德人及其他的日耳曼人民向西侵入罗马帝国。但这一工作,在阿提拉以前便完成了;对于各族人民大迁移之事,阿提拉本人的贡献并不

① 参阅麦氏《中亚古国史》章译本第七章"侵入欧洲的匈奴人"及敏氏《匈奴人的世界》第二章第七节"阿提拉"、第八节"阿提拉王国"。

大。他的伟大功绩是造成了一大匈奴帝国，可是这个帝国却如昙花一现，崩溃得极快，阿提拉死后不久，匈奴人在欧洲西部便永久地被驱除净尽了。①

匈奴王国的崩溃，主要原因在于最高统治集团的内讧，阿提拉诸子都想各自建立一个独立的王国。因而那些平时受王国统治的日耳曼人，以吉匹特人和东哥特人为先导，遂乘机起来反抗，以图摆脱匈奴的控制。公元454年双方激战于今匈牙利境内的聂德尔河（Nedal R.）滨，结果匈奴人死亡数千，阿提拉长子爱拉克（Ellak）亦被杀。匈奴人的主体部分被迫退回喀尔巴阡山以东，避居于过去七十余年始终留居于南俄大草原的匈奴同族人之中。而匈奴王国原来的中心地区匈牙利，则落入了那些起而反抗匈奴统治的胜利者日耳曼族人之手，吉匹特人占领了多瑙河以东的大部分地方，东哥特人则暂时占据了河西的巴诺尼亚。数年后，阿提拉的后人也曾再度西进，企图恢复失地，但因遭到吉匹特人的坚强抵抗，结果只能在吉匹特人领土以南（即多瑙河下游）占据若干地点。

阿提拉的幼子尔内克（Ernak），此时也统率着少数的匈奴人占据了多瑙河口以南即今之杜白鲁加（Dobruga）地方。此外还有两个匈奴王子占领了东罗马帝国偏西之地。其他尚有若干小群的匈奴人仍然留居东罗马帝国境内各处。

公元461年，阿提拉的另一个儿子邓直昔克（Dengesik）又向西方作更大胆的尝试，企图重建匈奴的霸权。他沿着多瑙河前进，避开吉匹特人，直接进攻占据着巴诺尼亚的东哥特人，并留居其附近之地达数年之久。公元468年（中国北魏献文帝拓跋弘皇兴二年），他转而南下，渡过多瑙河，进犯东罗马帝国。帝国给予有力的还击，匈奴人大败，邓直昔克并且丧生。这是西方史书上对于匈奴人在欧洲活动的最后一次记载。② 从此匈奴人退出了欧洲的历史舞台。在中国，此时正是北魏王朝的中期，匈奴族的分支——南匈奴、屠各、卢水、铁弗在“五胡十六国”时

① 麦氏《中亚古国史》章译本第七章“侵入欧洲的匈奴人”，第197—198页。

② 参阅麦氏《中亚古国史》章译本第七章“侵入欧洲的匈奴人”及敏氏《匈奴人的世界》第十至十三“崩溃与结果”各节。

期及南北朝前期分别建立的“汉—前赵”“北凉”“大夏”等政权，亦均于公元460年以前先后倾覆。因此，匈奴王国在欧洲的覆亡及阿提拉诸子试图复国的最后失败，也就标志着匈奴人在世界范围内退出了历史舞台。

（1983年秋脱稿，2006年夏修订）

附 录 三

匈奴历史地图

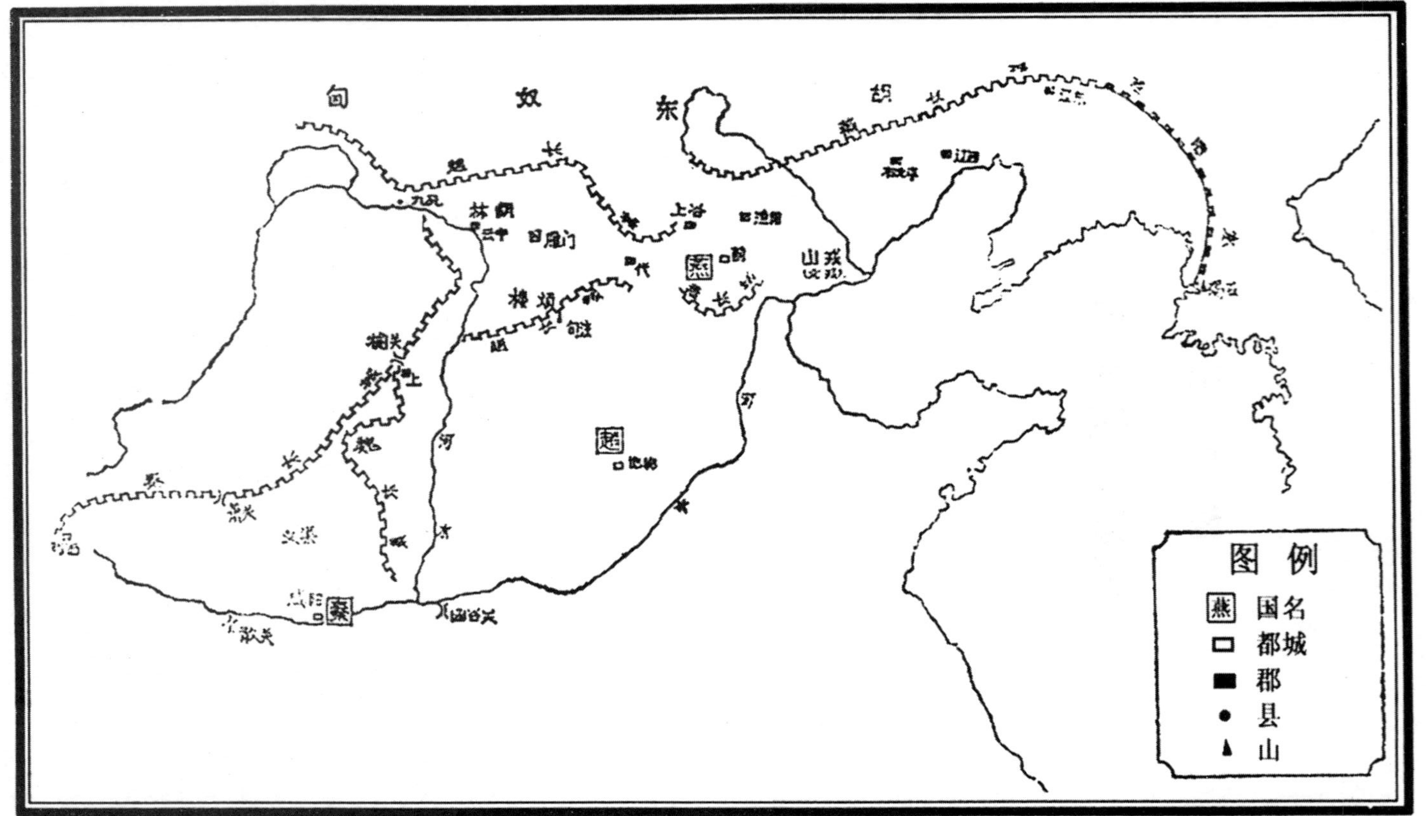

战国时期（前475—前221年）北部边疆形势示意图

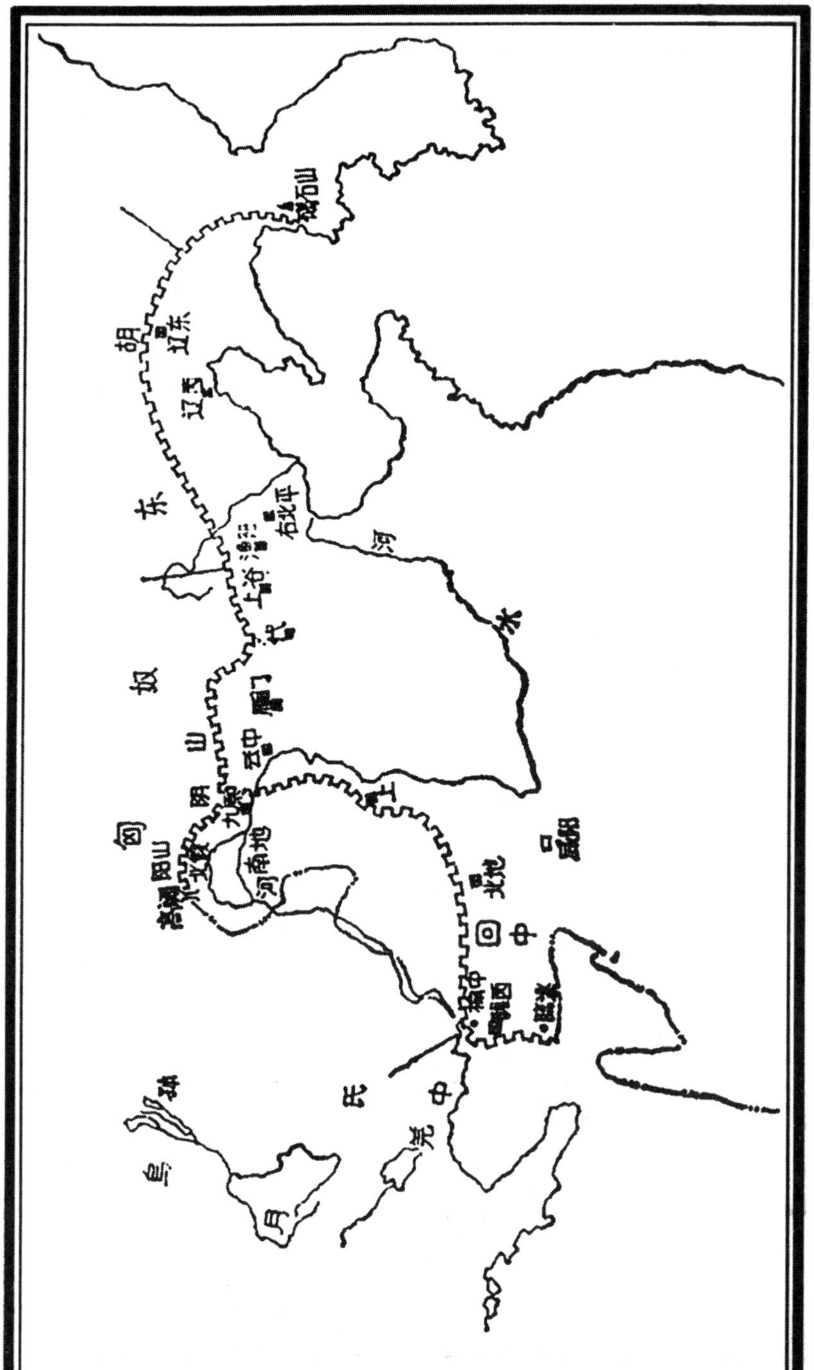

秦代（前221—前206年）北部边疆形势示意图

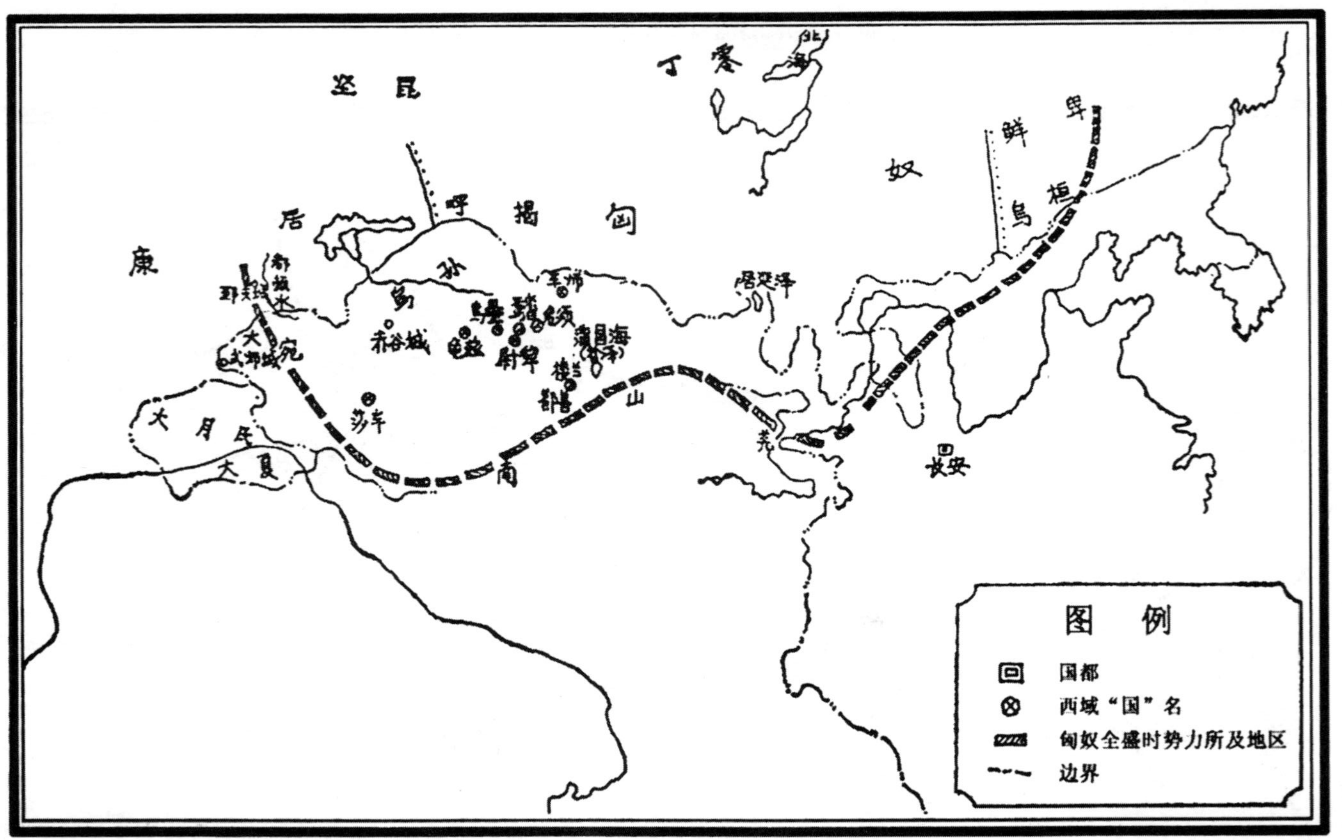

西汉时期（前206—8年）大漠南北形势示意图

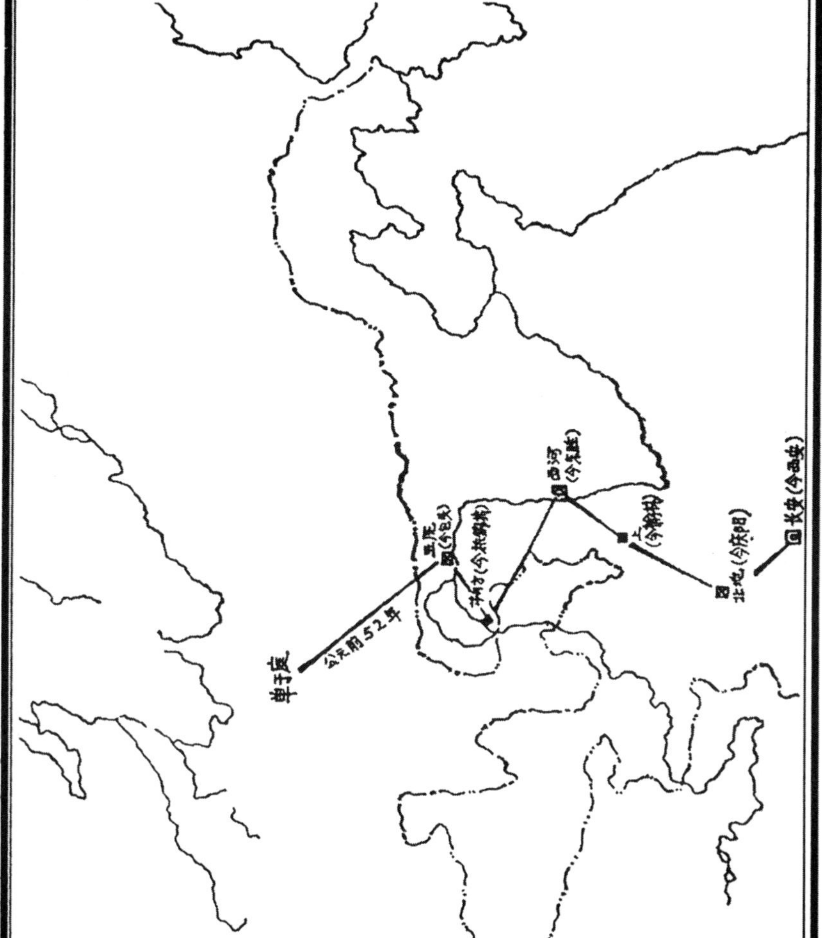

匈奴呼韩邪单于入汉（前51年）路线示意图

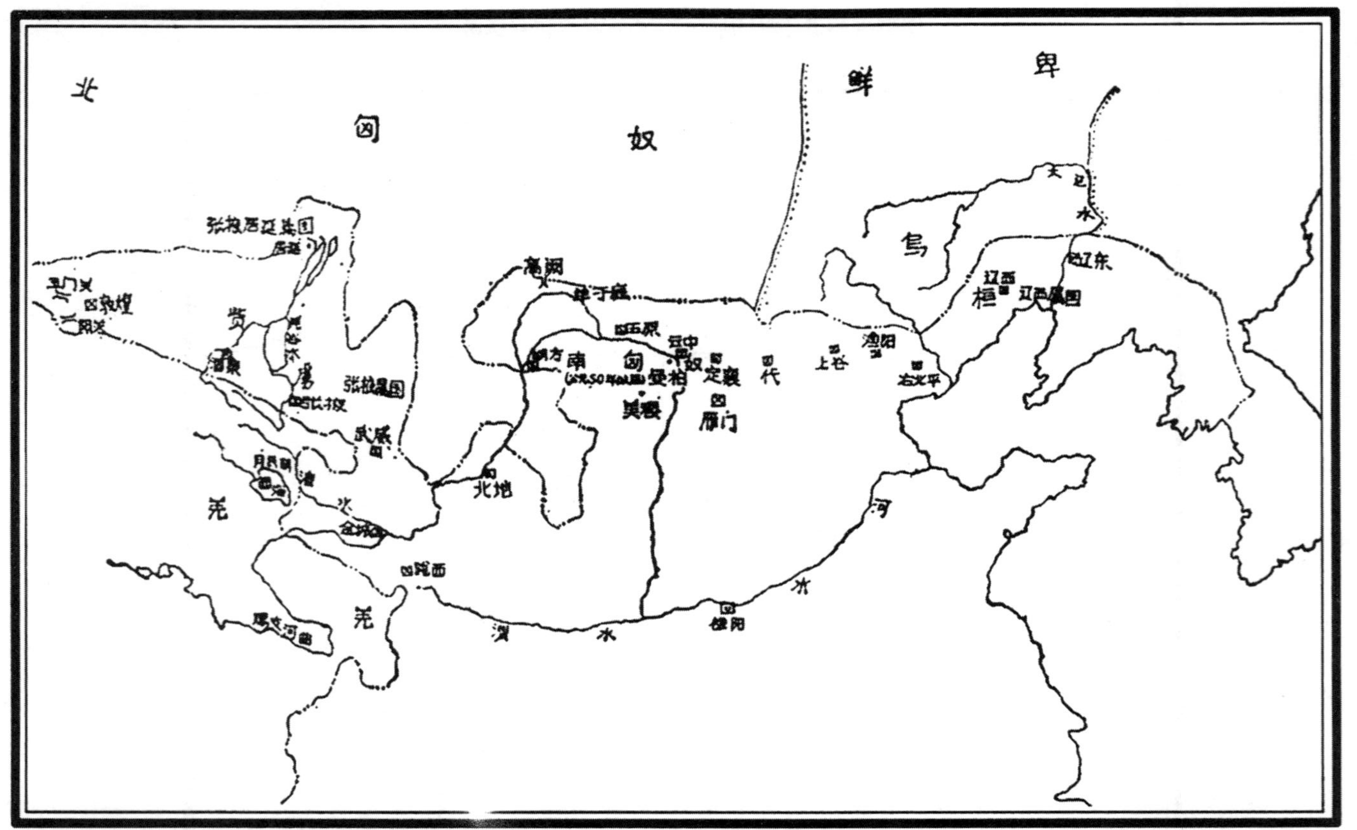

东汉时期（25—220年）北部边疆形势示意图

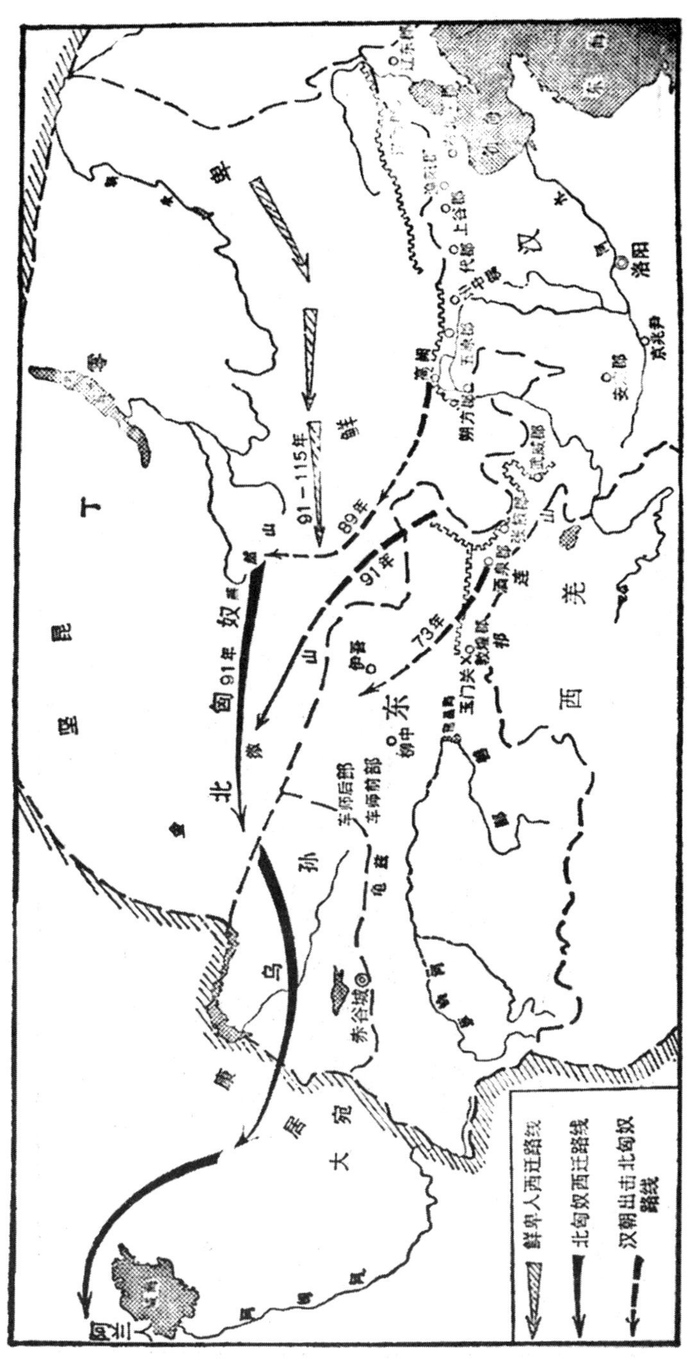

北匈奴西迁（91年）路线示意图

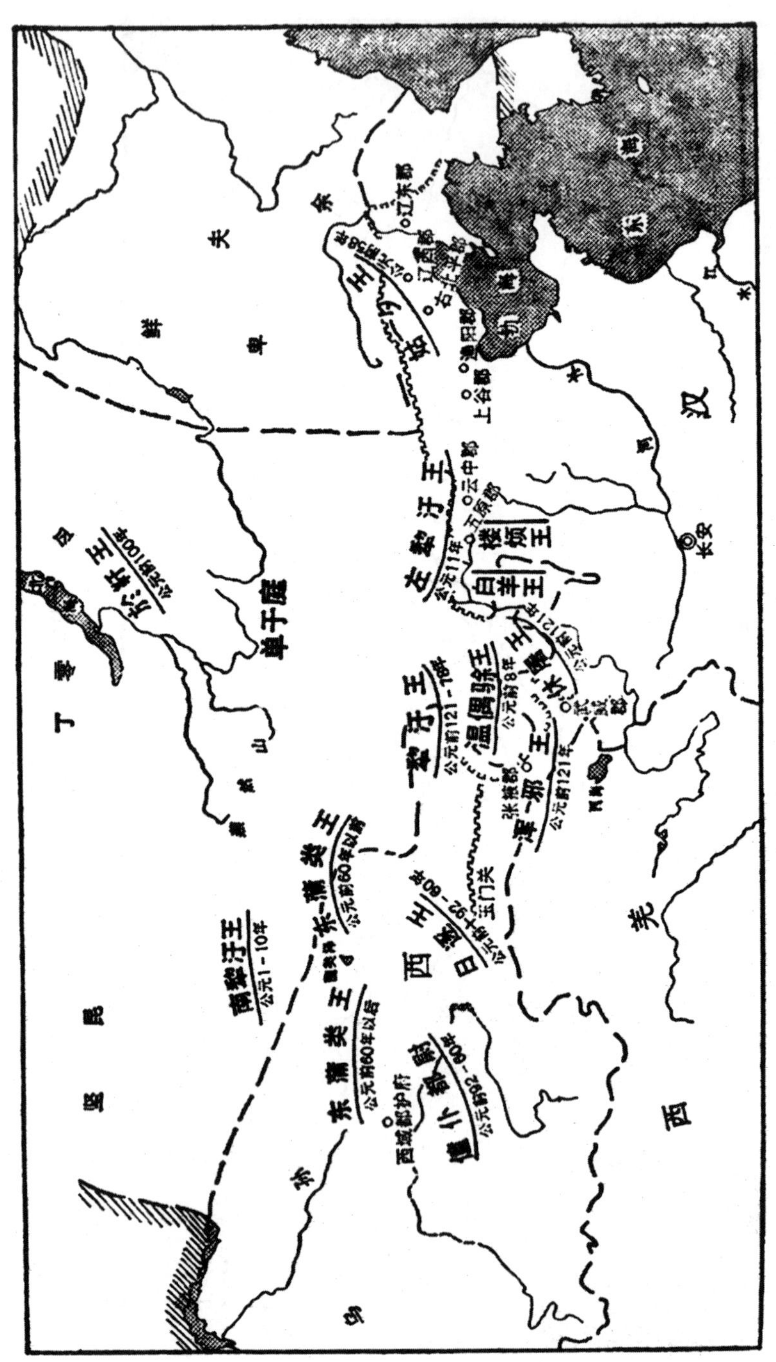

匈奴诸王驻牧地示意图之一

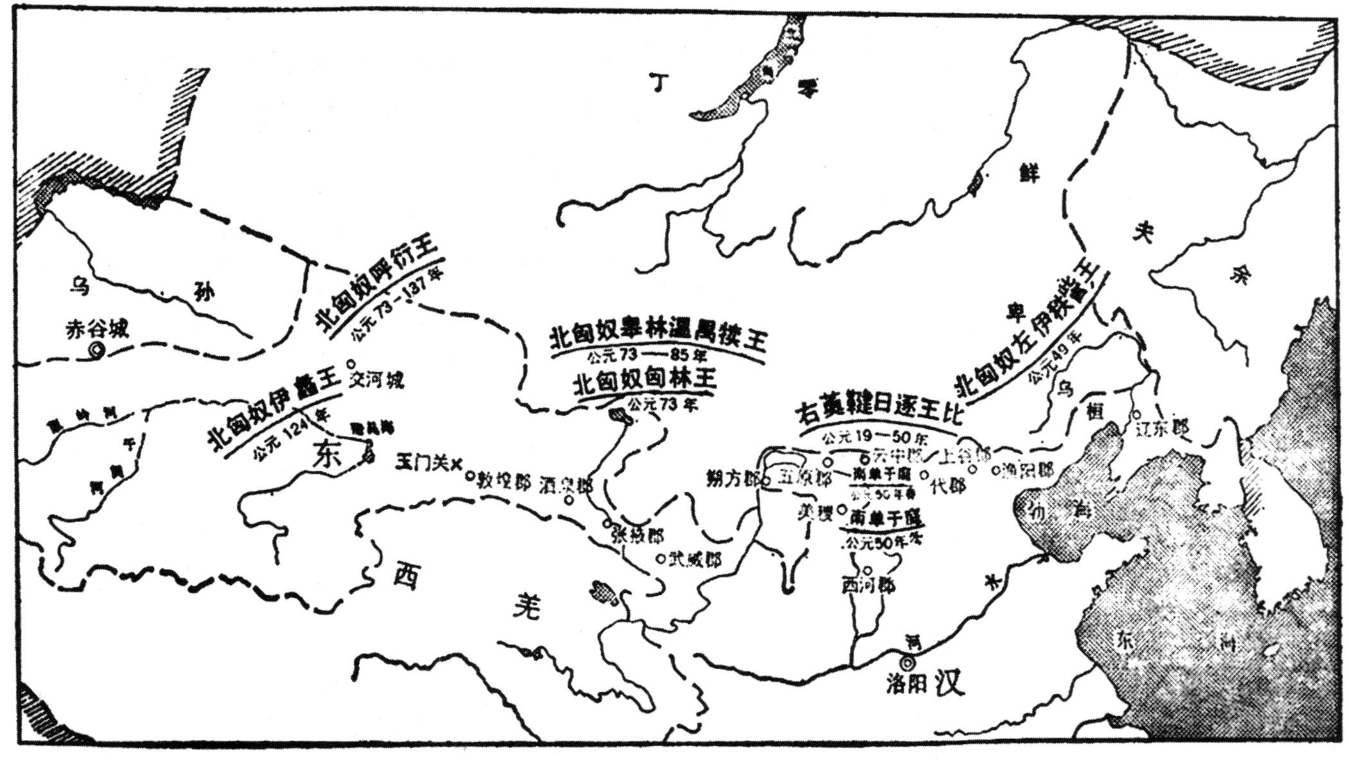

匈奴诸王驻牧地示意图之二

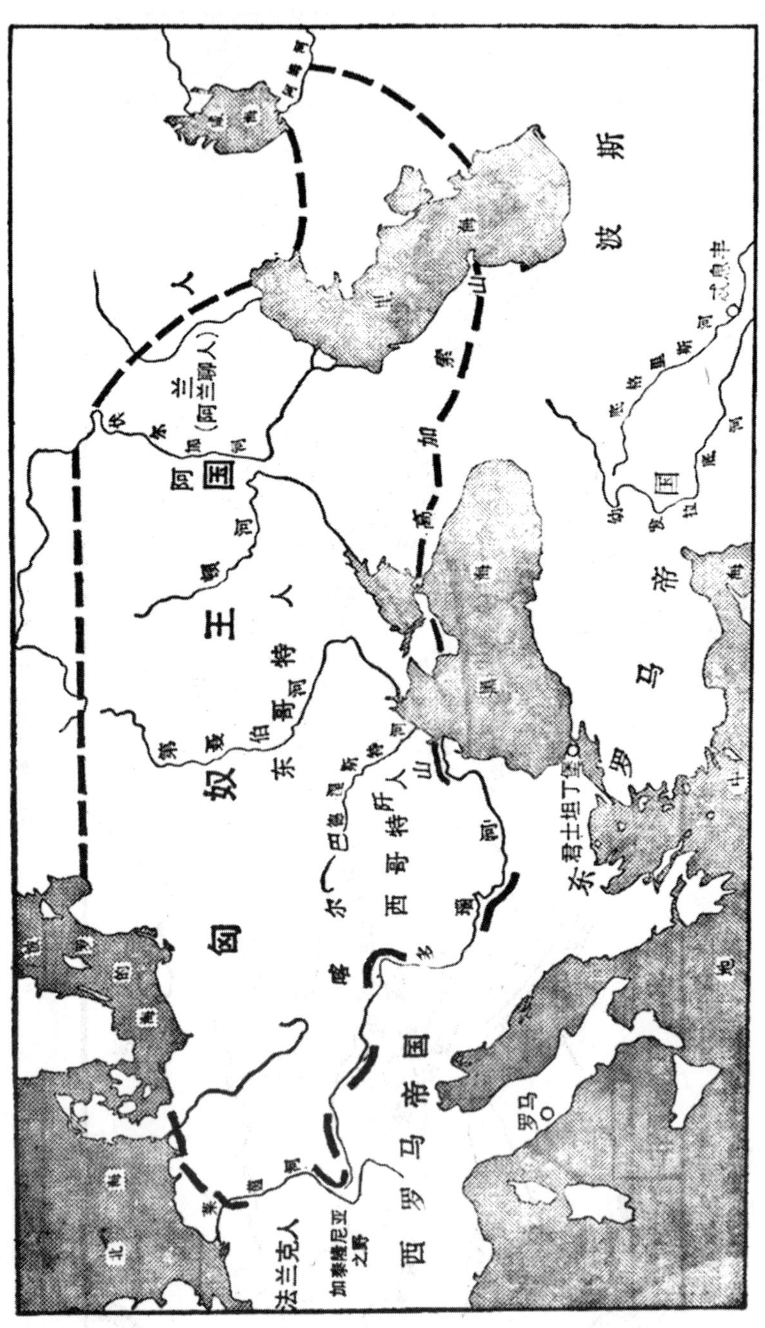

匈奴王国（453年）示意图

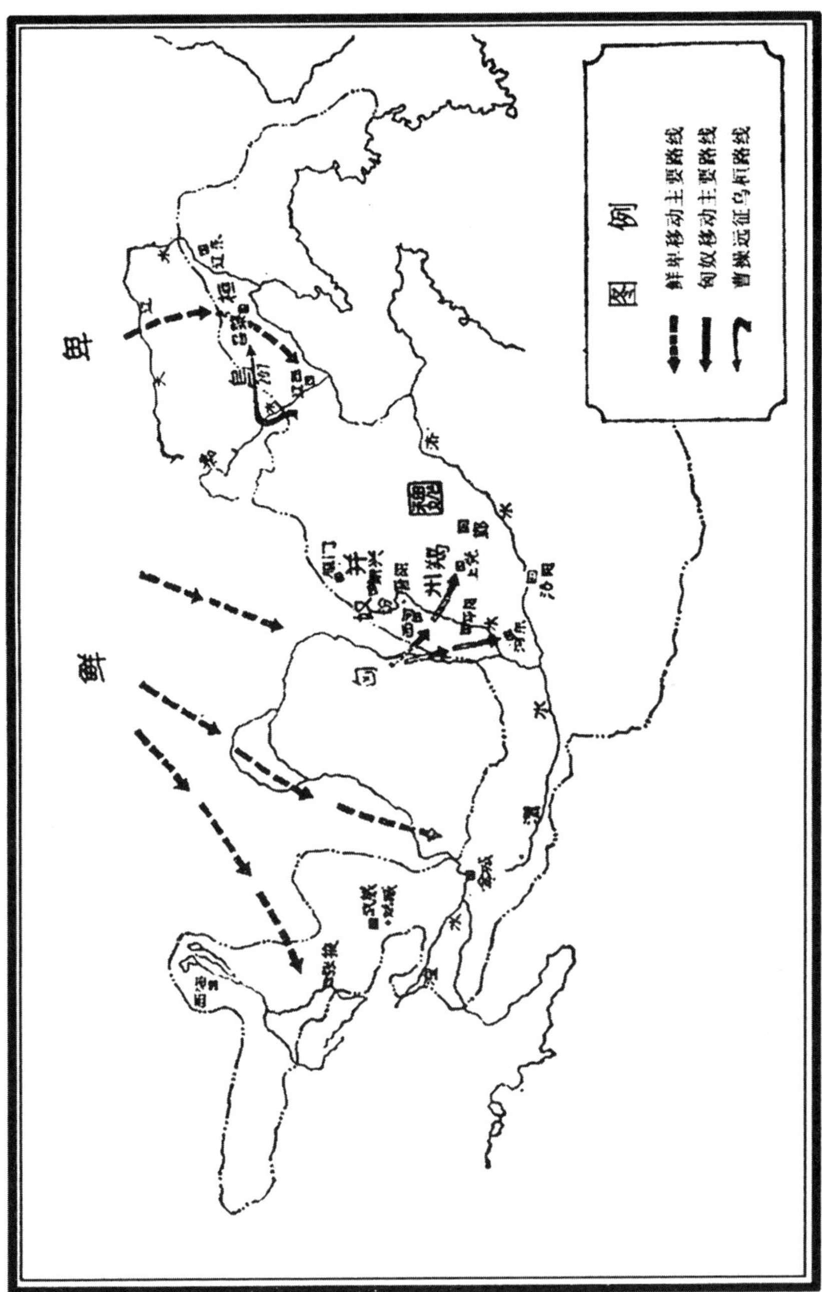

三国时期（220—280年）匈奴南移主要路线示意图

多瑙河畔话匈奴

美丽的多瑙河,按照自己的意志流淌在欧洲的原野上,一会儿静静地滑过森林,一会儿汹涌地在山谷奔腾,丝毫不在乎这片陆地上人们的所作所为,不论他们是在安逸地生产,建设着自己的家园,抑或是在拔城掠地,杀得昏天黑地。多瑙河流经的布达佩斯,虽然充满着古老的欧洲情调,却也打上了东方文化的深深烙印。它蕴含的意境,和美丽的维也纳一起,曾强烈地感染过约翰·施特劳斯,让这位圆舞曲之王获得灵感,谱下了著名的《蓝色多瑙河》。

如今,布达佩斯的人们正在酝酿着一件大事,他们要召开一个国际学术讨论会,目的是寻根,即探索匈牙利民族的族源究竟来自北方的芬兰、乌戈尔地区,还是来自东方的中国。

林幹乘坐匈牙利航空公司的飞机,取道维也纳,抵达布达佩斯。

匈牙利古代史研究与出版协会主席 Llod Esztergaly 先生和原中国驻匈牙利大使馆一等秘书符志良到机场迎接林幹。林幹并不认识符先生,但符志良却一下子就认出了林幹。

"我早就认识你。"符志良对林幹说。

"你在哪儿认识我的?"

"在科学院呀!"符志良是指当时的中国科学院。原来,符先生那时在中国科学院图书馆工作,而林幹在中国科学院历史研究所搞研究,常常去查阅资料。

林幹问:“那你什么时候当了外交官了?”

“八十年代吧。因为我在大学专业学的就是匈牙利语,所以就让我到匈牙利来了。”符志良告诉林幹。

林幹问:“这次国际会议,中国有几个人参加?”

“除你以外,还有北京国际关系学院的曾宪法教授、新疆博物馆的张裕忠馆长。曾先生已经到了,张馆长还没有来,据说他在国内参加另外的学术会议,可能不参加这个会了。噢,还有我,给你们当翻译。”

于是,林幹会见了曾宪法教授。三个一起又谈起了即将召开的这次会议。林幹问:

“会议邀请了哪些国家的学者?”

符先生告诉他们,会议邀请了罗马尼亚、斯洛伐克、中国、俄国、德国、荷兰、日本、哈萨克斯坦等国家的三十多个学者,还有在布达佩斯的其他学者,参加这次会议的大约有一百人。

“那匈牙利方面可真重视这个会呀!”林幹很感慨。

“这个会可不是官方召开的,而是由匈牙利人世界联合会、匈牙利古代史研究与出版协会发起,民间捐款筹办的。匈牙利人爱国热情特别高,他们都想了解自己民族的根究竟在哪里。”符先生说。

“是啊。这个协会给我发的邀请信里已经说了,让我在会上作主题发言,谈一谈对匈牙利族源的研究。我写了一篇论文,准备在会上宣读,题目是《关于中国匈奴的西迁及其与匈牙利族源关系的探索》。你们看怎么样?”

符、曾二位都说:你是匈奴史专家,讲这个题目没有问题。

符志良让林幹和曾宪法稍事休息后,便陪他们游览布达佩斯市区。

布达佩斯是世界上绿化最好的城市之一,虽然已是10月下旬,但仍旧展露着浓浓的绿意。天气也很好,凉爽宜人。布达佩斯的建筑在世界上也是很出名的,匈牙利皇宫、国会大厦、国家歌剧院都是具有代表性的建筑,即将举行国际学术会议的匈牙利古代史研究与出版协会大楼,便是一座充溢着中世纪欧洲风格的建筑。

符志良专门带他们参观了中国人集中做生意的街市。这条街虽然未被命名为“唐人街”,但店铺却大部分是中国人开的。在异邦的城里见到这么多中国面孔,林幹和曾宪法感到十分亲切。符先生显然经常来这里,他跟商人们很熟悉,彼此热情地打着招呼。符先生把林幹和曾宪法介绍给一位开日用品商店的老板,说这是来出席国际学术会议的二位教授。老板是浙江人,高兴地与林幹他们握手。林幹问:

“你也知道这个会吗?”

老板说:“怎么不知道,报纸早就刊登了消息,街上也有海报。”

原来,依照匈牙利的习惯,召开学术会议,其目的、内容、日期、议程,演讲人姓名和演讲题目,都预先登报和张贴海报,除被邀请的学者外,任何公民到时都可自由入场列席旁听。

当天晚上,匈牙利古代史研究与出版协会主席 Llod Esztergaly 先生会见了出席会议的中国学者。Llod Esztergaly 曾经到过中国,了解林幹在中国古代北方民族史研究成果,所以这一次专门邀请林幹到匈牙利参加国际会议,并作为会议的主要演讲人进行演讲。Llod Esztergaly 说,二战以后,苏联占领了匈牙利,希望把匈牙利人往苏联身上拉,说匈牙利人来自乌拉尔山,但是匈牙利人自己则更倾向于是来自中国的西迁匈奴。但是,匈奴西迁的过程是怎样的?又是怎样形成了后来的匈牙利民族?民众都很想找到答案。

会议于 1999 年 10 月 29 日在匈牙利古代史研究与出版协会大楼四层的会议厅召开,300 人的会场座无虚席。大会主席就是协会主席 Llod Esztergaly 先生,他将出席会议的学者一一作了介绍,然后会议便进入了发言阶段。

林幹的发言安排在 10 月 31 日的下午。因为林幹是中国专家,出版了好几部有关匈奴的著作,又是这次国际会议的主要演讲人,所以匈牙利民众非常关注,听讲的人特别多,会议大厅被挤得水泄不通,不少人因没有座位而站在走廊旁听讲。

林幹是用英语演讲的。在匈牙利,懂英语的人很多。会上可以使用匈牙利语、罗马尼亚语或英语。讲英语,大部分人都能听懂。

林幹说,匈奴是历史上一个强大的民族。在中国古代,匈奴最早统一了大漠南北的地区，并建立起国家政权——匈奴单于国。匈奴兴起于公元前 3 世纪，即中国的战国时期，衰落于公元 1 世纪，即中国的东汉时期，在大漠南北活跃了约三百年。公元 48 年，匈奴分裂为南北二部，南匈奴归附到汉朝，入居塞内；北匈奴自公元 91 年被东汉的军队在金微山（今阿尔泰山）击破，其首领率领一部分人向西遁逃，开始了西迁的历程。从中国北部西迁的匈奴人（Xiongnu），就是公元 5 世纪在欧洲多瑙河中游建立匈奴王国的匈人（Huns）。

林幹说，匈奴人西迁，途中第一站经乌孙族地区（今伊犁河上游），第二站到达康居（今中亚哈萨克斯坦东南部），并在这个地方建立了一个政权——悦般国。第三站（约在公元 290 年前后）到达今顿河以东，击灭了当地的阿兰聊国（Alani），迫使阿兰聊人与他们一起继续西进，因而揭开了欧洲民族大迁徙的序幕。到公元 5 世纪时，西迁的匈奴人在今多瑙河流域中游一带（以今之匈牙利国境为中心），建立起一个“匈奴王国”，最后一个国王名字叫阿提拉（Attila）。阿提拉于公元 453 年死后，匈奴王国不久也就灭亡了。但大批的匈奴人仍散布在多瑙河中游及周围，经过长期与当地各个部族的融合，特别是与当今自称为马札尔人（Magyars，现时匈牙利的主体民族）的结合，逐渐于 19 世纪上半期形成现代的伟大的匈牙利民族。

林幹列举了确凿可靠的中国文献和考古资料作为论据，令听众信服，全场鸦雀无声。最后，林幹得出结论——匈奴人是匈牙利人祖先的一部分。这时，全场爆发出长时间的热烈掌声。

一散会，林幹就被新闻记者包围了。他一一回答了记者们的提问，并接受了匈牙利国家电视台、匈牙利广播电台、多瑙河电视台记者的专访。记者问林幹对匈牙利举办这次会议的看法。林幹说，举办这次会议，有助于探明匈牙利民族形成过程，有助于深化各国人民的友谊，有助于学术界对历史上悬而未决的进行探讨，也有助于国际上的文化交流。林幹向匈牙利的媒体介绍了中国在历史学研究方面的状况，特别了介绍了内蒙古大学开展中国北方少数民族历史研究的成果，记者们很感兴趣。记者再次询问林幹对匈牙利族源的看法，林幹详细地作了回答。

林幹指出，关于匈牙利民族的起源，在学术界，一直存在不少说法，包括“东来说”和“南下说”。一种说法认为他们是斯基台人的后代。斯基台人曾在公元前5世纪建立起庞大的帝国，许多古代史料中就称马扎尔人为“斯基台人”。但“斯基台人”这个称呼通常是希腊和拉丁学者对来自东方的异族的统称，所以这种说法信服程度不高。也有人说匈牙利人是苏美尔人的后裔，因为匈牙利语和苏美尔语在语言上有很多类似，表明他们之间有文化上的共通之处，但这也不足以证明他们有血缘关系。还有一种观点，认为马扎尔人来自乌拉尔山西侧，而后他们逐步向西迁徙，直到公元1000年匈牙利建国，第一位国王叫圣·伊什特万。

最早提出“欧洲匈人即匈奴”这一观点的西方学者是法国德揆尼。德国学者夏德都同意这一观点，只因无史料可据，没有办法详论。在中国，最早提出在欧洲建立王国的匈人就是匈奴的学者是章太炎，他认为，“今之匈牙利即匈奴音转”。但是，从公元91年匈奴人被汉朝击败遁逃，到公元4世纪匈人在欧洲出现，这中间二百多年的时间，史书对于匈奴人几乎没有记载，而从前，可供佐证的考古资料也寥寥无几根本没有。对于欧洲匈人和中国匈奴之间的联系，除了民间传说，多数的证据都来自文化和风俗，比如匈牙利的语言和欧洲其他民族的语言有很大不同，匈牙利民歌的五声音阶和中国民族音乐相似等等。

林幹说，我是通过对中国文献和20世纪后半期考古资料的研究，填补了这二百年空白的。公元554年成书的《魏书》，在卷一〇二《西域传》中记载：

悦般国，在乌孙西北，去代一万九百三十里。其先，匈奴北单于之部落也。为汉车骑将军窦宪所逐，北单于度金微山，西走康居，其羸弱不能去者住龟兹北。地方数千里，众可二十余万。凉州人犹谓之“单于王”。

粟特国，在葱岭之西，古之奄蔡，一名温那沙。居于大泽，在康居西北，去代一万六千里。先是匈奴杀其王而有其国，至王忽倪，已三世矣。其国商人先多诣凉土贩货，及克姑臧，悉见虏。高宗初，粟特王遣使请赎之，诏听焉。

虽然这里《魏书》的作者误把奄蔡(阿兰)与粟特混而为一,但这段记载仍十分重要。所以,我在演讲中提出,匈奴人西迁,途中有三站,第一站经乌孙族地区,第二站到达康居,并在这个地方建立悦般国。第三站到达今顿河以东,击灭了当地的阿兰聊国。到公元 5 世纪时,西迁的匈奴人在今多瑙河流域中游一带建立起一个“匈奴王国”。经过一个很长的时期,匈奴人逐渐与当地各部族融合,特别是与马札尔人融合,形成现代的匈牙利民族。

新闻媒体的报道特别是匈牙利国家电台、电视台的专访节目,在匈牙利全国引起轰动。会议主办方决定,全体与会人员移师罗马尼亚的克鲁日,再开三天。因为二战后,苏联把匈牙利东南部的一块土地——德兰斯瓦尼亚高原一带划入罗马尼亚国境。那里的居民全是匈牙利人,这些匈牙利人也都渴望知道自己的祖先究竟在何方,但又不可能全都跑到布达佩斯去听讲,因此协会把与会学者请到克鲁日附近的这个有纪念意义的城镇。会议内容基本上与布达佩斯的会议相同。同样,林幹的演讲在这里也获得了极大的成功。在听众的强烈要求下,大会主席 Llod Esztergaly 先生宣布,林幹教授的演讲全文将在匈牙利著名《都兰》杂志(“Tulan”)全文发表,这又引起全场再一次热烈的掌声。

林幹主要著作目录

《匈奴史》,内蒙古人民出版社 1977 年第 1 版,1979 年再版,2007 年版。

《匈奴通史》,人民出版社 1986 年版;新疆人民出版社(维吾尔文版)2004 年版。

《匈奴史论文选集》(内有他人论文),中华书局 1983 年版。

《匈奴历史年表》,中华书局 1981 年版。

《匈奴史料汇编》,中华书局 1988 年版、商务印书馆 2017 年版。

《突厥史》,内蒙古人民出版社 1988 年版;内蒙古人民出版社(蒙古文版)1998 年版;新疆人民出版社(维吾尔文版)2002 年版。

《回纥史》,与高自厚合著,内蒙古人民出版社 1994 年版;新疆人民出版社(维吾尔文版)2000 年版。

《突厥与回纥历史论文选集》(内有他人论文),中华书局 1987 年版。

《突厥与回纥史》,内蒙古人民出版社 2007 年版。

《东胡史》,内蒙古人民出版社 1989 年版;内蒙古人民出版社(蒙古文版)1997 年版;内蒙古人民出版社 2007 年版。

《中国古代北方民族史新论》,内蒙古人民出版社 1993、2007 年版。

《中国古代北方民族通论》,内蒙古人民出版社 1998、2007 年版。

《内蒙古民族团结史》,与王雄、白拉都格其合著,远方出版社 1995 年版。

《民族友好使者王昭君》,与马冀合著,内蒙古人民出版社 1994 年版。

《中国历代各族纪年表》,与陆峻岭合编,内蒙古人民出版社 1980 年第 1 版,1987 年再版。

《东胡乌桓鲜单研究与附论》,内蒙古大学出版社 1995 年版。

《内蒙古历史与文化》,与崔瑞堂、丁学芸等人合著,内蒙古人民出版社 2000 年版。

《名师讲义丛书·中国古代北方民族通史》，鹭江出版社 2003 年版。

《昭君文化丛书》（全套五册），主编，内蒙古人民出版社 2004 年版。

《中华地域文化大系·塞北文化》（全套十九册，总主编冯天瑜、林幹）主编，安徽、北京、河北、内蒙古、山西教育出版社 2006 年联合出版。